일본
인적자원관리의 힘

JINTEKI SHIGEN KANRI NO CHIKARA
by Mitsuhide Shiraki

일본 인적자원관리의 힘

시라키 미츠히데 엮음
하종원 옮김

人的資源管理の力

문우사
MoonWoo

옮긴이의 말

스스로를 되돌아보는 방법에는 직접 자신을 하나하나 꼼꼼하게 훑어보는 방법도 있지만, 제3의 시각에서 객체가 되어 바라보는 방법도 있다. 각각의 장단점이 존재하겠지만, 한 발자국 떨어져서 바라볼 때 보다 객관적인 접근이 가능할 것이다. 우리나라 인적자원관리의 실태에 대해, 일본식 조직관리의 내용과 형식이라는 렌즈를 통해 바라보면 어떨까 하는 작은 호기심이 이 책을 한국에 소개하려는 계기가 되었다.

『인적자원관리의 힘人的資源管理の力』을 접하게 된 것은 아주 우연한 기회를 통해서였다. 일본 와세다대학교 방문연구원으로 초청받아 지내던 중, 와세다대학교 정치경제학술원의 시라키 미츠히데白木三秀 교수님을 소개받게 된 것이 그 시작이었다. 경제학을 전공하고 글로벌 인적자원에 관심이 많은 시라키 교수님과는 '인사'人事라는 키워드를 중심으로 자연스레 교류가 이어지게 되었다. 서로 전공이 상이할 뿐만 아니라 기업과 정부조직이라고 하는 배경도 상이했지만, 인적자원이 갖는 내적 본질은 동일하기에 이를 어떤 학문적 시각에서 바라보느냐는 문제가 되지 않았다. 오히려 관료주의적 성격이 강한 보수적인 일본 인사시스템은 우리나라 공공조직의 인사와 공통점이 많아 이질감보다는 동질성을 느끼기에 충분하였다.

이 책의 번역의 시작은 시라키 교수님과의 개인적 인연이 계기가 되었지만, 인사는 결국 어느 집단에서건 하나로 통할 수 있다는 믿음이 있었기 때문이기도 하다. 이 책을 우리나라에 번역·소개하는 데에는 몇 가지 이유가 있다. 우선, 다양한 전공의 전문가들이 모여 기술하였기 때문에 인적자원관리에 대한 통찰력을 가져다줄 수 있을 것이라는 점이다. 경제학, 경영사학, 경영학, 사회학 등의 관점에서 바라본 일본 기업의 인적자원관리는 국내에서 출간된 수많은 '인적자원관리'의 내용들과는 차별화될 수 있는 내용들이다. 아울러 수십 년에 걸쳐 장기 경기침체를 겪고 있는 일본 경제의 시각에서 바라본 인적자원관리에 대한 접근방식은 유사한 법률과 제도를 가지고 있는 우리나라의 민간기업뿐만 아니라 공공조직에도 시사하는 바가 크다는 점도 들 수 있겠다. 또한 가깝고도 먼 나라인 일본이라는 나라를 이해하고, 우리나라 인적자원의 경쟁력 강화를 위한 기초적인 참고 자료가 되었으면 하는 작은 소망도 담겨 있다.

이 책의 독자로는 대학생 특히, 향후 기업이나 공공기관에서 인사업무를 희망하는 이들을 주요 대상으로 한다. 이 외에도 직장생활을 하는 샐러리맨으로서 인사 담당자들에게는 실제 업무현장에서 일어나고 있는 인사실무가 내포한 의미와 의의에 대해 다시 한번 되새겨 볼 수 있는 계기가 될 수 있을 것이다. 또한 공공기관, 정부조직 등 공공조직의 인사업무 담당자들은 공공조직에만 몰입되기보다는 민간의 인사업무로도 시야를 넓혀, 공공조직 인사경쟁력 강화를 위한 참고도서가 될 수 있으리라 보인다. 본문의 '기업'이라는 단어를 '공공기관' 또는 '정부조직'으로 바꾸어 읽는 것만으로도 많은 시사점을 얻을 수 있을 것이다. 일본의 샐러리맨을 대상으로 하는 교양 강좌의 교재로 활용되고 있는 점에서도 알 수 있듯이, 이 책의 내용들은 전공서로서도, 동시에 교양서로도 충분히 읽힐 수 있는 흥미로운 구성이라 생각된다.

번역은 가급적 원문의 의미를 최대한 살리고자, 한자어로 된 용어는 원문의 표현을 그대로 사용하였으나 이미 국내에 다른 용어로 소개되어 일반적으로 사용되고 있는 경우에는 통용되고 있는 용어를 우선하여 사용하려 하였다. 또한 법령의 경우에는 원문에 약칭으로 표기된 것은 원문대로 번역한 후, 정식 법령명을 병기하여 확인할 수 있도록 하였다. 아울러 불가피하게 추가적인 설명이 필요한 경우에는 옮긴이 주註를 달아 이해를 돕고자 하였으며, 각 장의 말미에는 간단하게나마 옮긴이의 해설을 실어, 참고할 수 있도록 구성하였다. 이 책의 구성은 총 4부로 나뉘어 있는데, 독자의 흥미도에 따라 제1부와 제4부를 통해 전체를 개관하고, 이후 인적자원관리의 각론에 해당하는 제2부와 제3부의 순서로 읽어 보는 것도 추천하고 싶다.

경영학과 관련된 일본 번역서가 그리 많지 않은 상황에서, 출판에 이르기까지 많은 분들의 지원과 격려가 도움이 되었다. 먼저, 번역 출판을 허락해 주신 편저자 시라키 미츠히데 교수님께 감사드린다. 일본 인사시스템에 관한 많은 조언을 통해 원문의 맥락 이해도를 높일 수 있었다. 아울러 일본의 역사 속 인물이 갖는 현대적 해석과 의미에 대한 다나카 아키라田中章 씨의 조언도 보탬이 되었다. 열악한 출판시장 환경에도 불구하고 흔쾌히 출판에 도움을 주신 도서출판 문우사 김영훈 대표님, 꼼

꼼꼼한 교정으로 번역서의 완성도를 높여 주신 전영완 차장님께도 감사드린다. 끝으로, 공직 생활 중 직무훈련의 기회를 제공해 준 인사혁신처의 배려가 없었더라면 번역 작업은 시도조차 할 수 없었을 것이다. 이 자리를 빌려 감사의 마음을 전하고 싶다.

2020년 여름

와세다 연구실에서

옮긴이 하 종 원

한국의 독자에게 보내는 메시지

이 책을 보고 계신 한국의 독자 여러분께 삼가 인사드립니다.

저와 일본의 동료 연구자들이 함께 '인적자원관리'에 관해 일본의 기본 서적으로 쓴 이 책이 한글 번역판으로 한국에서 간행되는 것을 매우 기쁘게 생각하고 또한 영광으로 생각합니다.

이 책은 한국 정부 인사혁신처에 근무하는 하종원 박사에 의해 번역되었습니다. 그 노고에 감사드립니다. 이 책의 번역은 하 박사가 2019년 8월부터 2020년 7월까지 1년간 와세다대학교 정치경제학술원에서 재외연구를 하며, 그 사이 세미나 등을 통해 저와 인연을 맺게 된 것이 계기가 되었습니다. 그가 와세다대학교에 오지 않았다면 이 책이 한글로 번역될 일은 없었을 것입니다. 그런 의미에서 와세다대학교에서의 소중한 만남에 감사드리고 싶습니다.

이 책을 통해 독자 여러분이 '인적자원관리'에 대한 기본적 이해를 얻을 뿐만 아니라, 일본과 한국의 실태를 비교하여 한국의 '인적자원관리'에 대한 이해를 높일 수 있기를 희망합니다.

2020년 8월

와세다대학교 정치경제학술원 교수, 트랜스내셔널HRM연구소 소장

시라키 미츠히데(白木三秀)

Mitsuhide Shiraki, Ph.D.
Professor, Faculty of Political Science and Economics, and
President, Institute for Transnational Human Resource Management,
Waseda University, Tokyo, Japan.
E-mail: mshiraki@waseda.jp

이 책의 목적과 특징

이 책은 일본에서 인적자원관리Human Resource Management: HRM 분야의 '표준 교과서'를 목표로 하여, 기획하고 작성되었다.

그런데 '인적자원관리'라는 용어의 '자원'resource이라는 표현에는 '소비하고 나면 없어져 버리는 재료'라고 하는 의미가 포함되어 있어, 경영자원의 하나인 '사람'을 중요하게 생각하는 입장에서는 이 표현이 적절하지 않으며, '자본'capital이라 하는 것이 적절하다고 하는 의견도 존재하고 있는 것이 사실이다. 하지만 'resource'라는 단어에는 '자산'이나 '능력'이라고 하는 의미가 강하게 내포되어 있다는 것을 부정할 수는 없다. 예를 들어, 'resourceful person'이라는 것은 확실히 '재능이 풍부한 인재'人材·人財를 의미한다. 이러한 이유로, 이 책에서는 세계적으로 널리 사용되고 있는 '인적자원관리'라고 하는 용어를 사용하여 제목을 정하게 되었다.

아울러 이 책의 제목에는 '힘'力, Power이라는 단어도 포함되어 있다. 이를 포함한 이유로는, 경영활동에 있어 '인적자원관리'의 역할과 기능의 '힘'을 잘 이해하여, 이를 실제 비즈니스 활동을 이해하는 '힘'과 실천하는 '힘'으로 활용할 수 있으면 좋겠다는 바람을 담은 것이다.

이 책의 주된 독자로는 학부 과정의 3, 4학년생을 염두에 두고 있지만, 동시에 관련 분야의 대학원생들에게도 해당 분야의 기본 지식 습득과 정리에 큰 도움이 되기를 희망한다. 또한 비즈니스 환경이 급격히 변

도표 서문-1 과학적 접근 방법

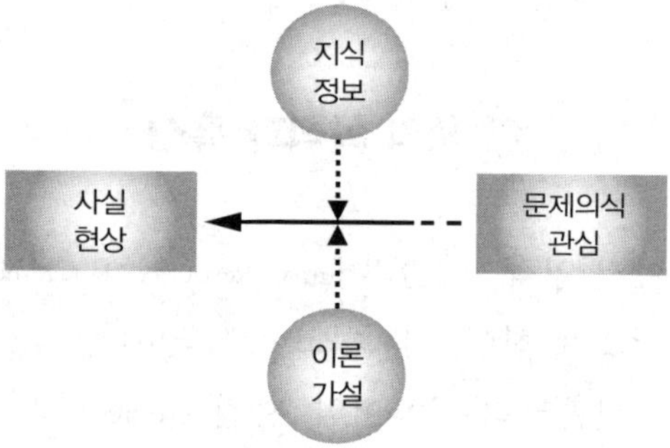

화하는 현실에서, HRM에 관해 제대로 된 관점을 정립하기 위한 기본서로서 현장의 제일선에 서 있는 비즈니스맨들도 꼭 읽어 주었으면 한다.

이 책의 본문에 들어가기 전에 우선 〈도표 서문-1〉을 참고하면 좋겠다. 아무리 사회적으로 중요한 의미를 가지고 있는 사실이나 현상도 처음부터 그에 대한 관심이나 문제의식이 없다면 눈에 들어오지 않을 뿐만 아니라, 이리저리 고민하지도 않게 된다. 따라서 이 책의 독자들에게 기대하는 것은, 노동시장·경력·HRM 등에 대해서, 우선 무엇인가 하나라도 고민해 보거나, 왜 그러한 현상이 생기는 것인지에 대한 문제의식을 가져 보라는 것이다. 이 책이 독자들에게 도움이 되기 위해서는 이와 같은 고민들이 전제가 되기 때문이다.

자신의 관심이나 문제의식을 확인한 후에, 이 책을 읽기를 희망한다. 이 책에는 현재 HRM 분야에서 발생하는 여러 문제에 대한 지식·정보 및 이론·가설들이 이해하기 쉽게 서술되어 있다. 사실이나 현상을 분석하기 위해서는 이론이나 가설을 검토할 필요가 있지만, 그 전에 조금이나마 폭넓은 현실적인 관련 지식과 정보를 필요로 한다. 이 점이 자연과학과는 다른 점인데, 사회과학에서는 관련 지식·정보가 필수적이며, 이를 얻기 위해서는 이 책뿐만 아니라 신문·잡지, 다양한 미디어, 정부·민간 통계 등을 통해 접하는 것이 큰 도움이 될 것이다.

이 책이 의도하고 있는 바는, HRM 분야의 사실이나 현상을 분석하기 위한 이론이나 가설 또는 원칙을 독자들에게 이해하기 쉽게 제공하는 것이다. 이 책을 통해 얻은 지식을 활용하여, 다양한 HRM 분야의 실상에 대해 자신의 관점에서 논리를 구축하고, 나아가 현장의 비즈니스 환경에도 적용하여 문제를 해결하는 데에 일조할 수 있으면 좋겠다. 또한 그것을 가능할 수 있도록 하는 것이 이 책의 목적 그 자체이다.

〈도표 서문-2〉는 이 책에서 다룰 HRM이 구체적으로 무엇인가라는 것을 나타내기 위한 그림이다. 이 책에서 논의할 HRM에는 외부노동시장을 포함한 외부환경, 이해관계자를 전제로 한 사업전략, HR 전략이 만들어지는 프로세스와 그 원칙, 그리고 이를 바탕으로 HR 정책이 시행됨에 따른 종업원의 인지·인식 및 이후의 결과outcome도 포함되며, 최종

도표 서문-2 이 책의 구성

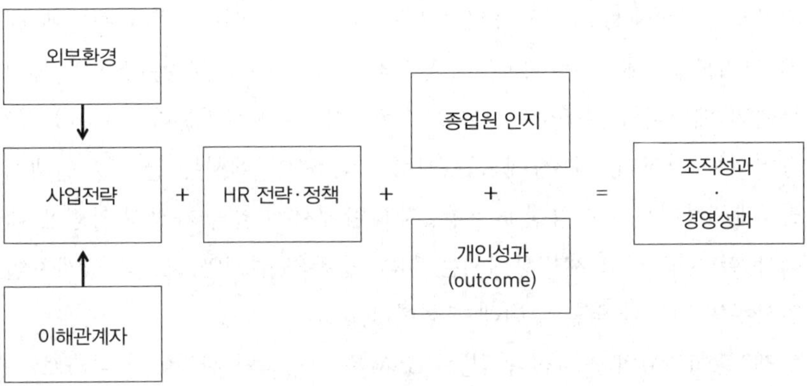

적으로는 조직성과, 경영성과로서 재무적인 결과에 이어지는 전체 프로세스가 제시되어 있다. 물론 HR 전략·정책, 종업원의 인지·인식 및 개인성과라는 내실이 경영성과와 직접적으로 연결되는 것은 아니며 그 사이에는 수많은 변수가 관련되어 있는 것이 분명하다.

이 책은 이와 같은 틀을 기반으로, 아래와 같이 구성되어 있다.

제1부는 「인적자원관리를 둘러싼 환경」으로, HRM을 둘러싼 환경, 특히 노동시장에 대해 설명하고 있다. 이 경우의 이해관계자는 주주, 고객, 종업원이다. 보다 구체적으로 살펴보면, 제1장에서는 노동시장에 있어 수요와 공급의 원칙, 내부노동시장, 인적자본human capital, 인적자원HR에 대한 기본적 이해에 많은 페이지를 할애하였다. 왜냐하면 HRM이라는 것은 내부노동시장 안에서 일어나는 여러 문제들에 대한 현상 및 분석과 다름없기 때문이다. 제2장에서는 경영전략과 HRM과의 관계에 대해 살펴본다. 경영전략에서 기업을 둘러싼 환경과의 관계는 빠질 수 없기 때문이다.

제2부 「기업조직과 HRM에 대한 기본적 이해」는 HRM 정책의 프로세스별 검토에 초점이 맞추어져 있다. 제3장의 「채용과 교육훈련」에서는 외부노동시장에서 내부노동시장으로 이동하는 경우의 여러 측면에 대해 살펴보고, 제4장에서는 업적관리와 역량, 제5장에서는 평가와 동기부여의 메커니즘, 제6장에서는 보수관리에 대해 살펴본다. 아울러 제7장에서는 리더십, 제8장에서는 경력형성, 제9장에서는 글로벌 인재개발, 제10장에서는 다양성과 포용, 제11장에서는 일과 가정의 양립에 대해 논한다. 그리고 제12장에서는 HRM 정책의 설계와 시행의 당사자인 인사부의 기능과 역할에 대해 분석한다.

제3부 「HRM의 거시적 관점」은 HRM을 거시적인 관점에서 바라보아,

제13장에서는 노사관계, 제14장에서는 사회보장을 중심으로 하는 사회안전망, 제15장에서는 국제화라고 하는 각각의 관점에서 인적자원관리의 여러 문제들을 다루고 있다.

마지막으로 제4부 「특정 테마의 이해」에서는, 제16장에서 일하는 것이 갖는 역사적 의미에 대해 고찰하고, 제17장에서는 자원 기반 전략론에 대해 살펴봄으로써, 제2장에서 살펴본 경영전략 중의 특정 테마에 대해 심도 깊게 다루고 있다.

이상과 같은 틀을 기반으로 쓰여진 각 장들이 독자들의 HRM에 대한 논리적인 이해와 실천적인 대응에 한몫할 수 있게 된다면, 편저자로서 이보다 더한 기쁨은 없을 것이다. 개선해야 할 부분에 대해서는 독자들의 제언을 기대한다.

이 책의 출판에 있어서, 분신도文眞堂 출판사의 마에노 다카시前野隆 대표님으로부터 처음부터 끝까지 여러 가지 면에서 배려를 받았으며, 또한 마에노 고타前野弘太 씨로부터는 기획·편집에서 많은 도움을 받았다. 끝으로, 심심한 사의謝意를 표하고 싶다.

2018년 3월

집필자를 대표하여

시라키 미츠히데

차례

01

인적자원관리를 둘러싼 환경

제 1 장

노동시장과 인적자원관리의 관계

1. 도입

기업활동을 위해 필수불가결하며, 본질적인 것은 경영자원이다. 경영자원은 첫째, 사람(인적자원), 둘째, 물자(물적자원), 셋째, 돈(자금) 등으로 구성되는데, 경영자원 중에서도 사람이 가장 먼저 언급되는 데에는 이유가 있다. 왜냐하면 인적자원human resource이야말로 가장 중요한 경영자원이기 때문이다.

인적자원은 이를 담당하는 주체가 인간 그 자체이기 때문에 다른 경영자원과는 달리, 채용 및 선발의 방법, 배치 및 활용의 방법, 교육훈련의 방법, 평가의 방법, 급여 및 승진 등 처우의 방법, 그리고 인간관계나 커뮤니케이션의 방법 등에 따라 종업원의 하고자 하는 의지나 생산성, 나아가서는 종업원의 생활에까지 커다란 치이를 가져오게 한다.

이 때문에 인적자원은 각 기업의 경영이념이나 경영전략이라고 하는 장기적인 방향성과 일치하는 형태로 관리, 즉 채용·육성·배치·평가 및 처우가 이루어져야 한다. 이와 동시에 인적자원을 활용하는 입장에서, 기업은 단순히 직원의 불만을 없애는 것뿐만 아니라 직원이 가지고 있는 능력을 극대화할 수 있어야 하고, 아이디어나 창조성을 필요로 하는 업무일수록 재능과 장점을 맘껏 발휘할 수 있는 환경을 구축하여야 한다.

이처럼 기업이 전략이나 경영방침을 세우고, 어떠한 논리와 절차에 따라 인재를 모집·선발·채용하고, 교육훈련 및 양성 과정을 거쳐, 배치·활용·평가·처우할 것인가, 그리고 직원들의 경력을 어떻게 설계하고 운용할 것인가, 종업원 개개인 또는 단체(노동조합)와는 어떠한 관계를 구축해 나갈 것인가에 관한 내용들이 이 책의 중요한 주제가 될 것이며, 이러한 주제들이야말로 인적자원관리HRM: Human Resource Management

그 자체를 의미한다.

이 장에서는 노동시장과 인적자원관리와의 관련성에 대해 생각해 보도록 보자. 기업활동과 인적자원이 처음으로 접하게 되는 곳이 바로 노동시장이기에, 먼저 노동시장의 개념에 대해 이해할 필요가 있다. 우선 노동시장은 크게 외부노동시장과 내부노동시장으로 구분된다는 점에 대해 살펴보고, 이어서 내부노동시장 이론이 신입사원 채용, 장기고용, 임금의 연공적인 특성, 그리고 퇴직금제도 등 일본의 고용관행에 대해 상당한 수준까지 설명해 주고 있다는 것을 이해할 수 있으면 좋겠다.

2. 노동시장이란 무엇인가?

(1) 노동시장과 생산물시장

기업은 독자적인 경영이념이나 경영전략에 기반하여 재화나 서비스를 생산하고, 판매활동을 수행하는 경제주체의 하나이다. 아울러 기업은 생산·판매 활동을 통해, 처해 있는 조건하에서 이윤을 극대화하려 한다. 기업이 생산·판매 활동을 수행하는 경우에는 두 가지 종류의 시장과 대면하게 된다. 첫째는 생산물시장이며, 또 다른 하나는 생산요소시장이다(도표 1-1 참조).

이러한 두 개의 시장을 통해 기업이 대면하게 되는 상대는 기업 간의 거래를 제외하면, '가계'라고 하는 경제주체이다. 가계는 때로는 재화나 서비스의 소비자로서, 어떤 경우에는 생계를 위해 노동을 제공하는 노동자 가족으로 시장에 등장한다. 가계는 복수의 가족구성원으로 이루어지기도 하지만 단신인 경우도 있다. '기업', '가계' 이외에도 '정부'라고 하는 경제주체도 존재하지만, 여기에서는 모형을 단순화하여 시장경제에 대해 알아보기 위해 기업과 가계라는 두 개의 경제주체로 한정하여 살펴보도록 하자.

〈도표 1-1〉에서와 같이, 기업은 생산한 재화와 서비스를 판매하는 생산물 시장에서는 공급자이지만, 생산요소(노동서비스, 자본 및 금융 서비스, 토지)가 매매되는 생산요소시장에서는 수요자가 된다. 반대로 가계는 생산물시장에서는 수요자이지만, 생산요소시장에서는 공급자가 된다. 생산요소시장은 그 시장이 다루는 생산요소에 따라 하위 시장이 존재한다. 즉 노동서비스가 판매되는 시장은 노동시장, 자본 및 금융 서비스가 판매되는 시장은 자본 및 금융 시장, 토지(서비스)가 판매되는 시장은 부동산시장이라고 불린다. 우리가 아래에서 주로 논의하게 될 노동시장은 생산요소시상 중 일부라고 할 수 있다. 노동서비스에 대한 수요는 기업이 생산활동을 수행하기 위한 파생수요derived demand가 된다.

이처럼 노동시장은 기업의 노동서비스 수요와 가계의 노동서비스 공급에 맞추어 노동서비스의 가격에 맞는 임금과 요구되는 고용량이 결정되는 곳이다. 경제학에서는 이를 수요곡선과 공급곡선의 교차점, 즉 균

도표 1-1 생산물시장과 생산요소시장의 개념

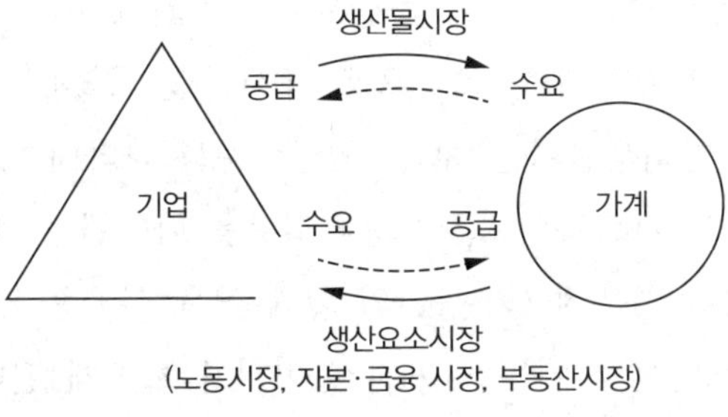

형점에서 임금과 고용이 결정된다고 설명한다.

균형점의 의미를 보다 알기 쉽게 설명하면, 노동자에게 지불해야만 하는 임금은 그 사람의 생산활동에 대한 공헌도(생산성)와 같은 점을 의미한다. 어떠한 사정에 의해 임금이 균형수준보다 높게 설정된 경우, 노동수요를 노동공급이 초과해 버리기 때문에 실업이 발생하고, 일자리를 찾는 노동자 사이에서 경쟁이 이루어지게 되어 원래 임금수준을 균형점까지 끌어내리게 된다. 반대로 어떠한 사정으로 임금이 균형수준보다 낮게 설정된 경우에는 노동공급에 비해 기업의 노동수요가 초과되어, 기업 간에는 임금을 끌어올려서라도 노동자를 채용하려는 경쟁이 이루어져서, 원래 임금수준을 균형점까지 끌어올리게 된다. 이처럼 노동서비스에 대한 수요와 공급이 일치하는 균형점까지 임금조정은 계속적으로 이루어지게 된다.

확실한 것은, 이처럼 균형점에 도달하게 되면 수요와 공급이 일치하게 되어 실업이 존재하지 않게 되고, 그 지점에서 임금은 안정적으로 유지되게 된다는 것이다. 균형점에서 임금수준(Wage: W)은 노동의 '한계생산력'(Marginal Productivity: MP)과 일치하여, $W=MP$라고 하는 등식이 성립하게 된다. 여기서 노동의 한계생산력이라는 것은 노동을 1단위 증가시킨 경우의 생산량의 변화를 말한다. 이 장에서는 논의를 단순화하기 위해 산출물에 대한 화폐가치로의 환산은 무시하기로 한다.

한편 $W=MP$의 관계를 그림으로 표시하면 〈도표 1-2〉와 같다. MP의 높이는 한계생산력을, W는 임금수준을 나타내며, W는 주어진 것으로 고정하고 가로축의 L은 노동투입량을 나타낸다. MP는 다른 생산요소를 고정한 경우에 L의 증가와 함께 처음에는 증가하다가 노동투입량이 L_3에 도달한 후에는 낮아지는 형태를 보이게 된다. 이 곡선을

도표 1-2 W=MP가 성립하는 이유

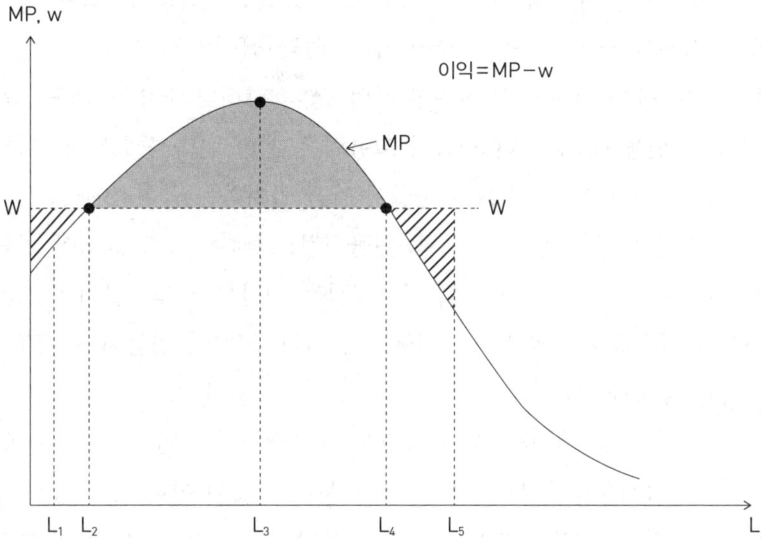

*MP*곡선이라고 부른다. 한계이익은 한계생산력−임금, 즉 *MP* − *W*로 표시된다. 한계이익은 L_2까지는 마이너스, L_4를 넘어서서 L_5에서는 다시 마이너스가 된다. 기업의 총이익은 *MP*곡선과 *W*직선과의 사이, 윗부분의 음영으로 표시된 면적에서 사선으로 표시된 부분의 면적을 뺀 부분이며, L_2에서 생산을 멈추게 되는 경우 사선으로 표시한 부분만큼의 적자를 보게 된다. L_4에서 생산을 멈출 경우에는 총이익이 최대가 되고, L_5까지 생산을 증가시킨 경우에는 L_4에서 L_5 사이 사선의 적자 부분만큼 총이익이 감소하게 된다.

이와 같이 L_4에서 생산을 하는 경우, 즉 *W*=*MP*가 되는 경우에 총이익은 최대가 된다. 이와 같이 *MP*곡선의 우하향하는 부분을 노동수요곡선이라 할 수 있다.

(2) 외부노동시장과 내부노동시장

노동시장에서 기업의 가변비용variable cost으로서 노동서비스에 대한 수요와 가계의 노동서비스 공급에 따라, 임금·급여와 고용량이 균형점에서 결정된다는 것은 앞서 살펴본 바와 같다. 그러나 수요곡선, 공급곡선 쌍방의 변동shift에 따라 임금과 고용량은 계속 변화하게 된다. 이론적으로는 노동시장에서 수요와 공급이 가끔 일치하는 균형점에서는, 그 때마다 거래가 완결되는 관계, 즉 현물시장(스폿마켓, spot market)이 성립하게 된다고 말할 수 있다. 현물시장에서는 생산물시장과 같이 수요의 변동이 직접적으로 고용과 임금률에 연동되며, 고용과 임금이 시시각각 변화하는 상태가 된다.

하지만 현실에서 노동시장의 상황을 생각해 보자. 일반적으로는 임금·급여는 경제상황에 따라 매일매일 변동하는 것이 아니며, 오늘은 일자리가 있지만 내일은 어찌될지 모르는 상황이라는 것은 일반적인 모습이 아니다. 매우 불안정한 상황하에서라면, 노동자는 장기적인 생활 설계가 불가능하고, 위험부담이 커지게 된다. 기업 역시 그러한 상황에서는 장기적인 경영계획을 수립하는 것이 어려워질 뿐만 아니라 인재육성을 해야만 하는 인센티브incentive(유인)도 없고, 전략에 기반하여 수립하게 되는 타사와의 차별화전략differentiating policy(타사와의 차이를 크게 두려는 정책)도 전개할 수 없게 된다. 오히려 현실에서는 기업의 전략에 따라, 장기적인 고용관계나 종업원의 경력을 설계하여 운용하고 있다(제2장에서는 경영전략의 인적자원관리가 갖는 함의에 대해 논의할 예정이다). 이러한 의미에서 노동서비스는 가변요소보다 고정요소fixed factor 또는 준고정요소quasi-fixed factor에 가까울 것이다. 노동자 역시 이러한 점을 염두에 둔 인생 설계를 하게 된다. 〈도표 1－2〉를 참고하길 바란다.

'임금＝한계생산력(W=MP)'이 항상 성립하는 현물시장은 기업 외부에 성립되어 있는 '외부노동시장'에서 볼 수 있다. 수요와 공급이 일치하지 않는 경우, 초과공급으로 실업이 발생하며 임금이 하락하게 되거나, 반대로 초과수요로 인해 임금이 상승하게 된다.

둘 중에 어떠한 경우라도 외부노동시장에서 채용이 결정되고 고용계약이 체결되고 나면, 해당 노동자는 어느 정도의 특수한 기능·지식을 보유하고 있지 않은 이상, 신입직원으로서 기업 내 조직의 가장 낮은 위치의 업무에 배속되게 되며, 이때부터 해당 기업 내에서의 계속적인 고용관계가 시작되게 된다. 이와 같이 기업조직 내에 있어서의 노동시장을 '내부노동시장'internal labor markets이라고 한다. 내부노동시장에서는 〈도표 1－3〉의 피라미드 내부에 예시로 든 것과 같은 계층구조가 형성되어 있으며, 처음에는 직장 선배로부터의 직장 내 훈련On the Job Training: OJT을 통해 일에 필요한 기능·지식을 습득하고, 내부 승진에 필요한 경력을 형성시켜 나가게 된다. 아울러 필요에 따라 기업 외부의 세미나 등에도 참여하여 직장 외 훈련Off the Job Training: Off-JT을 받기도 한다.

여기서 중요한 점은 장기적·계속적 고용관계가 형성되면, 현물시장

도표 1-3 외부노동시장 및 내부노동시장

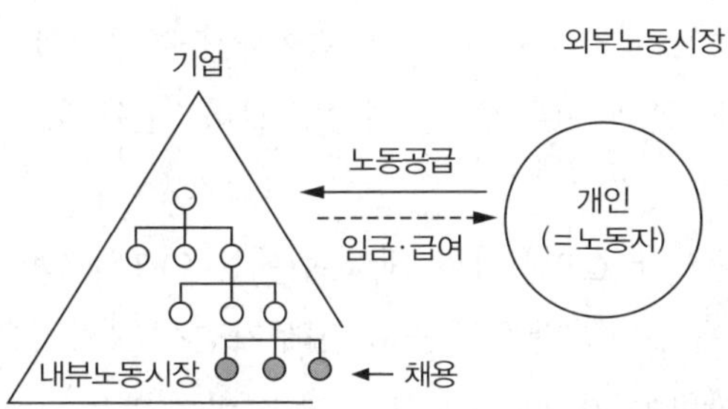

에서와 같이 '임금=한계생산력($W=MP$)'과 같은 관계에 반드시 구속될 필요가 없어지며($W \neq MP$), 장기적인 임금총액과 한계생산력의 합계가 일치하는 관계가 되기만 하면 괜찮다고 인식하게 된다($\Sigma W = \Sigma MP$). 이처럼 장기적·계속적 고용관계 형성에 대한 경제적 설명으로는 Gary Becker의 인적자본이론을 들 수 있다. 간략히 이에 대해 설명하면 다음 절과 같다.

3. 인적자본이론

인적자본human capital은 노동자의 기능이나 기술, '지적 숙련' 등 노동자의 몸에 체화된 직업능력 전반의 것을 의미한다. 이는 학교 교육, 직업훈련시설, 기업 내 훈련 등에 따라 형성되지만, 여기에서는 이 중에서도 중심이 되는 기업 내 훈련에 대해 살펴보고자 한다. '지적 숙련'이라는 것은 고이케와 이노키(小池和男·猪木武徳, 1987)가 주창한 개념으로, 직장에서 상시 발생하는 변화에 대처하기 위해서는 기능인력으로서 갖는 스킬에 추가하여 기술자로서의 지식·능력을 필요로 한다는 것을 말한다. '지적 숙련'의 차이는 생산성에도 커다란 차이를 가져오게 된다는 점에 유의해야 한다. 여기에서는 기능인력이나 블루칼라를 논의의 중심으로 하고 있으나, 본래 이론에서는 화이트칼라, 연구개발기술자 등에도 적용하고 있다.

앞서 설명한 바와 같이, 기업 내 훈련에는 OJT와 Off-JT가 있는데, OJT는 기업 내에서 다양한 업무를 경험해 가면서 장기적으로 행하는 훈련을 말하며, 상황에 따라서는 OJT 담당 선배를 멘토mentor로 특정하여 후배의 지도를 담당시키는 경우도 있다. 이를 공식적formal OJT라고 부르며, 이것 이외에 일상적으로 실시되는 비공식적 OJT와 구별하는 경우도 있다. OJT가 갖는 장점은 훈련이 그 자리에서 즉시 구체적으로 행해지기 때문에 효율적이라는 점을 들 수 있다.

한편 직무에서 벗어나 실시되는 Off-JT는 연속적인 직무를 떠나 실시되는 단기적인 경우가 많다. Off-JT를 통해, 그동안의 직장 내 경험·지식을 체계화하고 정리하는 기회를 얻고, 기능·지식 수준을 기존 수준과 비교하여 한층 더 향상시킬 수 있게 된다면 보다 이상적일 것이다.

하지만 훈련에 드는 비용을 어느 정도까지 생각하면 좋을까. 직무를 떠나서, 가끔은 회사 밖의 세미나에 참석하는 형태로 실시되는 Off-JT는 비용을 수반하게 되지만, 중요한 점은 OJT의 경우에도 비용은 발생한다는 것이다. 선배가 후배를 지도함으로써 선배의 직무효율이 떨어지게 되는 경우, 하락한 능률 부분은 비용이 되며, 또 직무에 익숙하지 못한 훈련 중의 신입직원에게 직무능력 이상의 급여를 지불하게 되는 것도 사실이다. 결과적으로 기업이 급여와 직무능력과의 차액 부분에 해당하는 비용을 부담하게 되는 셈이다.

결국 중요한 점은 이러한 훈련에 드는 비용이 '지불하면 사라지는 비용'이라기보다는, '장래에 되돌려 받을 수 있을 것으로 기대되는 투자'라는 의미를 지니고 있다는 것이다. 바꿔 말하면, 기업 내 훈련은 인적자본에 대한 투자라는 측면을 가지고 있다.

훈련에 따라 형성되는 숙련·기능은 크게 나누어, 일반숙련general skill과 기업특수숙련firm specific skill의 두 종류로 나누어 생각할 수 있다. 일반숙련은 어느 기업에서라도 통용되는 기능이며, 기업특수숙련은 특정 기업 밖에서는 통용되지 못하는 기능이다. 훈련투자비용의 부담과 수익을 기업과 노동자 사이에 어떻게 배분할 것인가는 중요한 문제이다. 이는 아래에서와 같이 숙련의 종류에 따라 달라지게 된다.

훈련에 대해 세 가지의 시기로 나누어 생각해 보자. 즉 〈도표 1-4〉와 같이 훈련을 받기 이전인 제1기, 훈련 중인 제2기, 훈련 후의 제3기로 구성되는 모형을 생각해 볼 수 있다. 일반숙련이거나, 기업특수숙련이거나에 상관없이, 훈련 전의 제1기에서 노동자는 직무 관련 기능을 딱히 가지고 있지 못한 미숙련노동자이며, 그 한계생산력은 MP_0이고, 따라서 임금도 W_0가 된다. 이 시점에서는 $W_0=MP_0$가 된다.

훈련 중인 제2기에서는 노동자의 한계생산력이 훈련 전의 MP_0에서 MP_1으로 하락하게 된다. 이 시기에서는 훈련 중의 비용부담이 발생하며, 동시에 생산성도 떨어지게 된다. 하지만 훈련을 받고 난 이후인 제3기에서의 노동자의 한계생산력은 기능이 향상되어, MP_1에서 MP_2로 높아지게 된다. 이 지점에서는 일반숙련이거나 기업특수숙련이거나 차이가 없다. 차이점은 훈련투자비용의 부담과 수익의 분배이다.

먼저 일반숙련의 경우, 기업은 훈련투자에 따른 수익을 얻을 수 없기 때문에, 비용도 일절 부담하지 않는다고 생각할 수 있다. 여기에서는 훈련 전, 훈련 중, 훈련 후의 노동자의 한계생산력이 $MP_0 \rightarrow MP_1 \rightarrow MP_2$로 변화하며, 이에 따라 임금도 $W_0 \rightarrow W_1 \rightarrow W_2$로 변화하게 된다. 이 경우에는 일관되게 $W=MP$가 성립하게 된다. 훈련을 받음으로써 노동자의 한계생산력이 MP_1에서 MP_2로 높아지게 되면, 노동자의 임금은 훈련 중 임금인 W_1에서 훈련 후의 임금인 W_2로 상승하게 된다. 기업은 그 생산력이 높아진 만큼 임금을 높여 줄 필요가 있다. 만일 훈련 후의 임금(W_2)이 훈련 후의 생산력(MP_2)보다 낮아지는 경우에는, 훈련을 통해 획득한 기능이 어디에서나 통용될 수 있기 때문에 노동자는 타 기업으

도표 1-4 훈련투자비용, 한계생산력, 임금의 관계

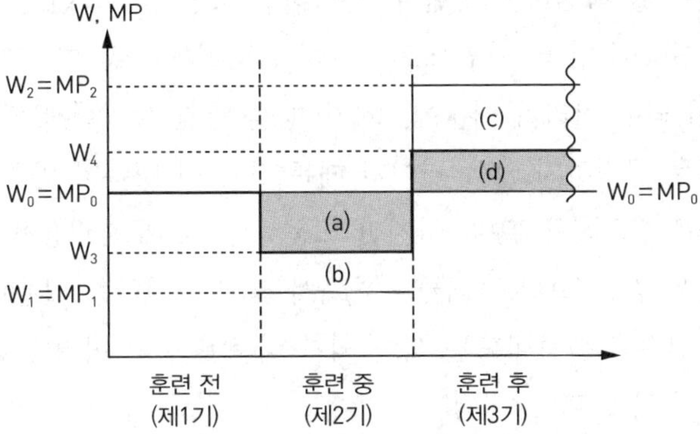

로 전직을 해 버리기 때문이다. 이 때문에 $W_2 = MP_2$가 아니면 안 된다. 동시에 이 경우에, 기업은 훈련투자에 따른 수익을 얻지 못하기 때문에 비용도 부담하지 않는다. 여기서 $W_1 = MP_1$이 되지만, W_1은 훈련 중에는 비용의 부담이 발생하고 동시에 생산성도 하락하기 때문에 미숙련노동자의 임금(W_0)보다도 낮아지게 된다. 즉 일반숙련의 경우, 훈련투자비용은 전액 노동자가 부담하며, 훈련투자의 수익도 전적으로 노동자가 얻게 된다. 중요한 점은 노동자의 훈련투자도 임금도 노동자 개인의 의지에 따른 것이며, 특정한 기업과는 전혀 관계가 없다라고 하는 점이다.

한편 기업특수숙련에 있어서는 사정이 완전히 달라지게 된다. 기업특수숙련은 특정 기업 안에서만 통용되는 기능을 의미한다. 노동자는 입사 후 처음으로 특정 기업에서만 통용되는 기업특수숙련을 위해 훈련을 받는다.

먼저, 일반숙련과 같이 노동자가 전액 훈련투자비용을 부담하게 된다면 어떻게 될까. 훈련 후의 임금은 일반숙련의 경우와 같이 W_2가 된다.

기업은 W_2를 MP_2보다 낮춰 가능한 한 W_2에 가까운 곳(예를 들어, W_4)까지 낮추어, 수익을 독점하고자 한다. 왜냐하면 노동자의 숙련은 해당 기업 내에서만 통용되며, 타 기업으로 전직하게 되면 임금은 미숙련노동자의 임금(W_0)이 되어 버리기 때문에, W_4가 W_0를 약간 상회하게 되는 한, 해당 노동자는 전직하지 않을 것이기 때문이다. 이 경우의 임금은 $W_0 \rightarrow W_1 \rightarrow W_4$로 변화하게 된다. 하지만 노동자는 훈련투자비용을 부담했고 힘든 훈련을 받았으므로 임금도 W_0에서 크게 변화하지 않는다면 실질적으로는 실수입은 줄어드는 셈이 되기 때문에 결국 이러한 훈련을 받으려고 하지 않게 된다.

반대로, 기업이 훈련투자비용을 전액 부담한다고 하면 어떻게 될까. 기업이 훈련투자비용을 전액 부담하기 때문에, 수익은 기업이 독점하고 임금은 $W_0 \rightarrow W_0 \rightarrow W_0$으로 변화하지 않을 것인가. 이런 경우는 발생하지 않을 것이다. 왜냐하면, 만일 노동자가 제3기에 타 기업으로 이직을 하게 되면, 기업은 훈련투자의 비용을 하나도 회수하지 못하게 된다. 따라서 노동자가 전직하지 않도록 임금을 W_0보다 일정 수준 높여서, 예를 들어 W_4로 설정하게 된다. 이 경우에 임금은 $W_0 \rightarrow W_0 \rightarrow W_4$로 변화한다. 하지만 이런 경우를 예상할 수 있다면 노동자도 일정액의 훈련비용을 부담해도 좋다고 생각할지도 모른다.

다음은 기업특수숙련의 경우로, 훈련투자비용을 노사 쌍방이 부담하여, 훈련투자 수익을 양자가 나누어 갖는 형태이다. 이 경우에 임금은 $W_0 \rightarrow W_3 \rightarrow W_4$로 변화한다. W_3과 W_4의 높이가 나타내는 배분 비율의 적정선은 노사 간 역학관계나 환경 등 여러 조건에 따라 다르다. 이 경우, 노동자가 부담하는 훈련비용의 부분은 회색으로 칠해진 면적(a)이며, 기업이 부담하는 훈련비용은 흰색으로 표시된 면적(b)이다. 또한 수익에 있어서 회색으로 표시된 면적(d)은 노동자에 귀속되고, 흰색으로 표시된 면적(c)은 기업에 귀속되게 된다.

중요한 점은 여기에서 훈련 후의 임금(W_4)과 훈련 후의 생산력(MP_2)이 현물시장에서와 같이 일치할 필요는 없으며, 마찬가지로 훈련 중의 임금(W_3)도 훈련 중의 생산력(MP_1)과 일치하지 않는다는 것이다. 즉 외부노동시장에서 보여지는 것처럼 현물시장의 $W=MP$는 성립하지 않는다는 것이다($W \neq MP$). 이상의 논의를 훈련투자비용과 수익으로 정리하면 〈도표 1-5〉와 같다.

도표 1-5 훈련의 종류별로 살펴본 비용부담 및 수익배분방법

구분	훈련투자비용의 부담자	수익의 수령자
일반숙련(훈련)	노동자만	노동자만
기업특수숙련(훈련)	기업·노동자 쌍방	기업·노동자 쌍방

이상의 논의에서 얻은 시사점으로는, 기업특수숙련이 존재하는 경우에는 이에 상응하는 훈련투자가 필요하며, 그 정도에 따라 고용의 장기화가 경제적이고 합리적이라는 점이다. 〈도표 1-4〉에서는 이를 우상향의 점선으로 표시하였으며, 근속기간이 길면 길수록 기업의 수익 수령면적(c)과 노동자의 수익 수령면적(d)이 함께 커지게 된다는 것을 알 수 있다. 바꿔 말하면, 동일한 기업에 근무하면서 훈련을 받게 됨에 따라 임금은 W_3에서 W_4로 높아지며, 생산력 역시 일대일로 대응하는 것이 아니라 우상향한다는 점에 주목할 필요가 있다. 즉 임금·급여는 근속연수가 길어질수록 상승하게 된다는 것을 경제적, 합리적으로 설명할 수 있다.

노동자의 근속연수가 길어질수록 기업이윤의 증대에 기여하게 된다

면, 기업은 노동자 근속의 장기화를 위해 여러 가지 정책을 내놓을 것이다. 근속연수가 오래된 노동자에게 유리한 퇴직금제도의 설계, 근속연수가 길어짐에 따라 상승하게 되는 임금제도의 설계(혹은 연공임금제도), 동시에 기업 내부 승진에 유리한 승진제도의 설계 등은 기업특수숙련이 존재하는 경우에 기업이 설계해야만 하는 합리적인 제도라고 볼 수 있다(이러한, 기업 내 여러 제도에 대한 보다 상세한 논의는 제3장, 제6장, 제8장, 제11장, 제14장 참조).

반면 노동자에게 있어서, 동일 기업에 장기간 근무하는 것은 지금까지 기업특수숙련을 위해 투자한 투자비용에 대한 회수기간을 길게 가져가게 된다는 것을 의미한다. 회수되지 못한 채로 기업에서 퇴직하는 것은 지금까지의 투자가 무의미하다는 것을 말한다. 훈련에 대한 투자비용은, 기업으로부터 퇴출되고 나면 처분이나 회수가 되지 않는다. 이러한 의미에서 기업특수숙련에 대한 훈련투자는 글자 그대로, 매몰비용 sunk cost이 될 위험이 있다. 입사 후 장기고용을 기대할 수 있는 경우에, 노동자가 안정적인 고용과 맞바꿔서 조금 낮은 초임 임금(W_3은 W_0보다 낮다는 점에 주의!)을 수용할 수 있게 되는 것은 그것이 장기적인 배당이라 생각하기 때문이며, 동시에 기업특수숙련에 대한 투자라는 관점에서 이해 가능하기 때문이다.

중요한 점은 기업특수숙련에 대한 투자·훈련에 따라 기업도 노동자도 모두 그 기업에서의 근무에 강하게 몰입하게 된다는 것이다. 기업이 노사 운명 공동체적인 성격을 가지고 있다는 점에는 기업특수숙련의 존재가 커다란 영향을 미친다. 한편, 기업특수숙련에 대한 투자·훈련과 무관한 노동자는 안정적 고용과는 관계가 없어지는 일도 발생하게 된다(인재의 다양성에 대해서는 제10장 참조).

한편 지금까지의 논의로부터, 기업특수숙련이 존재하는 내부노동시장에서는 임금설정을 하는 데 있어 '임금=한계생산력'($W=MP$)이라고 하는 외부노동시장의 제약으로부터 벗어날 수 있으며, 장기근무가 지속되는 것은 노사 쌍방의 비용·수익cost-benefit(비용 대 편익)의 관점에서 발생한다고 하는 것이 명확해졌다. 이는 경제적인 비용·수익적인 관점에서 도출된 이론인 반면에, 조직 내의 노력, 일하는 태도나 생산성과 같은 것에 대해서는 직접적인 감시가 곤란하여, MP를 정확하게 측정하는 것이 곤란하기 때문에 $W \neq MP$가 되지 않으면 안 된다고 보는 관점도 있다(제4장, 제5장 참조).

이와 같은 경우에는 어떻게 임금이나 경력을 설계하는 것이 좋을지 〈도표 1-6〉을 통해 살펴보도록 보자.

〈도표 1-6〉은 정년제도의 필연성에 대해 설명하기 위한 그림으로, 노동자의 헌신commitment이나 사기morale를 이끌어내기 위한 메커니즘 및 태업shirking을 억제하기 위한 제재sanction의 메커니즘을 나타내고 있

도표 1-6 생산력과 임금의 관계

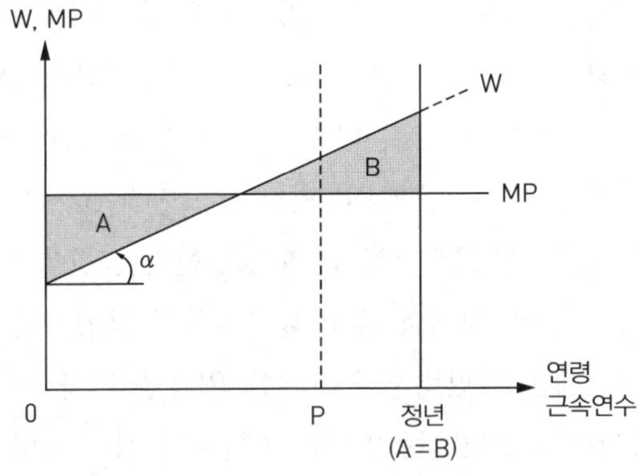

다(조직 내의 동기부여에 대한 구체적인 논의는 제5장 참조). 하지만 그림에서는 단순화를 위해 노동자의 한계생산력(MP)은 연령에 관계없이 일정하다고 전제하였지만(이를 위해 MP의 높이를 나타내는 직선을 가로축과 평행하게 표시하였음), 지금까지 살펴본 것과 같이 훈련투자에 따라 노동자의 한계생산력이 우상향하게 되는 경우도 타당하다고 할 수 있다.

한편 외부노동시장에서와 같이, $W=MP$가 항상 성립한다면 기업은 노동자에게 생산력 향상에 따른 임금을 지급하게 되어, 〈도표 1-6〉의 경우와 같이 생산력은 일정하다고 가정할 때, 임금은 항상 같은 수준을 유지하게 된다. 이 경우 기업은 생산성이 높은 노동자에게는 그에 맞는 높은 임금을, 반대의 경우에는 반대의 임금을 지불하게 되어, 노동자가 희망하는 경우에는 동일한 노동자를 언제까지라도 고용해도 좋으며 정년제도도 필요하지 않게 된다.

그러나 내부노동시장에서 근속기간이 장기화되어, 기업에 있어서는 총근무기간을 통해 전체적인 임금총액과 한계생산력의 합계가 일치하는 관계($\Sigma W=\Sigma MP$)가 되는 것이 이상적이라고 할 것이다. 또 $W=MP$라고 하는 형태로 임금을 설계하는 것도 가능하지만 조직 내에서 한 명씩 각각의 MP를 측정한다는 것은 쉽지 않기 때문에, 어떤 시기 또는 기간에는 비록 $W\neq MP$가 된다고 하더라도 전체 근무기간을 통해서는 $\Sigma W=\Sigma MP$라고 하는 형태로 맞춰 나가는 것이 합리적일 것이다. 〈도표 1-6〉에 회색으로 표시된 삼각형의 면적 A와 면적 B가 같다는 것은 정년까지 근무하는 경우에 $\Sigma W=\Sigma MP$가 성립한다는 것을 의미한다.

바꿔 말하면, 임금을 설계할 때 기울기 α의 우상향하는 직선으로 하여, 즉 젊은 시절에는 생산력보다도 낮은 임금을 지불하고, 반대로 중장년기에는 생산력을 상회하는 임금을 지급하여 정년 도달 이전의 지점인, 예를 들어 〈도표 1－6〉의 P점에서의 이직은 생산력을 초과하는 임금(면적 B의 P보다 우측 부분)만큼을 상실하는 결과를 가져오기 때문에, 이를 통해 노동자의 헌신과 장기근속을 이끌어 내는 것이 가능하다. 또한 노동자가 성실히 근무하지 않고 부정을 저지르는 경우에는 엄격하게 해고 통보를 하여 동일한 효과를 얻을 수 있다. 노동자가 성실히 근무하지 않거나 부정을 저지르는 경우에 희생·손실cost이 커지면 된다면, 그러한 행위를 자숙시키게 되는 것도 예상 가능하다.

이처럼 임금을 기울기 α의 우상향으로 설계하게 되면, 노동자는 정년을 넘겨 장기간 근속하는 것이 장점을 극대화하게 된다는 것을 알 수 있다. 하지만 이러한 상황이 지속되게 된다면, 면적 B가 면적 A를 크게 상회하여 기업에 있어서는 커다란 손실이 발생하게 되므로 면적 A와 면적 B가 같게 되어, 기업에 대한 공헌의 합계(ΣMP)와 임금총액(ΣW)이 일치하는 지점에서 고용관계가 종료되도록 고용계약을 체결하게 된다. 이것으로 정년제 도입의 논리와 해석이 가능하다(제6장, 제8장 참조).

그럼 면적 A와 면적 B가 일치하도록 설계된 경우의 구체적 제도에 대해 검토해 보자. 면적 A가 면적 B와 같다고 하는 지금까지의 논의에서는 노동자의 노동 노력이나 헌신을 이끌어 내는 인센티브로서 후불제의 임금제도를 도입하는 것이 기업에 있어서는 경제적이고 합리적인 것임을 나타내고 있다. 정기승급제도를 포함한 연공적 성격의 임금제도, 퇴직금·기업연금도 이러한 후불 임금제도의 한 종류라고 생각할 수 있다.

4. 내부노동시장의 성립과 지속

외부노동시장과 같이 신고전학파의 노동시장 이해에 대한 비판은 Clark Kerr가 1954년에 발표한 "The Balkanization of labor markets"에서 찾아볼 수 있다. 이 논문의 제목은 「노동시장」인데, '발칸반도가 작은 소국으로 나뉘어져 있듯이, 노동시장도 다수의 이질적인 노동시장으로부터 기인한다'라고 하는 의미를 담고 있다.

현실의 노동시장에서는 외부노동시장과 같은 '임금시장'wage market 이외에도 '인력시장'job market이 존재하며, '인력시장'에서는 노동시장이 지역별, 산업별, 직업별로 나뉘어 있고, 각 시장은 노동시장이라고 하는 수급 밸런스에 따라 조정되는, 추상적인 곳이기보다는 각 직무를 배분하는 구체적인 곳이라고 하였다. Kerr는 '인력시장'의 보다 현실적 개념으로서 '제도적 시장'을 제시하며, 이를 '기업별 시장'과 '직업별 시장(직업별 노동조합이 지배하는 시장)'으로 구분하였다. '기업별 시장'에 있어서 기업 간의 이동은 노동자에게 불리하기 때문에 이동이 많지 않게 되고, 내부 승진에 따른 기업 내부 이동이 많아지게 된다. 이 때문에 내부노동시장에서 노동자는 중세의 장원manor에 속한 농노serf와 같다고 비유된다.

한편 John Thomas Dunlop은 1957년 기업 내 임금구조에 관한 논문에서, 각각의 직무를 개별적으로 분석하기보다는 관련된 직무의 연결인 직무군job cluster이라는 관점에서 분석하는 것이 좋다고 주장하였다. 이에 따르면, 직무 중에서도 중요한 일은 기업 간 임금이 비교되어 균등화된다고 하는 의미에서 '임금 등고선'wage contour이라는 매우 흥미로운 개념을 제시함과 동시에, 처음으로 내부노동시장을 '채용된 사람의 이동을 규율하는 일련의 관리상의 제 규칙'이라고 규정하였다.

이와 같은 논의 및 앞서 설명한 인적자본이론을 종합하여 내부노동시장에 대해 체계적으로 설명한 학자가 Doeringer와 Piore이다. 이들은 1971년에 『내부노동시장과 맨파워 분석』(1985년에 한 개 장을 추가하여 재출판되어, 일본어 번역판은 1985년판을 기준으로 함)을 출판하여, 내부노동시장에 대해 상세히 기술하였다. 이 책에서는 내부노동시장을 "기업 외부와는 다른 각종 계약arrangements 아래에서 장기고용 노동력의 가격결정(임금)과 배분이 정해지는 곳"이라고 새롭게 정의하였다. 이들이 주장한 내부노동시장의 성립에 대해 살펴보면 아래와 같다.

먼저, 내부노동시장의 성립에 필요한 필요조건은

① 기능의 기업특수성firm specificity

② 직장 내 훈련OJT의 존재

③ 관습custom의 성립

이라고 하는 세 가지를 들 수 있다.

즉 기업특수숙련이 존재하는 기업에서는 근속이 장기화되고, 그 사이에 OJT를 통해 훈련을 실시하며, 직장에 노동자의 직장집단work group이 형성되어, 다양한 관습이 기업 내에 생성되게 되고 그러한 관습이 기업 내의 룰이나 규칙regulation을 형성해 나아가게 된다는 의미이다.

또한 이러한 내부노동시장이 형성되고, 그 내부노동시장이 계속·발전해 가기 위해서는 다음의 조건을 필요로 한다고 보았다. 위의 세 가지 조건이 필요조건이라고 한다면 아래의 세 가지 조건은 충분조건이라 할 수 있다. 즉 내부노동시장이 계속·발전하기 위해서는 다음 세 가지 충분조건의 성립을 필요로 한다.

① 노동자가 내부노동시장을 높게 평가하고 있을 것

고용의 안정, 내부 승진의 기회, 그리고 노동자 간의 형평성이 기업 내에 보장되어 있어야 한다는 것이다. 이 경우에는 임금·급여가 외부노동시장과 비교하여 조금 낮은 경우라 하더라도, 내부노동시장에 그대로 잔류하는 것을 선택하게 될지도 모른다.

② 경영자가 내부노동시장을 높게 평가하고 있을 것

내부노동시장의 성립에 따라 이직률이 낮아지면, 직원을 대체하는 데 드는 비용이 줄어들게 되며, 경제적 관점에서 경영자는 내부노동시장을 보다 더 선호하게 된다. 직원 대체에 수반되는 비용은 베테랑 종업원을 대체할 신입사원을 채용하는 데 드는 비용을 말하는데, 예를 들어 모집비용, 선발비용, 교육훈련비용 등이 여기에 해당된다. 또한 내부노동시장에서 해고나 일시해고(lay-off로 인해 업적이 부진한 기업이 근속연수(선임권; seniority)가 짧은 순서대로 해고하고, 반대로 업적 회복 시에는 근속연수가 긴 순서에 따라 재고용하는 제도)는 노동자의 구직활동이나 직종 전환에 따른 비용부담이 크기 때문에, 노동조합은 이를 규제하게 되며 고충처리활동을 통해 해고는 억제되게 된다(기업 내 노동관계에 대한 논의는 제13장에 포함되어 있음). 반면 장기고용 중의 해고나 일시해고는 엄격하게 규제되기 때문에 채용은 보다 신중하게 이루어지게 된다.

③ 내부노동시장의 기술적 효율성이 높을 것

직무에 공석이 발생한 경우에 이루어지는 기업 내부의 모집·선발은 그 기술과 행동 특성을 잘 알고 있는 종업원 중에서, 경영자나 관리직이 직접 선발하기 때문에 사람의 선발과 관련된 실수는 적어지게 된다. 바꿔 말하면, 노동자의 능력에 대해 노동자 자신은 알고 있지만, 채용하는 입장에서는 알지 못하는 정보의 편중에 따른 잘못된 판단에 의해 발생하는 비용이 낮아진다는 것을 의미하며, '정보의 비대칭성'asymmetry of information이 경감되게 된다. 필요한 훈련이 OJT를 통해 효율적으로 이루어지게 되는 내부 훈련의 장점 역시 내부노동시장의 기술적 효율성에 포함된다.

이와 같은 논리에 따라, 내부노동시장은 논리적으로 성립·지속되게 된다. 일본의 실정에 밝은 신규 대학 졸업자를 채용하는 것에서부터 시작하여, 기업 내부에서 육성해 나가고자 하는 인재관리의 방향은 전형적인 내부노동시장의 유형이라고 할 수 있다. 채용은 근본적으로 신규 졸업자를 중심으로 이루어지며, 외부노동시장의 영향을 받기 쉬운 부분은 구직 단계에서만 해당될 뿐이다. 구직자인 학생은 스스로 적성, 경력 계획을 수립하고 복수의 업계와 다수의 기업을 비교·검토한 후에 여러 기업에 응모하고, 반대로 기업은 자사의 경영이념, 경영전략, 인사전략 등에 따라 구직자인 학생을 일반 모집하여 선발한다. 외부노동시장에서의 프로세스를 통해 채용된 후에는, 기업내부훈련이 OJT를 중심으로 실시된다.

기업 내에서 노동력의 배분은 기업의 사업계획, 종업원의 적성에 따라 이루어지게 되는데, 이 프로세스에는 지금까지의 기업 내 각종 관행이나 일하는 방식이 적용된다. 임금의 결정도 기업 내의 제도나 관행에 따르는 경우가 대부분으로, 이에 해당되는 제도로는 정기승급이 있으며, 연령·근속이 중시되는 연공임금도 들 수 있다. 아울러 외부노동시장의 영향으로부터 단절된 면이 강한 안정적인 임금구조stable wage structure가 정착되게 된다(제6장 참조).

이처럼 일본 기업에서 대기업의 정규직원은 전형적인 내부노동시장의 종업원이며, 신규채용은 대학을 갓 졸업한 경우에 한정되어 개방되어 있고, 기업 내 훈련, 국내·해외에서 복수의 직무경험을 통해 업적과 능력을 장기간 관찰한 결과를 반영하여, 정년퇴직에 이르기까지 내부승진을 하게 된다. 이로 인해, 내부노동시장의 관문이라 할 수 있는 채용은 장기간에 걸쳐 한 집단의 직무를 능숙하게 다루고자 하는 경력계획에 최적화된 인재를 발견하는 것을 의미하게 된다. 훈련비용(기업특수숙련)은 기업이 비용의 대부분을 부담하기 때문에, 노동자에게 소요되는 기대훈련비용을 최소화할 수 있도록 '훈련능력'trainability이 높은 사람을 우선적으로 채용하려고 한다. 기업은 이러한 잠재능력의 발견에 중점을 두고, 결과의 타당성을 강조하여 채용에 신중을 기하지 않으면 안 된다(제8장, 제9장, 제12장, 제15장 참조).

5. 인적자원관리의 중요성

내부노동시장에 채용된 인재는 기업에게는 글자 그대로 경영자원으로서 가장 중요한 '인적자원'이 된다. 이 장의 첫 부분에서 설명한 바와 같이, 인적자원은 각 기업의 경영이념이나 경영전략과 합치시켜 장기적인 관점에서 채용, 육성, 배치, 평가를 하고 처우할 필요가 있다.

이는 인적자원이 보유하고 있는 능력에 미치지 못하게 육성·활용되는 경우 그것은 기업에게도 노동자에게도 불행한 일이며, 결과적으로는 경영에도 마이너스가 되어 부채liabilities로 작용하게 된다는 것을 의미한다. 반대로 직무환경이 정비되고, 상사·동료에게 도움을 받아 흥미로운 직무를 담당하게 되는 경우의 인적자원은 그런 경우가 아니라면 생각할 수 없는 정도까지 자신이 보유하고 있는 능력을 확장시켜, 자발적이고 창의적으로 학습을 해 나가면서 기업활동을 위해 장기간에 걸쳐 공헌하게 된다. 이러한 경우의 인적자원은 확실하게, 자산assets 그 자체라고 할 수 있다.

이처럼 인적자원을 어떻게 육성·활용할 것인가는 기업경영의 근간이 되는 과제가 된다. 이러한 문제를 집중적으로 다루고자 하는 것이 이 책의 테마인 '인적자원관리'HRM이다(제7장 참조).

'인적자원'이 논의되기 시작한 것은 1960년대까지 거슬러 올라가는데, 'HRM'이라고 하여 일반화된 것은 1980년대에 이르러서인 비교적 최근의 일이다. 1980년대에 인적자원관리가 유난히 미국에서 활발히 논의되었던 것은, 일본의 산업 및 기업이 융성했던 시기로서, 미국과 일본의 차이점과 그 원인을 기업의 인적자원관리에서 찾고자 했던 것이 그 배경이 된다.

기업경영을 생각하는 데 있어서, 인적자원관리가 가장 중요한 과제라는 것은 동서고금을 막론하고 만고불변의 진리이다(제16장, 제17장 참조). 게다가 인적자원관리는 그 환경조건을 구성하는 노동시장과 밀접한 불가분의 관계에 있다. 그것이 이 책에서 우선적으로 노동시장과 인적자원관리와의 이론적 관련성에 대해 검토한 이유이기도 하다. 다음 각 장에서는 인적자원관리의 각각의 측면에 대해 보다 상세히 살펴보기로 하자.

〈참고〉 노동통계로 보는 노동력

노동시장이라는 것은 추상적인 개념이지만, 경제정책을 수립하는 경우에는 체온이나 혈압과 같이 노동시장의 상태를 수량적으로 파악해야 하는 것이 전제가 된다. 노동력인구, 실업률, 유효구인배율 등의 개념을 충분히 이해한 후에, 각 지표를 이용하여 노동시장에 대해 살펴보는 것이 중요하다.

(1) 노동력인구와 실업률

15세 이상의 성인 인구를 경제활동상태로 구분한 것이 매월 실시되는 「노동력조사」(총무성 통계국)이다. 이 통계에 따르면 노동력인구의 파악은 기본적으로 개인의 취업에 대한 의지와 능력을 기준으로 하고 있다. 구체적으로는 다음 〈도표 1-7〉과 같다.

먼저, '취업자'the employed는 조사 기간 중 수입을 동반하는 직무에 1시간 이상 종사한 자를 의미한다. 일주일에 1시간이라도 일을 한 사람은 취업자가 된다. 이 때문에 주로 일만 하고 있는 사람뿐만 아니라, 학교를 다니며 일을 하는 '학생', 집안일 등을 하며 일을 하는 '주부'도 통계상 취업자에 포함되게 된다. 일자리를 기다리며 조사 주간 중에 조금이라도 일을 했던 '휴업자'도 취업자로 구분된다.

'실업자'the unemployed (통계상 '완전실업자'라고 한다)는 조사 주간 중에 취업이 가능하고 이를 희망하여 구직활동을 했음에도 불구하고 어떠한 일도 할 수 없었던 사람이다. 수입을 동반하는 직무에 1시간 미만밖에 종사할 수 없었던 사람도 실업자에 포함되게 된다. 일상생활에서 주 5시간 정도밖에 일을 할 수 없어서 "나는 실업 중이다."라고 이야기하는 사람

도표 1-7 취업 상태의 구분

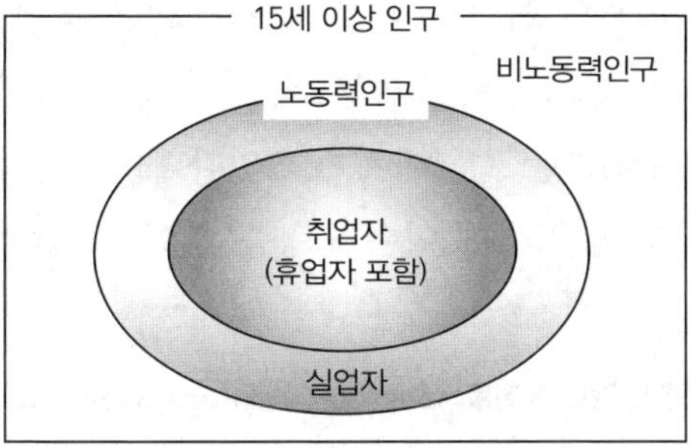

은 통계상으로는 실업자에 포함되지 않고 취업자로 분류된다는 점에 유의할 필요가 있다. 일상용어로 '실업자'와 통계상의 '실업자'에는 의미상 큰 차이가 있다.

15세 이상 인구 중에서 취업자(휴업자를 포함)와 실업자를 더한 인구는 취업의 의지와 능력을 구비하고 있는 인구라는 의미에서 '노동력인구'라 한다. 반대로 취업의 의지 또는 능력이 남아 있지 않은 인구는 '비노동력인구'라 불린다.

'실업률'unemployment rate은 노동력인구 중에서 몇 퍼센트가 실업자가 되어 있는지를 나타내는 지표이다. 이에 따라 다음과 같이 공식화할 수 있다.

$$
\begin{aligned}
\text{실업률}(\%) &= \text{실업자} \div \text{노동력인구} \times 100 \\
&= \text{실업자} \div (\text{취업자} + \text{실업자}) \times 100
\end{aligned}
$$

일본이나 미국에서는 「노동력조사」에 따라 같은 방법으로 실업률이 산출되어 상호 간 비교가 가능하지만, 국가별로는 이에 대한 정의가 상이한 경우가 많아 국제 비교를 하는 경우에는 각각의 정의에 주의를 기울일 필요가 있다.

2008, 2009년 일본의 연평균 실업률(실업자 수)은 리먼쇼크*에 따른 경기후퇴의 영향으로 4.0%(265만 명)에서 5.1%(336만 명)로 급상승하였으나, 2017년에는 2.8%(190만 명)로 낮아지게 되었다. 또한 실업률은 연령에 따라 큰 차이가 있어, 젊은 층에 이어 노령층의 순으로 높게 나타난다.

(2) 경제활동참가율(노동력률, labor force participation rate)

'경제활동참가율'(%)은 노동력인구를 15세 이상 인구로 나눈 비율이다. 이것이 의미하는 바는 성인 인구 중에서 어느 정도가 노동시장에 참가하고 있는지를 나타낸다. 2017년 일본의 평균 경제활동참가율은 남성 70.5%, 여성 51.1%, 남녀 합계 60.5%를 보여주고 있다.

경제활동참가율은 정의가 매우 단순하여, 이를 성별, 연령별로 분석하면 다양한 것들을 알 수 있다. 예를 들어, 일본 여성의 연령별 경제활동참가율은 그 사회적 배경, 라이프 사이클을 반영하여 30대가 낮아지는 M 자형이 되는 것을 쉽게 알 수 있다.

(3) 유효구인배율(active opening ratio)

고용 상황을 종합적으로 판단하려는 경우 '구인배율'이라는 지표가 사용된다. 이는 「노동력조사」로부터 산출되는 것이 아니라, 후생노동성厚生労働省 산하의 공공직업안정소(헬로워크, ハローワーク)**의 업무통계의 집

* 2008년 9월 15일, 미국의 서브프라임 모기지 사태(subprime mortgage crisis)로 인해 미국의 투자은행인 리먼브라더스(Lehman Brothers)가 파산신청을 하면서 그 영향이 세계 전반적으로 악재로 작용하여 시작된 글로벌 금융위기를 칭한다(옮긴이).

** 「후생노동성설치법(厚生労働省設置法)」 제23조에 따라, "국민에게 안정된 고용 기회제공"을 목적으로 설치된 행정 기관을 말한다(옮긴이).

계 결과에 따른다. 유효구인배율의 정의는 '유효구인 수 ÷ 유효구직자 수'이다. 이론적으로는 유효구인 수active openings와 유효구직자 수active applications가 동일하다면 1.0배가 되며, 공공직업안정소가 조사한 노동 수요와 공급이 수량적으로는 일치하는 수준이라고 말할 수 있다.

한편 '유효'라고 하는 것은 실제로 구인이 이루어지고 있거나 실제로 구직활동을 하고 있음을 의미한다. 예를 들어, 지난달 구인을 하여 채용한 기업의 구인은 이번 달의 구인 수에서 제외되며, 마찬가지로 지난달 구직활동을 통해 일자리를 얻게 되어 구직신청을 그만두게 된 구직자는 제외한다.

유효구인배율은 경기의 변동에 따라 크게 변화하는 지표로서, 경기가 좋으면 상승하고 경기가 나쁘면 하락하게 된다. 다시 말하면, 유효구인배율(신규졸업자 제외, 파트타임 포함)은 2008년 가을 리먼쇼크에 따른 급격한 경기후퇴를 반영하여, 2008년 0.88배에서 2009년 0.47배로 급속히 하락하였으나, 이후 2016년에는 1.39배, 2017년 1.50배로, 고도 성장기였던 1970년대와 동일한 수준으로 회복되었다. 한편 유효구인배율은 젊은 층일수록 높아지게 된다.

조금 더 공부하고 싶은 사람을 위해

- G. S. ベッカー. (1976).『人的資本 : 教育中心とした理論的·経験的分析』. (佐野陽子 訳.). 東洋経済新聞.
- P. B. ドーリンジャー·M. J. ピオレ. (2007).『内部労働市場とマンパワー分析』. (白木三秀 監訳.). 早稲田大学出版部.
- 小池和男·猪木武徳 編. (1987).『人材形成の国際比較 : 東南アジアと日本』. 東洋経済新聞.
- 伊藤建市. (2008).『資源ベースのヒューマン·リソース·マネジメント』. 中央経済社.
- 日本生産性本部.『活用労働統計』. (各年版).

옮긴이 해설

경제학의 기본이론인 수요–공급 곡선을 통해, 조직 내 인적자원에 대한 수급 과정을 살펴보는 것은 인적자원의 효율적 활용을 위해 큰 의미를 갖는다. 왜냐하면 생산요소로서의 '사람'을 '자원'이라는 관점에서 보다 객관적으로 바라볼 수 있게 하기 때문이다.

비슷한 생산요소를 가지고 있음에도 불구하고 산출량에서 차이가 발생하게 된다면, 그 차이의 원인은 자원의 효율적 운용 여부에서도 찾을 수 있다. 여러 자원들 중에서도 인적자원이라고 하는 '사람'에 대한 관리는 조직 성과를 좌우하는 가장 중요한 요인이 된다는 점에서, 자원으로서의 사람을 어떻게 다루고 활용할 것인지에 대한 경제학적인 접근은 조직의 성과 극대화와도 연결되는 요소임을 명심할 필요가 있다.

이를 위해, 조직에게는 내부노동시장뿐만 아니라 외부노동시장을 아울러 바라볼 수 있는 식견이 요구된다. 경쟁우위의 핵심 인재를 시장에서 신속하게 조달할 수 있어야 하며, 조직 내부의 인재 양성에도 관심을 쏟아야 한다. 아울러 경제학적인 측면에서 조직구성원이 전체 근무 기간을 통해 받게 되는 임금총액과 한계생산력의 합계가 일치하는 지점이 어딘지에 대한 고민과 함께, 그 과정에서 자원의 효율적 운영, 즉 인력 운영의 효율성을 극대화할 수 있는 방안에 대해 고민이 필요하다. 각각의 조직이 처한 상황과 조직 특성 등에 따라 운영방식은 차이가 있을 수 있겠으나, 그 본질은 동일하다. 결국 조직 경쟁력의 확보를 위해서는 조직 스스로가 해당 조직에 적합한 방안을 찾아낼 수 있어야 한다.

어떤 조직이라 하더라도, 방만한 인력 운영은 인적자원의 효율성을 저하시키게 되고, 조직의 체질을 약화시켜 결국에는 조직의 경쟁력을 낮추는 악순환을 발생시키는 원인으로 작용하게 된다는 것은 주지의 사실이다. 특히 민간기업과 달리 공공기관이나 정부조직은 상대적으로 비탄력적인 직제, 직무의 성격 등 조직 내외부의 여러 여건에 좌우되어 인적자원관리가 효율적으로 이루어지지 못할 가능성을 생각할 때, 보다 혁신적인 관점에서 성과 중심의 평가와 그에 따른 보수체계 운영 등의 방식에 대해 경제학적인 관점에서의 면밀한 검토가 요구된다 하겠다.

일본 기업들이 버블경제 이전에 세계 시장에서 탁월한 경쟁력을 갖추고 시장 점유율을 높일 수 있었던 배경에는 일본식 인적자원관리방식에 상대적 강점이 있었다는 점에 유념하여, 이를 참고로 우리나라의 조직 체질 강화를 위한 HR 전략을 수립하고 이를 이행해 나가야 할 것이다.

제 2 장

전략과 인적자원관리

1. 도입

이 장에서는 전략과 인적자원관리의 관계에 대해 살펴보고자 한다. 기업의 경쟁력과 업적 향상에 대해 언급할 때 전략을 빼고는 이야기할 수 없으며, 기업은 중장기적으로 어떠한 영역에서 경쟁우위를 발휘해 나갈 것인지 방향성을 가지고 있지 않다면 이익을 추구할 수 없다. 이를 위해, 먼저 전략이라는 것은 무엇인지 살펴볼 필요가 있다.

전략의 이행과 달성을 위해서 어떠한 인적자원관리방식을 필요로 하는가. 실제로 기업에서 전략을 이행하는 것은 사람(인적자원)이며, 인적자원의 관리와 전략은 서로 연결되어 있지 않으면 안 된다. 인적자원관리에 포함되는 내용들로는 채용, 배치·이동, 경력형성, 승격·승진·선발, 평가, 보수 등을 들 수 있는데, 아래에서는 전략에 따라서 어떤 방식을 채택하는 것이 보다 더 효율적인지에 대해 고찰해 보고자 한다.

2. 전략

(1) 기업전략 · 사업전략

전략은 수준별로 수립된다. 우선, 기업의 최고 수준에서 수립되는 기업 전체와 관련되는 전략을 '기업전략'corporate strategy이라고 한다(도표 2-1).

기업 내부에 복수의 사업 분야를 가지고 있는 경우, 사업부별로 독자적인 조직을 사내 곳곳에 두는 기업도 있다. 사업 분야는 고객, 시장, 경합의 정도, 제조방식 등이 서로 상이하다. 이 때문에 각 사업부별 전

도표 2-1 기업전략과 사업전략

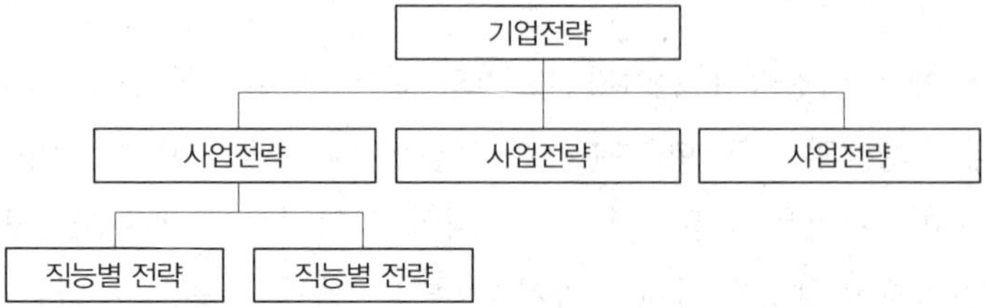

략을 수립하고, 이의 달성을 위해 사업을 수행하는 것이 효율적이다. 이러한 사업 분야별 전략을 '사업전략'business strategy이라고 한다.

또한 재무, 마케팅, 연구개발, 인사 등 직능별 전략을 수립하는 경우도 있는데, 이를 '직능별 전략'functional strategy이라고 한다. 종합전기회사를 예로 들면, 가전제품, 산업용 제품(공장용 전기설비, 산업용 로봇 등), 중장비 제품(화력, 수력 등의 전력설비), 반도체 제품, 항공우주기기 등과 같이 각각의 사업부로 구성된 조직형태를 채택하는 기업을 들 수 있다. 각각의 사업 분야에서는 '사업전략'을 수립하고 사업부 내에서 제품 개발, 조달, 제조, 판매 등을 일괄적으로 수행하게 된다.

사업전략 없이는 기업 전체의 업적 향상 및 발전을 꾀할 수 없게 된다. 신규사업으로의 진출이나 사업 간의 새로운 사업기회 창출 등은 기업의 중장기적인 발전을 위해 빠질 수 없으며, 또한 재무적 자원(자금)이나 인적자원을 어떤 사업 분야에 집중적으로 투입할 것인가에 대한 결정도 때로는 필요하다. 이러한 것들은 기업 전체의 중장기적인 방향성을 나타내는 '기업전략'이 없다면 불가능한 일이다.

(2) 포지셔닝 기반의 경쟁전략

전략에는 어떠한 것들이 있을까. 대표적인 기업경쟁전략을 소개해 보고자 한다. 먼저, Porter(1980; 1985)로 대표되는 포지셔닝 기반의 경쟁전략이 있다. 이 연구는 오랜 기간에 걸쳐 평균 이상의 업적을 올리는 기업에는 그 토대가 되는 지속력 있는 '경쟁전략'이 있다는 것을 보여 주고 있는데, 전략을 '비용·리더십 전략', '차별화전략', '집중전략'으로 나눌 수 있다.[1] '비용·리더십 전략'은 광범위한 목표를 가지고서 타사보다 낮은 비용으로 경쟁우위를 도모하는 전략이다. '차별화전략'은 광범위한 목표를 가지고서 라이벌 기업과는 다른 특징을 선택하는 전략이다. '집중전략'은 좁은 목표를 가지고서 타사를 배제한 채로 경쟁하고자 하는 전략이다. 이러한 전략 중에서, 각 회사에 적합한 어떠한 최적의 포지셔닝을 선택하는 것이 경쟁력 발휘에 도움이 될 것인지를 판단한다.

(3) 자원기반관점(RBV: Resource-Based View) 경쟁전략

포지셔닝 기반의 경쟁전략은 기업의 경쟁력을 외적 환경에서 구하고자 하는 전략이다. 이에 비해, 기업 경쟁력의 원천을 내부의 경영자원에서 찾으려는 경쟁전략이 있다. 이를 자원기반관점 경쟁전략이고 한다. Resource-based view, resource-based theory, resource-based approach 등으로 불리기도 한다.[2] 기업에는 다양한 경영자원이 있는데, 예를 들어, 물적자원, 재무적자원 그리고 인적자원을 들 수 있다. 이 전략은 기업의 경쟁우위는 경영자원을 활용하는 것에 따라 달라진다고 보는 접근방식이다. 인적자원에 대해 살펴보면, 내부노동시장에서 타사가 흉내 낼 수 없는 인적자원을 어떻게 육성할 것인가, 즉 기업 고유의 특수한 기능을 얼마나 발휘하도록 할 것인가가 기업 경쟁력의 원천이 된다고 이야기할 수 있다.

3. 전략과 인적자원관리와의 관계

(1) 전략적 인적자원관리

기업전략, 사업전략이 어떻게 이행되고 달성되었는지에 따라 기업실적은 달라지며, 기업의 중장기적인 경쟁력도 좌우되게 된다. 기업의 전략을 다양한 측면에서 실제로 이행하는 것은 사람(인적자원)이기 때문에 전략과 인적자원관리의 연결 및 연대가 요구된다. 이처럼 기업전략과 인적자원관리가 상호 적합하도록 도모하고자 하는 방식을 '전략적 인적자원관리'Strategic Human Resource Management: SHRM라고 하며, 1980년대부터 본격화되어 오늘날에 이르고 있다.

(2) 우수사례 접근방식(best practice approach)

'전략적 인적자원관리'는 크게 나눠 두 가지의 접근방식이 있다. 첫 번째는 어떤 기업에서라도 공통적으로 적용할 수 있는 최적의 인적자원관리 정책이 존재한다고 보는 접근방식이다. 즉 전략은 다를지라도 최선의 인적자원관리방식이 존재한다는 것이다. 이를 '우수사례 접근방식'이라고 한다. 인적자원관리 연구에서는 높은 성과를 내는 기업을 조사하여 공통된 인적자원관리 정책이 행해지고 있는지 밝히려 하고 있다. 어떠한 인적자원관리 정책이 기업에 공통적으로 높은 성과를 가져다주는지에 대해 아래에서 살펴보자.

Huselid(1995)는 미국의 986개 기업을 대상으로 하여 인적자원관리 정책과 기업 성과와의 관계에 대해 조사하였다.[3] 그 결과 '높은 성과를 가져오는 직무관행'high performance work practices이 있음을 밝혀냈다.[4] 그 구체적 내용으로는, 아래 13개의 정책·관행으로 '정보공유', '직무분석',

'내부승진', '태도조사', 'QWL'Quality of Working Life(노동자의 노동생활의 질), '인센티브 계획', '교육훈련 시간', '고충처리', '채용 전의 시험', '업적평가에 따른 보수 책정', '업적평가', '승진과 관련된 규정', '응시자 수(많은 응시자가 지원하고 있는가)'를 들 수 있다. 분석 결과, 이러한 요인들에 대한 대처가 잘되는 기업일수록 기업 성과(① 이직률, ② 종업원 1인당 매출, ③ 종업원 1인당 이익)가 높아짐을 알 수 있었다.

이 외에도 Pfeffer(1998)는 기업 수익을 극대화하는 조건으로서 '높은 몰입commitment을 가져오는 직무관행'high commitment work practices이 있다고 하였으며, 여기에는 '고용보장', '공들인 선별 채용', '자기관리팀 및 권한의 위양', '성공에 대한 높은 보수', '폭넓은 교육훈련', '격차의 축소', '성과정보의 공유'라고 하는 7가지의 인적자원관리 정책이 존재하고 있다고 하였다.[5]

(3) 상황적합적 접근방식(contingency approach)

또 다른 접근방식으로, 기업의 전략에는 여러 종류가 있으며 이러한 각각의 전략에 가장 적합한 효율적인 인적자원관리방식이 존재한다는 것을 들 수 있다. 이러한 접근방식을 '상황적합적 접근방식'(혹은 best-fit approach)이라고 한다. 지금까지의 인적자원관리 연구에서는 기업의 전략을 몇 개로 나누어, 각각의 전략에 따라 최적의 인적자원관리 정책이 있음을 밝혀냈다. 전략의 유형과 인적자원관리 사이의 적합성에 관한 대표적인 연구는 아래에서 설명할 (4)부터 (7)까지이다.

(4) 제품 · 시장 전략과 인적자원관리

Miles와 Snow(1984)는 기업의 제품·시장에 관한 전략을 '방위형'defenders, '탐구형' prospectors, 그리고 '분석형' analyzers이라는 세 가지로 분류하였다.[6] '방위형'의 특징은 안정적이고 좁은 시장 분야에서 기존 업무의 효율성을 개선하는 것에 집중하는 전략이다. '탐구형'은 지속적으로 제품이나 시장의 기회를 탐색하는 타입으로서 다양한 제품과 기술을 가지고 있으며, 지리적으로는 분산된 조직구조를 채택한다는 특징을 지닌다. '분석형'은 하나의 기업이 두 개의 제품시장에 진출하여, 하나는 안정적인 시장, 또 다른 하나는 변화가 있는 시장을 갖는 전략 타입을 말한다. 전자는 정해진 방식이 있으며 효율적인 업무를 수행하지만, 후자는 경합하고 있는 타사의 동향을 살펴보면서 새로운 아이디어를 생각해 내고 성공을 위한 기회가 있으면 신속하게 적응하고자 하는 특징이 있다.

〈도표 2-2〉와 같이 이러한 세 가지 타입의 전략에는 이에 적합한 각각의 효율적인 인적자원관리방식이 존재하며, 구체적으로는 '채용', '선발', '배치', '교육훈련', '평가', '보수'의 여섯 개 정책이 각각의 전략과 어울리도록 구성되어 있다.

도표 2-2 제품·시장 전략과 인적자원관리

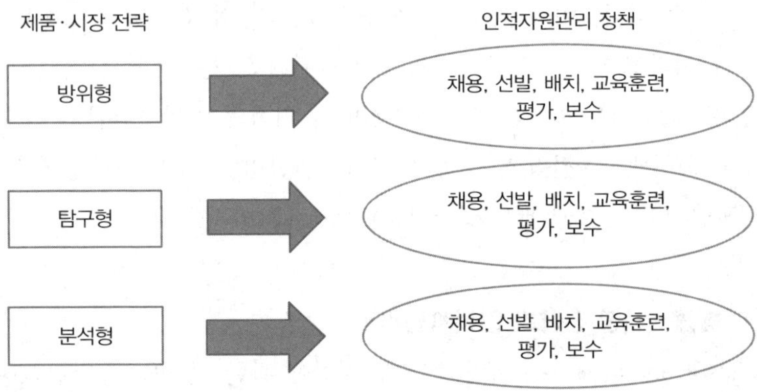

예를 들어, '평가'에 대해 살펴보면, '방위형'은 '프로세스를 중시하는 평가' 방식을, '탐구형'은 '결과를 중시하는 평가' 방식을 채택하고 있다. 또한 인재의 '채용'에 있어서, '방위형'은 내부노동시장에서 인재를 '육성'make하는 것을 중시하는 반면, '탐구형'은 외부노동시장에서 인재를 '구입'buy하는 것에 중점을 둔다. '분석형'에서는 내부노동시장에서의 '육성'과 외부노동시장으로부터 인재를 '구입'하는 쌍방을 모두 중시한다는 차이점이 있다.

(5) 다각화전략과 인적자원관리

다음으로, 기업의 다각화전략과 인적자원관리의 연결관계에 대해 살펴본 연구를 소개하고자 한다. Fomburn 등(1984)은 기업의 다각화전략을 분류하고, 인적자원관리 정책과의 관계에 대해 살펴보았다.[7] 다각화전략에 대해서는 그 전개의 정도에 따라 '단일 제품', '단일 제품(수직 통합)', '비관련 부문의 매수에 따른 성장', '관련 부문의 내부 성장과 매수', '여러 국가에서의 다양한 제품'이라고 하는 다섯 가지 전략으로 구분하고 있다. 아울러 기업의 전략과 연결되는 인적자원관리 정책은 '채용·선발', '평가', '보수', '인재개발'의 네 개 영역을 들어 설명하고 있다(도표 2-3).

각각의 전략에 따라 인적자원관리 정책도 달라지게 되는데, 예를 들어 '인재개발'을 살펴보면 '단일 제품' 전략을 채택한 타입에서는 단일 직능의 업무 안에서 직무경험이 이루어지는 것에 비해, '여러 국가에서의 다양한 제품' 전략 타입을 채택한 경우에는 사업 부문을 초월하는 직무경험을 하게 된다는 차이가 있어, 전략에 따라 각기 다른 인재개발방식을 활용하게 된다.

도표 2-3 다각화전략과 인적자원관리

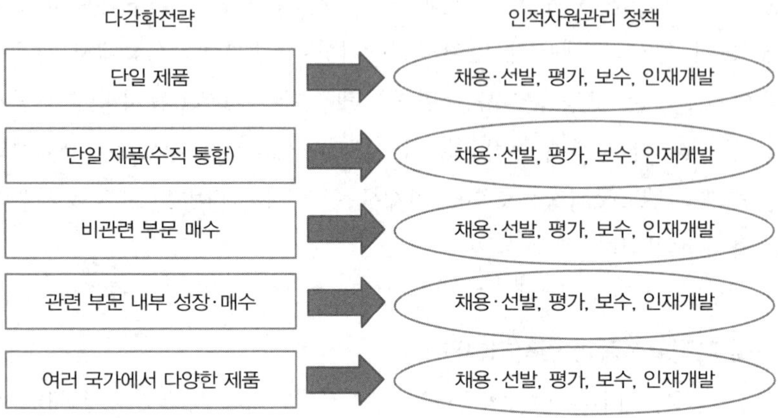

(6) 경쟁전략과 인적자원관리

Schuler와 Jackson(1987)은 앞서 살펴본 Porter의 경쟁전략을 기반으로 기업이 경쟁우위에 서기 위해서는 '혁신전략'innovation strategy, '품질향상전략'quality-enhancement strategy, '비용절감전략'cost-reduction strategy이라고 하는 세 가지 전략 타입 중에서 하나를 채택할 필요가 있으며, 각각의 전략에 맞는 효율적인 인적자원관리 정책이 존재한다고 하였다.[8]

이 연구가 여타 전략-인적자원관리의 관계에 대해 탐구한 다른 연구들과 다른 점은, 전략을 달성하기 위해 종업원에게 요구되는 '역할행동'role behaviors이 존재하며, 이를 실현하기 위해서는 각 전략에 적합한 인적자원관리 정책을 필요로 한다는 점을 들 수 있다. 인적자원관리 정책으로는 '계획', '채용·배치', '평가', '보수', '교육훈련'의 다섯 가지 영역을 들고 있다(도표 2-4). 각각의 전략과 그 전략에 따라 요구되는 종업원의 역할행동과 인적자원관리 정책에 대해 살펴보도록 하자.

도표 2-4 경쟁전략과 인적자원관리

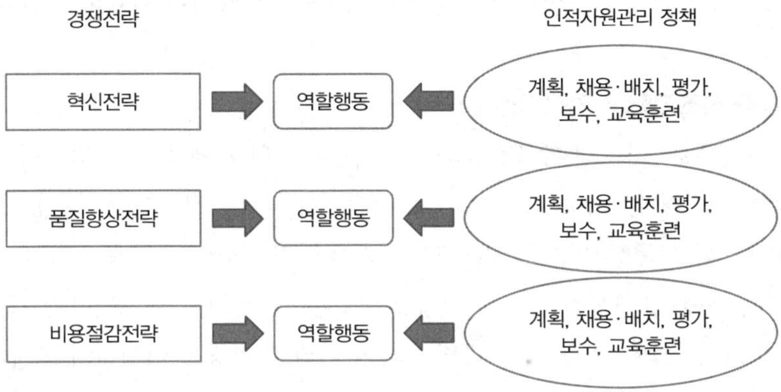

먼저, '혁신전략'에 요구되는 종업원의 역할행동에는 고차원의 창조적 행동, 장기적 관점, 종업원 간의 협동, 상호의존, 위험을 감수하고자 하는 행동 등이 포함된다. 이러한 행동을 만족하는 인적자원관리 정책은 예를 들어, '평가'에서는 장기적으로 집단의 성과 달성 정도를 측정하고자 하는 평가방식을 채택하고, '보수'는 외부노동시장에 기초한 보수 수준이 아니라, 내부노동시장에서의 공평성을 중시하는 보수체계를 채택한다는 특징이 있다. 또한 '교육훈련'에 있어서는 내부노동시장에서 폭넓은 경력을 쌓을 수 있도록 하여 인적자원개발을 강화함으로써, 직능을 몸에 익히도록 하는 방식을 채택한다.

다음으로 '품질향상전략'에서는 장기적인 관점에서 위험risk을 회피하려는 행동이 요구된다. 이 전략에서는 단기적인 업적평가, 비교적 높은 고용보장이라고 하는 인적자원관리방식이 필요하다. 마지막으로, '비용절감전략'에서는 단기적인 시점, 양적인 성과에 대한 높은 관심, 결과 중시, 위험을 회피하는 행동이 요구되며, 아울러 명확한 직무기술서를 바탕으로 하여 좁은 범위의 경력, 단기적인 업적평가, 시장 기반의 임금, 최소한의 교육훈련이라고 하는 인적자원관리방식이 필요하게 된다.

(7) 제조전략과 인적자원관리

다음으로, 기업의 제조전략과 인적자원관리의 관계에 대한 연구를 살펴보도록 하자. Younde 등(1996)은 금속기계 제조공장 97곳을 대상으로 '비용전략', '품질전략', '납기·생산량 유연성전략'(납기 엄수, 생산량의 증감에 대응), '품종 유연성전략'(다품종 소량생산에 대응)의 네 가지 제조전략과 인적자원관리 정책과의 관계가 제조 성과에 어떠한 영향을 미치는지 조사하였다.[9]

인적자원관리 정책은 '선발', '교육훈련', '평가', '보수'의 네 가지 영역이 운영되는 정도에 따라, '관리적 인적자원관리', '인적자본 촉진적 관리'의 두 가지 종류로 구분하였다. 아울러 제조 성과에 대해서는 품질, 리드타임, 재고관리, 종업원의 사기 등이 생산에 미치는 영향을 분류하여 '기계설비의 효율성'(기계설비의 활용도, 고철 삭감률 등), '고객에 대한 대

도표 2-5 제조전략과 인적자원관리

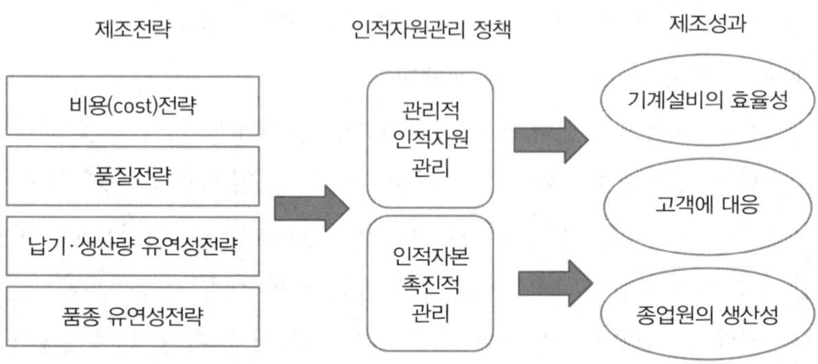

응'(품질, 납기 대응 등), '종업원의 생산성'(사기, 생산성 등)이라고 하는 세 가지 지표를 제시하고 있다(도표 2-5).

그 결과 '품질전략'을 채용한 경우에는 '인적자본 촉진적 관리'가 행해질 때 이러한 세 가지의 제조 성과가 향상되는 반면, '비용전략'의 경우에는 '관리적 인적자원관리'가 이루어질 때 '기계설비의 효율성'이 높아지게 된다는 점을 확인할 수 있었다. 한편 '납기·생산량 유연성전략'의 경우에는 '관리적 인적자원관리' 방식이 채택되면 '고객에 대한 대응'이 개선되는 결과를 보였다. 예를 들어, '비용전략'을 채용한 경우 '관리적 인적자원관리'의 구체적인 대처 방안은 '결과 중시 평가', '개인 기반의 보수 지급' 등이 어울린다. '품질전략'에서는 '인적자본 촉진적 관리' 방식의 구체적 방안으로 '행동 중시 평가', '그룹에 기반한 보수' 등이 제시된다는 차이점이 있다. 이처럼 각각의 전략에 적합한 인적자원관리 정책을 채택하게 되면, 기업 성과에 플러스의 효과를 가져오게 된다는 사실을 알 수 있다.

(8) 구성형태적 접근방식(configuration approach)

'상황적합적 접근방식'으로부터 '구성형태적 접근방식'이라고 하는 방식이 도출되었다. 이는 수직적 적합vertical fit과 수평적 적합horizontal fit을 함께 도모하는 것이 기업 성과의 향상과 관련된다고 보는 접근방식이다. 수직적 적합이라 함은 전략과 인적자원관리 정책이 어울린다는 의미이다. 수평적 적합은 인적자원관리 정책들이 서로 적합하다는 것을 의미한다. 아래에서 구성형태적 접근방식에 대해 보다 구체적으로 살펴보자.

Delery와 Doty(1996)는 '우수사례 접근방식'best practice approach, '상황

도표 2-6 구성형태적 접근방식의 검증

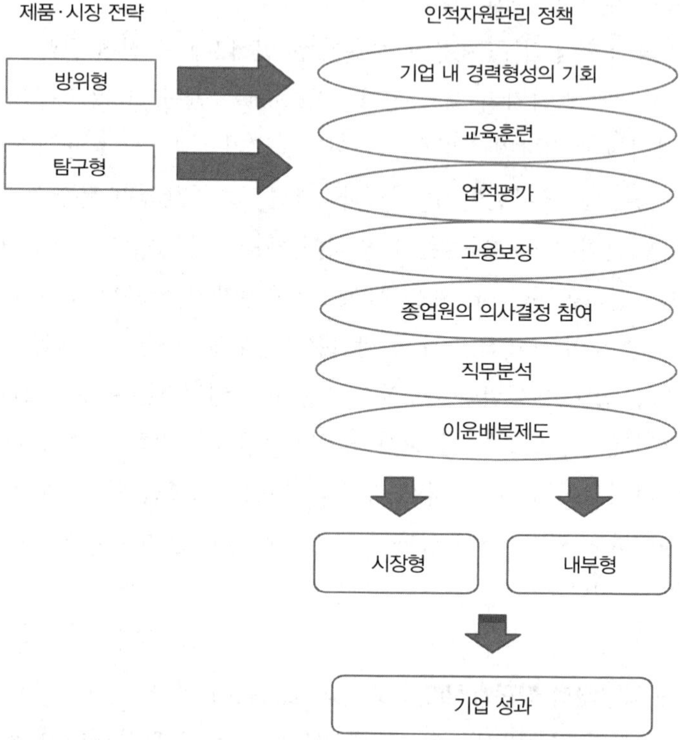

적합적 접근방식'contingency approach과 함께 '구성형태적 접근방식'에 대해 검증하였다.[10] 이 연구에서는 216개 은행의 융자업무를 대상으로 하여, 전략과 인적자원관리 정책, 기업 성과(총자본이익률: ROA, 주주자본이익률: ROE)의 관계에 대해 조사하였다(도표 2-6).

전략에 대해서는 앞서 설명한 Miles와 Snow의 전략 유형으로부터 '방위형', '탐구형'을 채택하고, 인적자원관리 정책으로는 '기업 내부에서의 경력기회', '교육훈련', '업적평가', '고용보장', '종업원의 의사결정에의 참여', '직무분석', '이윤배분제도'의 일곱 개의 영역을 대상으로 하여, 각각의 정책의 정도에 따른 수평적 적합 패턴을 '시장형'market-type system과 '내부형'internal system으로 구분하여 설명하였다. '시장형'의 특징은 외부노동시장으로부터의 채용, 낮은 고용보장, 낮은 교육훈련, 업적평가 등을 가지고 있는 타입이며, '내부형'은 내부 승진, 높은 고용보장, 광범위한 교육훈련, 행동평가, 이윤배분 등 경쟁적인 보수를 채용하지 않는 정책을 택하고 있는 타입이다.

먼저, '우수사례 접근방식'의 검증 결과에 대해 살펴보면, 일곱 개의 인적자원관리 정책 중에서 '이윤분배제도', '업적평가', '고용보장'의 세 개 항목이 기업 성과에 플러스의 효과를 주는 것으로 나타났다. 다음으로 '상황적합적 접근방식'의 검증에 있어서는 '종업원의 의사결정에의 참여', '업적평가', '기업 내부에서의 경력기회'의 세 개 항목이 각각의 전략과 관련되는 것으로 나타났다. '업적평가'에 대해서는 '탐구형'을 채택한 경우 성과가 높아지지만, 이에 비해 '방위형'에서는 채택하지 않은 쪽이 성과가 더 높았다. 융자업무 담당자의 의사결정에의 참여에 대해서는, '방위형'에서는 담당자가 의사결정에 참여하면 성과가 높아지지만, '탐구형'에서는 참여하지 않는 경우에 업적이 더 높았다. '기업 내부에서의 경력기회'에 대해서는 '탐구형'은 융자 담당자에게 기회가 부여되면 업적이 더 향상되지만, '방위형'의 경우에는 업적이 높아지지 않는 결과가 도출되었다.

한편 '구성형태적 접근방식'의 검증에서는 '시장형', '내부형'이라고 하는 인적자원관리 정책과 '방위형', '탐구형' 전략과의 관련성에 대해 기업 성과와의 유의한 상관관계를 보여주지 못하였으며, 어떤 전략이라 하더라도 '시장형' 인적자원관리 정책은 기업 성과에 플러스의 효과를 주는 것으로 나타났다.

지금까지 살펴본 전략적 인적자원관리와 관련된 연구들에서는 전략, 인적자원관리 정책, 기업 성과와 관련된 각 요인들이 상이하다. 예를 들어, 전략에서는 다각화전략, 제조전략 등이 제시되었으며, 인적자원관리 정책에 대해서는 '채용', '선발', '평가', '보수', '배치', '교육훈련', '인재개발' 등으로 채택하는 정책 영역에는 연구자별로 차이가 있다. 또한 기업 성과는 이직률, ROA, ROE, 제조 성과 등 다양한 측정방법이 채택되었다. 아울러 조사 대상에 있어서도 공장이나 융자업무 등 다양한 직업군을 대상으로 하고 있음을 알 수 있다. 이상에서 살펴본 바와 같이, 전략과 인적자원관리 정책은 어떠한 관계의 결합이냐에 따라 성과의 향상이 확인되기도 하지만 현재까지의 연구 결과 및 내용만으로는 특정 패턴이 존재한다는 것을 확신할 수 없다.

4. 전략과 개별 인적자원관리 정책

(1) 전략과 채용

지금까지 전략과 인적자원관리 정책의 관계에 대해 살펴보았다. 하지만 살펴본 연구 결과들로부터 예를 들어, 어떤 전략에는 '결과 중시 평가', '그룹별 보수', '기업 내부에서 경력기회'라는 인적자원관리 정책이 적합하다는 것을 알게 되었다고 하더라도, 왜 그러한 연결이 효율적인지에 대한 상세한 설명은 이루어지지 못하였다.

그렇다면 다음 단계로서 전략에 따라 인적자원관리 정책을 실제로 도입하기 위해서는 각각의 인적자원관리 정책에는 구체적으로 어떠한 방식이 있는지, 어떠한 도입의 방식이 필요한 것인지 살펴보도록 하자. 아울러 각각의 인적자원관리제도 등에 관한 상세한 내용은 이 책의 각 장을 참조하기 바란다.

먼저 전략과 채용의 관계에 대해 살펴보도록 하자. 전략을 달성하는 주체는 사람이다. 전략이 다르면 필요로 하는 인재상도 바뀌게 된다. 따라서 기업은 필요로 하는 인재상을 명확하게 해 두지 않으면 안 된다. 이후에 필요로 하는 인재를 어떻게 노동시장에서 조달할 것인지 결정해야 한다. 내부노동시장에서 인재를 육성make할 것인가, 아니면 필요한 시기에 외부노동시장으로부터 인재를 조달buy할 것인가, 어떻게 조달하는 것이 효율적인가에 대해 생각하지 않으면 안 된다.

또한 고용형태의 조합도 전략에 따라 달라진다. 정규직원과 비정규직원의 비율을 어떻게 나눌지, 비정규직원의 활용에 있어, 파트타임, 아르바이트, 계약사원, 파견사원 등 다양한 그룹에서 어떤 그룹을 활용할 것인지도 기업의 전략에 따라 달라지게 된다. 예를 들어, 마트 등의 소매업에서 전략적으로 비정규직원을 활용하는 경우, 단순히 채용만 하는 것이 아니라 이들에 대한 교육훈련, 보수 등이 연동되지 않으면 인재육성, 종업원의 동기부여를 도모하는 것은 불가능해진다.

이처럼 전략에 따라 요구되는 인재상을 명확히 하여, 인재를 어떤 시장에서 조달할 것인가, 나아가 어떤 고용형태를 활용할 것인가에 대한 검토가 필요하게 된다.

(2) 전략과 육성 · 선발

인재육성에 있어서는 사내에서 어떻게 직무경험과 경력을 쌓도록 할 것인가에 대해 결정하는 것이 중요하다. 이를 위해 직무이동의 방식에 대해 계획할 필요가 있으며, 어떠한 기능을 습득시킬 것인가에 따라 이동의 범위도 달라지게 된다. 예를 들어, 앞서 살펴본 Delery와 Doty(1996)의 조사에서 융자업무는 기업 내부에서의 경력형성에 따라 기업 성과에도 플러스의 영향을 주게 되었다. 그 이유로는 융자에 대한 제안력, 기획력, 서비스를 높이려고 하는 전략은, 직원으로 하여금 다양한 고객층을 담당하게 하여 고객의 여러 가지 요구에 대해 이해하게 함으로써 결국에는 융자에 대한 대응력을 높일 수 있기 때문일 것이다. 이러한 방식에는 직무이동에 따라 다양한 타입의 고객을 경험하게 하는 육성방식이 요구된다. 이에 비해 단순한 업무에서는 좁은 폭의 경력만으로도 대응이 가능하게 된다.

한편 전략 자체가 재검토되는 경우가 있는 것도 사실이다. 하지만 전략의 변경에 따라 인재를 교체하는 것은 쉽지 않은 일이다. 따라서 현재의 전략을 실행할 수 있는 인재를 육성하는 것과 동시에 장래의 전략 재검토라고 하는 변화에도 대응할 수 있는 인재까지 포함하여 육성하지 않으면 안 된다. 고이케(小池和男, 2005)는 여러 조사를 통해, 직장에서의 불확실성에 대처하고 변화에 대응하는 기능과 함께 장기적인 실무경험이 필요하며, 그중에서도 '전문성의 안에서 폭넓은 경력'의 형성이 요구된다고 주장하였다.[11]

또한 장래에 경영전략을 수립할 수 있는 인재를 육성하는 것도 기업에 있어서 중요한 과제이다. 그러한 인재를 육성하기 위해 전체 종업원을 대상으로 장래의 리더에게 필요한 교육훈련, 배치·이동을 경험하도록 한다면 육성 비용이 너무 커지게 된다. 따라서 어느 정도의 인재를 장래의 리더 후보군으로 할 것인가, 어떻게 선발할 것인가에 대한 방법을 설계하고, 어떠한 교육훈련, 배치·이동을 할 것인가 계획을 세우고,

실행하지 않으면 안 된다. 이처럼 전략의 달성과 재검토에 대응하기 위해 기업 내에서 종업원의 경력을 어느 정도까지 개발할 것인가는 인재의 육성뿐만 아니라 나아가 기업의 경쟁력까지도 좌우한다고 할 수 있다.

(3) 전략과 평가

지금까지 살펴본 연구 결과에 따르면, 전략에 걸맞은 평가제도를 채택하면 기업 성과에도 플러스 효과가 있음을 알 수 있다. 종업원의 일하는 태도에 대해 평가할 때에는 구체적으로 무엇을 측정하고 언제 평가할 것인가, 그리고 누가 평가할 것인가 등을 생각하지 않으면 안 된다. 예를 들어, 무엇을 측정할 것인가에 대해서는 '업적', '행동'을 들 수 있으며, 누구를 평가할 것인가 하는 측면에서는 '개인 기반', '그룹(팀) 기반'으로 구분해 생각해 볼 수 있다.

또한 평가의 내용 및 평가 기간에 대해서는 몇 가지의 방식이 있다. 예를 들어, 단기적인 업적 향상보다는 중장기적인 성장을 목표로 하는 경우에는 종업원에 대해 다양한 능력이나 스킬의 획득 및 향상을 요구하게 되며, 이를 어느 정도 습득하였는가를 측정하기 위해 '능력평가'나 '행동평가'를 활용하는 것이 바람직하다.

이에 비해, 단기 업적 향상을 목적으로 하는 전략에 있어서는 '업적평가'를 활용하는 것이 달성도를 측정하기 쉽다. 이러한 '업적평가'를 위해서는 '목표관리제도'Management By Objective: MBO라고 하는 제도를 활용하는 기업이 많다. '목표관리제도'를 간단히 설명해 보자. 기업은 전략을 수립하고 이를 달성하기 위해 매년 기업목표를 설정한다. 이후 기업목표로부터 각 부문의 목표가 정해진다. 그리고 부문의 목표를 기반으로 하여 각각의 개인목표가 정해지게 된다. 종업원은 부여된 목표를 어느 정도 달성할 수 있는가에 따라 평가되며, 이 평가 결과가 처우에 반영되게 된다. 이와 같은 '목표관리제도'는 기업전략과 평가를 직접 연결하는 제도라 할 수 있다.

이상에서와 같이, 기업은 전략에 맞추어 무엇을 측정할 것인가, 나아가 어느 정도의 기간에 평가할 것인가 등을 계획할 필요가 있다.

(4) 전략과 임금

전략과 일치하는 임금(보수)을 책정하는 것에 따라, 기업 성과에도 플러스의 효과가 있음을 앞선 연구 결과를 통해 알 수 있었다. 예를 들어 '업적평가에 따른 보수', '높은 성공보수', '시장에 기반한 보수'를 택한 기업이 있는 반면, '내부의 형평성을 중시하는 보수', '경쟁적이지 않은 보수'를 택하는 기업도 있다.

기업이 도입한 임금방식에는 '연령급·근속급', '직무급', '직능급(능력급)', '업적급(성과급·실적급)', '역할급' 등이 있다. 이러한 임금제도 중에서 어떠한 것을 택할 것인가, 어떠한 방식으로 구성할 것인가는 기업에 따라 다르다. 이는 어떤 임금제도를 택하느냐에 따라 종업원의 행동에 차이가 발생하며, 동기부여에도 영향을 미치기 때문이다. 예를 들어 '연령급·근속급'의 경우, 연령이나 근속에 따라 임금이 상승하기 때문에, 종업원의 정착률을 높이는 것이 가능하다. 한편 '직능급(능력급)', '업적급(성과급·실적급)'은 종업원의 능력 향상, 업적의 달성 정도가 임금에 반영되기 때문에 종업원들이 자신의 능력 형성이나 업적 향상을 위해 적극적으로 행동하도록 촉진하게 된다.

전략에 올바르게 대응하기 위해서는 이러한 임금제도 중에서 무엇이 적합할 것인가 판단하는 것이 필요하다. 예를 들어, 중장기적인 성장을 목표로 하는 전략에서는 종업원에게 다양한 능력이나 스킬을 획득하고 향상시키도록 요구하기 때문에 '능력'과 연동된 임금체계가 적합할 것이다. 이에 비해 단기적인 업적 향상이나 비용 절감을 목표로 하는 전략이라면, 개인의 '업적'과 연동한 임금제도가 적합하다. 또한 각각의 임금제도에는 장점만이 있는 것이 아니라 단점도 존재하기에, 장·단점을 고려하여 전략에 맞는 임금제도를 설계할 필요가 있다.

5. 결어

이 장에서는 전략과 인적자원관리의 관계에 대해 살펴보았다. 다양한 전략에는 이에 적합한 인적자원관리가 필요하며, 보다 구체적으로는 채용, 배치·이동, 경력형성, 승격·승진·선발, 평가 등 각각의 인적자원관리 정책이 전략과 맞물려 구축되어야 할 필요가 있음을 알 수 있었다. 그리고 전략과 인적자원관리 정책이 적합한 경우에는 기업 성과에도 플러스의 효과를 주게 된다는 것을 확인하였다. 따라서 인적자원관리는 전략과 연동하도록 디자인되어야 할 필요가 있다

주

1 Porter, M. E. (1980). *Competitive strategy: Techniques for analyzing industries and competitors*. Free press.(土岐坤·中辻萬冶·腹部照夫 譯. (1995).『新訂·競争の戦略』. ダイヤモンド社.); Porter, M. E. (1985). *Competitive advantage: Creating and sustaining superior performance*. Free Press.(土岐坤 譯. (1985).『競争優位の戦略』. ダイヤモンド社.).

2 자원기반관점의 대표적인 연구로는, Barney, J. B. (1991). Firm Resources and Sustained Competitive Advantage. *Journal of Management*, 17(1), 99-120. 이 있다.

3 Huselid, M. A. (1995). The impact of human resource management practices on turnover, productivity, and corporate financial performance. *Academy of Management Journal*, 38(3), 635-672.

4 원래는 '전략 등에 따른 효과적인 인적자원관리 정책이 있는 것은 아닌지'라고 하는 문제의식으로부터 조사를 시작하였으나, 결과적으로는 직무관행을 지지하는 결과가 되었다.

5 이 연구는 다양한 연구조사, 문헌, 필자의 경험을 기반으로 기업 이익을 창출하는 조건을 들고 있으며, 이들 대상 기업에서는 기업 실적이 얼마나 높은지에 대해서는 구체적으로 드러나 있지 않다.

Pfeffer, J. (1998). *The human equation: Building profits by putting people first*. Harvard University Press.(ジェプリー·フェファー. (2010).『人材を活かす企業』. (守島基博 監修.). 翔泳社.)

6 Miles, R. E., & Snow, C. C. (1984). Designing strategic human resources systems. *Organizational Dynamics*, Summer, 36-52.

7 Fombrun, C. J., Tichy, N. M., & Devanna, M. A. (1984). *Strategic human resource management*. John Wiley & Sons.

8 Schuler, R. S., & Jackson, S. E. (1987). Linking Competitive advantage strateties with human resource management practices. *Academy of Management Executive*, 1(3), 207-219.

9 Youndt, M. A., Snell, S. A., Dean, J. W. Jr., & Lepak, D. P. (1996). Human resource management, manufacturing strategy, and firm performance. *Academy of Management Journal*, 39(4), 836-866.

10 Delery, J. E., & Doty, D. H. (1996). Modes of theorizing in strategic human resource management: Tests of universalistic, contingency, and configurational performance predictions. *Academy of Management Journal*, 39(4), 802-835.

11 小池和男. (2005).『仕事の経済学(第3版)』. 東洋経済新報社.

조금 더 공부하고 싶은 사람을 위해

- 小池和男. (2005).『仕事の経済学(第3版)』. 東洋経済新聞社.
- ジェプリー·フェファー. (2010).『人材を活かす企業』. (守島基博 監修.). 翔泳社.

옮긴이 해설

오늘날 전략의 중요성은 급격한 외부환경 변화와 더불어, 모든 조직에서 한층 더 강조되고 있는 것이 사실이다. 조직에 있어 스스로 처한 상황에 걸맞은 가장 적합한 전략의 수립은 생존을 위해 중요한 일이며, 전략적 인적자원관리SHRM는 이제 선택이 아닌 조직 생존을 위한 필수 조건이 되어 있다. 기업전략과 연계되어 조직을 한 방향으로 향하게 할 수 있는 HR 전략을 수립하고, 이에 맞춰 인적자원관리의 하위 요소를 구성하는 채용, 교육훈련, 평가, 보수 등의 각 부문들이 전략적으로 상호 연결되어 시너지 효과를 낼 수 있도록 하여야 한다.

과거, 일본식 경영의 특성은 인적자원관리의 방향을 내부노동시장에 둔 전략, 즉 내부인재육성을 강조하고, 내부형평성을 중시하는 연공급이 일반적인 형태였다고 할 수 있다. 이와 같은 전략의 선택은 일본 기업 나름대로의 조직문화와 외부환경적 요인이 더해져서 정착된 최적의 방식이었을 것이다. 비교적 안정적인 환경 속에서 종신고용을 전제로, 신규 졸업자를 채용하여 조직이 필요로 하는 인재상에 맞추어 내부에서 양성하는 인적자원관리 전략이 글로벌 경쟁력을 갖추고 세계 시장에서 통할 수 있었던 것도 상황에 적합한 최적의 전략 수립이 전제되었기 때문이다. 하지만 급변하는 시대에 조직의 전략은 점차 변모할 수밖에 없으며, 이러한 변화는 인적자원관리 전략·정책에도 많은 변화를 요구하게 되었다.

앞으로의 인적자원관리 정책의 방향을 어떻게 가져갈 것인지는 변화하는 환경에 대한 충분한 고려와 함께 내부의 경영 자원들을 어떻게 운영할 것인지, 여러 연구자들을 통해 제시된 전략과 인적자원관리 정책의 적합성에 대한 기본적인 이해를 바탕으로 각 조직 특성에 맞춘 최적화된 전략 선택이 필요할 것이다.

02

기업조직과 HRM에 대한 기본적 이해

제 3 장

채용과 교육훈련

1. 도입

기업은 사회에 대해 경제적 가치를 창출함으로써 존재한다. 경제적 가치를 창출하기 위해, 기업은 보유한 경영자원을 활용한다. 일반적으로 경영자원에는 '사람·물자·돈·정보' 등이 포함되지만, 경제적 가치 창출을 담당하는 것은 엄밀히 말하면 사람이라고 하는 인적자원이다.[1] 기업이 노동시장으로부터 인적자원을 조달하는 활동을 총칭하여 '채용'이라고 하는데, 이 장에서는 기업의 채용활동 및 채용 이후의 '교육훈련'*에 대해 거시적 측면에서 살펴보고자 한다.

2. 기업 내부의 '사람의 흐름'과 채용 · 교육훈련

기업 내부에서는 개인이 담당하는 직무와 이를 담당할 사람을 매칭시키기 위한 일련의 '사람의 흐름'이 발생하게 된다. 이를 '사람과 직무의 매칭'이라고 하는데, 직원과 직무를 매칭시킴으로써 직원을 기업 내부에서 효과적으로 활용할 수 있게 되며 경제적 가치를 최대로 창출하는 것이 가능하게 된다.

기업에서 사람의 흐름은 세 가지로 나누어 생각해 볼 수 있다. 첫 번째는 기업 입구에서의 사람의 흐름이며, 두 번째는 기업 내부에서의 사람의 흐름, 세 번째는 기업 출구에서의 사람의 흐름이다. 이는 각각 '채

* 원문에는 '도입훈련(導入訓練)'으로 표기되어 있으나, 이 장에서는 '교육훈련'으로 번역하여 주로 채용 이후 이루어지는 초기 단계의 교육훈련의 의미로 사용하였다(옮긴이).

용', '이동·승진', '퇴직'의 의미와 대응하게 된다. 채용활동의 결과, 노동시장으로부터 기업 내부로 인재를 유치하고, 이어서 인재를 육성하는 단계에 돌입하게 된다. 여기에는 교육훈련과 인재육성이 포함된다. 교육훈련과 그 이후의 인재육성 단계를 거쳐, 기업의 경영가치 창출을 담당할 직원으로 육성되게 된다. 보다 구체적으로는, 기업 내부에서 사람의 흐름이 이루어짐으로써 다른 기업이 쉽게 모방할 수 없는 인재육성이 가능하게 된다. 이 외에도 기업 내부에서 사람의 흐름에 포함되는 것으로는 외부의 관계기업으로 '출향出向·전적轉籍'[2]까지도 들 수 있지만, 이 장에서는 기업 내부에서 사람의 흐름에 중점을 두어 논의를 진행하기 위해 이동·승진에만 초점을 두기로 한다.

특히 이 장에서는 기업 입구에서의 사람의 흐름에 해당하는 '채용'과 채용한 인재의 기업 내부에서의 흐름을 의미하는 '이동·승진'을 중심으로 다루고, 세 번째의 흐름인 '퇴직'에 대해서는 생략하기로 한다.

도표 3-1 세 가지 사람의 흐름

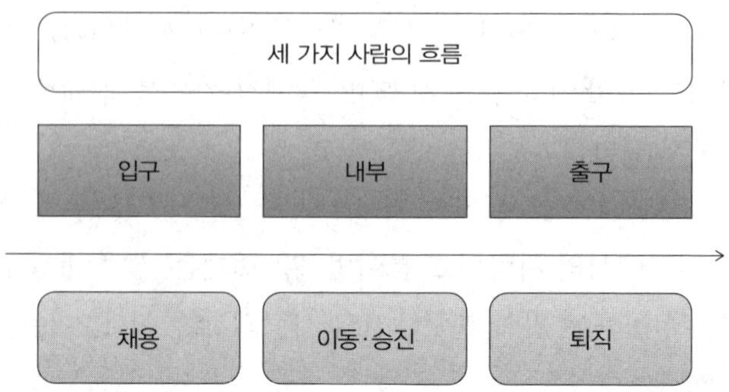

세 가지 단계에서 사람의 흐름을 관리함으로써, 사람과 직무의 매칭을 도모함

3. 채용

(1) 채용계획의 입안과 채용프로세스

기업이 노동시장으로부터 인재를 확보하기 위해 채용을 하는 경우, 가장 먼저 채용계획의 수립부터 시작하게 된다. 자사에 적합한 우수한 인재를 채용하기 위해서는 ① '누구를'(희망하는 인재 요건), ② '어떠한 형태로, 몇 명을'(조건과 인원수), ③ '언제'(채용시기), ④ '어떻게'(채용방법) 채용할 것인지에 대한 구체적인 계획을 수립하여야 한다.

① 누구를 채용할 것인지 결정

기업이 어떤 인재를 채용하고 싶어 할 것인지에 대해 생각해 보자. 대다수의 기업은 '자사에 적합한 우수한 인재'라고 답할 것이다. 그렇다면 적합하고 우수한 인재는 어떤 인재일까. 채용의 첫 번째 단계로, 기업에 있어 '우수한 인재'를 구체적으로 정의할 필요가 있다. 이것이 바로 '희망하는 인재 요건의 도출'이라고 하는 채용의 첫 번째 단계가 된다.

기업이 희망하는 인재 요건은 어떻게 결정될까. 이는 기업의 경영이념으로부터 도출되게 된다. 아마도 대다수의 기업에 있어서 '우수한 인재란 무엇인가'라는 질문에 대한 답변은 '기업에 대한 공헌'이 될 것이다. 기업에 공헌하는 인재는 기업의 전략을 입안·실행하는 데 적절하게 움직여 주는 종업원을 의미한다. 따라서 기업은 채용을 결정하게 될 때, 경영전략에 적합한 인재를 찾으려 하게 된다. 경영전략은 기업이 위치하고 있는 시장 상황이나 경합하고 있는 타사의 사업활동들을 고려하여 결정되지만, 사실 경영전략 그 자체는 기업의 경영이념으로부터 수립되게 된다.

기업은 사회 내에서 경제적 행위자로서 존재하고 있다. 대다수의 기업에는 그들이 속해 있는 사회 안에서 '우리 기업은 어떻게 존재할 것인가'라고 하는 조직의 아이덴티티identity가 경영이념 안에 규정되어 있다. 명확한 경영이념을 가지고 있지 못한 기업이라 하더라도 '우리 기업은 이 사회에서 어떠한 모습으로 존재할 것인가'라고 하는 생각이 있을 것이다. 이와 같은 경영이념으로부터 경영전략이 수립되게 되며, 채용활동의 첫 번째 단계에서는 경영이념의 출발점인 기업의 경영전략으로부터 요구되는 인재 요건을 도출하게 된다. 예를 들어, 어느 기업이 '혁신적인 제품을 만들어 냄으로써 사회를 윤택하게 한다'라는 경영이념을 가지고 있다고 하자. 이 기업에서는 시장의 상황이나 경합 중인 타사의 사업활동 현황을 반영하여 '최신 기술로 만들어진 상품의 판매' 또는 'R&D 기능의 강화', '타사로부터 신기술의 도입'이라는 것들을 경영전략으로 정립할 수 있다. 이러한 경우에 요구되는 인재 요건은 '최신 기술에 대한 지식 흡수가 가능한 학습능력이 높은 인재'나 'R&D를 담당할

도표 3-2 경영이념에 따라 요구되는 인재 요건(예시)

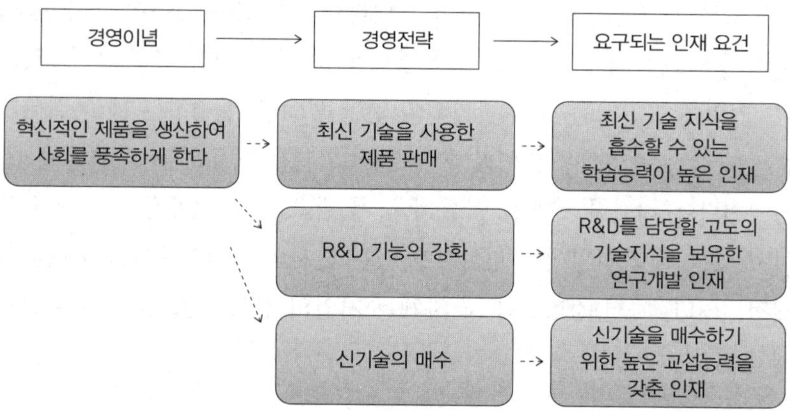

고도의 기술지식을 보유한 연구개발 인재', '타사의 신기술을 매수하기 위해 필요한 높은 교섭능력을 갖춘 인재'라는 요건 등이 도출되게 된다.

② 대상자의 조건과 인원수의 결정

기업이 원하는 인재의 요건이 정해지면, 다음으로는 채용대상자의 조건과 인원수를 결정해야 한다. 채용조건으로서는 크게 두 가지의 선택이 중요하게 된다. 첫째는 고용형태('정규고용 또는 비정규고용'의 선택)이며, 또 다른 하나는 직무경험의 유무('신규채용 또는 경력채용'의 선택)이다. 선진국인 일본에서는 일반적으로 비용구조에서 인건비의 비율이 높기 때문에, 정규직으로 채용할지 비정규직으로 채용할지의 선택에 따라 기업의 이익에 커다란 영향을 미치게 된다. 또한 정규고용과 비정규고용의 차이는 단순히 비용 면에서의 차이뿐만 아니라, 직무에 대한 책임의 범위를 달라지게 하기 때문에 기업 내부의 직무성격을 고려하여 적절한 고용형태의 선택이 요구된다.

아울러 직무경험이 있는 인재를 채용할지 말지에 대한 선택도 채용 시 중요한 부분이다. 직무경험이 있는 인재를 채용하는 경우에는 '경력' 채용이 되며, 직무경험이 없는 인재의 채용은 '신입' 채용이 된다. 이러한 것들도 기본적으로는 경영전략을 반영하여 결정되게 된다. 당연히 신규졸업자를 채용하는 경우에는 지금까지 직무경험이 없기 때문에 기업이 하나부터 육성해 나가야 할 필요가 있으며, 인재육성을 위한 비용이 수반된다. 반면 인재를 육성하기 위한 충분한 비용·시간을 가지고 있지 못한 기업의 경우에는(중소기업이 대다수), 이미 전력화되어 즉시 활용 가능한 직무경험을 보유하고 있는 경력채용이 주를 이루게 되는 경향이 있다.

고용형태가 정해지고 나면, 다음으로는 채용인원수를 결정할 필요가 있다. 채용인원수는 기업이 창출하려는 경제가치(부가가치)와 대조하여 적정한 인원수가 산출되게 된다. 제2차 세계대전 이후의 고도경제성장기, 일본 경제가 우상향의 성장을 하고 기업이 부가가치를 크게 높일 수 있었던 시기에는 매년 일정수를 채용하는 기업이 다수를 차지하였으나, 오늘날과 같이 저성장의 글로벌 경쟁에 처한 상황에서는 매년 정해진 숫자를 채용하는 것은 곤란하게 되었으며, 기업이 창출해 낼 수 있는 부가가치의 크기에 맞추어 적정한 채용인원수를 산출하지 않으면 안 되게 되었다.

③ 채용시기의 결정

채용대상자의 조건 및 인원수의 확정과 동시에, 채용시기에 대해서도 결정할 필요가 있다. 채용시기의 결정은 대상자의 조건, 그중에서도 직무경험의 유무와 밀접하게 관계된다. 예를 들어, 직무경험이 없는 신규졸업자의 채용을 고려하는 경우에는 주로 4월*에 학교 졸업을 앞둔 사람을 채용하는 '신규졸업자 일괄채용'이라는 형태를 선택하게 되며, 이와 달리 명확한 채용시기를 정해 두지 않고 우수한 인재를 채용하려는 경우에는 '연중수시채용'의 방식을 선택하게 된다. 이 외에도 신규졸업자로 취직한 사람이 이직을 위해 2, 3년 뒤에 다시 노동시장으로 되돌아오거나, 해외 유학으로부터 귀국한 사람을 대상으로 하는 '제2의 신규채용'을 진행하는 기업도 있다. 이러한 인재는 이미 사회에서는 학교를 졸업한 기졸업자로 취급되지만, 채용에 있어서는 신규졸업자와 거의 다름이 없는 인재로 채용되기에 '제2의 신규채용'이라 불리게 된다.

* 일본은 보통 3월에 졸업식이 있으며, 4월에 신학기가 시작된다(옮긴이).

④ 모집 · 채용 방법의 결정

'원하는 인재 요건', '채용대상자의 조건 및 인원수', '채용시기'가 확정되면, 마지막으로 채용방법을 결정할 필요가 있다. 구체적으로는 모집과 전형 방법의 결정이 여기에 해당된다.

기업은 모집방법으로 ① 자사 홈페이지에 구인광고 게재, ② 취직정보사이트에 등록, ③ 회사설명회의 실시, ④ 합동설명회 참가, ⑤ 공공직업안정소(헬로워크, ハローワーク)에 구인정보 등록 등의 방법을 활용하게 된다. 이러한 방법들을 통해서 구인모집을 하게 되는데, 어떠한 인재를 희망하는지에 따라, 어떠한 방법을 선택할 것인가를 구체적으로 결정할 필요가 있다. 예를 들어, ⑤ 공공직업안정소에 구인정보를 등록하는 경우는, 특히 이직자를 목표로 할 때에는 유효한 방법이지만, 신규졸업자 채용의 경우에는 통상 ①~④의 방법들을 활용하거나, 이 중에서 하나 또는 이들을 조합하여 활용하게 된다.

모집방법이 정해지면, 다음으로는 전형방법을 결정해야 한다. 원하는 인재 요건에 적합한 인재를 채용하기 위해서 ① 입사지원서, ② 적성시험, ③ 필기시험, ④ 면접시험을 계획하고, 전형방법에 대해 구체적으로 결정하게 된다. 일반적으로 입사지원서를 통해서, 학력에서부터 지망동기, 지금까지의 경험에 이르는 개인적인 속성요인을 체크하게 된다. 적성시험에서는 직무(일하는 것)에 대해 어느 정도의 적합한 소질이나 생각을 가지고 있는지를 판단하며, 필기시험에서는 기본적인 학력수준을 측정한다. ①~③까지의 시험으로 면접이 가능한 인원수까지 응모자를 줄인다. 이후 면접시험에서는 개인이 어떠한 사람인지, 어떠한 직무를 희망하고 있는지, 인성은 어떠한지, 적합한 직무는 무엇인지에 이르기까지 종합적인 요인들에 대해 판정하게 된다. 면접은 응시자와 면접관이

'한 명 – 다수(개인면접)'인 것부터, '다수 – 한 명(그룹면접)', '다수 – 다수(그룹면접)'와 같은 다양한 방식이 있다. 또한 내용도 대면방식의 면접형식인 '일문일답식'부터 응시자에게 그룹과제를 부여하고 그 모습을 면접관이 체크하는 '그룹과제형식' 등 다양한 방식이 존재한다.

면접은 적성시험이나 필기시험과는 달리, 면접관과의 궁합에 좌우되거나 다른 응시자의 발언이나 태도 등 우발적인 요인의 영향을 받기 쉽기 때문에 기업은 가능한 한 여러 사람을 통해 수차례의 면접을 실시하는 경우가 많다. 이 경우 1차 면접은 젊은 사원(대부분의 경우에, 젊은 인사담당자 등)이 담당하며, 2차 면접은 부·과장 등 중간관리자가, 3차 면접은 배속되는 부문의 부·과장이 맡게 된다. 이후 최종면접에서는 임원이나 사장 등 기업의 최고경영층이 면접을 실시하게 되는 것이 일반적이다.

(2) 일본식 '채용방식'의 특징

일본식 채용방식의 특징으로는 신규졸업자를 일괄적으로 채용한다는 것을 들 수 있다. 직업경험이 없는 신규졸업자를 4월에 일괄적으로 채용하는 특징은 일본 기업, 특히 일본 대기업에서는 오랜 기간에 걸쳐 이어져 온 방식이다. 일본식 채용방식에서는 입사 이후에 담당하게 될 업무가 입사 이전에는 명확하지 않은 경우가 대부분으로, 입사 후의 신입사원 연수를 거쳐 배치부서가 결정되며, 그 부서에서 구체적으로 어떠한 직무를 수행할 것인지에 대해서는 신입사원 연수 후에 결정된다는 특징을 지닌다.

채용 시에, 기업은 응시자의 어떤 부분을 보고 판단하는 것일까. 원래 일본의 채용방식은 종업원에 대한 평가를 '직능자격제도(직능급)'라고 하는 방식을 통해 진행해 왔다. 직능자격제도에서는 종업원을 그 사람의 직무수행능력으로 평가하게 되며, 직무수행능력에는 담당 직무에 활용하는 지식이나 기능에 더하여 이를 발휘하는 방식과 관련되는 정태적인 능력 및 경험에 의해 숙련되는 기획력이나 판단력까지도 포함된다. 이러한 능력은 학습이나 경험에 의해 습득할 수 있으며, 또한 발전시켜 가는 것이 가능하다고 보기 때문에 일본식 채용에서는 채용 시 기업의 가치관이나 방침을 받아들일 수 있는 인재를 중시하게 되었으며, 이로 인해 신규졸업자 채용을 선호하는 경향이 강해졌다. 이를 위해 채용의 전형기준으로 개인의 성격이나 자질을 중시하는 비중이 커지게 되었다. 직무에 임하는 자세에서부터 직장에서의 협조성이나 학습의욕 등의 개인적인 속성요인을 중시하고, 기업에 입사하고 난 이후의 학습이나 경험의 축적가능성을 고려하여 채용을 결정하게 된다.

이러한 특징은 일본식 장기근속고용과 관계가 있다. 기업이 종업원을 장기적으로 고용하기 위해서는 장기적인 시점에서 사람과 직무를 매칭하는 것이 요구된다. 이로 인해 일본에서는 취업을 '취직'就職(직무에 종사)이 아닌 '취사'就社(회사에 종사)라고 부르기도 하는데, 이는 일본 기업의 평가방식과도 관련되며, 특정 직무를 수행하는 스킬이나 능력보다도 특정 기업 안에서 오랜 기간에 걸쳐 폭넓은 경험을 쌓아 가며 학습해 나가는 것을 중시하기 때문이라 할 수 있다.

4. 교육훈련

(1) 인재육성의 방법

대부분의 일본 기업은 평가방식(직능자격제도/직능급)에 대응하기 위한 방법으로서 장기간에 걸쳐 폭넓은 경험을 통한 학습을 촉진하는 방식을 취하고 있는데, 구체적으로는 어떤 방법을 통해 노동시장에서 채용한 인재를 육성하고 학습을 촉진하고 있는지 살펴보자.

기업 내에서의 교육훈련으로, 주로 두 가지의 인재육성 축이 있다. 첫째는 OJTOn the Job Training라고 하는, 직장 내에서 행해지는 훈련이다. 두 번째는 Off-JTOff the Job Training라고 하는, 직장에서 벗어나서 행해지는 훈련이다. Off-JT는 회사 주도의 '연수'와 개인 주도의 '자기계발활동'이라 불리는 활동으로 나뉜다. 자기계발활동은 기업이라는 물리적 장소에서 벗어나 행해지는 종업원의 개인적인 훈련이다. 교육훈련의 주류가 되는 것은 OJT와 Off-JT이며, 보통은 양자를 적절히 구성해 나가면서 인재육성이 이루어지게 된다.

OJT는 배치받은 곳에서 실제로 근무하면서 일을 배워 나가는 인재육성의 한 가지 방법이다'Learning by Doing'. OJT는 실제 직무를 담당하며 동시에 훈련에 임하기 때문에 학습에 대한 압박이 크지만 피드백 효과가 높다는 특징을 지닌다. 실제로 일을 하고 있기 때문에 긴장감을 극대화하여 훈련을 받게 되며, 기업의 교육훈련에서는 OJT가 중심적인 축이

도표 3-3 인재육성의 두 가지 축

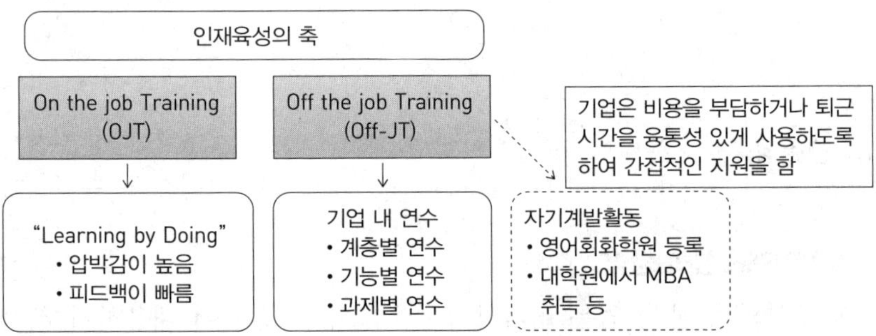

된다. 반면에 OJT는 직장에서 일을 하면서 훈련을 받기 때문에 체계적인 지도방법이 존재하지 않는다는 단점이 있다. OJT가 이루어지는 동안에는 교육훈련을 받는 사람과 확실한 커뮤니케이션이 필요하며, 무엇을 이해하고 무엇을 이해하지 못하였는지 그 정도를 명확하게 확인해 나가면서 진행하는 것이 중요하다.

OJT를 보조하는 형태로서 Off-JT가 행해진다. Off-JT는 글자 그대로 직무에서 벗어난 훈련을 의미한다. 예를 들어, 노동시장으로부터 채용된 신입직원은 처음에는 '신입연수'라는 집합연수를 받는 경우가 많은데, 이 '신입연수'라고 불리는 훈련이 Off-JT의 전형이 된다. '신입연수'에서는 새롭게 채용된 직원이 근무 장소로부터 멀리 떨어진 회의실 등에 함께 모여 기업의 기초적인 정보나 비즈니스 매너 등 기업에서 근무하기 위해 필요한 기본적인 훈련을 받게 된다. 신입연수와 같은 Off-JT는 입사 후에도 다양한 형태로 이루어진다. 예를 들어, 신입연수와 같은 어떤 특정 계층을 모아 실시하는 '계층별 연수'나 제조 부문, 개발 부문, 판매 부문과 같이 기능별로 행해지는 '직능별 연수', 선발된 종업원에게 특정 과제를 부과하는 '과제별 연수' 등 직무 이외의 연수를 받음으로써 일을 하면서 받게 되는 OJT를 보조하는 형태로 개인의 능력개발을 촉진하게 된다.

개인 주도의 Off-JT인 자기계발활동은 종업원이 스스로의 능력개발을 위해 행하는 학습에 대해, 기업이 간접적인 지원을 함으로써 개인으로 하여금 기업에 공헌하는 능력을 갖추도록 하는 연수형태의 하나이다. 예를 들어, 종업원이 근무시간 이후에 영어실력을 향상시키기 위해 영어회화학원에 다니거나, MBA(경영학석사)를 취득하기 위해 대학원에 다니는 활동을 들 수 있다. 근무시간 이후에 종업원 개인적인 자기계발활동이라 하더라도, 기업이 그러한 활동을 통해 종업원이 기업에 어떠한 메리트를 가져다줄 것이라 판단하는 경우에는 근무시간에 융통성을 부여하거나, 소요되는 비용의 일부 또는 전액을 부담하여 줌으로써 직원의 근무 외 활동을 지원하고 종업원의 능력개발을 독려하는 경우도 있다.

(2) 교육훈련과 기업 내부에서의 사람의 흐름

이러한 교육훈련은 기업 내부의 사람의 흐름과도 관계가 있다. 채용활동이 '기업 입구에서의 사람 흐름의 관리'라고 한다면, 교육훈련은 '(기업) 내부에서의 사람 흐름의 관리'라 할 수 있다. 교육훈련에서는 기업 내부에서 새롭게 채용된 인재에게 일을 시키면서(사람의 흐름을 발생시킴으로써), 인재육성을 이행하게 된다.

흔히 일본 기업의 특징은 '고용구조에 집중한다'라는 것으로 알려져 있다. James Abbeglen은 1958년에 「일본의 기업: 사회구조적 측면」*The Japanese factory: aspects of its social organization*을 출판하면서, 제2차 세계대전 이후 일본 기업 성장의 원천으로 '종신고용', '연공서열', '기업 내 조합'이라는 세 가지 요인을 제시하였으며 이를 통해 일본식 경영의 세 가지 요인을 '신기'神器라 하며 극찬하였다. 일본식 경영의 특징은 Abbeglen이 지적한 세 가지 요인에서도 알 수 있듯이, 고용구조에 집중하고 특히 장기근속이라고 하는 고용관행 아래에서 '사람을 다루는 방법'에 그 특징이 있다고 알려지게 되었다.

그렇다면, 교육훈련 및 기업 내 인재육성이라고 하는 관점에서 볼 때 '사람을 다루는 방법'의 특징은 구체적으로 어떤 점에서 일본식 경영의 특징으로 알려지게 된 것일까. 이는 특히, 사람의 배치와 관련된 로테이션(배치전환·이동)에서 일본식 특징이 나타난다고 할 수 있다. 기업은 외부의 노동시장으로부터 사람을 채용하고, 사람을 어떤 직무에 배치하여 '육성 → 평가 → 배치'의 사이클을 반복하면서 사람과 직무의 매칭을 도모하게 된다. 어느 정도 장기적인 시각에서의 인재육성을 고려하면서 부문이나 직종을 넘어서는 폭넓은 인사이동이 일어나게 되고 이를 통해 인재육성이 이루어진다. 즉 일본식 경영의 특징은 '복수 직능형'을 채택하여 다양한 부문을 경험해 나가면서 승진을 한다고 말할 수 있다. 로테이션을 사람의 '횡적 흐름'이라고 한다면, 승진은 사람의 '종적 흐름'이라 할 수 있다. 과거 일본 대기업의 특징으로는 사람의 횡적 흐름(로테이션)이 이루어지면서, 사람의 종적 흐름(승진)이 발생하였다고 할 수 있다. 복수 직능형을 채택하였기 때문에 제조업의 현장에서는 한 명의 직원이 복수의 직무를 담당하는 것이 가능하게 되어 '다능공(화)'가 추진되었으며, 화이트칼라에 대해서는 현장에서의 다양한 부문이나 직종을 경험하게 함으로써 '제너럴리스트generalist'를 양성하였다.

이와 같은 로테이션은 직무 전문성을 몸에 익히기 어렵게 한다는 단점이 있다. 게다가 로테이션을 함으로써 어느 정도 익숙해진 직무를 벗어나, 익숙하지 못한 직무를 담당하게 되어 직장에서의 생산성이 일시적으로 악화되어 단기적으로는 로테이션의 비용이 높아지게 되는 단점도 존재한다. 그럼에도 불구하고 로테이션이 실시된 이유로는 크게 두 가지의 요인을 들 수 있다. 첫 번째는 장기적인 시점에서 사람과 직무의 매칭을, 두 번째는 평가제도로서의 직능자격제도(직능급)와의 관계로 요약할 수 있다.

다양한 직종이나 부문을 경험하도록 촉진하는 로테이션은 근본적으로 단기적인 시점에서 사람과 직무의 매칭을 생각하는 것이 아니다. 일하는 사람들의 장기적인 시점에서의 공헌도를 생각하여 사람과 직무의 매칭이 이루어지게 된다. 이를 위해 일하는 사람들에게는 시간을 두고 자신의 능력을 축적하도록 하며, 단기적인 경쟁으로부터 배제시킨다. 다양한 상사를 통해 다양한 직무를 경험하면서, 승진과 같은 차이를 경험하기까지는 어느 정도의 시간을 벌게 된다. 한편 로테이션은 일본 기업의 평가제도와도 관련되어 있다. 앞서 기술한 바와 같이, 대부분의 일본 기업은 원래, 직능자격제도(직능급)를 채택하여 왔다. 직능자격제도에서 종업원은 직무수행능력에 따라 등급이 결정되며, 평가를 받게 된다. 직무수행능력은 특정한 직무에 요구되는 특별한 능력이 아니라, 조직 내의 모든 부분에 공통적으로 적용 가능한 조직 횡단적인 유연한 역량의 단위라고 정의되기에, 일하는 개인이 직무수행능력을 높이려 한다면 보다 상위 자격의 등급을 받기 위해(승격), 로테이션에 따른 능력개발의 방식을 적극적으로 수용하게 된다.

5. '인적자원'에 대한 생각

지금까지 채용, 교육훈련·인재육성에 대해, 일본 기업의 특징을 중심으로 개략적으로 설명하였다. 어떠한 항목에 있어서도 그 근저에는 인적자원에 대한 생각이 중요하게 자리하고 있다. 아래에서는 일본 기업의 인적자원에 대한 과거의 생각과 오늘날 글로벌 경쟁하에서 일본식 인적자원에 대한 생각에 변화의 조짐이 나타나고 있다는 점에 대해 설명해 보고자 한다.

(1) 두 가지 접근방식

기업은 노동시장으로부터 인재(인적자원)를 채용할 때 누구를 고용하고자 할까. 이타미와 가고노(伊丹敬之·加護野忠男, 1989)에 따르면, 두 가지의 접근방식을 생각해 볼 수 있다. 첫 번째는 기업이 고용하고자 하는 것은 사람들이 가지고 있는 기술이라는 '기술 기반'의 접근방식과, 또 다른 하나는 기업이 고용하는 것은 사람이라는 '사람 중심'의 접근방식이다. 사람 중심의 접근방식은 사람이 가지고 있는 기술은 학습의 기회나 기업의 교육투자에 따라 변화하는 것이라고 생각한다. 또한 사람들이 보유한 기술은 다양하게 기업 내에서 축적 가능하다고 본다. 예를 들어, 하나의 기술에 가치가 전혀 없다고 하더라도 기업 내 훈련과 스스로의 노력으로 기술의 전환을 도모하여 고용을 계속 유지하려고 한다는 것이다.

반면 기술 기반의 접근방식은 물적자원과 같이 기술만을 떼어서 사람으로부터 분리시키는 것은 불가능하기 때문에 인재로서의 노동력을 고용한다고 생각한다. 기술의 가치에 대해, 기업은 일하는 사람에게 임금을 지급하고 그 가치가 없어졌다고 판단하는 경우에는 고용계약을 해지하게 된다. 기술 기반의 고용에서는 기술이 기업 간에 이동하는 것으로 본다. 개인은 스스로가 기술보유자로서 자신의 기술을 향상시키려 노력하고, 자신의 기술을 높이 평가해 주는 기업으로 이동하고자 한다. 기업 측면에서 볼 때에는 다양한 기술의 집합체로서의 기업을 운영하는 것이기 때문에 기업 내부의 직무에 대해서 직무기술서job description를 명확한 형태로 준비하여 어떤 직무라도 완수될 수 있도록 한다.

기업이 고용하고자 하는 인적자원을 바라보는 생각에 대해 이처럼 크게 두 가지의 접근방법을 생각해 볼 수 있는데, 대부분의 일본 기업은 인적자원에 대해 '사람 중심'human total의 입장을 취해 왔다. 이로 인해 직무수행능력이라고 하는 점에서 개인이 과거부터 현재에 이르기까지 쌓아 온 잠재능력을 평가하여, 장기적인 직무경험에 의해 확대된 지식이나 기술을 중시하게 되었다. 따라서 채용 시점에서는 개인의 성격이나 자질을 중요시하고, 입사 이후에는 기업 내부에서의 로테이션에 따라 횡적으로 폭넓은 경험을 쌓거나 지식을 누적해 나갈 수 있도록 하였다.

한편 '기술 기반'의 접근방식은 주로 미국에서 채택되는 방법으로 채용 시에는 직무기술서에 특정 직무수행을 위해 필요로 하는 기술이 명시되어 있어 그 기술에 적합한 인재를 채용하게 된다. 채용 이후에도 명시된 직무기술서의 직무 내용을 제대로 수행할 수 있는지 없는지에 대해 평가가 이루어진다. 이와 같은 평가시스템을 '직무등급제도'라고 한다. 일본식의 사람 중심적인 접근방식에 기반한 채용을 '사람 중심 채용시스템'이라고 부를 수 있으며, 반면에 미국적인 기술 중심의 채용은 '직무 중심 채용시스템'이라고 할 수 있다.

(2) 변화하는 생각

과거 일본식의 인적자원에 대한 접근방식은 기업이 고용하는 것은 사람이라는 '사람 중심'의 생각이었다. 그러나 최근에는 이러한 생각에 변화의 조짐이 나타나기 시작하고 있다. 종래 일본식의 '사람 중심'의 채용시스템이나 교육훈련·인재육성은 개인과 기업과의 장기적인 관계를 전제로 하는 것으로 간주되었다. 하지만 1990년대 버블경제의 붕괴 이후 저성장 기조가 지속되어, 2000년대부터는 신흥국 기업과의 치열한 글로벌 경쟁에 직면하여 일본 기업은 경제적 가치를 높이는 것이 어려운 상황하에 놓이게 되었다. 동시에 지금까지의 장기근속고용의 틀 안에서 조직이 고령화되어, 전체 비용에서 차지하는 인건비의 비중이 높아짐으로써 종래의 '사람 중심'의 접근방식에 기반을 둔 사람 중심의 채용시스템이나 인재육성에 한계를 보이기 시작하는 등 변화의 조짐이 나타나게 되었다.

채용에 대해서는 원래 대기업을 중심으로 4월 신규졸업자를 일괄 채용하는 것이 주류였으나, 최근에는 전직시장이 활발해졌다. 과거 일본 노동시장은 경직되어 있다는 지적이 있었는데, 이로 인해 신규채용 또는 신규졸업자에 가까운 구직자나 젊은 연령층을 대상으로 하는 노동시장이 크게 발달하여 나이가 들수록 전직은 어려워지게 된다는 평가를 받아 왔다. 이를 '35세 전직 한계설'이라고 하기도 한다. 이는 일본 기업의 장기근속이라는 고용관행 속에서 35세를 넘어서는 순간 전직하는 것이 어렵다는 것을 나타내는 표현이지만, 최근에는 지금까지의 전직시장과는 달리 전직이 가능한 연령층이 어느 정도 높아진 상황으로, 특히 기술이나 경험을 보유한 인재의 전직시장은 확대되고 있음을 보여 주고 있으며, 경력채용을 적극적으로 활용하는 기업도 늘어나고 있다.

교육훈련이나 인재육성에 대해서는, 과거 개인과 기업의 장기적인 관계하에서는 기업 주도의 교육훈련이 일반적이었다. 기업은 타사가 모방하기 어려운 인적자원을 기업이 비용을 부담하여 육성해 내는 것으로 경쟁우위의 원천으로 삼았다. 그러나 오늘날 경제환경의 악화와 국제경쟁이 격화되는 상황에서 기업이 경제적 가치를 높이는 것은 쉽지 않으며, 종업원과의 장기적인 관계를 유지하는 것도 곤란한 환경에 놓이게 되었다. 최근 수년간에 걸쳐 많은 대기업이 다수의 조기퇴직자를 양산하여 기업 규모를 축소시키고 있는 것이 현실이다. 이와 같은 환경하에서 기업의 인재육성에 대한 생각에도 변화가 감지되고 있다. 즉 특정 기업 안에서 타사가 모방하기 어려운 인재를 육성하는 종래의 방식에서 탈피하여, 일하는 개인의 조직 내 직무이동을 예측하여 교육훈련을 실시하는 형식으로 변화하고 있다. 개인이 사회에 의존하는 관계에서 벗어나 개인이 스스로 경력을 형성하기 위해, 기업 측면에서도 개인이 선택적인 연수를 받을 수 있게 하여 개인 스스로가 자신의 경력을 구축해 나갈 수 있도록 보조함과 동시에 기업의 경쟁우위의 원천이 되는 인재를 육성해 간다는 관점을 갖게 되었다. 즉 회사 주도의 교육훈련에 개인 주도의 교육훈련을 결합함으로써 개인이 회사를 떠날 때 직무이동이 가능한 능력을 몸에 지닐 수 있도록 한다는 특징으로 요약할 수 있다. 이는 뒤집어 생각해 보면, 개인과 기업과의 장기적인 관계에 한계가 발생하기 시작했다는 것을 나타냄과 동시에 노동시장에서의 이동이 점점 증가하고 있음을 의미한다.

또한 일본 기업의 평가방식도 종래의 직능자격제도라고 하는 사람 중심의 평가제도로부터 개인의 기술을 평가하는 미국형 직무등급제도를 채택하여, 새로운 평가시스템을 모색하게 되었다. 예를 들어, 대표적인 것으로 역할등급제도를 들 수 있다. 역할등급제도는 각각의 직무에 요구되는 역할의 크기에 따라 등급을 설정하고, 그 역할을 담당하는 종업원의 등급을 평가하는 제도이다. 역할등급제도의 가장 큰 특징은 연령이나 근속연수라고 하는 기존의 직능자격제도에서 중시되었던 요소인 사람의 등급을 평가하는 것이 아니라, 개개인이 담당하는 역할을 명확하게 하고 그 역할에 어느 정도 대응하였는가를 평가하는 시스템이라는 점이라 할 수 있다.

6. 결어

지금까지 일본 기업의 채용과 교육훈련·인재육성에 대해 개괄적으로 살펴보았다. 기업 입구에서의 '사람의 흐름'이라는 채용의 프로세스에 대해 설명하였으며, 채용이 일본 기업 조직 내부의 인재육성이나 평가방식과 연결되어 있음을 확인하였다. 또한 기업 내부의 '사람의 흐름'에서는 교육훈련·인재육성의 방법으로서 OJT, Off-JT에 대해 살펴보았으며, 일본식 인재관리 특징의 하나로 로테이션(배치전환·이동)을 예로 들고 그 개략적인 내용에 대해 설명하며, 인재육성의 수단으로서 로테이션이 활용되고 있다는 것을 확인하였다. 그리고 마지막으로 인적자원에 관한 두 가지 접근방식을 제시하여 일본식의 인적자원을 바라보는 시각에 대해서도 소개하였다. 오늘날 일본 기업을 둘러싼 경제환경의 변화에 따라 인재를 바라보는 생각에도 변화의 조짐이 나타나고 있음을 지적하였다. 이러한 변화에 따라 채용이나 교육훈련·인재육성뿐만 아니라 일본 기업의 평가시스템도 변화하고 있음을 알 수 있다.

이상과 같이, 이 장에서는 '채용과 교육훈련'을 테마로 하여 전반적인 내용에 대해 설명하였으며, 채용과 교육훈련은 단순하게 따로따로 존재하는 것이 아니라 일본 기업의 평가시스템과 밀접한 관계가 있다는 것에 대해서도 살펴보았다. 이 평가시스템은 인적자원에 관한 접근방식으로부터 커다란 영향을 받고 있는 것은 아닌가 생각된다. 사회·경제의 변화에 그치지 않고 채용이나 교육훈련의 방식도 변화하고 있으며, 앞으로 일본 기업의 채용·교육훈련이 어떻게 변화할 것인가 또는 변화하지 않을 것인가는 이 시대가 처한 사회·경제 환경과의 관계로부터 알 수 있게 될 것이다.

주

1 사람은 기계를 선정·구입하고, 조작하는 주체가 되며, 돈이나 정보를 관리하는 것도 사람이다. 이러한 활동은 기업의 경제가치의 창출에 영향을 미친다. 실제로 경영자원으로서 사람은 다른 경영자원을 통제하면서 경제활동을 한다. 사람이 다른 경영자원을 움직이고, 기업의 존속에 있어서 중요한 경제적 가치를 창출하는 주체라고 생각한다면, 인적자원은 기업이 경제활동을 유지하는 한 가장 중요한 경영자원이라 할 수 있다.

2 '출향出向'이라 함은 기업이 종업원과의 고용계약을 유지한 채로 업무명령에 따라 종업원을 자회사나 관련 회사에 이동시키는 것을 말한다. 업무상의 지휘명령권은 출향기업에 있으며, 대상이 되는 종업원의 소속과 급여의 지급의무는 원래의 고용기업에 있다. 반면 '전적轉籍'은 지금까지의 원래 고용기업과의 고용계약을 끊고, 대상이 되는 기업과 새롭게 고용계약을 체결하여 적을 옮기는 것을 말한다. 그렇기 때문에 지휘명령권, 급여의 지급의무는 전적기업에 있게 된다.

조금 더 공부하고 싶은 사람을 위해

- 服部泰宏. (2016).『採用学』. 新潮社.
- 海老原嗣生. (2016).『お祈りメール来た, 日本死ぬ一「日本型新卒一括採用」を考える』. 文藝春秋.
- ト林憲雄·厨子直之·森田雅也. (2010).『経験からまなぶ人的資源管理』. 有斐閣.
- 伊丹敬之·加護野忠男. (1989).『ゼミナール経営学入門(第3版)』. 日本経済新聞社.

옮긴이 해설

채용에서 퇴직까지의 전 과정에서, 인사 부문이 가장 활발하게 움직이는 부분 중의 하나는 바로 인사업무의 시작으로서 채용업무와 그 뒤를 잇는 교육훈련이라 할 수 있을 것이다. 이 중에서도 외부환경 변화의 영향을 직접적으로 받아들이고 상호 소통이 필요한 부분은 조직 내부와 외부가 접하게 되는 채용 부문이라 할 수 있다. 우리나라에서도 기업이나 공무원 채용과 관련된 동향은 언론 등에서도 상당히 비중 있게 다루고 있는 모습을 쉽게 볼 수 있는데, 이처럼 조직 내 경영활동의 하나로 이루어지는 채용업무는 외부와도 많은 영향을 주고받는 업무이기 때문에 인사의 그 어떤 업무보다도 세밀한 접근을 필요로 한다.

인재를 바라볼 때 '사람 중심'으로 접근할 것인지, '기술 중심'으로 접근할 것인지에 따라 뒤이은 인사전략은 많은 영향을 받을 수밖에 없다. 단순히 정년보장이나 연공급 보수제도, 직능 중심의 인사제도로는 우수 인재 확보에 한계를 드러낼 수밖에 없는 현실에서, 전략적 인적자원관리의 차원에서의 인사전략의 수립이 필요하다. 왜냐하면 직무를 중심으로 지원자의 역량을 평가하여 채용하였는데, 교육훈련 단계에서는 이와 동떨어진 연수제도가 이어지고 직무가 아닌 직능에 의한 평가가 이루어지게 된다면 제도개혁의 효과성은 기대할 수 없을 것이기 때문이다. 따라서 채용과 교육훈련 등 인사제도는 전체가 하나의 방향으로 움직이는 전략적 연계성을 필요로 한다.

한편 일본식 채용방식의 특징으로는, 최근 점차 경력채용도 증가하고 있기는 하지만 아직까지도 대부분의 일본 기업들은 신입직원을 채용하여 조직 내에서의 양성 과정을 거쳐 해당 조직에 기여할 수 있는 인재로 육성하려 한다는 점을 들 수 있다. 하지만 이와 같이 순혈주의를 중심으로 한 공채 위주의 신규채용방식으로는 환경 변화에 신속히 대응할 수 없다는 비판에 따라, 일본의 채용방식은 변화의 중심에 서 있는 것으로 보인다. 아울러 교육훈련에 있어서도 OJT와 Off-JT를 적절히 혼합하여 인재양성에 힘쓰고 있는 것은 우리나라와 별반 다를 바가 없지만, 인재개발의 책임이 조직에서 점차 개인으로 그 무게 중심이 이동하고 있다는 측면에서 이를 지원할 체계적인 인재개발제도 개선도 이루어지고 있다는 것을 인식할 수 있다.

취업준비생들의 취사就社가 아닌 취직就職으로의 인식 변화는 조직구성원들의 시장가치 제고에도 많은 영향을 미칠 것으로 보이며, 변화하는 환경에 대한 조직의 경쟁력 강화에도 기여할 수 있을 것으로 기대된다. 이는 앞으로 조직의 인사제도에 대한 변화의 방향성 설정이 중요하게 다루어져야만 하는 이유가 되기도 한다.

제 4 장

업적관리와 역량

1. 도입

기업이 사회에 존재하는 최대 의의는, 제1장에서 학습한 내부노동시장이나 외부노동시장에서 확보한 인적자원을 전략적으로 유효하게 활용해 나가면서 개별 기업 고유의 활동을 통해 사회에 공헌하는 데에 있다. 기업경영이라는 것은 기업활동이 영속된다는going concern 것을 전제로 하기 때문에, 특정한 단기 목적 수행을 위해 설립되어 그 목적을 달성하고 나면 바로 해산되어 버리는 사회조직specific purpose company ('SPC'라고 약칭)이 아닌 이상, 그 기업이 영위하는 사업운영은 지속적이고 발전적일 것으로 기대된다.

따라서 건전한 기업경영에서는 현재 보유 중인 자본을 당기이익으로 소진해 버리지 않고, 사업운영의 영속성과 성상성을 남보하기 위해 필요한 이윤의 확보가 요구된다. 하지만 이윤을 극대화하는 그 자체는 기업의 궁극적인 목적이 아니다. 기업에게는 원래 사회적 존재 의의를 안정적으로 지속시킴으로써 장래에 예상되는 경영환경의 변화나 개별 기업에 대한 사회 및 시장의 요청에 즉시 응답하고, 새로운 사업전개를 위해 투자 가능한 사람(인적자원), 물자(물적자본), 돈(자금) 등의 경영자원을 유지·증강시키는 것이 필수요건이 된다. 이윤의 적정성이나 성과목표의 타당성에 대해서는 이와 같은 맥락에서 논의되어야 한다.

영속적인 기업활동을 안정적으로 지탱해 주며, 실적 향상을 위한 요건이 되는 인적자원에 대해서는 제1장을 통해 살펴보았는데, 장기적·계속적인 고용관계를 중시해 가면서 인적자원이 업무 습득의 수준을 높일 수 있도록 하는 경영노력은 필수적이다. 말할 필요도 없이, 인적자원은 다른 경영자원들과는 달리 그 구성원인 직원 한 명 한 명의 가치관, 취업동기, 자기실현의 목표 등이 상이할 뿐만 아니라 사회적 환경이나 경제적 환경 변화에 따라 많은 영향을 받아 그 자체가 끊임없이 변화할 가능성을 내포하고 있다.

기업활동의 성과는 인적자원을 구성하는 개개인이 몸에 익힌 기능과 전문지식이 얼마나 경쟁우위를 가지고 있는지, 그리고 직무에 관한 동기부여의 크기에 따라 좌우되기 때문에 기업이 성과목표를 효과적·효율적으로 달성하기 위해서는 객관적으로도 개별 직무를 확실히 수행할 수 있을 것으로 보이는 최적의 인재를 적시에 배치함과 동시에, 이들이 기대한 바와 같이 직무수행을 할 수 있도록 조직 전체를 정비하는 것이 중요하다.

이 장에서는 기업의 업적관리의 본질에 대해 설명하고, 이를 바탕으로 훌륭한 기업업적을 가져올 개연성과 예측가능성이 높은 인적자원의 행동특성(역량)은 무엇인지, 그리고 이를 어떻게 평가해야만 하는 것인지에 대해 살펴보도록 하자.

2. 업적관리의 본질과 관리방법

(1) 조직 업적관리의 의의

기업의 업적관리라 함은 단순히 회계말의 손익을 계산하여 연초에 설정한 이익계획과 비교하여 예상대로인지, 예상에서 벗어난 것인지에 대해 논의하는 것만을 의미하는 것이 아니다. 그 본질은 예를 들어, 신제품의 개발이나 서비스 제공을 위한 시스템을 정비하는 등 재무적인 목표 달성을 전제로 하여, 구체적인 사업활동을 설정하고 이를 언제까지 어떠한 경영자원을 투입하여 구현할 것인가를 정하고, 시간의 경과에 따라 진척상황을 파악하는 것을 의미한다. 즉 손익에 대한 수치예측을 중단하지 않은 채 '달성하려고 하는 기업활동의 내용'을 사내외에 표명하고, 이의 실현을 위해 조직 전체가 대응하는 것을 말한다.

개인 수준에서의 예를 들면, '미래에는 경세적으로 풍족한 생활이 가능하면 좋겠다'라는 막연한 희망이 아니라, 구체적으로 종사하고 싶은 직업이나 담당업무, 조직 내 목표로 하는 직위 등을 설정하여 '희망하는 자신'을 이미지화하고 매일매일 노력하는 것을 들 수 있다. 이 경우 개략적이긴 하지만 시간 축에 대해서도 중요하게 생각한다는 점은 기업의 업적관리와도 동일하다.

한편 기업의 업적에 대한 목표 설정이나 개인의 자아실현을 위한 목표 설정에 있어서도, 계획을 수립한 시점에서의 여러 환경 여건 중의 어느 하나가 크게 변화할 수 있다고 예상할 수 있다. 이러한 여건의 변화에 정확하고 신속하게 대응하기 위해서는 면밀히 다듬어진 전략의 존재가 필수적이다.

기업의 경영자 또는 일선관리자에게 있어 가장 중요한 의무는 그 기업의 존재 이유를 뒷받침하는 경영이념을 성실하고 강한 의지를 가지고 구현하기 위해 어떤 어려움을 극복해서라도 '성과'를 지속적으로 추구해 나가는 것이다. 업적관리의 본질은 계획한 대로 성과가 달성되었는지 아닌지, 충분한 성과가 달성되지 않았다면 무엇이 원인인지, 어떤 대책을 수립하면 좋을지 검증하는 것이다. 이런 과정에서는 경합하고 있는 기업과의 시장경쟁을 뛰어넘어야 하는 것은 물론이며, 다양한 사회적 요구에도 대응하면서 고객만족도를 높이고자 하는 노력도 필요하다.

(2) 사업운영의 전략성

기업의 전략은 크게 기업전략corporate strategy(전사전략), 사업전략business strategy, 직능별 전략functional strategy(기능별 전략)으로 나눌 수 있다.

기업전략은 여러 개의 사업 부문을 두고 있는 기업이 경영이념이나 비전을 중시하고자 하는 높은 수준의 경영판단력을 가지고서 각각의 사업 부문이 국내외에서 어떤 사업영역에서, 어떠한 사업활동의 조합business portfolio으로 시장경쟁에 참여하는 것이 전략적 측면에서 가장 효율적일 것인지에 대해 회사 전체 경영자원의 최적화된 배분을 고려하여 수립하는 것을 의미한다.

한편 개별 사업 부문을 담당하는 경영간부 사이의 조정 과정을 거쳐, 기업전략을 사업 부문 수준의 전략에 적용한 것을 '사업전략'이라 한다. 사업전략은 특정한 시장환경에서 특정한 사업운영을 하기 위한 틀을 의미한다. 개별 사업 부문의 전략수립의 과정에서는 기업전략의 재검토나 변경의 필요성이 대두될 수도 있으며, 이를 수용하여 경영전략이나 비전을 재정의하는 쌍방향의 전략수립 프로세스도 정립될 수 있다. 게다가 사업전략은 상품개발, 생산, 마케팅, 인사, 재무, 회계 등의 구체적인 직능별·기능별 전략으로 세분화하는 것도 가능하다.

또한 기업의 규모나 사업의 성격에 따라 기업전략과 사업전략이 반드시 명확하게 분리된다고는 할 수 없다. 반대로 양자가 분리되는 경우라 해도 각각의 전략 안에 직능별 전략이 포함되는 경우도 있다. 요약하자면, 직능별 전략은 기업활동을 위해 배분되는 경영자원과 배분 시의 우선 목표에 대응하여 개별 전략을 수립할 때 책임의 중심이 그 기업 전체의 어떤 조직 계층·기능에 해당하는지에 따라 편의적으로 구별되기도 한다는 것이다. 따라서 기업전략이나 사업전략 내부를 세밀하게 살펴보면 여러 개의 직능별 전략의 요소가 포함되어 있음을 알 수 있다.

사업운영의 전략에 대해 논의할 때에는 적어도 다음과 같은 관점에서 분석할 필요가 있다. 기업은 이러한 논점에 대해 명확하게 정리하여 분석하고 난 이후에 목표 달성을 위한 사업전략을 수립하게 된다.

① 왜 그 시장(해외시장을 포함)을 선택하였는가?
② 그 시장에서 지금, 왜, 무엇을 하고(착수하고) 싶은가?
③ 그 사업을 수행하는 데 필요한 경영자원을 확보할 수 있는가? 확보가 어려운 경우에는 어떤 방법으로 확보할 것인가?
④ 그 사업을 수행하는 시장환경의 변화에 대해, 적시에 정확하게 대응하는 조직과 경영자원이 갖추어져 있는가?
⑤ 그 사업의 착수로부터 완수까지 소요되는 시간은 어느 정도인가?
⑥ 그 사업완수까지 필요한 비용은 어느 정도인가?
⑦ 그 사업의 수익성은 어느 정도인가?
⑧ 그 사업추진의 방해요인·리스크는 무엇인가?
⑨ 목표 달성의 난이도·성공 확률은 어느 정도인가?
⑩ 그 사업에 대해 자사의 경쟁우위성은 어느 정도인가?
⑪ 전사적인 경영전략 중에서 그 사업의 중요도는 어느 정도인가?

(3) 사업전략을 뒷받침하는 인사전략

사업전략의 프로세스에서는 사업운영에 필요한 어떠한 인재를 사내외로부터 어느 정도 확보할 것인지에 대해 명확하게 해야 한다. 그 결과를 근거로 하여 그와 같은 인재에 대하여,

① 현재의 조직구성원 중에서 지금 바로 누구를 기용할 것인가?

② 지금 바로 필요한 인재가 현재 조직구성원 중에는 없을 경우, 내부노동시장에서 채용(사내의 타 부문에 소속된 직원의 이동)할 것인가? 혹은 외부노동시장에서 적임자를 새롭게 채용하는 것이 합리적인가?

③ 새로운 인재를 기용하기까지 시간적 여유가 있는 직무에 대해서는 현재 조직구성원 중에서 누군가를 어떻게 육성하여 어느 시점에 기용하는 것이 좋을까?

에 대해 다각적으로 검토할 필요가 있다. 이것이 바로 직능별 전략 중의 하나인 인재전략의 핵심이 되는 인원계획이다.

사업전략에 기반하여, 앞서 기술한 인원계획을 포함하여 개별 직무를 담당할 직원에게 회사의 사업전략의 전체 모습을 충분히 설명한 후에, 사업목표를 달성하기 위해 필요한 인재의 능력요건, 적성, 인원수, 예산 규모 등을 정하고 개개인의 역할에 대한 이해도를 높이는 것이 중요하다.

④ 왜(사업목표)

⑤ 무엇을(업무 내용)

⑥ 누구를(어떤 기능·경험을 가진 인재)

⑦ 어떻게(성과의 판단 기준과 기대치)

⑧ 언제(직무의 시작)부터 언제(직무의 끝)까지

⑨ 어디서(시장 영역, 담당 부서, 취업환경 등)

⑩ 누구와(자기 완결인지, 부하 및 동료와 함께인지, 필요에 따라 사내외의 자원을 활용할 수 있는지)

⑪ 얼마(경쟁력 있는 인건비)

이러한 프로세스가 모두 정비된 이후, 시나리오에 따른 업무수행이 가능할 것인지를 검증하는 것이 일선관리자의 중요한 업무이다. 또 업무를 확실히 수행하기 위한 도구가 전사 수준에서의 업적관리시스템이며, 이는 사업전략의 완수를 위해 없어서는 안 되는 요소이다.

(4) 업적관리시스템

업적관리의 본질은 한 명 한 명의 직원에 대해 개요에서 설명한 바와 같은 프로세스를 통해 확실히 직무 성과를 높일 수 있도록 함으로써, 일선 현장의 책임자인 상사와 부하가 합심하여 쌍방 모두가 회사에 몰입하게 하는 것을 의미한다.

① 미리 정의된 개별 직원의 직무(역할) 범위 내에서, 매 분기의 시작 시점에 직무를 통해 달성해야만 하는 구체적인 목표를 상사와 부하가 합의하여 결정한다. 무엇을 가지고 목표를 달성했다고 판단할지에 대해서도 명확하게 설정한다.

② 목표 달성을 위한 직무의 진척 상황을 시간에 따라 확인하며, 상사와 부하가 목표 달성을 위해 새롭게 해야 할 것이 무엇인지 확인하고 시의적절하게 대응한다. 경영환경의 변화가 두드러지게 나타나는 경우에는 분기 중이라 하더라도 사업전략이 재검토되는 경우도 있으므로, 수정된 사업전략에 따라 목표 달성에 필요한 발 빠른 대응방안에 대해 관계자에게 확인한다.

③ 분기 말(중간기말·연도 말)에 목표의 달성도, 직무의 진행방법, 리스크 관리·위기 대응, 관계 부서와의 협력관계 등 정성·정량적인 측면에서의 성과를 종합한다.

④ 위의 ①~③에 기반하여, 연도 말에 다음 연도의 직무(역할)를 재정

립하고, 회사의 사업전략에 앞서 목표를 설정하고 성과의 판정방법 등에 대해 상사와 부하가 협의한다.

이 중에서도 특히 중요한 프로세스는 ②이다. ①은 업적관리의 기준이지만 단지 출발점에 불과하며, 목표를 설정하는 것만으로 자동적으로 성과로 연결되는 것은 아니다. 또한 ③은 어디까지나 '결과'에 대한 평가 작업일 뿐이다. 즉 결과에 도달하기까지의 다양한 외적·내적 요인의 변화 및 특정 개인으로서 직원이 행하는 업무수행에 대해 구체적이고 실시간으로 파악·분석하고, 필요한 대책(투입할 경영자원의 내용이나 시기의 재검토 등을 포함)을 과감하게 실행하지 않는다면, 성과가 자연적으로 발생하는 것을 관망하는 것에 불과하게 된다.

제6장에서 인사고과의 순서나 방법 등의 기본적인 내용에 대해 학습하게 되는데, 대다수 기업의 인사고과에서는 과거의 사건이나 직원의 과거 행동에 대해 많은 직원들이 어느 정도로 공평하고 공정하게 평가하는가 하는 기술론(상대평가 분포율의 설정 등)에 관심을 갖는다는 점에 주의하지 않으면 안 된다. 인사고과의 본질적인 의미는 조직 전체에서 많은 시간과 노력을 소비하여, 평가자와 피평가자가 함께 지혜를 모아 기업업적을 확실히 하려는 노력을 계속하는 것이라는 인식을 갖는 것이 중요하다. 따라서 인사평가를 반기별로 또는 1년 1회의 단순한 계절 행사로 끝내 버리려 하지 않고, 상시적으로 개인과 조직 쌍방의 생산성을 개선하려는 학습 프로세스로 정착되도록 하여야 한다.

'성과주의' 인사제도를 도입한 기업이 기대했던 것처럼 인사제도가 뿌리내리지 않아 고민 중이라면, 그 원인으로는 위에 설명한 ③의 결과의 평가에 기반하여 급여에 차이를 두는 것에만 초점을 두기 때문이라는 것을 들 수 있다. '결과에 따른 보수의 결정'이라는 사무처리에만 집중하지 말고, ②의 과정의 경과에 초점을 두어 '성과를 달성하려는 노력'이라는 본질적인 경영상의 명제를 보다 신중히 바라보는 자세가 필요하다.

'성과주의'라 함은 상사와 부하가 '목표로 하는 성과로부터 잠시도 눈을 떼지 않는 것 + 눈을 떼지 않게 하는 것'의 의미와 크게 다르지 않다. 따라서 ②에서는 회사(상사)가 기대하는 '성과'와 직원(부하)의 분기 중의 업적과의 차이를 모니터링하고, 주어진 기간(반년 또는 1년) 내에 성과를 달성하기 위해 필요에 따라서는 몇 번이라도 상사와 부하가 자주 대화하는 것이 요구된다.

이처럼 실제 직무 과정을 통해 상사와 부하는 회사의 경영이념, 경영계획, 사업전략 등에 대해 보다 착실한 이해가 가능해진다. 이와 같은 의미에서 업적관리는 인적자원관리 중에서도 매우 중요한 인사정책이라 할 수 있다.

3. 직무능력평가의 변천과 그 배경

(1) 고도성장기 일본의 직무능력평가

일본 산업계에서는 1990년대 이후의 소위 '버블경제'의 붕괴를 계기로 직무와 그 수행능력의 관계 및 이러한 능력과 관련되는 인적 속성에 관한 논의가 이루어지게 되었다. 그 이유로는 급격한 수익환경의 악화를 경험하게 되면서 조직 전체의 생산성을 향상시키고 지속 가능하도록 하기 위해서는 직무에 대한 업무공헌도를 높일 수 있는 인재를 가능한 한 많이 육성하여 활용할 필요가 있기 때문이다. 오랜 기간에 걸쳐 지속된 '고도경제성장기'에 수많은 기업들은 비교적 용이하게 우상향의 수익곡선을 예측할 수 있었기에 개별 직원의 직무수행능력이나 인적 속성과 높은 업적과의 밀접한 관계성에 대해 주목하는 경우는 그리 많지 않았다.

마찬가지로 동일 기업 내에서 재직기간과의 상관관계에 대해서도 대부분의 직원이 사내의 일정한 분기점에 다다르면 모두가 동일한 연수를 받거나 직무이동을 경험함으로써 직업인으로서 성장의 발판을 마련하였으며, 승급·승진·이동 등에 관해서도 대부분의 직원이 정년퇴직까지 대체로 같은 시기에 평등한 처우를 받았던 시기이다. 당연히 대기업일수록 그러한 경향은 강했다. 이와 같은 조직운영을 지원하였던 인사제도로는, 고도경제성장기에 포함되어 있던 대부분의 대기업에 폭넓게 정착된 '직능자격제도'를 들 수 있다.

(2) 직능자격제도

이 제도 아래에서는 '전사 직능기준'에 따라, 직원 한 명 한 명을 대상으로 능력, 경험, 인적특성, 학력, 직무에 도움이 되는 지식과 같은 속인적 보유(잠재)능력을 기준으로 하는 사내 등급인 '자격'이 결정된다. 물론 이와 같은 속인적 능력은 성과를 높이기 위해 발휘된다고 볼 수 있는 명확한 잠재능력은 아니다. 조직의 규모에 따라 직능자격의 종류와 수에는 차이가 있지만, 예를 들어 재직(경험)연수에 대해서는 '일반직(비관리직)', '중급직(중간관리직)', '상급직(상급관리직)'과 같이 개괄적인 계층이 설정되며, 각각의 계층은 다시 몇 개 정도의 단계로 세분화된다. 통상 직원은 일 년마다 각 단계를 계단을 오르는 것처럼 '승격'하게 된다.

입사 시점에서의 일정한 학력, 교양, 인품, 성향, 특성, 자질 등의 검증을 거쳐 채용되는 것을 포함하여, 회사의 배속·이동방침에 따라 다양한 실무현장이나 연수를 경험하고 나서 '5, 6년 정도 지난 직원이라면

이 정도는 가능할 것이며, 그 정도는 할 수 있기를 바란다' 또는 '과장이나 부장이 되면 관리직에 상응하는 이 정도의 리더십을 발휘하면 좋겠다' 등과 같은 전사 공통의 직능에 관련된 '기대치'가 제도의 근간에 존재한다. 하지만 전사 공통의 '직능기준'이라고 하더라도, 〈도표 4-1〉의 예시와 같이 각 자격에 대한 수행 정도는 매우 추상적인 기술에 머무는 경우가 거의 대부분이다.

도표 4-1 자격·등급별 직위 호칭 및 직능기준의 예시

자격/등급		직위	자격 직능기준
상급 관리직 계층	8등급	사업부장	경영간부를 보좌하면서, 사업부의 책임자로 부의 업무목표와 경영방침을 기획·입안하고, 그 달성에 책임을 다하는 직능을 가지고 있다.
	7등급	부부장 기술주간	사업부의 책임자를 보좌하고, 복수의 과·그룹 간의 이해관계를 조정하며, 사업운영의 전체적 최적값을 실현하는 직능을 가지고 있다.
(생략)			
중급 관리직 계층 (…) 전문직 계층	5등급	과장 기술주임	사내외의 광범위한 업무지식과 경험에 기반하여 과 수준의 인원과 예산을 관리·활용하면서 과의 복합적인 업무책임을 다하는 직능을 가지고 있다. (…) 자신의 직무활동과 관련하여 부단한 문제의식을 가지고 있으며, 전문지식·기능을 위한 왕성한 향상 노력으로 과 수준의 업무목표 달성에 공헌하는 직능을 가지고 있다.
(생략)			
일반직 계층	3등급	일반직 3급	관리직으로부터의 한정적인 지시·감독 그리고 자신의 판단으로, 필요에 따라 소속부서 인원의 협력을 받아 복수의 정형업무를 수행하는 직능을 가지고 있다.
	2등급	일반직 2급	업무수행에 필요한 기초지식·기능에 익숙하고, 관리직으로부터의 포괄적인 지시·감독에 따라 일상적인 정형업무를 수행하는 직능을 가지고 있다.
	1등급	일반직 1급	업무수행에 필요한 기초지식·기능을 습득하고, 상세한 지시·감독을 받아 가면서 보조적인 일상 업무에 종사하는 직능을 가지고 있다.

(3) 직무등급제도와 역할등급제도의 특징

직능자격제도 이외에도 인적자원관리의 기본적인 제도로서 '직무등급제도'와 '역할등급제도'를 들 수 있다. 이 제도들의 목적은 모두 기업 조직 내 직원의 등급에 따라 인재의 효율적이고 합리적인 임용과 보수관리의 근거를 명확하게 하는 데에 있다.

직무등급제도에서는 '직능'과 같이 직원 한 명 한 명의 속인적 특성이 나타내는 능력요건이 아니라, 현재 그 사원이 담당하고 있는 '직무'의 내용을 상세히 분석·평가하여, 조직 목적에 비추어 중요도나 난이도(통상 'job size'라고 함)에 따라 직무를 '등급'으로 나누게 된다. 이를 위해서는 기업 내의 개별 직무를 명확히 하는 직무분석job analysis과, 이에 기반하여 직무의 크기를 결정하는 직무평가job evaluation를 통해 개별 직무에 대한 직무기술서job description를 작성하지 않으면 안 된다.

한편 역할등급제도는 조직활동을 지원하는 직책이나 직무와 관련하여 직원이 완수해야 하는 '역할'의 가치 크기에 따라 '등급'을 설정하고, 각각의 역할을 담당하는 사원에 등급을 매기는 것이다. '역할'에 대해서는 그 직책을 완수하기 위해 적극적으로 수행해야 할 행동을 중시하여 '역할기술서'role descriptor의 형태로 정의하게 된다.

직무등급제도나 역할등급제도는 둘 다 고유의 효능과 한계가 있으므로, 인사제도의 도입이나 개정·폐지를 생각하는 경우에는 조직의 목적, 규모, 상품·서비스의 진부화 속도, 내부노동시장에서 인재의 유동성, 외부노동시장에서 임금의 경쟁우위 등 중요한 요인들을 분석·평가하여 자사 조직에 가장 합리성이 높은 제도를 도입할 필요가 있다.

(4) 전체 최적을 추구하는 업무 프로세스 개혁

역할등급제도가 직무등급제도와 다른 가장 큰 차이점은, 후자가 권한이나 책임을 중시하면서 '직책에 충실하고 기능적으로 완수해 내는 것'에 주안점을 두고 있는 반면에, 전자는 직무를 둘러싼 조직환경에도 관심을 두면서 팀워크나 주변의 관계자의 예지력까지도 필요에 따라 활용하는 업무 프로세스를 중시하여 '높은 업적을 목표로 하는 직책을 훌륭히 효과적으로 완수해 내는 것'에 주안점을 둔다는 점이다. 이는 '우수한 기업 업적을 가져올 개연성이나 예견성이 높은 행동특성(컴피턴시, competency)'이라는 관점에서, 직무등급제도와 비교해 각 직무를 수행하는 사람에게 구체적으로 발휘되면 좋을 법한 능력요건에 초점을 둔 제도라 할 수 있다.

역할등급제도가 미국에서 주목받게 된 1980년대는 수많은 미국 기업이 일본 기업의 경쟁력의 원천이라 할 수 있는 '전사적 품질관리Total Quality Control: TQC 활동'이나 '팀워크' 등에 주목하여, '산업재생 프로그램'이라는 이름으로 철저한 업무프로세스개혁Business Process Reengineering: BPR을 실천하기 시작한 시기와 맞물린다. 이 방식은 직무기술서에 적혀 있는 대로 정해진 직무만 하면 되는 자기 방위적인 직무 자세를 개편하여, 직무 간·부문 간의 벽을 뛰어넘어 자신의 일을 타인의 일과 유기적으로 연결할 수 있도록 한다. 여기에서는 개인별 최적의 성과를 모아 놓은 업적보다 훨씬 큰 조직 전체적 입장에서 최적의 조직업적을 지향하고자 하는 경영사상으로의 전환이 그 배경이 된다. 이와 같은 의미에서, 개인 플레이가 중시된 미국의 산업계는 1990년 이후 일본 기업으로부터 경쟁우위 탈환을 위해 커다란 자기개혁을 진행 중이라 할 수 있다.

4. 성과주의를 담보하는 역량의 관리

(1) 업적을 지속적으로 창출하는 인적 속성

업적을 지속적으로 창출하는 인적자원(인재) 집단을 구성하는 것은 전체 기업의 경영자나 일선 관리직에게는 최대의 경영상의 명제가 된다. 이는 신규채용에만 국한되지 않으며, 재직 중인 전체 직원의 기업 업적에 대한 공헌도를 담보하기 위해서도 필요한 것이다.

물론 시장경쟁의 환경 아래에서 기업활동의 목표나 경영우선순위가 변하지 않는 것은 아니므로, 업적을 내기 위해 필요한 인적속성(지식, 기능, 적성 등)을 한마디로 정의할 수는 없다. 하지만 사업연도가 누적되어 가며 여러 사업전략을 경험하는 과정에서 다양한 직무에 대한 업적관리를 철저히 해 나감에 따라 해당 직무에 대해 어떠한 지식이나 기능을 보유한 인재가 그 직무를 완수하는 데 적합할지, 또 많은 업적을 낼 확률이 높다고 인정받은 인재에게서 공통적으로 나타나는 인적속성이나 행동특성은 무엇인지에 대해 경험적으로 이해도를 높이는 것은 충분히 가능한 일이다.

특히 그 직무가 단순한 정형업무의 반복에만 그치지 않고, 끊임없이 변화하는 시장이나 고객의 복잡한 니즈needs에 기민하게 대응하는 것이 요구되는 난이도 높은 비정형적인 업무라고 한다면, 더욱더 높은 업적과 연결될 개연성과 예견성이 높은 인적 속성을 특정하는 것은 매우 중요한 의미를 갖는다.

이와 같은 관점에서, 앞 절에서 설명한 1980년대 미국 기업의 '산업재생 프로그램'의 일환으로 실시되었던 BPR의 산물인 '컴피턴시'라고 하는 '업적에 직결될 수 있는 능력'에 주목하게 되었다.

'역량'competency이라 함은 '높은 업적을 내는 사람high performer이 직무상의 역할이나 책임을 완벽하게 완수할 때 발휘하게 되는 측정·관찰 가능한 지식, 기능, 능력, 기타 특징knowledge, skill, ability and other characteristics: KSAO'을 말한다. 역량에 대한 엄밀한 정의 없이, 측정·관찰된 KSAO의 수준에는 상급관리자의 리더십이나 전문 분야와 관련된 고유의 지식까지 광범위한 요소가 포함된다.

단적인 예를 들어보면, 우수한 영업담당자에게 기대되는 역량으로는 다음과 같은 행동특성을 생각해 볼 수 있다.

- 고객 이야기를 가로막지 않고, 흥미를 보이면서 주의 깊게 경청한다(단순히 평범하게 듣는 것이 아님).
- 고객 니즈를 확인하기 위해 필요에 따라서는 정중하게 질문한다(맞장구치는 정도의 질문이 아님).
- 고객의 말을 자신의 언어로 표현하여 자신이 이해한 것을 확인한다(단순히 복창하는 것이 아님).
- 문제에 직면한 경우에는 완벽한 정보나 해결책을 빠뜨리지 않고 제공한다(억측 등의 미확인 정보나 단편적인 대응이 아님).

이와 같은 행동의 이면에는 개인 행동의 세련됨뿐만 아니라 상품이나 서비스에 대한 전문지식, 고객 및 업계에 관한 깊은 통찰력 등 잠재능력이 기본적으로 존재하고 있는 것이 당연하다. 또한 잠재능력이 표출되어 실제로 필요한 시기에 바람직한 방식으로 표현되지 않는다면, 고객의 적극적인 평가를 기대할 수 없으며 업적에도 긍정적인 영향을 미치지 못하게 된다.

이처럼 구체적인 행동을 이미지화하면서 각각의 직무에 대해서는 높은 업적보장에 상응하는 행동을 관리자가 특정하고, 그러한 행동들을 현재의 직무담당자가 점차 실천해 나갈 수 있도록 지도함으로써 담당자에 대한 업적관리의 효율성을 높일 수 있으며, 동시에 장래의 직무나 유사한 직무를 희망하는 인재에게 필요한 역량을 몸에 익히게 할 때의 지침으로도 활용할 수 있다.

(2) 역량에 대한 관심의 고조

기업활동에서 '역량'이 회사의 관심을 받게 된 계기는 미국 하버드대학교의Havard University 심리학자인 David McClelland가 1973년 1월 『아메리칸 사이콜로지스트』*American Psychologist*에 발표한 "Testing for Competence Rather Than for Intelligence"라고 하는 논문을 들 수 있는데, 이 논문에서는 사람의 능력을 측정하는 방법으로 지금까지 학생이나 사회인 사이에서 폭넓게 인지되었던 지능검사intelligence test나 적성검사aptitude test가 사회인으로서의 직무나 활동real life outcomes의 성공확률을 예측하는 수단으로서는 신뢰성이 부족하다고 지적한 것이 그 발단이 되었다.

이 논문을 계기로 McClelland는 미국 국무성의 위탁을 받아 젊은 외교관 선발방법의 유효성에 대한 실증연구를 수행하였다. 이 연구에서는 '상위 등급의 대학을 졸업하고 지능검사나 적성검사 결과도 우수한 외교관들의 해외 주재기간 중의 업적에서 왜 격차가 발생하는 것일까?'라는 미국 국무성의 문제의식에 대한 답변을 목적으로, 탁월한 실적을 낸 외교관들을 대상으로 하여 과거 성공 체험이나 사실과 현상을 대하는 자세에 초점을 맞춘 질문Behavioral Event Interview: BEI을 통해, 고성과자 사이에서 인정되는 공통의 행동특성이 무엇인지 밝혀내고자 하였다.

연구 결과에 따르면, 학업성적이나 지능지수는 외교관으로서의 업적 여부와 상관관계를 보이지 않았으며, 외교관의 직무에 대한 성공확률이 높은 인물의 특징적인 역량으로서 아래와 같은 내용을 제시하였다.

① 이질적인 생활문화에 대해 풍부한 감수성을 발휘하고, 대인관계가 원만함cross-cultural interpersonal sensitivity to people from foreign cultures

② 아무리 곤란한 상대라 하더라도 자제심을 가지고 대하며, 건설적인 인간관계를 유지할 수 있음the ability to maintain positive expectations of others despite provocation

③ 정치적인 인맥을 빠르게 형성할 수 있음speed in learning political networks[1]

이 연구를 통해 McClelland가 강조한 것은 기존의 심리학적 분석 수단에 따라 개인의 행동원리와 연결되는 성격이나 적성을 포괄적으로 추상화하고 그 사람의 성격이나 적성이 발휘되는 장면을 수많은 가능성 안에서 예측하는 것보다는, 특정 직무나 미션을 현실적으로 훌륭하게 수행해 내는 개인이 구체적인 직무의 환경이나 사실과 현상에서 실제로 어떠한 행동을 한다거나 머리를 짜낸다거나 어떠한 태도로 문제 해결에 임하는가를 구체적으로 묘사하는 것이었다. 이러한 접근방식의 배경이 되는 생각은, 사람의 행동을 예측하는 가장 유효한 방법은 현재 또는 가까운 장래에 그와 같거나 유사한 환경하에서 그 사람이 현재 행동하고 있는 것 또는 행동하려고 하는 의지를 가지고 있는지를 확인하는 것이라고 보았다.

다시 말하자면, 내면적인 성격, 인품, 동기와 같은 속인적인 잠재능력보다는 특정 상황에서 높은 업적을 내는 개인이 실제로 구현한 관찰 가능한 본보기가 될 만한 행동(잠재능력)이 무엇인지 명확히 함으로써,

다른 개인이 동일한 상황하에서 고성과자의 그와 같은 행동을 반복·모방하게 됨에 따라 개인의 역량과 그룹이나 조직 전체의 역량을 질적으로 높일 수 있게 된다는 것이다.

McClelland 이론의 흐름을 계승한 Richard E. Boyaizis는 1982년에 *The Competent Manager: A Model for Effective Performance*라는 저서에서 역량에 대해 "특정 직무에 있어 효과적인 높은 업적과 결과적으로 우수한 행동과 연결되는 개인의 특성"이라고 정의한 후에, 조사 대상을 12개 조직, 41종의 관리직책을 담당하는 약 2,000명을 대상으로 확대하고 이들의 업적과 역량과의 관계를 조사하여 역량의 측정방법과 능력개발의 모델을 소개하였다.

1990년대가 되어 종래의 직무를 정의하는 직무기술서를 보완·대체하는 도구로, 수많은 미국 기업과 조직에서 독자적인 역량모델의 구축을 모색하고자 하는 움직임이 나타났다. 이에 호응하여 인사 전문 컨설팅회사들도 활발하게 고객사인 기업들을 대상으로 역량모델의 구축이나 평가방법을 소개하게 되었다. 각 기업이나 조직에 도입된 역량에 대한 엄밀한 정의가 없다 보니 세부적으로는 의견이 나뉘지만, 대략적으로 공통된 정의는 관찰·측정 가능한 지식·기능이라는 것과, 지식·기능이 높은 성과자와 일반직원 사이에는 명확하게 구별될 수 있는 차이점이 있다라고 하는 두 가지를 들 수 있다. 어찌되었건 역량모델을 도입하는 기업이나 조직이 노리는 것은 경제성장이 둔화되고 있는 성숙사회에서 노동의 질을 높이고, 그 결과로서 수익의 질에도 신경을 써서 저성장기에도 지속성·발전성을 갖는 업적을 낼 수 있는 경영이념을 조직 내에 침투시키는 데에 있다고 생각된다.

(3) 정부기관에서의 역량 활용의 실제

역량의 개념을 조직의 업적 향상을 위해 활용하고자 하는 움직임은 민간의 영리단체에만 머물지 않는다. McClelland에게 젊은 외교관의 전형 기준에 대한 검증작업을 위탁했던 미국 국무성은 그 이후에도 외교관foreign service officer이나 외교전문직foreign service specialist의 전형기준을 전략적으로 개발하여, 전형방법에 대한 개요와 그 취지를 60페이지 정도의 수험준비자료US Department of State Study Guide for Foreign Service Oral Assessment로 공개하고 있다.

이 자료에는 국내와는 현저히 다른 외국에서 임무를 수행하는 공무원에게 요구되는 역량을 다음 열세 가지의 특성으로 정리하고 있다. 국무성의 공개자료 중에는 위에 기술한 인적특성을 판단하는 목적으로, 그룹연습group exercise, 면접시험structured interview, 사례연구 필기시험case management writing exercise의 세 종류의 전형방식을 설정하게 된 취지에 대해 설명한 자료가 있다. 전형이 의도하는 바는 외교관·외교전문직에 필요한 지식·기능과 같은 어려운 기술에 대한 평가는 물론이거니와 민간기업에서도 대체적으로 공통된 역량인 조직활동에서 높은 업적을 보장하는 역량과 같은 소프트스킬*에 대해 판정하는 것이다.

그룹연습을 통해 관찰·측정 가능한 인적특성은 아래의 열세 가지 특성 중에서 ①, ④~⑨, ⑫의 여덟 가지의 특징이다. 중요한 점은 평가자는 응시자가 실제로 발언하는 단어와 평가 장소에서 발휘한 행동에 근거하여 판단해야 한다는 것이며, 발언하지 않은 말이나 발휘하지 않았던 행동을 예상해서 판단해서는 안 된다는 것이다. 이는 McClelland나

* 타인과의 의사소통능력, 리더십, 협업능력, 문제 해결력, 회복탄력성 등을 말한다(옮긴이).

도표 4-2 미국 외교관에게 요구되는 인적특성

① 침착·평정(Composure): 스트레스나 곤란한 상황에서도 냉정하게 판단하고, 상황 변화에 기민하게 대응할 수 있는 힘
② 환경적응력(Culture adaptability): 상대의 습관, 가치관, 정치신조, 경제상황 등을 존중하고, 협조해 가면서 상대국의 환경에 적응할 수 있는 힘
③ 사명감·모티베이션(Experience and Motivation): 과거에 배양한 지식·기능·특성을 외교 임무에 활용하려는 노력과 사명감
④ 정보통합분석력(Information Integration and Analysis): 다양한 정보원으로부터의 정보의 신빙성, 유용성 등을 분석·평가하는 힘. 메모를 하지 않고 회의나 각종 행사의 상세한 것들을 기억하는 힘
⑤ 적극성·지도력(Initiative and Leadership): 직무상 책임에 주도적으로 대처하고, 관계자의 의견·모티베이션을 존중하면서 임무 완수를 위한 방침 설정에 영향력을 행사
⑥ 판단력(Judgement): 개별 상황하에서 입수한 정보의 타당성·현실성을 식별하고 상세히 조사하여, 중요도를 판단하는 힘
⑦ 객관성·고결함(Objective and Integrity): 주관이나 편견을 배제하고, 솔직하게 객관적인 의견을 진술하여 보다 공평하고 성실히 직무상 책임을 완수
⑧ 구두표현력(Oral Communication) 외교직책에 상응하는 유창성·표현력·스타일을 의식하며, 청취자와 그 상황을 판단하여 논리정연하고 설득력 있게 커뮤니케이션하는 힘
⑨ 기획력(Planning and Organization): 일의 우선순위를 생각하여, 제한된 직원을 효과적으로 활용하여 관련된 임무 수행을 기획하는 힘
⑩ 계수판단력(Quantitative Analysis): 수치정보의 정확한 분석·평가·판단에 기반하여, 수치의 경향·추세를 인식하고, 적절한 결론을 도출하는 힘
⑪ 임기응변의 대응력(Resourcefulness): 돌발적인 상황 변화에 직면하여서도 기민하고 유연하게 문제해결의 대안을 고안해 내는 힘
⑫ 대인관계능력(Working with Others): 팀워크를 중시하고, 관계자의 자신감을 환기시켜, 협조하며 건설적인 임무를 수행하는 힘
⑬ 문장능력(Written Communication): 간결, 논리정연, 정확한 표현을 사용하여 효과적으로 설득력 있는 문장을 신속히 작성하는 힘

주: 위에 기술한 내용은 외교관에게 기대되는 특성이며, 외교전문직에게 요구되는 특성은 '⑩ 계수판단력'을 제외한 나머지 12개와 동일한 내용임.
출처: 미국 국무성 자료.

Boyatzis가 중시한 행동사건면접behavioral event interview에 따른 역량의 측정방법을 따른다.

면접시험을 예로 들면, 수험자에 대해 '과거의 경험과 외교업무에 대한 희망동기experience and motivation에 대해 설명하도록 한다', '구체적인 장면 설정에 따른 가상의 시나리오hypothetical scenario를 부여하고 어떠한 행동을 취할지 바로 답변하도록 한다', '과거에 실제로 행한 행동에 대해 상황 설명을 시킨다past behavior interview'와 같은 방법이 사용되고 있다.

필기시험의 예제로 들 수 있는 사례로, 재외공관에서 일상적으로 실제 일어나고 있는 실무적인 장면을 여러 개의 업무문서와 함께 제시하고, 부여된 상황하에서 수험자에게 행동 및 필요한 문서 작성을 시켜 봄으로써 하드스킬*과 소프트스킬을 관찰·측정하는 것을 의도하고 있다. 국가공무원으로서 직책의 성격상 수험자의 전형기준 중에 탁월한 구두표현력과 문서표현력이 기대된다는 점은 주목할 만한 부분이다.

이를테면 미국 정부기관 중에서도 해외에서 공무를 수행하는 것이 예상되는 상무성Department of Commerce과 국제개발청United States Agency for International Development에서도 국외에서의 높은 업적을 보장해 줄 것으로 기대되는 역량 전형에 주목하고 있다.

(4) 영국 국가공무원 채용시험의 실제

국가공무원의 업무 범위가 넓고, 국내외를 불문하고 행정서비스에 대한 국민들의 질적 요구 수준이나 기대치가 높아지고 있는 상황에 부응하여, 공무원의 전형 과정에 역량의 개념을 도입하려는 움직임이 영국

* 문서 작성, PC 사용능력 등과 같이 정의되고 측정할 수 있는 구체적인 능력을 말한다(옮긴이).

에서도 일어나고 있다. 영국의 패스트 스트림(fast stream: 과장보좌급에 도달하기까지 필요한 연수를 부여하고, 최종적으로는 본부의 과장급 이상까지 올라갈 수 있는 잠재능력을 갖출 수 있도록 하는 목적을 가지고 간부후보생을 채용·육성하는 제도)에 사용되고 있는 전형방법이 그 좋은 예시이며, 기본 개념은 미국 국무성 외교관 전형시험과 동일하며, 정부기관의 우수한 공무원과의 팀워크로 효과적

도표 4-3 영국의 패스트 스트림(fast stream)에 요구되는 대표적인 인적특성

평가 항목	착안점
Ⅰ. 전략의 관점 (Strategy Cluster-Setting Direction)	1. 대국적 견지에서 사물 파악 – 행정목표를 달성하고, 행정서비스의 가치를 최대화하기 위해 공헌할 수 있는 활동을 넓은 시야에서 판단한다. 2. 변혁과 개선 – 과거의 성공과 실패로부터 학습하여, 변혁이나 개선에 적극적으로 임하고, 보다 전략적이고 집중적으로 일을 한다. 3. 실효성 있는 의사결정 – 분별력을 가지고 증거와 식견에 기반하여 정확하고 전문적인 결단 및 조언을 한다.
Ⅱ. 인재의 관점: 사람과 협동하기	4. 통솔력과 커뮤니케이션능력 – 행정관으로서 자긍심과 열정을 보이고, 목적과 방향성에 대해 명확하고 성실하게 열의를 가지고 이야기한다. 5. 협조·연계 관계의 구축 – 억측이나 가설에 대해서는 용기를 가지고 되짚어 보는 자세를 보임으로써 정보의 적절한 공유와 공무원 및 공무원 이외의 사람들과의 협력·신뢰 관계나 전문적인 직무관계를 구축하여 관계자와의 연계를 심화시킨다. 6. 조직 전체의 능력개발 – 자신의 행정능력 향상을 목표로 현재의 지식이나 스킬을 유지·발전시키기 위해 왕성한 학습의욕을 갖는다.
Ⅲ. 업적의 관점	7. 민간경제에 공헌 – 전체의 행정활동이나 행정서비스가 부가가치를 제공하고 민간경제의 성장에 자극을 주도록 하기 위해 상업적 측면, 재무적 측면, 지속성의 관점에서 발상을 한다. 8. 비용에 걸맞은 가치 있는 행정서비스의 제공 – 행정서비스의 질과 비용대비 효율성이 높은 최고의 조합을 가능하게 하는 해결책을 모색하여 실행한다. 9. 질 높은 행정서비스의 실현 – 다양한 고객의 행정서비스에 대한 니즈를 고려하면서 우수한 전문성을 활용하여 서비스의 목표를 실현한다. 10. 신속한 행정서비스의 제공 – 합의한 목표나 활동을 통해 곤란한 과제에 대해서도 회피하지 않고 건설적으로 대응한다.

인 행정서비스 임무를 수행할 수 있는 역량에 주목하고 있다.

영국 Civil Competency Framework 2012-2017에 따르면, 패스트 스트림에 요구되는 열 가지의 대표적인 인적 특성은 크게 세 가지의 관점(도표 4-3)으로 구분할 수 있다.

간부공무원의 행정서비스에 있어 업적평가의 바로미터와 민간기업의 업무목표는 본질적으로는 다르지 않다는 것이 확인되었다.

(5) 일본 인사원의 국가공무원 전형시험의 실제

미국, 영국과 마찬가지로 일본의 행정조직에서도 다양화되는 일본 사회와 국민의 행정서비스에 대한 기대의 변화를 근거로 하여, 확실한 장래 비전에 기반을 둔 효과적인 정책을 제안하고 추진할 수 있는 행정인재가 요구되고 있다. 이러한 사회의 요청에 따라 각 분야에서 확실한 전문성과 독창성을 기반으로 하여 과제 인식력과 대안 제안력, 강력한 의지와 넓은 시야, 탁월한 대인관계능력을 갖춘 우수한 인재를 선발해야 하는 필요성이 현격히 증가되고 있다.

국가종합직 채용시험에서 인사원 전형방침의 핵심은 이와 같은 새로운 시대의 행정과제에 적응할 수 있는 인재를 명확하게 선발할 수 있는 실효성 높은 인물시험의 실시이다. 핵심이 되는 전형방침은 미국, 영국과 마찬가지로 직무에서 앞으로 많은 업적을 낼 가능성이 높은 후보자를 특정하는 것이지만, 잠재능력의 유무에 그치지 않고 실제 행동을 중심으로 현실화할 수 있는 능력인지 아닌지를 행동사건면접behavioral event interview에 의한 역량측정방법으로 평가하는 것이다. 평가 항목은 여섯 개가 있으며, 각각의 항목에 대해 인터뷰를 실시하며 평가하는 동안 착안해야 할 점이 설정되어 있다.

도표 4-4 일본 국가공무원(국가종합직)에 요구되는 인적특성

평정 항목		착안점
적극성	의욕, 행동력	• 스스로의 생각을 적극적으로 전달하려 하고 있는가? • 생각이 긍정적이며, 목표를 설정하고 이를 위해 매진하려는 마음이 있는가? • 목표를 높게 설정하고, 솔선하여 일에 대처하려 하고 있는가? • 곤란한 일에도 도전하려는 자세가 엿보이는가?
사회성	타인의 이해, 관계구축력	• 상대의 생각이나 감정에 대해 이해를 하고 있는가? • 상이한 가치관에도 이해를 하고 있는가? • 조직이나 집단의 구성원과 신뢰관계가 구축될 수 있는가? • 조직의 목적 달성과 활성화에 공헌하고 있는가?
신뢰감	책임감, 구성력	• 상대나 과제를 가리지 않고 성실히 대응하려 하는가? • 공무에 대한 마음가짐, 사명감을 가지고 있는가? • 스스로의 행동, 결정에 책임감을 가지고 있는가? • 어려운 과제에도 마지막까지 최선을 다해 결과를 내려 하고 있는가?
경험 학습력	과제의 인식, 시험의 적용	• 자신의 경험으로부터 배운 것들을 현재에 적용하려 하고 있는가? • 자신이 속한 조직, 상황과 과제를 정확하게 인식하고 있는가? • 우선순위나 중요도를 명확하게 하여 목표나 활동계획을 수립하고 있는가? • 남들로부터 배운 것들을 자신의 행동이나 경험에 적용하고 있는가?
자기통제	정서안정성, 통제력	• 침착하고 안정감이 있는가? • 스트레스에 긍정적으로 대응하고 있는가? • 환경이나 상황의 변화에 유연하게 대응할 수 있는가? • 자신을 객관화하고, 상황에 따라 통제할 수 있는가?
커뮤니케이션 능력	표현력, 설득력	• 상대방 이야기의 취지를 이해하고 정확하게 대답할 수 있는가? • 말의 내용에 일관성이 있고 논리적인가? • 말하는 방식에 열의가 있고 설득력이 있는가? • 말이 이해하기 쉽고 설명에 근거가 있는가?

출처: 인물시험 기법연구회 자료.

미국, 영국, 일본의 고위공무원의 전형 과정에서 평가되는 인적특성을 살펴보면, 국가의 성립과 역사, 문화의 차이가 있지만 국민에 대한 서비스를 사명으로 하는 행정조직이 공유하는 가치관에는 커다란 차이가 없음을 알 수 있다. 덧붙여 말하자면, 공공서비스와 민간의 상업서비스에는 차이가 있지만 공공 및 민간 서비스의 담당자가 국민이나 고객에 의해 궁극적으로는 평가되는 인적행동특성은 본질적으로 바뀌지 않는다는 점이다.

5. 결어

이 상에서 학습한 내용을 다른 관점에서 되돌아보면, 조직 안의 여러 가지 직무가 유기적으로 통합되어야 비로소 일정한 조직행동으로 인식된다고 하는 이상, 아무리 '우수'한 인재라 하더라도 자기 혼자 고립되어 직무행동을 완결시키는 것은 불가능하다는 것을 알 수 있다. 비즈니스 활동의 궁극적인 목표는 자신이 상대에게 바라는 행동을 그 상대가 동기부여 되어 스스로 해내도록 영향력을 미치는 것이다. 따라서 업무에서 높은 업적과 성과를 내기 위해, 기업 내외부의 사람들이 기꺼이 협력하도록 유도하는 말과 행동은 매우 중요하다.

인적자원관리의 본래 의의는 매년 인사고과에 따른 임금조정이나 직원의 등급을 평가하는 것이 아니라, 고과자가 인사고과의 과정에서 다양한 직무에 종사하고 있는 직원의 일상 직무를 둘러싼 환경조건까지 두루 살펴 '보다 난이도 높은 업무에서 성과를 내기 위해서는 어떠한 기능이나 일에 임하는 자세가 필요한지', '동료나 고객들로부터 공감이나 협력을 얻어 내기 위해 요구되는 태도 등의 인적속성이나 행동특성은 무엇인지' 등에 대해서 업적평가를 도구로 하여, 피평가자와 현실의 직무에 대해 진지하게 이야기를 나누고, 직무에서 높은 업적을 낼 수 있는 가능성이 큰 인재를 발굴하고 육성하는 것이다.

주

[1] *American Psychologist*에 게재된 논문에서는 'competency'가 아니라 'competence'가 사용되고 있으나, 나중에 McClelland 등 많은 심리학자들이 'competency(복수형은 competencies)'를 사용하게 되면서, 1990년 이후 미국에서는 'competency'라는 용어가 정착되어 있다.

조금 더 공부하고 싶은 사람을 위해

- 井村直惠. (2005).「日本におけるコンピテンシー－モデリングと運用－」.『京都マネジメント·レビュー』, 第 7 券. 京都産業大学.
- 定森辛生. (2005).「海外據點採用者の戰略的活用の條件」.『労政時報』, 第3667号. 労務行政研究所.
- 西村聰. (2004).『役割等級人事制度導入構築マニュアル』. 日本法令.
- 人物試験技法研修会. (2005).「人物試験におけるコンピテンシーと構造化の導入」.
- US Department of State: Foreign Service Officer Oral Assessment Information Guide 〈http://careers.state.gov/uploads/1d/51/id51274caa589decdc407d7341861320/FSO-OA-Information-guide-December-2015.pdf〉.
- Civil Service Competency Framework 2012-2017 〈http://www.gov.uk/goverment/uploads/attatchment_ data/file/436073/cscf_fulla4potrait_2013-2017_v2d.pdf〉
- McClelland, D. C. (1973). Testing for Competence Rather Than for Intelligence. *American Psychologist*, 28, 1-14.

옮긴이 해설

조직구성원이 갖춘 역량은 조직 생존의 문제뿐만 아니라, 앞으로 성장·발전할 수 있는 기반이 된다는 점에서 중요시되고 면밀히 관찰되어야 할 주제이다. 역량 있는 조직, 즉 역량 있는 개인들로 구성된 조직은 보다 많은 업적을 낼 것으로 기대할 수 있으며, 조직업적에 기여할 수 있도록 하기 위해서는 인적자원을 단순히 투입하는 것만으로 끝나는 것이 아니라, 투입된 자원이 원하는 만큼의 기여를 제대로 하고 있는지 시간의 변화에 따라 지속적으로 체크하는 것이 필요하다. 그 때문에 보다 체계적인 업적관리와 역량관리에 대한 방식이 요구된다고 할 수 있다.

안정적인 조직환경하에서는 외부노동시장의 임금변동보다는 내부노동시장에 초점을 맞춘 조직운영이 가능하였으나, 변화하는 외부환경은 과거의 업적관리방식으로는 더 이상 조직의 생존을 보장할 수 없도록 한다. 일본의 사례에서도 알 수 있듯이 버블경제 이전에는 직능자격제도를 중심으로 안정적인 조직운영이 가능하였으나, 이후 급변하는 조직 내외부의 환경 변화에 적응하기 위해서는 보다 많은 성과를 낼 수 있도록 하는 역량에 주목하고 있음을 확인할 수 있다.

어떤 역량을 갖춘 인재가 조직에 보다 많은 성과를 가져다줄 것인지에 대한 경험적 연구는 고성과자high performer가 보유하고 있는 직무상의 역할이나 책임을 완벽하게 완수할 때 발휘하게 되는 측정·관찰 가능한 지식, 기능, 능력, 기타 특징으로부터 시작된다. 일반적인 사람과 차별화되는 고성과자만이 가지고 있는 핵심 역량에 대한 판별을 위한 움직임은 민간조직을 대상으로 하기보다는 공무원 조직을 대상으로 먼저 발달하기 시작하였다는 점은 주목할 만한 부분이다. 우리나라를 포함하여 미국, 영국, 일본의 공무원 선발시험에서는 행동사건면접BEI: Behavioral Event Interview을 통한 역량평가를 활용하여 지원자의 역량을 검증하는 방식을 활용하고 있다. 특히 우리나라의 역량평가 방식은 고위공무원단 역량평가뿐만 아니라 채용면접에서도 적극적으로 활용되어 외부의 우수 인재 선발과 함께 내부 승진을 위한 중요한 지표로도 사용되고 있다.

공직이나 민간의 구분을 떠나, 어느 조직에서나 공통적으로 성과를 내는 인재가 보유한 인적특성이 무엇인지를 규명하고, 또 이를 측정할 수 있는 정확한 측정도구를 개발하기 위한 노력은 앞으로도 지속적으로 이루어져야 할 것이다.

제 5 장

평가와 동기부여

1. 도입

집단 내에서 타인에 관한 감춰진 정보나 행동을 정확히 인지하여, 다양하고 변화하기 쉬운 욕구나 의욕을 관리하기란 쉬운 일이 아니다. 이 때문에 평가와 동기부여는 인적자원관리에 있어 중요한 과제가 된다. 산업조직심리학자인 Ralph Stacy(2001)는 오늘날의 인적자원관리는 "작업 행위의 관리 → 인간관계의 관리 → 신념이나 가치관의 관리"를 거쳐 "인간의 마음관리" 단계에 들어섰다고 이야기한다.[1] 마음관리는 마음의 움직임에 대한 메커니즘이 과학적으로 규명되어야 비로소 가능하게 된다.

실제로 20세기 중반 이후, 심리학에서는 욕구의 구조나 정보 인지 프로세스에 대한 규명 작업이 진행되었으며, 경제학을 통해서는 정보의 수집과 처리에 관련된 사회적 비용에 대해서도 밝혀지고 있다. 이와 같은 움직임에 따라 자신의 욕구나 외부 정보에 의지한 채 불확실성으로 가득 찬 세계를 바라보는 인간의 사고와 행동에 대한 연구가 계속 진행되어 많은 가설들이 이론으로 제시되고 있다. 이 경우에 개인이 타인이나 사회와의 커뮤니케이션을 통해 지각하게 되는 다양한 자극을 '정보'라고 정의해 두자.[2]

오늘날 인적자원관리론은 심리학이나 경제학의 이와 같은 학문적 배경 위에 성립되어 있다. 이 장에서는 이러한 이론 중에서 보다 일반적이라고 간주되는 이론을 활용하여 기업조직에의 평가와 동기부여의 메커니즘에 대해 생각해 보고자 한다. 제2절에서는 직장 내 상사와 부하라고 하는 구조를 통해 평가와 동기부여의 의미 사이의 관계에 대해 살펴본다. 제3절에서는 타인을 평가하는 것의 어려움에 대해 개인정보에 관한 제약이나 인간 지적능력의 한계 등을 활용하여 설명한다. 제4절에서는 유인誘因과 욕구에 기반한 동기부여의 메커니즘에 대해 심리학적 관점에서 살펴보고, 제5절에서는 보수시스템(급여제도)의 발달 과정을 통해 평가와 동기부여 메커니즘에 관한 이해도를 높이고자 한다. 제6절에서는 조직 내 공식 시스템의 보완이라는 관점에서 직장에서의 비공식 커뮤니케이션의 의의에 대해 살펴보도록 하자.

2. 평가와 동기부여 의미와의 관계

기업조직은 사람과 사람이 종적·횡적으로 관계되는 크고 복합한 구조물이기에 이를 그대로 외부에서 관찰하고 분석하기란 쉽지 않은 일이다. 이 절에서는 기업조직에서 하나의 직장을 예로 들어, 그 안에서 직장 구성원의 역할을 파악함으로써 평가와 동기부여의 의미와 관계에 대해 생각해 보자.

(1) 직장에서 상사와 부하의 관계와 역할

직장은 관리자(예를 들어, 팀 리더 등을 말하며, 이를 '상사'라 한다) 및 관리자로부터 지시·감독을 받아 생산이나 판매 등의 활동을 하는 다른 구성원(이를 '부하'라 한다)으로 구성된다. 상사가 담당하게 되는 '직장관리'의 의미는, 종적으로는 보다 상위의 관리자, 횡적으로는 다른 부문에서 요구하는 목표 달성이나 과제 해결을 위해 방침(이를 '전략'이라고 한다)을 세우고 이를 기반으로 한 명 한 명의 부하에게 해야 할 일(이를 '직무'라 한다)을 할당하고 그 진행 상태를 감독하는 것이다. 상사는 수많은 부하를 책임져야 하기 때문에 부하 개개인의 전체 행동을 감독하는 것은 불가능하다. 또한 개별 직무의 구체적인 내용은 조밀하고 복잡하기 때문에 이를 숙지하고 있는 부하에게 실무처리(이를 '직무수행'이라 한다)를 맡기는 것이 더 효율적인 경우가 많다.

이렇게 생각하면, '직장관리'라고 하는 상사 자신의 직무의 완성 상태(이를 '성과'라 한다)는 부하들의 직무수행성과의 합계가 되지 않을 수 없다. 경제학에서는 이와 같은 개념에 대해, 자신의 성과를 부하의 일에 기대는 상사를 '의뢰인'principal, 상사의 지시나 감독하에서 직무를 수행하는 부하를 '대리인'agent이라고 이름 붙여, 의뢰인·대리인 관계의 집합체가 기업조직이라고 생각하는 'Principal-Agent 이론(이하 'PA 이론')'이라 잘 알려져 있다. 이 이론에 따르면, 의뢰인은 대리인의 성과를 평가하고 그에 대한 보수를 결정하는 '평가자'가 되며, 대리인은 의뢰인에 의해 직무수행의 성과를 평가받는 '피평가자'가 된다. 지금까지 서술한 내용을 구체적인 사례를 들어 조금 더 상세히 살펴보자.

어떤 식품회사의 사원 A는 슈퍼마켓 등의 소매점을 대상으로 판매업무를 담당하고 있는 영업부의 ○○팀이라는 부문에 배속되어 있다. A는 상사인 팀 리더 P로부터 신규고객의 발굴이라는 직무를 할당받고(이를 '직무배치'라 한다), 달성해야만 하는 목표를 부여받았다고 하자. 이렇게 'A=대리인=피평가자', 'P=의뢰인=평가자'의 관계가 성립한다.

P는 팀 전체의 목표, 고객마다의 특징, 기존고객과의 경쟁관계에 있는 신규고객의 발굴이라는 과제의 의미와 어려움에 대해 알고 있으며, 이러한 정보에 기반하여 팀 목표를 달성하기 위한 전략을 수립한다. 이 전략이 성공할지 실패할지는 부하 한 명 한 명의 노력 발휘 여하에 달려 있다. 왜냐하면 의뢰인 P의 성과가 되는 팀 목표의 달성도는 P의 대리

인인 A를 포함한 부하 전원의 성과 합계로 측정되기 때문이다.

이와 같은 틀 안에서, 먼저 A를 포함한 부하 한 명 한 명의 평소 근무 태도에서부터 능력이나 적성에 관한 정보를 수집·정리하여, 평가하는 일정한 제도(이를 '평가시스템'이라고 한다)를 설계하고, 이에 기반하여 적재적소에 직무배치를 하는 것이 P의 제1의 역할이 된다. A를 신규고객 발굴이라는 직무에 배치하는 것은 이 프로세스를 통해 결정된다.

그러나 A가 P로부터 업무를 지시받았다고 하더라도 부여받은 직무를 위해 노력하고 있다고 할 수는 없다. 여기에서 P는 A에 대해, P가 기대한 바와 같은 성과를 달성한 경우에는 다음에 상여금을 증액해 주기로(이를 '보수'라 한다) 약속하고, 직무에서 최대의 노력을 발휘하도록 만든다. 이를 '동기부여'라 한다. 이를 위해서는 사전에 보수의 형태(승급, 상여 또는 승진)나 크기(예를 들어, 승급·상여금)를 생각하여 이를 성과와 연관시키는 일정 제도(이를 '보수시스템'이라 한다)를 설계하고, A에게 제시하여 동기부여하는 것이 P의 제2의 역할이 된다.

또한 직무수행의 도중에는 그 진행 상황에 대해 관찰하고, 업무에 대한 대처가 게으르면 주의를 주거나, 제대로 진척되지 못하고 어려움에 처해 있는 경우에는 적절한 조언을 함으로써 A로 하여금 목표를 향해 끊임없이 동기부여 되도록 하는 것이 P의 제3의 역할이 된다. 당기 실적이 명확해진 시점에서는 평가시스템에 기반하여 A의 성과를 평가하고, 보수시스템에 기반하여 구체적인 보수액을 결정하는 것이 P의 제4의 역할이 된다.

하지만 A는 직무배치나 평가 결과 등을 납득하지 못하여 P에게 불만을 제기할지도 모른다. 이 경우 불만에 귀를 기울이고, 직무배치나 평가의 이유 등을 설명하고 필요한 경우에는 직무배치를 변경하거나 평가시스템이나 보수시스템도 개편하여 A를 다시 동기부여 하는 것도 P의 역할이 된다. 이와 같이 P는 다양한 정보를 기반으로 '상사=평가자'로서의 역할을 다하게 된다.

이에 비해 P로부터 신규고객 발굴이라는 직무 및 그 성과와 연동하는 보수에 대해 정보를 접한 A는 무엇을 생각하며 행동할까. A는 지금까지의 지식이나 경험을 통해, 부여받은 직무의 중요성이나 목표 달성의 난이도를 판단하여 부여받은 직무가 할 만한 가치가 있는 일인지에 대해 생각할 것이다. 또한 유사한 업무에 대해 외부임금시장의 정보나 스스로의 욕구에 비추어 보수의 기대치를 추정하고, P로부터 제시받은 보수와 비교·계산해 보게 될 것이다. 한편 A는 팀의 목표에 공헌하고

도표 5-1 직장에서 상사와 부하의 관계

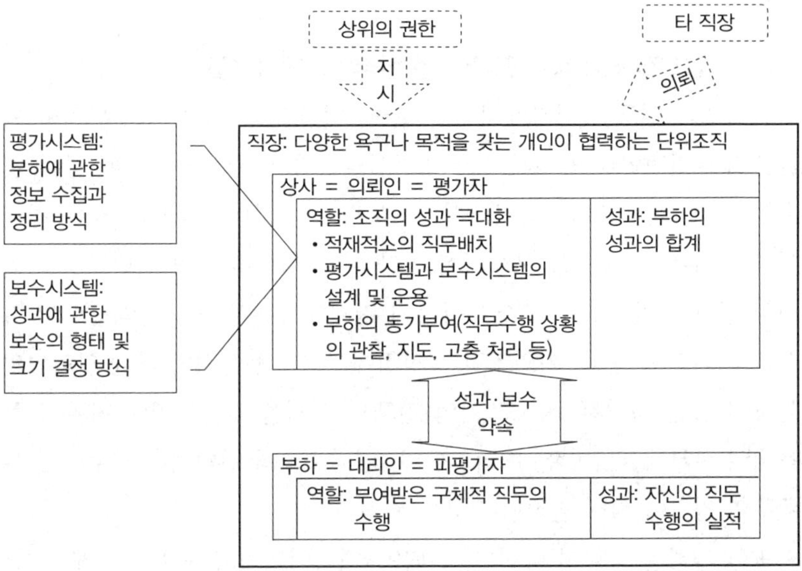

자 하는 의욕을 가지고 있지만 다양한 개인 목적(예를 들어, 승급을 통해 생활이 보다 윤택해지거나, 새로운 직무를 경험하여 자신의 역량을 향상시키거나, 또는 직장 동료와의 융합 등)을 실현시키고 싶은 것에 대해서도 생각하게 된다. 따라서 팀 목표에의 공헌과 개인 목표의 실현을 어떤 방법으로 양립시킬 것인가의 판단도 A가 직무에 쏟는 노력의 양에 영향을 주게 될 것이다. A는 이러한 정보들과 자신의 욕구에 기반하여, 부여받은 직무가 자신에게 주는 가치(이를 '효용'이라고 한다)를 계산하고, 노력의 발휘 수준을 결정하게 될 것이다. 즉 A는 직무배치나 보수에 따라 동기부여 되지만, 이것들이 A의 노력의 발휘 수준을 결정하는 요인의 전부가 되는 것은 아니라는 것이다. 여기에 조직 내에서의 타인 마음관리의 중요성과 어려움이 있다. 지금까지 기술한 '직장에서 상사와 부하의 관계'를 〈도표 5-1〉에 나타냈다.

(2) 기업조직 전체에서 평가와 동기부여의 메커니즘

기업조직 전체의 시각에서 바라보면, 개인으로서 P와 A의 위치와 역할은 'P=의뢰인=평가자', 'A=대리인=피평가자'로 고정되어 있는 것은 아니다. 기업조직은 통상 '사장-부장-팀 리더-팀원'과 같이 겹겹이 쌓인 권한 계층으로 구성되어 있다. ○○팀에서는 팀 리더로서 의뢰인의 입장에 있는 P가, 경영부장과의 관계에서는 '부장=의뢰인'이고 자신은 대리인이 된다. 기업조직의 정점에 서서 전 사원에 대한 의뢰인의 입장에 있는 경영자(임원)도 기업 전체의 업적을 향상시켜야 하는 역할을 주주로부터 위임받은 대리인이며, 임원으로의 선임이나 보수액 등은 주주의 평가에 의해 결정된다.

또한 일하는 상황이 바뀌면, 의뢰인·대리인의 입장도 뒤바뀌게 된다.

직장의 권한 계층에서는 최하층에 있는 A도 거래처나 사내의 다른 부문과 교섭하는 장면에서는 ○○팀을 대표하는 의뢰인의 입장이 되기도 하고, 후술하게 될 다면평가에 참가하게 되면 P의 평가자가 되기도 한다.

이처럼 PA 이론에서 기업조직은 의뢰인과 대리인의 두 가지 역할을 겸비한 구성원 간에 맺어지는 성과·보수 약속(계약)의 집합체로 여겨진다.[3] 여기에서 전체 구성원들은 평가와 동기부여 메커니즘과 관련된다. 하지만 앞 항에서 살펴본 바와 같이 의뢰인과 대리인은 한결같은 마음을 가지고서 부여받은 조직 목표를 향해 있다고는 할 수 없으며, 대리인은 심심찮게 의뢰인의 기대와는 다른 행동으로 치닫게 된다. 다음 절에서는 이러한 문제들에 대해 '남을 이해하는 것'의 어려움의 관점에서 생각해 보자.

3. 평가의 메커니즘

(1) 사적 정보의 비대칭 문제

최근 정보통신기술의 발달에 따라 우리는 지금까지와 비교하여 보다 넓은 범위에서 대량의 정보를 공유할 수 있게 되었다. 복수의 개인 또는 집단이 동일한 정보를 가지고 있는 상황을 '정보의 대칭'이라고 한다. 하지만 아무리 정보통신기술이 발달하더라도 사람과 사람의 관계에서 상대에 관한 정보를 자신과 동일한 정도로 얻는다는 것은 용이한 일이 아니다. 당신에게는 많은 친구와 지인들이 있겠지만 그 한 명 한 명이 언제 어디서 무엇을 하고 있는지, 그들이 어떤 기호를 가지고 있는지, 무엇을 생각하고 있는지, 그들이 당신에게 전달한 정보는 어디까지가 진실인지 파악한다는 것은 어려운 일이다. 이처럼 남이 알기 어려운 개인이나 집단의 행동과 거기에 숨겨져 있는 의도나 지식을 모두 합하여 '사적 정보'라고 한다. 사적 정보는 '숨겨진 행동'과 '숨겨진 정보'로 분류되기도 한다. 또 개인 또는 집단 사이에서 어떤 상황에 대한 정보의 양이나 질이 불균형한 상태를 '정보의 비대칭'이라고 한다. 특히 사적 정보에 대해서는 자신과 타인 사이에서 비대칭이 된다.

사적 정보에 대해 '대칭성이 바람직하고, 비대칭성은 바람직하지 않다'라고 일률적으로 말할 수는 없지만(자신의 행동이나 의도, 지식이 모두 타인에게 알려져 버린 세상은 아무래도 알지 못할 섬뜩함이 있을 것이다), 이러한 비대칭성은 자주 골치 아픈 문제를 불러일으킨다. 예를 들어, 직장에서 어떤 구성원이 다른 구성원이 보고 있지 않은 곳에서 직무에 소홀한 것은 '숨겨진 행동'이며, 이로 인해 협동의 효율성도 낮아지게 될 것이다. 또는 어떤 구성원이 직무에서 실수를 범하여 결함 있는 제품을 생산한 경우, 비난받는 것을 두려워하여 그 사실을 다른 구성원에게 알리지 않게 되면 결함 있는 제품이 시장에 나돌아 다니게 된다. 이는 '숨겨진 행동'과 '숨겨진 정보'가 중첩되어 발생되는 문제의 사례이다. 이처럼 자신의 이익을 위해 사적 정보를 숨기거나, 거짓으로 전달하거나 하는 것을 '기회주의적 행동' opportunity behavior이라고 한다.

사적 정보의 비대칭성하에서는 타인의 숨겨진 행동이나 정보를 추측하게 될 수밖에 없다. 이때 숨겨진 정보에 대해 깊이 생각하고 그 이면의 의미까지도 파악하려 하며, 이기적 행동에 치우친 결과로 사회나 조직 전체의 경제효과에 피해를 주게 되는 아이러니한 현상이 발생하게 된다. 예를 들어 의료보험을 살펴보면, 보험회사와 보험가입자 사이에는 가입자 본인의 건강 상태에 관한 사적 정보의 비대칭성이 존재한다.

가입자의 대다수는 병약자일 것이라고 짐작하는 보험회사는 보험료율을 높게 설정한다. 이렇게 되면 건강한 사람은 높은 요율을 거부하여 가입을 회피하게 되기 때문에 보험회사는 보험요율을 더 인상하여 건강한 사람의 보험가입률은 점점 더 낮아지게 되는 악순환이 발생하게 된다. 그 결과로 병약자, 건강한 사람 및 보험회사 모두에게 보험의 효과는 낮아지게 된다. 이러한 '숨겨진 정보'의 잘못된 추측과 추정(깊이 생각하고, 그 속뜻까지 파악하려 함)에 근거한 행동이 오히려 기대했던 경제효과와는 정반대의 결과를 가져오게 되는 것을 '역선택'reverse selection이라고 한다.

기회주의적 행동이나 역선택이 야기하는 사회적·경제적인 비효율을 '도덕적 해이'moral hazard라고 한다. 예를 들어, 상사가 '아첨'에 약하다고 믿고(상사의 사적 정보에 관한 이면의 정보), 상사에게 아부하여 보다 좋은 평가를 받으려고 하는 부하의 이기적인 행동 자체는 도덕적 해이가 아니지만, 아첨에 노력을 쏟은 결과, 원래 해야만 하는 직무의 수행이 느려지고 협동의 효율이 저하되게 된다면 이는 직장에 있어 기회주의적 행동과 역선택이 가져오는 도덕적 해이가 된다.

인간은 자신의 이익을 위해서는 정보를 조작하거나 잘못된 추정을 하여 기회주의적 행동이나 역선택을 한다. 상사도 부하도 이러한 함정에 빠질 위험성을 내포하고 있다. 따라서 사적 정보의 비대칭성을 경감시키는 것이 평가에 있어서 제1의 과제가 된다.

(2) 사적 정보의 비대칭성 경감에 관한 이론

① 사적 정보의 일차적인 수집과 추정-시그널링과 스크리닝(signaling and screening)

아무리 정보의 비대칭성을 경감하려 하더라도 사람이 감추려 하는 사적 정보를 강제적으로 끄집어낼 수는 없다. 다만 공개된 정보로부터 숨겨진 사적 정보를 추정하는 것은 가능하다. 사적 정보의 일차적인 추정에는 시그널링signaling(신호 보내기)과 스크리닝screening(심사)이 활용된다.

시그널링 정보라 함은 피평가자가 의식적 또는 무의식적으로 발언·공개하는 정보를 의미한다. 예를 들어, 구직자가 채용을 의식하며 공개한 학업성적이나 직장경력은 자신의 지적능력이나 특기인 기능을 나타낼 뿐이지만, 그 성적을 얻거나 기능을 습득하는 데 들어간 노력이나 시간 등의 비용을 통해 그 사람의 잠재적인 지적·육체적 능력을 추정하는 것이 가능하다. 또한 무의식적인 일상의 언어 사용이나 태도로부터 성격이나 행동 특성을 추정하는 것도 가능하다. 나아가 평가자는 명백히 드러난 성과로부터 피평가자의 능력과 같은 숨겨진 정보나 노력 정도 등 숨겨진 행동을 알 수도 있다.

스크리닝이라 함은 평가자가 피평가자의 시그널링signaling(신호) 정보를 다른 정보와 대조하거나 비교하여 걸러 냄으로써 숨겨진 사적 정보를 추정하는 것을 말한다. 예를 들어, 사건을 조사하는 형사가 피의자로부터 듣게 되는 TV 드라마의 장면을 상상한다고 가정해 보자. 한 명의 피의자에게 여러 각도에서 질문을 던져 그 답변을 종합함으로써 피의자 진술의 진위 정도를 추정하는 것이 가능하다. 또한 복수의 피의자에게 동일한 질문을 던져 그 답변을 비교하는 것으로써 누구의 진술이 보다 더 진실에 가까운지, 수집한 사적 정보의 정확성을 추정·음미하는 것도 가능하다.

② 보다 정확도 높은 사적 정보의 수집 및 추정-모니터링(monitoring)

면접 등 단기적으로 피평가자와의 커뮤니케이션을 통해 추정한 단편적인 사적 정보만으로 평가를 하는 데에는 위험이 뒤따른다. 왜냐하면 이미 설명한 바와 같이 정보의 비대칭성으로 인해 피평가자가 기회주의적 행동을 하게 될 가능성이 잠재해 있기 때문이다. 피평가자가 의도적으로 흘린 시그널링 정보의 정확도에는 의문이 남게 되며, 평가자가 단편적인 정보를 잘못 읽게 되면 스크리닝에 실패할 위험성이 커지게 된다.

그러나 평가자가 피평가자의 말이나 행동을 오랜 시간에 걸쳐 관찰할 수 있다면 그 특징을 알아차리고 피평가자의 능력이나 성격 등의 숨겨진 정보나 공개된 행동의 이면에 숨겨진 행동이나 만족·불만족의 감정 등을 알 수 있다. 이를 '모니터링'monitoring(감독)이라고 한다. 모니터링에서는 시그널링 정보나 스크리닝 정보가 쌓임에 따라 보다 정확도 높은 추정이 가능하게 된다.

예를 들어, 상사는 부하가 지각을 하거나 업무상 민감한 실수를 하는 등 일상과는 다른 행동을 알아차리고, 부하의 건강 상태나 직장 밖의 생활 등에 이상이 있는 것은 아닌지 추정하는 일이 자주 있다. 직장에서의 행동은 부하의 시그널링 정보이지만, 이를 부하들의 일상적인 행동과 비교하여 이상 여부를 파악하는 것은 상사의 스크리닝에 더한 모니터링에 의한 추정이라 할 수 있다. 이러한 추정은 상사가 부하와의 오랜 기간에 걸친 관계를 통해 학습한 부하들의 일상 속 말과 행동, 버릇에 의해 뒷받침되고 있기 때문에 정확도가 높다.

장기간에 걸친 모니터링은 피평가자의 기회주의적 행동을 억제하는 효과가 있다. 평가자로부터 자주 감시받게 되면 피평가자는 평가자에 대해 자신에게 유리한 정보만을 전달하고 나쁜 정보는 계속 감추기 어렵게 되어, 진실이 밝혀질 경우의 벌이나 불이익을 생각해 기회주의적 행동을 자발적으로 멈추게 될 것이다. 또한 장기적인 관계하에서는 겉

치레에 신경 쓰지 않는 비공식적인 커뮤니케이션이 자연스럽게 증가하게 되어, 상대의 사적 정보를 잘못 추정함으로써 야기되는 역선택은 감소하게 된다. 이러한 결과로 상사와 부하의 상호 신뢰가 높아지고, 협동의 효율이 높아지게 된다. 기업이 장기고용을 희망하는 이유 중의 하나는 바로 이러한 모니터링의 부차적 효과이다.

(3) 불확실성과 평가의 합리성에 관한 이론

① 직무에 있어 환경의 불확실성=리스크

지금까지, 남을 평가하는 데에 있어서 사적 정보의 비대칭성을 낮추고 추정의 정확도를 높이기 위한 방법에 대해 서술하였다. 하지만 그럼에도 불구하고 다소 귀찮은 문제가 있다. 평가자는 피평가자의 직무수행의 실태에 대해 어디까지 알 수 있을까.

2. (1)의 직장의 틀에서 생각했을 경우, 부하 A가 담당하는 신규고객 발굴 직무는 고객과의 면담 약속으로부터 시작하는 교섭, 생산 공장과의 출하 스케줄의 조정 등과 같은 세세한 업무가 포함되어 각각의 직무에는 조정 작업이 필요하게 된다. 게다가 제품 원재료의 가격이나 상품 배송 시스템이 바뀌게 되면, 상품의 가격이나 상품을 주고받는 것과 관련하여 고객과의 트러블이 발생할지도 모른다. A는 이러한 문제를 원만하게 해결하지 않으면 안 된다. 하지만 이런 수많은 직무가 A의 계획대로 진행되지 않는 것이 일반적이다. A의 직무를 둘러싼 관계자나 보다 넓은 경제적·기술적·사회적 상황을 합쳐서 '환경'이라고 하며, 직무를 계획한 대로 수행할 수 있는 정도를 '확실성'이라고 한다. 일반적으로 직무의 확실성은 관계자의 수나 직무수행의 순서가 많아질수록, 또 기술이나 경제 환경이 변화하기 쉬울수록 낮아지게 된다. 바꿔 말하면, 환

경이 복잡해지고 변화의 속도가 빨라질수록 직무의 '불확실성'이 높아져 리스크가 커지게 된다.

직장을 관리하는 P는 경기의 변동 등 환경의 일반적인 리스크 상황을 인지하고 그 변화에 대응하여 전략을 수정하는 것이 가능하다. 하지만 개별 직무의 복잡한 리스크에 대해 하나하나 순서에 맞추어 대응하기 위해서는 그 직무를 오랜 기간 경험하여 그 내용과 불확실성의 정도(이를 '리스크 환경'이라 한다)에 정통해 있는(이러한 것들을 합하여 '숙련'이라 한다) A에게 위임하는 것이 효율적일 것이다.

P로부터 리스크 대응을 위임받은 A는 어떻게 해야 할까. 일반적으로는 높은 리스크 환경에서는 높은 성과를 내는 것이 어렵다. 그럼에도 불구하고 A는 직무 목표를 달성하여 높은 보수를 얻고자, 리스크에 정면으로 마주하여(이를 '리스크 중립'이라 한다) 다음에 발생할 문제의 해결을 위해 노력할지도 모른다. 아니면 A는 문제 해결을 위해 기울여야 할 노력과, 보수를 받을 확률을 계산하고 리스크에서 벗어나려(이를 '리스크 회피'라고 한다) 할지도 모른다. 리스크에 대해 중립적인지 회피적인지는 A의 '숨겨진 정보'이며, 그 리스크 대응에 어느 정도 노력을 기울일 것인지는 A의 '숨겨진 행동'이다. P는 모니터링에 따라 A의 능력이나 성격을 어느 정도 추정할 수는 있어도, 현실의 리스크 환경을 A와 동일한 정도로는 알 수 없기 때문에 A의 리스크 대응력에 대해 높은 정확성을 가지고 추정하는 것은 어렵다.

이상에서, 직무의 성과를 평가하는 경우에는 다음 사항에 유의하는 것이 중요하다. 첫째, 가능한 한 피평가자의 직무를 둘러싼 리스크 환경을 고려하는 것이다. 직무의 종류가 다르면 불확실성의 정도도 달라진다. 예를 들어, 연구개발이나 신규시장 개척 등의 창조적인 직무와, 제품의 생산이나 기존 고객을 대상으로 하는 상품 배송 등의 일상적인 직무를 서로 비교하는 경우, 일반적으로는 전자의 경우가 후자보다 불확실성이 더 높다. 또한 동일한 종류의 직무에서도 리스크 환경이 조금씩 다르다. 예를 들어, 두 명의 부하에게 신규고객 발굴 직무를 나누어 배정하여도 담당 지역의 소비자 기호나 소매점의 경합 상황 등이 다르다면 개인의 능력이나 노력의 정도가 같다고 해도 성과에는 차이가 날 수밖에 없다. 따라서 직무의 종류나 외부환경의 차이 등을 고려한 평가기준의 설정이 요구된다. 또 하나는, 부하가 리스크를 회피하지 않고 리스크에 대응하는 행동을 취하도록 동기부여 하는 것이다. 이는 하루아침에 이루어질 수 없는 조직의 체질 개선의 과제이기도 하다. 예를 들어, 문제가 발생한 경우에 구성원 전원이 문제 해결을 위해 협력하도록 팀의 분위기나 체제가 구축되어 있다면, 개인이 전체 책임을 부담해야만 하는 두려움이 감소하게 된다는 점에서 직원들의 리스크 대응력은 향상될 것이다. 이를 위해서는 일상생활에서부터 팀 내의 활발한 커뮤니케이션이 필수적이다. 또한 객관적인 성과평가에 덧붙여, 가능한 한 리스크 대응 프로세스를 고려하는 평가자의 자세도 유효한 동기부여방안이 될 수 있을 것이다.

② 평가의 실패 – 피평가자의 수용성을 높이는 합리적인 평가시스템

사람이 사람을 평가하는 작업에는 실패가 따라다닌다. 피평가자의 대다수가 납득하지 못하는 평가 결과는 평가자에 대한 신뢰와 직무에 대한 의욕을 저하시킬지도 모른다. 이는 직장뿐만 아니라 '평가자=의뢰인'에게도 리스크가 된다. 인간의 감정에는 기복이 존재하며 성격은 한결같지 않아 불균형이 있고, 기억력이나 판단력에도 한계가 있다. 또한 사람은 정보나 자신의 능력 부족을 주관적인 신념에 따라 보충해 가면서 행동한다.[4] 신념에 기반하여 행동하는 것은 인간이 갖는 우수한 특성이지만 타인을 납득시키지 않으면 안 되는 평가에 있어 평가자 개인의 신념에 과도하게 의존하는 것은 위험하다. 실패를 최소화하기 위해서는 평가자의 평가능력을 향상시키는 것이 중요하지만, 여기에 더해 많은 사람이 납득할 수 있도록 고안된 절차, 즉 평가자의 주관이나 감정에 좌우되지 않는 합리적인 평가시스템이 요구된다.

예를 들어, 인사고과에서 피평가자 전원의 채점을 나누어서 하지 않고, 일시에 집중하여 행하는 것은 평가자의 감정 기복에 따라 발생할 수 있는 채점의 불균형을 최소화하기 위한 합리적인 방법이라 할 수 있다. 또한 인간의 기억은 오래될수록 흐려지기 쉽기 때문에 평가의 대상이 되는 기간을 가능한 짧게 구분하여, 판단의 이유를 구체적으로 기술하여 피평가자의 성과나 행동을 떠올리며 공평하게 평가하도록 하는 것도 가능하다.

한편 개인이 아무리 우수하다고 하여도 그 분석·계산이나 표현의 능력에는 본질적으로 한계가 존재한다.[5] 예를 들어, 부하에 관한 정보를 아무리 많이 수집하여 열심히 추정하더라도 부하 모두를 최적의 직무에 배치해야 하는 직소 퍼즐을 완벽하게 맞추는 것은 쉬운 일이 아니다. 또한 언어를 아무리 잘 구사하더라도 사물을 정확히 표현해 내기란 쉽지 않은 것으로 알려져 있다. 이 때문에 A가 그 직무의 리스크 환경을 P에게 정확하게 보고하기란 쉽지 않고, P가 A에 관한 평가에 대해 정확하게 표현하는 것도 어렵다. 이러한 개인의 합리적인 분석·계산·표현 능력의 한계를 '한정합리성'bounded rationality이라고 한다.[6] 따라서 평가에서는 개인의 합리적 능력의 한계를 보완하기 위한 방법이 요구된다.

예를 들어, 적재적소의 직무배치를 위한 직소 퍼즐에서, P가 A를 포함한 부하 모두의 직무적성을 평가하기 위해서는 어떤 객관적인 기준을 필요로 하게 된다. 하지만 그 기준을 정확하게 선택하고 여기에 정밀한 척도를 대입한다는 것은 한정합리적인 P에게는 어려운 일이다. 이에 비해, A에 관한 정보를 다른 부하에 관한 정보와 비교하는 것이 용이한 경우가 있다. A에 관한 정보를 객관적인 척도(예를 들어, 점수화)로 평가하는 것을 '절대평가'라 하며, 복수의 타인의 정보와 비교하여 평가하는 것(예를 들어, 「A는 B보다 '우수', '미흡' 또는 '동일'」)을 '상대평가'라 한다. P는 절대평가와 상대평가를 잘 조합하여 평가의 합리성을 높이는 것이 가능하다. 또한 P의 상사에 더해 다른 구성원이 참가하는 '다면평가'를 활용하여 P 단독으로 평가하는 경우에 발생할 수 있는 누락이나 잘못된 판단을 보완할 수 있다. 이는 개인의 합리성의 한계를 다수의 지혜 집단을 활용하여 완화하는 것을 의미한다. 이상과 같은 방법을 평가시스템에 적용하여, 이를 조직 내에 공개함으로써 평가의 프로세스와 결과는 다수의 피평가자가 수용할 수 있는 지점에 가까워질 수 있다.

4. 동기부여의 메커니즘

(1) 동기부여요인

① 유인(誘因)과 욕구

심리학에서는 일반적으로 '행동'이라고 하는 것은 어떤 주체가 무언가의 '욕구'를 가지고 있으면서 동시에 욕구의 대상이 되는 '유인'이 존재할 때 생긴다고 이야기한다. 아울러 '동기부여'라 함은 일정한 방향을 향해서 어떤 행동을 하고, 지속하려는 마음의 움직임과 관련되는 폭넓은

개념이라고 이야기한다.[7]

2. (1)의 직장의 틀 안에서, 자신의 효용계산에 기반하여 직무에 어느 정도의 노력을 기울일 것인가를 판단하는 부하 A의 심리에 대해 설명하였다. 그때 상사 P가 할당한 새로운 직무와 약속했던 보수는 A의 노력의 대상, 즉 유인誘因이 된다. 또한 A가 생각하는 보수에 대한 기대치 및 다양한 개인 목적도 노력의 발휘도에 영향을 준다고 설명하였다. 이러한 기대나 목적이 A에 있어 고유의 욕구이다. 어떤 행동을 일으키게 하는 유인과 욕구는 '동기부여요인'이 된다.

금전적 보수나 승진, 일의 보람이나 달성감 등 다양한 외부 정보나 내부 감정은 유인이 될 수 있지만, 이러한 유인을 받아들여 어떤 행동을 하게 하는 마음의 움직임은 매우 복잡하다.

동일한 유인이라고 하더라도 이를 받아들이는 방법이 다르면, 노력의 발휘도에는 차이가 발생한다. 예를 들어, A가 P로부터 제시받은 상여 인상의 유인을 강하게 느낄 때에는 직무에 커다란 노력을 기울이게 될 것이지만, 유인을 약하게 느끼게 된다면 노력을 덜 기울이게 될 것이다. 또한 유인이 노력 발휘에 부정적으로 작용하는 경우도 있다. 예를 들어, 신규고객 발굴이라고 하는 새로운 직무에 배속받은 A가 그때까지의 직무에 강하게 보람을 느끼고 있었다고 한다면, 상여 인상이라는 유인은 반드시 강하게 작용하지 않게 될 것이고, A의 새로운 직무에 대한 노력의 발휘도는 이전보다 낮아질지도 모른다.

또 동시에 복수의 유인을 받게 된 경우, 이들을 비교·계산하여 행동의 방향을 결정하는 경우가 생길 수도 있다. 예를 들어, A가 P로부터 직무와 보수의 유인 정보를 받았을 때 우연히 다른 기업으로부터 전직 제안이 있었다고 하자. 이 경우 전직의 유인이 P로부터 제시된 직무와 상여 증액의 유인의 합계보다 크다면 A의 행동은 전직을 하는 방향으로 향하게 될 것이다.

인간의 마음속에는 다양한 욕구가 숨겨져 있다. 예를 들어, 생존에 관한 기초적인 욕구, 타인이나 사회와의 교제와 관련된 사회적 욕구, 자기실현의 욕구 등으로 분류되어 계층화된 상태가 되며, 하위의 욕구가 만족되면 상위의 욕구가 강하게 발현된다는 가설을 들 수 있다(이를 '욕구계층설'[8]이라고 한다). 이 가설에 따르면, 다양한 유인은 어떤 욕구계층을 자극하며 그 욕구의 실현을 위한 동기부여에 긍정적이거나 또는 부정적으로 작용한다. 예를 들어, A가 현재의 보수 수준으로 생계에 만족하고 있다면 '신규고객 발굴'이라는 직무는 '자신의 경력 향상'이라는 한 계단 높은 계층으로의 욕구에 동기부여로 강하게 작용하게 될 것이다. 하지만 A가 현재의 보수에 만족하지 못하고, 게다가 상여의 증액 수준이 기대 이하라고 느끼게 되면 제시된 보수의 유인력이 약해, 새로운 직무로의 배치는 오히려 A의 불만을 강하게 불러일으킬지도 모른다.

② 몰입(commitment)

몰입은 목표달성욕구가 일관되게 지속되는 유형의 동기부여 심리를 의미하는데, 그 효과에 대한 평가는 나뉘어 있다. 심리학에서는 '몰입'commitment이 과거의 경험에 기반하여 사전에 선택의 여지를 제거하는 '자기구속'을 의미하며, 이에 따라 복수의 선택을 강요당하는 상황에서의 심적 부담을 경감시킨다고 이야기한다.[9] 몰입에 의해 인간은 스트레스를 해소하고, 신념 - 행동의 일관성을 지속한다. 이 때문에 불확실성이 높고 주변이 동요하고 있는 상황에서는 일관된 몰입행동이 의지가 된다.[10] 반면 과거의 성공 체험이나 조직에의 귀속의식 등에 집착하는 몰입행동을 변경하는 것은 쉽지 않아서, 이를 계속하면 오히려 리스크를 증대시킬 수도 있다.[11] 예를 들어, A가 신규고객 발굴이라는 직무에 전력을 다하고 있는 것은 보람이나 상여 인상의 유인에 의해 동기부여 된 행위일 수 있지만, P 개인이나 소속 회사를 맹목적으로 신봉하는 몰입행동일지도 모른다는 것이다.

(2) 동기부여이론

동기부여의 심리에 대한 규명이 이루어짐에 따라, 20세기 중후반기의 산업조직심리학에서는 직무에 관한 의욕은 어떻게 생기고, 그 노력이 어떻게 유지되며, 일단 생긴 노력이 왜 멈추게 되는가와 관련된 가설들이 '동기부여이론'이라고 하여 하나둘 제시되기에 이르렀다. 이 시기에 일어난 동기부여이론의 '백화제방'*은 인간이 정보를 접하는 것에서부터 행동까지의 심리 과정을 정보처리시스템으로 보고 연구하는 인지심리학[12]의 발달로부터 영향을 받았다. 아울러 여러 동기부여이론의 등장은 합리적·기계론적 인간관에 근거한 노동관리로부터 개인의 감정이나 사회적 욕구에 대해 배려하고자 하는 인적자원관리로의 전환기에서 '일하고자 하는 의욕'의 과학적 논거가 무엇인지 찾기 원하는 산업사회로부터의 기대에 기인한 바가 크다.[13]

개개의 동기부여이론은 특정 유인이나 욕구에 주목하여 노력 발휘의 프로세스에 대해 설명하고 있다. 하지만 특정한 동기부여의 요인에만 입각한 이론은 이와 동시에 생기는 다른 요인에 의한 부정적인 동기부여의 심리를 충분히 설명할 수 없다. 이 때문에 하나의 동기부여이론만이 단독으로 유효성 있게 적용될 수 있는 환경은 제한되어 있다.

---

* 백화제방(百花齊放). 모택동(毛澤東)이 처음 쓴 말로, '문학과 예술 방면에서 창작과 비판을 자유롭게 하는 일'을 말한다(옮긴이).

Landy(1989)는 직장의 관리자에 대해, 하나의 동기부여이론의 선택적 적용보다는 자신이 처한 직무환경에 어울리는 복수의 동기부여이론을 조합하여 적용할 것을 조언하고 있다.[14] 또한 가설로서의 동기부여이론 중에는 동기부여요인과 노력 발휘의 인과관계를 과학적으로 실증한 것이 많이 있지만, 이러한 이론들도 노력과 직무성과의 인과관계까지는 실증적으로 설명하고 있지 못한 것이 현실이다. 이에 대해 Landy는 "성과란 개인의 노력에 더해, 능력이나 성격(창조력·인내력·협조성 등), 그리고 사용된 기술, 기회의 종합적 결과이다."라고 정의하고 있다.[15]

5. 보수시스템의 진화 -평가와 동기부여 메커니즘의 응축형으로서-

PA 이론에서는 조직이 의뢰인 P(여기에서는 '조직의 관리자'라 한다)와 대리인 A(여기에서는 'P의 관리하에 있는 종업원'이라 한다)의 계약관계에 의한 공식적인 보수시스템(급여제도)을 설정한다. 또한 보수시스템의 설계에는 동기부여이론이 적용된다. 즉 보수시스템 안에는 지금까지 설명한 평가와 동기부여의 메커니즘이 응축되어 있다고 생각할 수 있다.

미시경제학자인 Gibbons(2005)는 보수시스템의 진화를 PA 사이에서 거래 누적으로 설명하고 있다.[16] 또한 앞서 설명한 Landy(1989)는 20세기 중후반기의 동기부여이론에 대해 폭넓게 소개하고 있다.[17] 이러한 선행연구를 단서로 하여, 이 절에서는 보수시스템의 진화를 P와 A가 서로 뒤얽혀 있다는 관점에서 대표적인 동기부여이론의 응용에 대해 살펴보고자 한다. 이를 통해 평가와 동기부여의 메커니즘의 이해를 깊게 하고자 한다.

(1) 고정적 보수시스템

'욕구달성이론'은 욕구계층설을 발전시킨 동기부여이론이다. Frederick Herzberg의 욕구 2요인설에 따르면, 고용의 안정이나 충분한 급여 등으로 위생적 욕구가 충족되고 나면, 고도의 직무목표 달성에의 동기부여욕구가 강해지게 된다. 생계비를 기초로 한 정액의 주급제나 월급제 등의 '고정적 보수시스템'에 장기고용의 관행을 더한 '연공임금제도' 하에서, A는 젊은 시절의 급여는 적더라도 장래의 승급을 기대하며 숙련에 노력을 기울여 보다 고도의 직무를 목표로 한다.

하지만 고정적 보수시스템에서는 보수가 현재의 성과와 직접적인 관계가 없기 때문에 리스크 회피적인 A에게는 어려운 직무에서 성과를 내도록 스스로를 동기부여 하기 어려워, 오히려 직무를 소홀히 하는 기회주의적 행동을 하게 될 가능성이 높아진다. 빈면 리스크 중립적인 또 다른 A는 불평등의 감정을 마음속에 품게 될 수도 있다.

(2) 객관적 성과보수시스템

보수가 자신의 노력과 균형을 이루고 있는지, 자신의 성과와 타인과의 성과 차이가 보수 차이에도 정확하게 반영되어 있는지에 대한 주관적 판단은 개인으로 하여금 공평·불공평을 느끼게 하여, 공평성을 감지한 경우에는 노력 발휘를 독려하게 되지만 불공평함의 감지는 반대의 작용을 하게 된다. 이를 '공평(균형)이론'이라 한다. 매출액이나 생산량 등 객관적인 기준으로 성과를 보수와 직접 연결하는 것은 고성과를 위한 강한 동기부여가 될 수 있다. '성과급'이나 객관적인 직무분석 및 전문적 업무분장에 기반한 '직무급' 등의 '객관적 성과보수시스템'은 이 동기부여이론을 응용하여 해석이 가능하다.

하지만 한 명 한 명의 A가 처한 리스크 환경의 차이를 고려하지 않고 일률적인 기준으로 측정된 성과에 기반한 보수격차가 과연 공평한 것인지에 대해서는 의문이 남는다. 또한 생산량이나 매출액 등의 객관적 수치는 쉽게 관찰 가능하지만, 그 이면에 숨어 있는 제품이나 고객 서비스의 질에 대한 관찰은 쉽지 않다는 점도 문제이다. 객관적 성과보수시스템에서 A는 양적인 성과를 내려고 노력하는 반면에, 질적인 성과 향상에 대한 노력은 게을리하게 될 위험성이 커지게 된다.

(3) 주관적 성과보수시스템

그렇다면 엄격한 객관성에 구애받지 않고 명확한 직무목표를 부여하여 그 성과를 P가 주관적으로 판단하는 방식으로 A를 동기부여 시킬 수 있을까. P의 이러한 생각은 '목표설정이론'과 부합된다. 인간은 명확한 목표와 보수를 제시받게 되면 심적인 부조화가 해소되어 목표를 향해 노력을 집중하게 된다. 게다가 목표나 보수가 높을수록 목표 달성을 위한 동기가 강해지게 된다. 경쟁에서 이기려고 하는 동기도 이 이론으로 설명될 수 있다. A에게 승진이나 승급이라는 명확한 경쟁 목표와 보수를 제시한 P가, 그 결과에 따라 경쟁 결과를 주관적으로 결정하는 '주관적 성과보수시스템'은 이와 같은 이론의 응용이며, '직위급'이나 '직능자격급'이 그 대표적인 예라 할 수 있다.

주관적 성과보수시스템은 A, 즉 조직원 모두가 리스크 중립적인 경쟁에 참여하는 것을 전제로 설계되어 있다. 그런데 A 가운데에는 경쟁에 참여하지 않고 개인 목적에 노력을 쏟으려는 사람이 있을지도 모른다. 이는 리스크 회피행동과 관련되지만, 사적 정보의 비대칭하에서 P가 그 진상에 대해 파악하는 것은 쉽지 않다. 한편 이 시스템에서는 P에 대한

A의 신뢰 또한 전제가 된다. 평가능력이나 '편애' 등으로 P에 대해 불신하는 A를 이 보수시스템하에서 동기부여 시키는 것은 어렵다. 또한 P의 입장에서는 모든 A의 직무집행 상황에 대한 감독이나 성과의 판정 등 경쟁관리에 관한 비용 부담도 커지게 된다.

(4) 관계적 보수계약

그럼 복잡하고 리스크가 큰 직무에서는 주관적인 경쟁관리를 느슨하게 함으로써 높은 성과를 올린 경우에 충분한 보수를 약속하기만 하면 되는 것이 아닌가. 그렇게 하면 P의 관리비용은 줄일 수 있고, 또한 A는 이기적인 계산에 근거해 자발적으로 위험 회피 행동이나 기회주의적 행동을 억제하고 직무에 최대의 노력을 기울이지 않을까. 이와 같은 생각에 기반하여 PA 사이에 체결되어 있는 약속을 '관계적 보수계약'이라 한다.

'자기효과이론'이나 '기대이론'과 같은 동기부여이론이 이 보수시스템의 근거가 된다. 자기효과이론에 따르면 'A는 곤란한 직무를 수행함으로써 자신의 유능함을 확인하고 싶다'라는 욕구를 충족한다. 기대이론에서 A는 직무의 매력과 보수의 가치 또는 부여된 목표의 달성 확률을 종합적으로 계산하여 노력의 발휘 수준을 결정한다. 이 보수시스템의 실례로는 '업적연봉제'나 '스톡옵션(자사주 구입권의 부여)'을 들 수 있다.

관리가 느슨한 관계적 보수계약에서, P와 A는 상호 간에 상대를 배신하지 않겠다는 신뢰관계가 전제가 된다. 만일 P와 A의 신뢰관계가 흔들리면, A는 P를 배신하지 않겠다는 자제심을 풀어 버리고, 성공했을 경우 자신의 이득만을 생각하고 리스크에 도전하여 반대로 도박과도 같은 행동을 하게 될지도 모른다. 예를 들어, 2008년도 세계금융위기의 발단이 되었던 미국 서브프라임 모기지론 사태의 폭거(높은 리스크의 대출채권을 편입해 위험성이 높은 채권을 대량 발행·판매)의 배경에는 펀드매니저들의 이와 같은 심리가 존재하고 있었을지도 모른다.

이상과 같이, 의뢰인 P는 대리인 A가 직무에 최대한의 노력을 발휘할 것을 기대하고 보수시스템을 설계하고 운영하지만, A의 예상 밖의 반응에 따라서는 시스템의 개편을 피할 수 없게 된다. 아무리 정교하게 설계되고, 용의주도하게 운영되는 공식적인 보수시스템(또는 이를 보완한 평가시스템)이라 하더라도 조직구성원 전체를 동기부여 한다는 것은 무척 어려운 일이다. 이에 대한 가장 큰 원인은 사적 정보의 비대칭성이나 한정합리성 등의 자연 섭리적인 원칙과, 그 원칙에 구속되지 않는(또는 무관심) 자유롭고 이기적인 인간 마음의 움직임 사이에 존재하는 어떠한 간극에 있다고 생각된다.

그럼에도 P는 보수시스템의 개편을 계속한다. 반복되는 개편을 통해 보수시스템은 스스로 조직이 놓인 산업·기술·규모 등의 환경 특성에 적합한 모습과 가까워지는 형태로 점차 진화하게 된다. 이는 평가와 동기부여의 메커니즘의 근저에 존재하고 있는, 앞서 설명한 간극하에서의 PA(의뢰인-대리인) 사이 거래라 할 수 있을지도 모른다.

6. 결어

조직의 공식 시스템을 보완하는 직장의 비공식 커뮤니케이션.

'PA 이론'이라는 안경을 쓰고서 기업조직을 바라보면, 그 안에서 일하고 있는 구성원 사이의 동상이몽이 떠오른다. 기업조직에서 평가와 동기부여는 상호 간 동상이몽을 꿈꾸는 구성원에게 효율적인 협동을 이끌어 내기 위한 거버넌스상의 과제이다. 하지만 앞서 살펴본 것처럼, 조직 전체를 통제하는 공식 시스템에는 한계가 있으며, 또한 개별 직장에서 현실의 과제를 해결하는 것도 어렵다. 이로 인해, 공식시스템에 의존하는 직장은 때로는 무언가 꽉 막힌 느낌에 둘러싸여 기능부전에 빠질 수도 있다. 이러한 경우라면 직장 내 비공식 커뮤니케이션의 상황을 재점검해 보는 것은 어떨까.

제3절에서는 사적 정보의 비대칭성을 경감하는 최고의 방법으로 장시간에 걸친 모니터링에 대해 설명하였으며, 그 부차적인 효과로서 장기적인 관계하에서의 비공식적인 커뮤니케이션의 증가가 상사와 부하 사이의 상호 신뢰를 높일 수 있는 가능성에 대해 설명하였다. 제5절에서는 보수시스템을 둘러싼 PA 사이의 이기적인 거래에 대해 살펴보았다. 하지만 인간은 남을 도와 그 이익에 공헌함으로써 스스로 만족하려는 '이타적인 욕구'도 가지고 있다. 직장의 구성원은 자신의 이익을 위해 경쟁하는 것뿐만 아니라 다른 구성원들과 서로 협력하여 직장에서 보람을 느낌으로써 만족감을 얻게 된다. 이와 같은 구성원 간의 상호작용도 비공식적인 커뮤니케이션으로부터 기인한다. 직장 내 비공식적인 커뮤니케이션은 조직의 공식 시스템을 보완하고, 구성원 간의 상호작용을 촉진하여 정보 공유를 보다 활발하게 한다.[18]

비공식적인 커뮤니케이션의 활성화는 기업조직 전체, 직장 내에서 장기간에 걸쳐 조성되어 온 '조직풍토'라 불리는 분위기와 비례한다.[19] 좋은 조직풍토를 한마디로 말하면, '통풍이 잘 된다'라고 할 수 있을 것이다. 직장을 점검하여 환기가 잘되고 있지 않음을 느낄 때, 우선하여 이를 변혁하는 것도 직장 관리자의 중요한 역할이다.

주

1 Stacy, R. D.(2001). *Complex Responsive Processes in Organizations: Learning and Knowledge Creation*. London: Routledge, pp. 3-4.

2 吉井博明. (2000). 『情報のエコロジー情報社会のダイナミズム』. 北樹出版, 11-14.

3 藤田誠. (2001). 「契約の束としての組織」. 『組織のイメージと理論』. 創成社, 第13章.

4 東條敏. (2006). 『知の科学一言語·知識·信念の論理』. オーム社, p. 93.

5 Williamson, O. E. (1975). *Markets and Hierarchies-Analysis and Antitrust Implications*. New York, N. Y.: The Free Press, pp. 22-23.

6 March, J. G., & Simon, H. A. (1958). *Organizations*. (土室守章 譯. (1977). 『オーガニゼーション』. ダイヤモンド社, 第6章.).

7 赤井誠生·安藤明人. (2013). 『最新心理学事典』. (藤永保 監修.). 平凡社, 「動機づけ」項

8 대표적인 욕구계층설로는 Maslow, A. H.(1943)의 '5단계설(생리적 욕구, 안전욕구, 타인과의 상호교환, 사회적 지위나 평가, 자기실현욕구)', Herzberg, F.(1966)의 '2요인설(위생적 욕구와 동기부여욕구)', Alderfer, C. P.(1966)의 '3단계설(생존욕구, 사회적 욕구, 자기성장욕구)'을 들 수 있다.

9 伊藤正人. (2013). 前掲『最新心理学事典』. 「選擇行動」項

10 Salancik, G. R. (1977). Commitment and the Control of Organizational Behavior and Belief. in B. M. Staw & G. R. Salancik (eds.), *New Directions in Organizational Behavior* (pp. 1-54). Chicago: St.Clair Press.

11 Peffer, J. (1998). Understanding Organizations: Concepts and Contraversies. in D. Gilbert (eds.), *The Handbook of Social Psychology* (p. 747), The MeGraw-Hill Companies Inc.

12 仲真紀子. (2013). 前掲『最新心理学事典』. 「認知心理学」項

13 Gellerman, S. W. (1963). *Motivation and Productivity*. American management Association Inc. (高橋達男 譯. (1967). 『人間発見の経営』. 産業能率短期大学出版部.)

14 Landy, F. J. (1989). *Psychology of Work Behavior* (4th ed.). Pacific Grove, California: Brooks/Cole Publishing Company, pp. 435-436.

[15] Landy, F. J. 전게서, pp. 426-427.

[16] Gibbons, R. (2005). Incentives Between Firms (and Whthin) in *Management Science*, 51(1).

[17] Labdy, F. J. 전게서, Chapter 10.

[18] 狩俣正雄. (1992).『組織のコミュニケーション論』. 中央経済社, 第7章.

[19] 奥村哲夫. (2001).「文化としての組織」. 前掲『組織のイメージと理論』, 第8章.

조금 더 공부하고 싶은 사람을 위해

- J. G. マーチ·H. A. サイモン. (1977). 『オーガニゼーション』. (土室守章訳.). ダイヤモンド社.

  (한정합리적인간의 조직에서의 행동이론)
- 大月博司·高橋正泰. (2003). 『経営組織21世紀経営学シリーズ④』. 学文社.

  (조직이론의 입문서로)
- 八代充史·梅崎修 ほか編. (2010). 『戰後労働史研究 能力主義管理研究会オーラルヒストリー』. 慶応義塾大学出版会.

  (쇼와40년대 급여제도개혁의 실무담당자들의 회고담)

옮긴이 해설

평가와 동기부여는 상호 불가분의 관계에 있다. 평가 결과에 따라 피평가자는 동기부여 되어 많은 성과를 낼 수도 있지만, 반대로 직무에 소홀하게 될 가능성도 존재하기 때문이다. 이는 조직이 평가에 관심을 가지고서 제도 설계에 공을 들여야 하는 이유가 되기도 한다.

동기부여를 위해서는 제대로 된 평가를 통해 올바른 보상이 주어져야 한다. 하지만 제대로 된 평가를 한다는 것은 한정된 정보를 가지고 있는 상사의 입장에서는 쉽지 않은 일이다. 오죽하면 '평가'는 인간이 아닌 '신의 영역'이라는 말이 있을까. 평가를 어렵게 하는 요인으로는 여러 가지를 들 수 있지만, 그중에서도 상사와 부하가 갖는 정보의 비대칭성이야말로 큰 비중을 차지하는 요인이라 할 수 있다. 상사가 가지고 있는 정보와 부하가 가지고 있는 정보의 비대칭은 평가의 불공정성을 증대시킬 수 있으며 조직성과를 경감시킬 위험성을 내포하고 있기에, 정보의 비대칭성을 감소시키는 것이 최우선의 목표가 되어야 한다.

과거 버블경제 시기에 일본 기업에서는 장기고용을 전제로 복수의 상사를 통한 인재육성 과정을 통해 부하직원에 대한 정보를 비공식적으로 획득하는 것이 비교적 용이하던 시기가 있었다. 하지만 고용형태가 다양화되고 개성이 강한 조직구성원을 관리해야만 하는 상황에서는 이와 같은 비공식 정보를 손쉽게 얻기란 점차 어려워지고 있는 것이 현실이다. 비공식적 정보 획득의 방법은 시대의 변화에 따라 그 역시 변화하고 있으며, 조직이 처한 현실과 조직구성원의 특성에 따라 달라질 수밖에 없다. 가장 효율적인 방법을 찾아내고 효율적으로 조직에 적용할 수 있다면 경합 중인 타 조직과의 경쟁에서 우위에 설 수 있을 것이다. 특히 상사와 부하의 인지구조에 대한 이해는 조직이 어떻게 인적자원관리에 공을 들여야 하는지 힌트를 주고 있다. 조직구성원의 동기부여와 부하들과 관련된 정보 획득에 대해 고민하는 상사라면 한 번쯤 생각해 보아야 할 주제임에 틀림없다.

한편 민간기업뿐만 아니라 모든 조직이 평가에서 정보의 비대칭성을 줄이기 위해 다양한 최신 기술을 활용하여 다각적인 측면에서의 정보를 수집하고, 실제 평가자가 이를 평가 과정에서 활용할 수 있도록 하고 있다. 하지만 이와 같은 공식적인 차원에서의 정보만으로는 관계의 이면에 숨어 있는 비공식인 정보를 제대로 파악하기란 결코 쉬운 일이 아니다. 이를 보완할 수 있는 것이 바로 '비공식적 커뮤니케이션'이라 할 수 있다. 조직을 둘러싼 외부환경에 대한 예측과 이에 대한 대응은 어려워지고 있지만 조직 내 비공식적 커뮤니케이션을 어떻게 활용하느냐에 따라 구성원들의 동기부여에 많은 영향을 줄 수 있다는 사실은 점점 더 명확해져 가고 있다. 조직을 이끄는 관리자의 입장에서 보다 많은 고민과 성찰이 필요한 부분이다.

제 6 장

보수관리

1. 도입

사람·물자·돈은 자주 언급되는 3대 경영자원이다. 인적자원관리는 이 3대 자원 중에서 사람을 대상으로 한 경영기능이라는 것은 여러분들이 알고 있는 바와 같다. 하지만 동시에 인적자원관리에는 인건비, 즉 돈이라고 하는 요소도 포함되어 있다. 인적자원관리 안에서 돈, 즉 인건비를 대상으로 하고 있는 것이 바로 보수관리이다. 인적자원관리 중에서 사람과 돈이라고 하는 두 가지의 중요한 경영자원을 대상으로 하는 보수관리의 중요성은 쉽게 상상할 수 있을 것이다.

이와 같이 사람과 돈이라는 2대 경영자원을 대상으로 하는 보수관리에는 두 가지 측면이 있다. 첫째는, 전체 범위에서 인건비를 어떻게 설정·관리할 것인가 하는 총인건비 관리의 측면이다. 총액인건비 관리는 기업의 비용cost 구조에 커다란 영향을 미치기 때문에 기업에게 매우 중요하다. 특히 매출액 대비 인건비 비중이 높은 산업·기업이나 매출액이 침체된 기업 등에서는 인적자원관리 정책 전체를 결정하는 주요 요인이 된다. 총인건비의 관리방법은 사원 수에 따른 관리와 1인당 인건비 관리의 두 가지 방법으로 나눌 수 있는데, 이 중에서 사원 수에 따른 관리의 경우가 총액인건비를 보다 신속하게 변화시킬 수 있기 때문에 경영환경이나 기업업적, 경영전략 등과의 연동을 신속하게 도모하기 위해서는 사원 수에 따른 관리가 보다 효과적이다. 하지만 규제·규범 등의 측면에서 해고에 대한 제약이 심한 일본, 특히 대기업에서는 사원 수에 따른 관리는 쉽지 않다. 대기업을 중심으로 일본에 많이 보급되어 있는 방법은 1인당 인건비 변동에 따른 관리방법이다. 이와 같이 개별 종업원을 대상으로 하는 총인건비의 배분규칙을 임금제도라 한다.

임금제도는 기업이 무엇에 가치를 두고 개인의 보수를 결정하는 것인지 나타내는 것이며, 인적자원에 대한 기업의 생각을 보여 주는 것이라고 해도 무방할 것이다. 잘못된 임금제도로 인해 기업에 반드시 필요한 인재가 퇴직해 버리거나 다수의 사원이 동기부여 되지 못하는 경우가 있어서는 안 된다. 공정하고 납득할 수 있는 보수의 지급으로, 필요 인재의 채용·정착 및 사원 전체의 동기부여 향상이라고 하는 인적자원관리의 목적을 달성할 수 있어야 한다.

이 장에서는 이처럼 중요한 임금제도에 초점을 두고자 한다. 중심이 되는 내용은 유럽과 미국을 중심으로 세계 각국에 보급되어 있는 직무 기반의 임금제도와, '직무수행능력 및 속인적 요소'라는 사람을 기반으로 하는 일본형 임금제도와의 비교이다. 과거 20년 정도 사람을 기반으로 한 임금제도를 채택해 왔던 일본이 점차 글로벌 스탠더드인 직무 기반의 임금제도로 변화해 가고 있는 상황에서 이 둘을 비교하는 것은 중요한 의미를 갖는다. 또한 직무수행능력·속인적 요소 등 사람 기반의 임금제도 이외에, 임금체계라는 개념의 보급, 정기승급 개념의 보급, 수당·상여 등 기본급 이외의 보수 요소의 높은 지급 비율 등 다양한 일본식 보수관리의 특색도 포함하여 소개하고자 한다.

2. 일본 기업의 기본급 종류의 변화

먼저 이 장의 중심이 되는 기본급에 대해 살펴보도록 하자. 기본급은 현금 지급 총액의 60%를 차지하며, 상여·퇴직금 등의 정산 기준이 되는 등 보수 전체에 대해 영향력이 큰 보수 요소이다.

현재까지 20년 가까이 기본급의 종류별 도입 현황을 정리한 것이 〈도표 6-1〉이다. 〈도표 6-1〉로부터 일본에서는 기본급의 타입으로, 직무수행능력과 연동하여 기본급을 결정하는 직능급, 직무에 연동하여 기본급을 결정하는 직무급, 연령이나 근속연수라고 하는 속인적 요소에 연동하여 임금을 결정하는 속인급이라는 서로 다른 세 가지 종류가 보급되어 있음을 알 수 있다. 또한 직무에 연동하여 기본급을 결정하는 직무급에 비해 직무에 대한 규정방법이 보다 느슨한 역할급이 있는데, 〈도표 6-1〉에는 역할·직무급으로 표시되어 있다. 직능급과 속인급은 모두 인적 요소와 연동하는 기본급(사람 기반 기본급)이며, 이에 비해 역할·

도표 6-1 직능급, 역할·직무급, 속인급의 도입 비율(%)

<table>
<tr><th>구분</th><th>1999</th><th>2000</th><th>2001</th><th>2003</th><th>2005</th><th>2007</th><th>2009</th><th>2012</th><th>2013</th><th>2016</th></tr>
<tr><td>직능급(관리직)</td><td>80.9</td><td>82.4</td><td>67</td><td>60.6</td><td>57.5</td><td>74.5</td><td>69.9</td><td>65.8</td><td>69.2</td><td>66.9</td></tr>
<tr><td>직능급(비관리직, 2001년 조사 - 중간관리층)</td><td rowspan="2">85.2</td><td rowspan="2">87</td><td>76.1</td><td rowspan="2">69.3</td><td rowspan="2">70.1</td><td rowspan="2">80.9</td><td rowspan="2">8.07</td><td rowspan="2">77.3</td><td rowspan="2">81.1</td><td rowspan="2">78.3</td></tr>
<tr><td>직능급(비관리직, 2001년 조사 - 일반직)</td><td>76.7</td></tr>
<tr><td>역할·직무급(관리직)</td><td>21.1</td><td>43.9</td><td>49.9</td><td>53.4</td><td>61</td><td>72.3</td><td>70.5</td><td>79.2</td><td>76.3</td><td>74.4</td></tr>
<tr><td>역할·직무급(비관리직, 2001년 조사 - 중간관리층)</td><td rowspan="2">17.7</td><td rowspan="2">24.9</td><td>32.9</td><td rowspan="2">34.3</td><td rowspan="2">40.9</td><td rowspan="2">56.7</td><td rowspan="2">51.1</td><td rowspan="2">58.4</td><td rowspan="2">58</td><td rowspan="2">56.4</td></tr>
<tr><td>역할·직무급(비관리직, 2001년 조사 - 일반직)</td><td>16.2</td></tr>
<tr><td>연령·근속급(속인급) (2001년 조사 - 관리직)</td><td rowspan="3">78.2</td><td rowspan="3">72.8</td><td>32.2</td><td>–</td><td>–</td><td>33.5</td><td>27.3</td><td>22.7</td><td>25.8</td><td>24.8</td></tr>
<tr><td>연령·근속급(속인급) (2001년 조사 - 중간관리층)</td><td>59.6</td><td>–</td><td>–</td><td rowspan="2">61.9</td><td rowspan="2">59.1</td><td rowspan="2">48.1</td><td rowspan="2">62.3</td><td rowspan="2">49.6</td></tr>
<tr><td>연령·근속급(속인급) (2001년 조사 - 일반직)</td><td>73.2</td><td>–</td><td>–</td></tr>
</table>

출처: 日本生産性本部.「日本式雇用・人事の変容に関する調査」.

직무급은 담당하는 직무요소와 연동하는 기본급(직무 기반 기본급)이다.

〈도표 6-1〉에서 알 수 있는 또 한 가지는, 1999년부터의 종류별 기본급 도입 비율의 변화이다. 변화를 한마디로 말하면, 직무 기반 기본급의 증가, 사람 기반 기본급의 감소라 할 수 있다. 특히 관리직에 대해서는 역할·직무급을 도입하고 있는 비율이 직능급의 도입 비율을 뛰어넘어, 역할·직무급이 주요한 기본급 타입이 되어 있다. 사람 기반 기본급 중에서는 특히, 연령·근속과 연동하는 속인급 도입의 감소 폭이 크다는 것을 알 수 있다.

일본 기업에서 기본급의 종류별 도입 상황을 확인해 보았다. 아래에서는 직무에 기반한 기본급을 대표하는 직무급의 설계방법에 대해 살펴보도록 하자. 세계적으로 보면 직무 기반의 기본급이 많이 보급되어 있는데, 먼저 글로벌 스탠더드인 직무급의 설계방법에 대해 소개하고, 이어서 사람 기반의 기본급 등 일본식 임금제도의 여러 특징들에 대해서도 살펴보자. 한편 직무급은 정부가 지향하는 동일노동 동일임금을 실현하는 기본급이라 할 수 있다. 현재까지 동일노동의 기준으로 확립되어 있는 것은 '직무'뿐이기 때문이다.

3. 직무등급의 설계방법

기본급은 사원등급과 연동하여 설정되는데, 우선 사원등급(직무등급)의 설계방법에 대해 알아보자. 직무등급의 설계 순서는 '먼저, 직무분석job analysis이라는 프로세스를 거쳐, 개인이 담당하는 직무정보를 수집하고 각 직무의 내용을 명확히 한다. 그리고 직무분석의 결과 명확해진 개별 직무 사이의 상대적인 중요도·난이도 등을 평가하는 직무평가job evaluation를 통해 사원등급의 구조를 설계하게 된다'는 것이다. 아래에서는 Brannick과 Levine(2002)[1]에 기초하여 직무분석·직무평가의 내용에 대해 보다 상세히 살펴보도록 하자.

먼저 직무분석에 대해 살펴보자. 직무분석은 개인의 담당직무와 관련된 정보 수집의 프로세스를 말한다. 정보 수집의 방법으로는 직접 관찰, 자기기술·다이어리, 인터뷰, 질문지 등이 있다. 인터뷰에는 대상 인원수에 따라 개별 인터뷰와 그룹 인터뷰가 있으며, 인터뷰 방법에 따라 구조화된 인터뷰, 반구조화된 인터뷰, 비구조화된 인터뷰 등으로 구분할 수 있다. 이러한 방법 중에서 하나의 방법을 선택해 직무에 관한 정보를 수집하는 경우도 있지만, 처음에는 관계자에 대한 인터뷰를 실시하여 직무와 관련된 구체적인 정보를 수집하고 이에 기반하여 보다 많은 사원을 대상으로 질문지 조사를 진행하여 타당성을 높여 가는 등의 몇 가지 방법을 조합하여 활용하는 경우가 많다. 또한 블루칼라를 대상으로는 직접 관찰의 방법을, 사무직은 자기기술·다이어리의 방법을, 화이트칼라에게는 인터뷰하는 방법을 적용하는 등 직종에 따라 방법을 나누는 경우도 있다.

이상과 같이 수집한 정보를 기초로 직무 내용을 정의하고(직책·주요 임무 등), 동시에 직무수행을 위해 사원에게 필요한 행동이 무엇인지 명확히 한다. 그 결과로 도출된 것이 바로 직무의 내용을 정의하는 직무기술서job description와 직무수행에 필요한 인적 요건을 특정하는 신상명세서person specification이다. Cassio(1998)[2]에 의하면, 직무기술서와 신상명세서에 포함되는 내용은 다음과 같다.

① 직무기술서(아래는 영어 텍스트에 따른 내용이며, 일본에서는 상이한 경우도 있다)

- 직책명
- 직책(책임의 범위·수준, 부하를 감독하는 내용·범위 등을 포함)
- 직무에 포함되는 주요 임무
- 조직계층(보고구조)
- 보수조건(임금 이외의 금전적 보수조건)
- 직무환경(소속 부문·그룹, 직무수행에 필요한 타인과의 관계 포함)
- 근무지

② 신상명세서

직무기술서에 기재된 직책이나 임무를 수행하기 위해 사람에게 요구되는 경험·지식·스킬·행동 등을 특정한 것으로, 필요로 하는 자격이나 졸업 수준 등을 포함하는 경우도 있다.

직무분석에 이어 행해지는 것은 직무평가이다. 직무평가의 방법은 직무를 여러 요소로 나누어, 각각의 요소에 대해 상대적인 중요성·난이도를 비교·평가하는 분석형 직무평가와, 직무 전체를 비교하는 비분석형 분석평가로 나뉜다. 대부분의 대규모 조직에 도입되어 있는 것은 분석형 직무평가이며, 특히 많이 활용되는 것은 각 직무의 중요도·난이도 등을 점수로 표시하는 점수요인법point-factor* 이다. 어떠한 직무평가의 방법이라 하더라도 조직 내의 직무는 평가 결과에 따라 랭킹(서열)이 매겨지게 된다. 이후 랭킹의 순위와 직무를 견주어 동일한 중요도·난이도에 랭킹이 매겨진 직무를 직무군으로 나누어 등급화하여 등급구조를 만든다. 예를 들어, 점수요인법에 따른 직무평가를 활용하는 경우 포인트

* 1980년대까지 미국에서 일반적으로 활용되었던 직무평가법이라 할 수 있으며, 종업원의 임금은 이 평가에 근거한 직무급에 따라 지급된다(옮긴이).

도표 6-2 직무평가방법

<table>
<tr><th colspan="2" rowspan="2">구분</th><th colspan="2">비교요소</th></tr>
<tr><th>직무 전체(비분석형)</th><th>요소별(분석형)</th></tr>
<tr><td rowspan="2">비교의 기준</td><td>직무 대 직무</td><td>직무의 랭킹
조직 내 벤치마킹
쌍대비교법(paired comparison)
시장가격 매김(market pricing)</td><td>요소비교법(factor comparison)</td></tr>
<tr><td>직무 대 스케일</td><td>직무분류(job classification)</td><td>점수요인법(point-factor)</td></tr>
</table>

출처: Armstrong, M., & Murlis, H. (1998). Reward Management: A Handbook of Remuneration Strategy and Practices (4th ed.), Kogan Page. 등을 기반으로 작성

150 이하를 1등급으로, 151에서 220포인트 사이를 2등급으로, 221에서 300포인트를 3등급으로 하는 방식이다. 이처럼 조직 내의 직무를 각각에 대응하는 등급으로 나눈다.

직무평가방법은 분석형과 비분석형으로 분류됨과 동시에, 비교의 기준을 직무 대 직무로 할 것인가, 직무 대 스케일(요소)로 할 것인가에 따라서도 분류할 수 있다(도표 6-2).

〈도표 6-2〉에 제시된 비분석형 직무평가와 분석형 직무평가 중에서, Prien 등(2009)[3]에 기반하여 몇 가지 대표적인 방법을 소개하면 다음과 같다.

① **비분석형 직무평가**: 직무를 구성하는 요소로 분할하지 않고, 직무 전체를 대상으로 하여 상대적인 중요성을 평가하는 비분석형 직무평가의 대표적인 방법으로는 다음을 들 수 있다.

- **직무의 랭킹**: 개개의 직무를 요소로 분할하지 않고 전체로서 각 직무의 중요도를 비교하여, 상대적인 중요 정도에 따라서 직무를 계층화하여 가는 방법이다.

- **직무분류**: 직무 전체적으로 각 직무의 중요도를 비교하는 것은 직무 랭킹과 같지만, 상이한 점은 미리 몇 가지 직무등급을 설정해 두고, 각각의 등급에 대해 책임·개별 임무·스킬·경험·역량 등의 수준을 설정한다. 그리고 조직 내의 개별 직무에 대응하는 등급에 배분한다. 일본의 직능자격등급과 비슷한 방법이지만, 다른 점은 직능자격등급이 직무수행능력을 기준으로 등급이 설정되는 것에 비해, 직무분류는 직무를 기준으로 하여 직무의 내용 및 직무가 요구하는 인재요건을 기준으로 등급이 설정된다는 점이다. 직무분류에서 분석 대상이 되는 것은 개인의 직무(직무분석)이지만, 직능자격등급에서의 분석 대상은 부서가 된다(직무조사)는 것도 차이점이라 할 수 있다.
- **쌍대비교법**: 보다 세련된 직무의 랭킹이라 생각해도 좋은 방법으로, 직무 전체를 비교하는 것은 동일하지만, 이 경우에는 개별 직무를 일대일로 조직 내의 다른 직무 전체와 비교한다. 직무를 비교하여 중요성이 높다고 판단되는 직무의 경우에는 2포인트, 낮다고 판단되는 직무는 0포인트가 가산되며, 같은 정도의 중요도라고 판단되는 경우에는 쌍방의 직무에 1포인트를 더한다. 그리고 전체 직무를 다른 직무와 비교한 후에 각각의 직무가 받은 포인트를 합산하여, 포인트가 높은 순서대로 순위를 매긴다. 일대일로 비교하는 방법은 개별 직무의 구체적인 내용을 비교하는 것이 용이하기 때문에 비교의 정밀도는 높일 수 있지만, 문제는 커다란 조직에서 비교할 직무가 많은 경우에는 적용하기 곤란하며 일반적으로는 50개 이상의 직무는 비교가 어려운 것으로 알려져 있다.

② **분석형 직무평가**: 직무를 구성하는 중요 요소를 설정하고, 설정된 각 요소에 대해 각 직무의 상대적 중요성을 비교하는 방법으로, 대표적인 것으로는 다음과 같은 방법들을 들 수 있다.

- **점수요인법**: 직무를 주요 요소로 나누어, 각각의 요소마다 직무 간 상대적인 중요도·난이도를 평가하여 평가 결과를 포인트(점수)로 표시한다. 각 요소에 개별 직무가 얻은 포인트를 더해 각 직무의 가치를 포인트로 나타내고, 포인트 순으로 조직 내에 있는 직무에 순위를 매긴다. 분석형 직무분석의 대표적인 방법이다.
- **요소비교법**: 직무를 주요 요소로 나누어, 각 요소별로 직무 간의 상대적인 중요도·난이도를 평가한다는 점에서는 점수요인법과 같지만, 요소비교법에서는 ㉠ 직무를 구성하는 개별 요소에 대해 각각의 직무의 중요도·난이도를 평가하고, ㉡ 개별 직무 안에서 각 요소의 중요도·난이도를 평가한다. 이와 같은 2단계의 평가를 기본으로 하여 포인트로 순위를 매기게 된다. 자주 사용되는 요소로는 a) 직무에 요구되는 정신적 요소, b) 직무에 요구되는 스킬요소, c) 직무에 요구되는 신체적 요소, d) 직책, e) 노동조건 등이 있으며, 이러한 요소별로 각 직무에 대한 중요성이 평가되어 포인트화되어지는데, 이 방법이 ㉠ 평가이다. 또 다른 하나의 평가는 각 직무에서 이러한 다섯 개의 요소가 어느 정도의 중요도를 갖는지 평가하여 포인트화하는 것으로, 이 방법이 ㉡ 평가를 의미한다. 이처럼 ㉠과 ㉡의 평가를 통해 포인트가 계산되어 각 직무의 중요도·난이도가 포인트화되어 표시되게 된다.

4. 임금등급의 설계방법

직무분석·직무평가에 따라 사원등급(직무등급) 구조가 결정되면, 이어서 행해지는 것이 바로 임금등급의 설계이다. 각각의 직무등급에 대해 임금 범위를 설정하고 임금등급이 설계된다. 유럽과 미국 등에서의 전통적인 직무급의 임금등급 구조는 〈도표 6-3〉과 같이 나타낼 수 있다.

임금등급의 수는 직무등급과 같은 경우도 있으며 다른 경우도 있다. 임금등급의 수를 몇 개로 할 것인가는 각 직무의 임금 수준을 반영하여 개별 조직이 판단하게 된다. 임금등급의 개수가 정해지면, 각 임금등급에 대해 최고 포인트와 최저 포인트를 결정하고 임금 범위를 설정하여, 각 임금 범위 사이의 오버랩(중복되는 부분)을 어느 정도로 할지에 대해서도 결정한다.

도표 6-3 임금등급구조 임금 수준

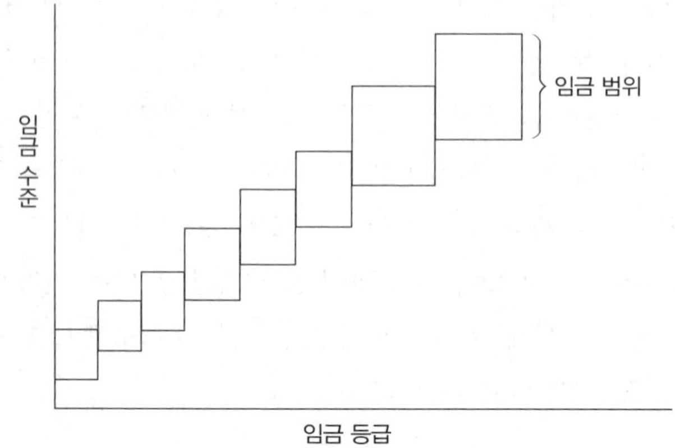

출처: Armstrong, M., & Murlis, H. (1998). *Reward Management: A Handbook of Remuneration Strategy and Practices* (4th ed.), Kogan Page. 등을 기초로 작성

임금 범위의 폭, 임금등급 사이의 중복되는 부분은 모두 임금등급에 따라 달라지게 되는 것이 일반적이다. 또한 하나의 임금등급 안에는 하위 범위를 두는 것도 흔한 방법이다. 〈도표 6-4〉에서 보듯이, 하나의 임금범위 내에는 라이징존, 스탠다드존, 엑스트라존의 세 가지 하위 범위를 설정하여 임금의 상승률인 승급률을 Rising Zone > Standard Zone > Extra Zone으로 차이를 두어, 하나의 임금 범위 내 아래쪽에 속하는 하위 범위에서는 승급률을 높게 하고, 높은 쪽의 하위 범위에서는 승급률을 낮게 운용하는 것이다. 즉 승격한 초기에는 높은 임금상승률을 얻을 수 있지만, 동일 등급에 장기간 정체되게 되면 임금의 상승률을 낮게 적용한다는 것을 의미한다.

도표 6-4 직부급 임금등급과 임금 범위 · 하위 범위의 예시

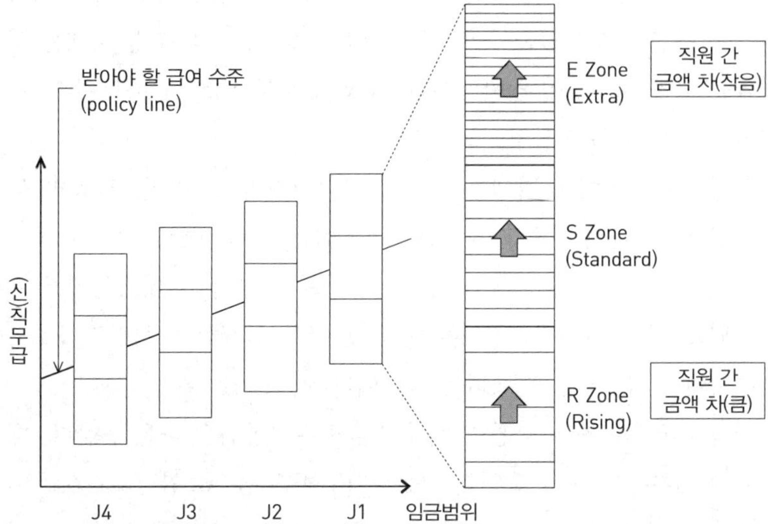

주: 각 존(zone)의 승격률은 E Zone : S Zone : R Zone = 1 : 2 : 4
출처: 『勞働時報』, 第3568号. (2003年 1月 3日号).

이상과 같이 설계된 임금등급구조에 따라, 사원 각각의 담당업무에 대응하는 임금등급을 결정한다. 또한 담당직무와 개인이라는 양 측면에서의 평가에 따라, 각 임금등급의 임금 범위 내에서 위쪽 혹은 아래쪽의 어느 쪽인가에 위치하게 된다.

5. 마켓페이(시장임금)의 수집 · 활용 방법

(1) 시장임금의 수집 · 활용 방법: 전통적 방법

앞에서 소개한 임금구조의 설계, 사원 개인의 등급에 따라, 조직 내의 상대적 기본급 수준이 결정된다. 그렇다면 각 임금등급의 임금 수준은 어떻게 결정되는 것일까. 직무급이 보급되어 있는 유럽이나 미국에서는 직무별로 시장임금이 확립되어 있어 개인임금의 결정 시에는 시장임금을 고려하는 것이 일반적이다. Newman 등(2017)[4]에 따르면 그 구체적인 내용은 다음과 같다.

시장임금의 수집방법에는 국가 전체, 지역별, 산업별, 직종별 등의 시장임금조사나 구인광고(통상 구인광고에는 간단한 직무기술서, 연봉, 근무지, 주요 복리후생의 내용 등이 기재되어 있다) 등 여러 가지가 있지만, 대기업에서 특히 중시되는 것은 컨설팅회사 등 전문기관에서 실시하는 시장임금조사에 참여하여 시장임금을 수집하는 방법이다(이를 'club survey'라 한다).

시장임금조사 참여를 통한 시장임금의 수집방법은 다음과 같다. 대기업에서 대부분 채용하고 있는 직무평가방법은 점수요인법point-factor이기 때문에, 시장임금조사에 있어 시장임금 수집방법도 점수요인 직무평가와 연동된 방법이 보급되어 있다. 즉 점수요인 직무평가에서는 각각의 직무의 중요도·난이도가 포인트로 표시되기 때문에, 직무평가의 포인트에 맞는 시장임금이 수집되게 된다. 모든 직무에 대해 시장임금이 수집되는 것이 아니라 대표적인 직무 및 대상 인원이 많은 직무 등을 중심으로 수집되며, 그 이외의 다른 직무의 임금 수준은 시장임금을 수집한 직무와의 상대적인 중요도·난이도(랭킹)에 따라 결정되게 된다.

이상과 같이 수집한 시장임금에 따라, 각 임금등급의 중간 지점('policy line'이라 하는 경우도 있음)이 되는 임금 수준을 결정한다. 〈도표 6-4〉의 예시에 따르면 '바람직한 임금 수준policy line'과 화살표로 표시된 곳의 임금 수준은 시장임금에 따라 결정되기 때문이다. 이상 유럽이나 미국에 보급된 시장임금조사를 통한 시장임금의 수집방법과 시장임금에 근거한 임금 수준 결정방법에 대해 설명하였다.

일본에서도 직무 기반의 사원등급·임금제도를 도입하려는 기업이 증가함에 따라 직무에 대해 시장임금을 수집·활용하려는 방식은 일본 기업에도 점차 보급되고 있다. 외적인 공정성을 중시하는 시장임금의 활용은 인재유동성의 수준에 따른 영향을 받기 때문에, 유동성이 높은 산업·직종 등에서 활용되는 경우가 많아지고 있다.

(2) 시장임금의 수집 · 활용 방법: 최근의 동향

최근 일본 기업에서도 직무급·시장임금을 도입하는 기업이 점차 증가하고 있지만, 인재 유동성이 한층 더 진행되어 있는 서양에서는 시장임금을 보다 더 중시하는 새로운 임금결정방식이 대두되고 있다(이를 'market-driven pay'라 한다). 이는 시장임금조사에 참여하여, 점수요인 직무평가에 따른 포인트를 이용하지 않고, 각각의 직무에 대해 간단한 직무기술서를 기초로 개별 직무의 시장임금을 수집하고 이에 기초하여 임금을 결정하는 방식이다. 스다(須田敏子, 2010)[5]에 따르면, 이와 관련된 구체적인 방법은 다음과 같다.

시장임금조사 실시기관(주로, 컨설팅회사)이 조사 참여 기업을 대상으로 간이 직무기술서 및 임금 데이터(기본급 연봉, 현금 인센티브, 주식에 따른 인센티브, 보너스 등)에 대해 기입할 용지를 배부한다. 이를 배부받은 기업(인사부)은 사원들에게 용지를 배포하고, 사원은 자신의 직무 내용(직무기술서)과 임금 데이터를 기입하여 인사부에 제출, 인사부가 이를 취합하여 조사 실시기관에 송부하는 프로세스를 거친다.

조사 실시기관은 수집한 임금 데이터에 기반하여 조직계층, 직종별 경력계층, 직무명(간단한 직무기술서 첨부)을 기재하고, 각 직무명에 대해 시장임금(하위 사분위수, 중위수, 상위 사분위수 등의 임금 수준)을 기재한 시장임금 조사보고서를 조사 참여 기업에 배포한다. 조사 참여 기업은 조사보고서에 기재된 조직계층, 직종별 경력구조, 직무기술서 등에 대해 개별 사원들의 직무와 유사한 직무의 임금 수준을 비교·파악하고 이에 기반하여 개인 임금을 결정하게 된다.

이상과 같은 시장 기반 임금결정방식market-driven pay은 종래의 점수요인 직무평가에 따라 직무 포인트에 대한 임금데이터를 수집하고, 임금범위의 중간 지점policy line의 임금 수준을 결정하는 종래 방식과는 다르다. 이와 같은 변화는 인재 유동성이 계속 진행되고 있기 때문에, 조직 내의 내부공정성보다도 외부공정성이 중시된 결과라 할 수 있다. 인재 유동성이 진행된 사회에서는 조직 내 상대적인 직무평가와 노동시장에서의 시장임금 사이에 괴리가 발생하게 되는 경우, 필요 인재의 채용·정착을 위해서는 조직 내의 상대적인 평가보다도 시장임금을 보다 중시한 임금결정을 필요로 하게 된다. 이러한 상황이 실제로 발생하고 있기 때문에 조직 내 직무평가를 기준으로 한 임금등급·임금 범위에서는 노동시장에 적절히 대응할 수 없게 되어, 직접적으로 직무에 대한 시장임금을 반영한 개인임금을 결정하려는 시장 기반 임금결정방식으로의 변화가 일어나고 있다고 할 수 있다.

이와 같은 상황하에서 기업은 시장임금의 수집·활용을 중시하게 되었으며, 대기업에서는 시장임금조사의 정확도를 높이기 위해 복수의 조사에 참가하여 그 회사에 최적화된 시장임금 데이터를 가지고 있는 경우도 많다. 한편 다양한 방법으로 시장임금 데이터를 수집하고, 그 회사에 맞는 시장임금 데이터를 작성하는 것은 인사부이지만, 데이터를 실제로 활용하여 부하의 임금을 결정하는 것은 일선 관리자들의 몫이다.

6. 일본식 임금제도의 특색

(1) 사람 기반의 기본급: 속인급 · 직능급

일본의 기본급 종류별 도입 현황(도표 6-1)에서 살펴본 바와 같이, 일본의 기본급에는 직무급 이외에도 직능급이나 연령·근속급 등의 속인급이 존재한다. 이 두 가지의 공통점은 사람을 기반으로 하는 기본급이라는 점이다. 사람에 기반을 둔 기본급은 일본식 임금제도의 주요한 특색이다. 이 중에서 속인급은 연령·근속연수 등 사원의 노력이나 성과와는 관계없이 임금을 지급하며, 연공급·생활급의 직접적 기반이 되고 있는 기본급의 형태라 할 수 있다.

아울러 직능급 역시 일본식 임금제도의 중심이 되는 특징 중의 하나이다. 직능급은 사원등급(직능자격등급)과 연동되어 있기 때문에, 이의 설명을 위해 직무급과 함께 직능자격등급부터 살펴보도록 하자. 직능자격등급에 대한 공식적인 정의는 직무수행능력을 토대로 한 등급의 부여이지만, 직능자격등급의 등급요건이 되는 직무수행능력의 내용을 구체화한 것은 아니며, 다소 일반적·추상적인 내용을 중심으로 일본 기업에 보급되어 있는 것이 현실이다. 그 결과, 개개의 사원들에 대한 직무수행능력평가를 하기란 쉽지 않게 되었으며, 이를 대신하여 대다수의 기업에서는 근속연수에 따른 연공적 특색이 강한 등급의 승격이 이루어지고 있다. 연공적인 승격을 구체화한 방법 중의 하나는 누적 인사평가 포인트를 승격요건으로 하는 것이다. 이와 같은 방식을 적용하면 성과가 높고 인사평가에서 높은 점수를 취득하더라도 승격요건인 누적 인사평가 포인트에 도달하지 못하면 승격할 수 없으며, 반대로 평균적인 평가 점수를 받거나 심지어 나쁜 평점을 받더라도 언젠가는 누적 인사평가 포인트의 요건에 도달하여 승격 대상자가 될 수도 있다. 또 다른 방법은, 최단·표준·최장 등 동일 등급에서의 체류 연수年數를 승격요건으로 하여 설정하는 것이다. 이렇게 하면 아무리 높은 평가를 받더라도 최저 체류 연수에 도달하기까지는 동일 등급에 머물지 않으면 안 되며, 반대로 낮은 평가를 받은 사람도 언젠가는 승격이 가능하게 된다. 최근에는 이 두 방법에 대해 대부분의 기업들이 재검토를 하고 있으며, 특히 체류 연수 요건은 감소하고 있는 추세이다. 하지만 과거의 승격 결과가 남아 있기 때문에 아직까지도 직능자격등급은 연공적인 성격이 강한 기업에 많으며, 조합원 등 일정 직급 이하의 사원에 대해서는 근속연수를 바탕으로 한 승격이 실시되고 있다고 할 수 있다.

이상과 같이 직능자격등급의 등급 부여 자체에는 연공적인 요소가 포함되어 있기 때문에, 직능급에 대해서도 연공급적인 요소가 포함되어 있음을 부정할 수는 없으며, 속인급과 같이 사원 본인의 노력과는 관계없이 근속연수의 영향을 받게 되는 기본급이라 할 수 있다.

(2) 기본급 임금체계: 단일형과 병존형

지금까지 일본에서는 직무급·직능급·속인급이라는 세 가지 타입의 기본급이 보급되어 있음을 소개하였다. 다음으로는 기본급 임금체계에 대해서 살펴보자. 일본의 기본급 임금체계에는 단일형과 병존형의 두 가지 타입이 있다(기본급의 구성요소를 기본급 임금체계라 한다). 단일형은 기본급이 본급이나 직무급과 같은 방식으로 하나의 요소로만 이루어져 있으며, 병존형은 기본급이 본급+직능급, 연령급+직능급, 본급+직무급+직능급과 같은 방식으로 복수의 요소로 이루어져 있는 형태를 말한다. 병존형 임금체계의 존재 여부는 '기본급의 종류별 도입 현황'을 나타낸 〈도표 6-1〉에서와 같이 직능급, 역할·직무급, 속인급의 세 가지 타입의 기본급의 도입 비율을 합하면 100%를 넘는다는 점에서도 알 수 있다. 이러한 병존형 임금체계는 그 구성요소로부터 살펴본 일본식 기본급의 특색이며, 다른 국가에서는 나타나지 않는 형태이다. 예를 들어, 영어로 기본급에 해당하는 단어는 오로지 'base-pay'일 뿐이며, 'base-pay'를 다시 다른 요소로 나누는 것과 같은 개념은 존재하지 않는다.

「일본식 고용·인사의 변용에 관한 조사」(2013)에 따른 기본급 임금체계의 유형별 도입 비율(비관리직)을 나타낸 것이 〈도표 6-5〉이다. 이를 통해 병존형 기본급 체계를 도입하고 있는 기업의 비율이 높다는 것을 알 수 있다.

도표 6-5 기본급 임금체계의 유형별 도입 비율(비관리직)

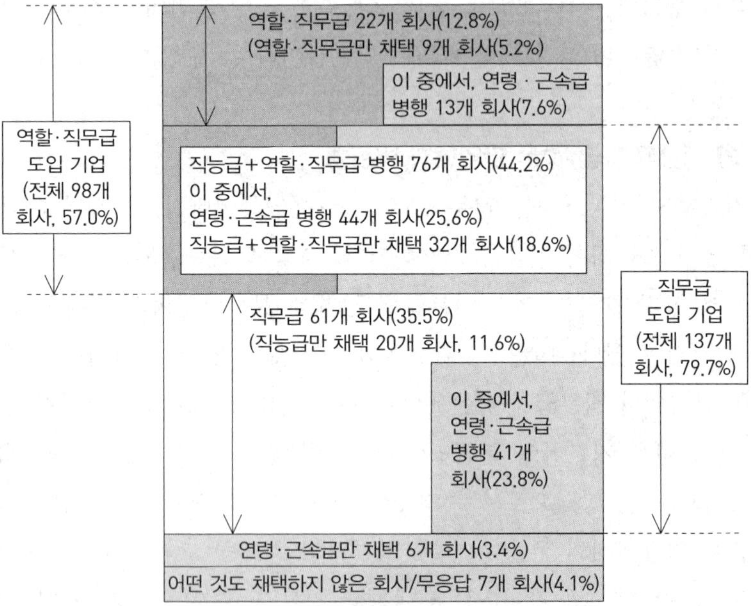

출처: 日本生産性本部. (2013).『日本式雇用 · 人事の変容に関する調査』.

(3) 승급의 구조-정기승급과 베이스업

승급에 관한 일본식 임금제도의 특색으로서, 승급은 정기승급과 베이스업*의 두 가지로 이루어진다는 것을 들 수 있다. '정기승급'이라 함은 임금제도에 기초해 보장된 승급을 말하며, '베이스업(기본급 인상)'이라 함은 기업의 임금 수준 전체의 승급을 의미한다. 또한 정기승급은 자동승급·사정(심사)승급·승격승급의 세 종류로 나뉜다. 근속연수에 따라 자동

* '베이스업'은 일본식 영어로, '기본급의 인상'을 뜻하며 급여의 기본급 부분에 대한 승급액 또는 비율이다(옮긴이).

적으로 올라가는 것이 자동승급이며, 사정(심사)에 의해 승급액에 영향을 받는 것이 사정승급, 사원등급의 승격에 따라 승급되는 것은 승격승급이라 한다. 이와 같은 세 종류의 정기승급 중, 자동승급의 존재는 일본식 임금제도의 특성이며, 승급에 있어서의 연공적 성격을 갖는 임금의 직접적 원인이 된다.

(4) 수당

'수당'이라 함은 기본급으로는 대응할 수 없는 니즈에 대해 지불하는 임금요소로, 생활 관련 수당과 직무 관련 수당의 두 종류로 나눌 수 있다. 생활 관련 수당에는 통근수당, 가족·부양·육아지원수당, 주택수당 등이, 지무관련 수당에는 직책수당, 특수작업수당, 특수근무수당, 기능·기술수당 등이 포함된다(도표 6-6). 일본식 임금제도의 특색으로서, 보수액에 있어서 수당의 비율이 높다는 점을 들 수 있다.

도표 6-6 제(諸) 수당의 채택 비율(%)

구분	작업수당	직무 관련 수당				정개근·출근수당	통근수당	생활 관련 수당					조사수당	기타수당
		직책수당	특수작업수당	특수근무수당	기능·기술수당			가족·부양·아동지원수당	지역·근무지수당	주택수당	단신부임·별거수당	한랭지·식사수당		
규모 계	13.7	87.7	11.5	24.0	47.7	29.3	91.7	66.9	12.5	45.8	13.8	16.2	32.5	10.8
1,000명 이상	15.6	80.4	19.3	45.0	47.0	7.2	94.0	77.0	35.1	59.1	66.9	30.3	53.8	18.0
300~999명	14.6	85.0	20.1	39.4	52.2	13.5	95.7	76.8	29.5	59.7	44.6	28.1	44.0	18.3
100~299명	15.0	89.2	13.3	30.6	53.4	24.4	93.5	72.2	18.1	55.3	22.6	17.7	39.2	14.8
30~99명	13.2	87.7	10.0	20.1	45.7	32.8	90.7	64.1	8.7	41.4	7.0	14.4	29.0	8.7

출처: 厚生労働省. (2015).「就労条件総合調査」.

도표 6-7 임금에서 제 수당의 비율(%)

구분	규모 계	1,000명 이상	300~999명 이상	100~299명	30~99명
1990년	18.8	18.3	18.8		20.0
1996년	16.2	14.9	16.9		18.1
1999년	16.1	14.3	17.0		18.8
2005년	15.0	13.8	15.1	15.8	16.7
2010년	14.6	12.0	14.4	16.0	17.9
2015년	13.6	11.6	13.7	14.3	16.4

유의 사항:
1. 비율은 정해진 소정의 임금을 100.0으로 한 것임.
2. 매년 11월의 수치. 단, 1991~1995, 1997, 1998, 2000~2004, 2006년 이후는 조사가 실시되지 않았음. 또한 1999년 이전의 '300~999명', '100~299명'의 숫자는 '100~999명'을 의미함.

출처: 厚生労働省.「就労条件総合調査」.

수당의 비율이 높다는 점에서 다음의 효과가 기대된다. 첫째, 기본급은 시간 외 수당이나 상여, 퇴직금 등 다른 보수의 정산 기초가 되기 때문에 기본급 수준의 영향이 크지만, 수당에 포함시킴으로써 이러한 영향을 억제하는 것이 가능하다. 둘째, 개별 수당별로 대상자에게만 지급이 가능하므로 총인건비의 유연성이 높아진다. 한편 1990년 이후의 트렌드를 살펴보면, 임금에 있어 수당의 비율은 점차 낮아지고 있음을 알 수 있다(도표 6-7).

(5) 상여금

중앙노동위원회 조사[6]에 따르면, 대기업(자본금 5억 엔 이상, 사원 수 1,000명 이상의 민간기업)의 상여금 평균 개월 수는 2015년을 기준으로 4.9개월이다. 선진국 중에서, 상여금이 임금총액 중 이 정도로 많은 비율을 점유하고 있는 국가는 별로 없으며, 일본 임금제도의 특징 중 하나라고 할 수 있다. 특히 고정상여금의 존재는 일본의 상여제도의 큰 특징이며, 어지간히 기업실적이 악화되지 않는 한, 대부분의 기업이 상여금을 지급하고 있다. 또한 조합원에 대해서는 노동조합과 단체교섭의 대상이 되는 것도 일본의 상여금제도의 특징이다. 이로 인해 일본에서 상여금은 일반적으로 연봉 안에 포함되는 것으로 여겨진다. 서양의 여러 국가 등 해외에서의 상여금은 연봉 이외에 추가되어 지급되는 것이 일반적이며, 이러한 점은 일본 임금제도의 특징 중 하나이다.

고정상여금제도가 널리 보급되어 있다고는 하지만, 어디까지나 관습적인 제도이며 법률적으로는 지급 규정이 존재하고 있지 않다. 이런 면에서 보면, 변동급인 상여금이 활용되는 목적으로는 다음과 같은 것들을 들 수 있다. 첫째, 경영실적에 맞추어 전사 혹은 해당 부문의 인건비의 기초가 되는 부분을 결정할 수 있기 때문에 총인건비의 유연성을 높이는 것이 가능하다. 둘째, 전사나 부문 업적 향상에 대해 사원들로부터 몰입과 동기부여를 이끌어 낼 수 있다. 셋째, 개인 업적평가에 연동되어 임금배분이 가능하기 때문에 개인 인센티브로 활용할 수 있다. 넷째, 기본급을 높이면 기본급을 정산 기초로 하는 시간 외 수당, 퇴직금 등이 올라가게 되어 총인건비도 증가하지만, 상여금으로 지급하게 되면 그 파급효과가 작아지게 된다. 특히 총인건비에서 유연성 향상은 매우 중요하다. 해고에 대한 규제가 강한 일본에서는 사원 수의 조정이 쉽지 않기 때문에 1명당 임금수준의 조정 여지를 크게 만들어 두는 것이 중요하다. 변동급인 상여금은 이와 같은 측면에서 매우 효과적이다.

7. 결어

이 장에서는 보수의 주요 요소인 기본급을 중심으로 하여 보수관리에 대해 설명하였다. 이 중에서도 중심이 되는 것은 일본 이외의 여러 국가에 널리 보급되어 있는 직무급이다. 서양을 중심으로 한 선진국에서 일반적으로 행해지고 있는 직무급의 결정 방법에 대해, 사원 등급에서부터 시장임금의 활용까지 일련의 흐름에 대해 소개하였다. 1990년대 중반부터의 약 20년에 걸쳐, 직능급·속인급이라는 사람 기반의 일본식 임금제도는 세계 표준인 직무 기반의 임금제도로 점차 변모하고 있으며, 또한 직무급에서 개인임금의 결정방법을 이해하는 것은 매우 중요하다고 할 수 있다.

특히 시장임금에 대해서는 일본의 일부 업계·직종에서 활용되고 있는 데 그치고 있으며, 대다수의 사람들은 알지 못하는 분야이다. 동일한 조직 내에서 동일노동 동일임금이라고 하는 방향성의 설정이 제1단계라고 한다면, 그다음은 소속 조직과 관계없는 동일노동 동일임금의 실현이다. 이를 위해서는 직무에 대한 시장임금의 확립이 필수 불가결한 요건이지만, 다른 선진국과 같이 시장임금에 기반한 임금결정을 하기 위해서는 아직 긴 시간이 걸릴 것으로 보인다. 하지만 보수에 관한 공정성·수용성을 실현하기 위해서는 시장 기반의 임금결정이 중요한 요소라고 할 수 있다.

주

1 Brannick, M. T., & Levine, E. L. (2002). *Job Analysis: Methods Research and Application for Human Resource Management in the New Millennium*. SAGE Publications.

2 Cassio, W. F. (1998). *Applied Psychology in Human Resource Management* (5th ed.). Prentice Hall.

3 Prien, E. P., Goodstein, L. E., Goodstein, J., & Gamble, Jr. L. G. (2009). *A Practical Guide to Job Evaluation*. Pfeffer.

4 Newman, J. M., Gerhart, B., & Milkovich, G. T. (2017). *Compensation* (12th ed.). McGraw-Hill.

5 須田敏子. (2010).『戦略人事論：競争優位の人材マネジメント』. 日本経済新聞出版社.

6 中央労働委員会. (2015).『賃金制度調査』.

조금 더 공부하고 싶은 사람을 위해

- 笹島芳雄. (2008).『最新アメリカの賃金·評価制制度；日米比較からまなぶもの』. 日本経団連出版.
- 須田敏子. (2004).『日本型賃金制度の行方：日英比較で探る職務·人·市場』. 慶応義塾大学出版会.
- 須田敏子. (2005).『HRMマスターコース：人事スペシャリスト養成講座』. 慶応義塾大学出版会.
- 高原暢恭. (2012).『人件費·要因管理の教科書』. 労務行政.
- 吉田寿. (2010).『賃金制度の教科書』. 労務行政.

옮긴이 해설

보수관리는 중요한 경영자원의 하나인 인적자원을 동기부여 하고 성과를 극대화하도록 하는 데 필수적인 요소가 된다. 보수의 설정에 있어 직무를 기반으로 할 것인지, '속인주의'에 기반한 사람을 중심으로 할 것인지에 대한 논의는 점차, 직무를 기반으로 한 임금설계를 전제로 하여 이를 어떻게 하면 보다 효율적으로 운영할 수 있을 것인가로 귀결되어 가고 있다. 조직에 수용되지 못하고 시대의 변화를 반영하지 못하는 뒤처진 임금제도는 우수 인재 확보를 곤란하게 할 뿐만 아니라 핵심 인재의 퇴직과 같은 좋지 않은 결과를 가져올 가능성을 높이는 요인이 되기 때문에, 임금제도 설계를 위해서는 보다 전략적으로 신중히 접근하여야 한다.

일본의 임금제도의 특색으로 들 수 있는 것은, 사람에 기반을 둔 기본급이라는 것과, 정기승급과 베이스승급이라는 승급제도, 그리고 보수 전체에서 수당이 차지하고 있는 비중이 크다는 점으로 요약할 수 있다. 얼핏 글로벌 스탠더드와는 동떨어진 체계로 보일 수 있으나, 과거 일본의 경제발선 시기에 많은 기여를 해 왔던 제도이기도 하다. 하지만 최근 들어 보수체계로서 점차 직무 기반 기본급의 채택 비율이 높아지고 있으며, 특히 관리직의 경우에는 역할·직무급이 주요 타입으로 자리 잡아 가고 있음을 알 수 있다.

우리나라 역시 연공급의 성격이 강했던 보수체계에서 점차 탈피하여 성과 중심의 보수체계로의 전환이 빠르게 이루어지고 있다. 이는 조직 경계가 불확실해지고, 인적자원의 이동이 자유로워지는 현대의 조직구조상, 임금설계는 시장 기반 임금결정방식market-driven pay을 택하여, 조직 외부공정성을 중시하는 방향을 지향할 수밖에 없음을 의미한다고도 할 수 있다. 장기고용, 조직 내 인재육성의 패러다임이 주는 안정적인 고용환경으로부터 불안정하고 다양한 고용형태로의 변화는 시장임금을 기반으로 한 임금체계 구축을 지속적으로 강요하고 있는 것이 현실이기 때문이다. 향후 무비판적인 보수제도의 도입보다는 외부환경 변화에 탄력적으로 적응할 수 있는 한국식 조직 보수체계 재정립방안에 대한 면밀한 검토가 필요할 것으로 보인다.

제 7 장

리더십

1. 도입

이 장에서는 리더십 연구를 통해 그동안 밝혀져 온 연구 성과들을 정리하고, 리더십이 팔로워들에게 영향을 주기 위한 구조에 대해 살펴보도록 하자. 리더가 가져야만 하는 자질, 리더십을 발휘할 때의 행동, 리더십을 둘러싼 여러 상황에서 바라볼 때, 적절한 리더십이란 무엇이라고 할 수 있을까. 이를 위해 먼저 다양한 리더십 이론에 대해 정리한 후에, 구체적으로 리더의 특성, 리더십 행동이론, 상황적응이론에 대해 학습하고자 한다.

리더십 연구는 특성연구, 행동연구, 상황적응이론과 함께 시대에 따라 발전하며 새로운 관점을 부여해 왔다. 이는 그 시대가 요구하는 리더십에 대한 실상을 반영하고 있다고도 생각할 수 있을 것이다. 왜냐하면 리더십의 기본이 되는 것은 기업이 경영활동을 영위할 때, 직장집단에 할당되는 업무상 과제, 내부통제와 밀접하게 관련된 팔로워에 대한 관리나 조직화라는 경영학의 중심적 과제를 반영하고 있기 때문이다.

또한 경영과 리더십이라는 관점에서 오늘날 글로벌화되어 가는 조직에 대응하기 위해 HRM에서는 어떠한 시도가 이루어지고 있는지에 대해서도 검토해 보자. 아울러 HRM의 실제에서는 리더십 교육이라 불리는 연수도 많은데, 이러한 HRM의 구조나 활동이 리더십이론과는 어떻게 관련되어 있는지에 대해서도 살펴보도록 하자.

2. 리더십이란 무엇인가

리더십은 '집단이 목표 달성을 촉진하도록 영향을 주는 능력'[1]이다. 목표 달성을 촉진하고자 집단을 통솔하는 사람을 '리더'라 하며, 집단에서 리더 이외의 구성원, 즉 리더를 따르는 입장에 있는 사람을 '팔로워'라고 한다.

집단이 목표를 달성하기 위해서는, 집단에 참여하고 있는 구성원 각각이 필요로 하는 행동을 정확하게 완수해 내는 것이 기본이 된다. 때로는 개인의 감정이나 상황에 맞지 않는 경우도 있고, 과제에 대한 지식이나 능력이 부족한 경우도 있을 것이다. 리더십은 팔로워의 행동을 유도하고, 필요한 경우에는 행동을 바꾸기 위한 파워power가 필요하다. 이 파워는 조직 등의 집단에 있어 지위로부터 생기는 경우와 개인의 매력이나 능력에서 발생하는 경우가 있다. 리더는 그 자리에 취임하며 정식으로 임명되는 경우도 있으며, 집단 내에서 자연 발생적으로 생기는 경우도 있다. 정식으로 임명되는 경우의 대표적인 예가 기업조직의 관리직이다.

기업조직에서 관리직은 '경영자의 대리인'이라 불리는 것과 같이, 조직에서의 지위에 따라 기대되는 역할이 있다. 파워나 권한은 일정한 구속력을 가지고 사용할 수 있도록 주어지게 된다. 그 역할의 구체적인 내용은 리더가 담당하는 사업의 내용이나 직위의 높고 낮음에 따라 다르다. 리더십 연구는 이러한 권한의 행사에 따라 구체적으로 어떠한 행동이 필요한지 또는 적절한지를 밝히고자 하는 것이다.

3. 리더십이론의 전개

(1) 리더의 특성에 관한 논의

리더십 연구의 가장 초기의 연구로 소개되는 것이 리더의 특성연구이다. 리더는 어떠한 특성을 가지고 있는지 1940년대 이전부터 수많은 연구가 진행되었으나, 리더의 특성과 관련하여 일관된 결과를 얻지는 못하였다. 이후 1990년대까지 수많은 연구와 분석이 이루어졌음에도 불구하고 리더에 대해 명확하게 정의하는 특성이 도출되었다기보다는, 리더와 리더가 아닌 자와 구분되는 특성이 명확해졌다고 할 수 있다. 예를 들어, 다음의 일곱 가지 특성을 들 수 있다. 즉 '개선하고자 하는 마음과 실행력', '타인을 이끌고자 하는 욕구', '정직함과 성실함', '자신감', '지성', '높은 자기 감녹성', '식무에 판한 지식'이라는 일곱 가지이다.

특성연구를 통한 리더십 실무에 대한 공헌으로는, 이러한 특성들이 리더십의 출현이나 존재를 예측할 때의 판단의 재료가 될 수 있다는 점을 들 수 있다. 게다가 흥미로운 점은, 1950년대부터 2010년대까지 이러한 특성에 관한 연구의 비교 검토 결과에 따르면 시대의 변화와 관계없이 계속 언급되는 리더십에 대한 중요한 특성이 존재하는 반면에, 비교적 최근 연구에서 보다 많이 언급되는 특성도 있다는 것이다. 전자에 해당하는 특성으로는 지성, 의사결정 스킬, 커뮤니케이션 스킬, 외향성 등이 있으며, 후자로는 복잡한 문제해결능력, 인지의 복잡성, 성격의 개방성, 유연성 등을 들 수 있다.[2]

하지만 이와 같은 특성만으로는 리더십에 대해 충분히 설명할 수 없다. 그 이유로는 리더십은 영향력이라고 생각된다는 점에 있다. 리더가 팔로워에게 영향을 미치기 위해서는 보다 구체적인 행동을 필요로 하게 되는데, 이 행동과 관련된 리더십이 무엇인지 제시한 것은 다음의 행동 이론에 속하는 연구들이다.

(2) 행동이론

행동이론에 속하는 이론 중에 유명한 이론은 미시간대학교 연구, 오하이오주립대학교 연구, PM 이론을 들 수 있다. 이들 논의의 공통적인 특징은 리더십을 개인의 특성과 연관 짓기보다는 리더와 팔로워와의 관계에서 발생하는 행동에 주목한다는 점이다. 이들 이론은 모두 리더가 제시한 과제 달성을 촉진하는 행동 및 부하와의 인간관계 유지를 위해 배려하는 행동이라는 두 가지 종류의 행동에 주목한다는 특징이 있다.

① 미시간대학교 연구

미국 미시간대학교 팀은 '업적고과의 측정치와 관계가 있다고 보이는 리더의 행동 특징을 찾아내는 것'을 목적으로 한 일련의 연구를 진행하여, 가장 효과적인 리더십 행동의 특징을 도출해 냈다. 실증연구의 결과 '종업원 지향'의 행동을 하는 리더의 경우가 보다 효과적이라고 결론지었다. 종업원 지향형의 리더는 그룹의 생산성이나 일에 대한 만족도의 증가와 관련이 있는 반면에, 생산 지향형의 리더는 생산성이나 노동자의 만족도 저하와 관계되는 경향성이 있음을 확인하였다.[3]

이처럼 리더의 행동 특성을 '종업원 지향형' 또는 '생산 지향형'으로 분류하는 것은 높은 업적과 낮은 업적의 집단 사이에서 리더 행동이나 부하의 모습을 비교한 결과이다. '종업원 지향형'의 리더는 인간관계를 중시하며 '부하의 니즈에 개인적 관심을 가지며, 구성원 사이의 개성의 차이를 수용'한 반면, '생산 지향형'의 리더는 '업무의 기술적 또는 임무적인 측면만을 중시하는 경향'이 있었다.

이 연구에서는 리더와 부하가 관계하는 방법 중에서, 높은 업적을 내는 리더의 행동으로 '권한위양'이 주목받았다. 높은 업적 부문의 리더는 지시적인 감독을 하는 일에 철저하여 자신은 부하가 하는 일에 전혀 관여하지 않는 것에 비해, 낮은 업적 부문의 리더는 부하에게 맡겼어야 마땅할 할 일도 부하와 함께 해야만 하는 상황이 되어 있었다.

② 오하이오주립대학교 연구

오하이오주립대학교 연구는 리더십 행동이론의 가장 대표적인 연구로서, 이 그룹의 연구에서는 리더 행동의 신뢰 가능한 척도의 개발을 목표로 하였다. 면밀한 현장조사의 결과로부터 도출된 여러 차원에서의 양적조사를 반복하여, 최종적으로는 '구조 주도'와 '배려'라고 하는 두 가지 차원의 척도로 집약되었다. 이 두 가지는 리더십의 2차원으로 불리며, 리더십 행동을 측정하기 위한 도구로서 보급되었다.[4] 미시간대학교 연구가 리더십의 타입을 '종업원 지향형'과 '생산 지향형'이라는 두 가지 특성 중의 하나가 보다 강하게 표현된다고 보아 1차원으로 측정하려고 하였던 것에 비해, 오하이오주립대학교의 연구 그룹에서는 두 가지의 차원을 채택하여 한 명의 리더가 이 중에 어떠한 행동도 보일 수 있다는 점에서의 상황을 측정하고자 하였다.

집단이 목표 달성을 목표로 하는 과정에서 리더가 부하에게 나타내는 행동 중, '구조 주도'는 자신과 부하의 역할을 정의하고 구축하려는 것을 의미한다. 일례로 들 수 있는 것은 업무관계나 목표를 조직적으로 종합하려고 하는 행동이다. '엄정한 규칙에 따라 관리한다', '부하가 표준적으로 일하는 방법을 따를 수 있도록 세부적으로 지도한다', '부하가 노력하도록 자극을 준다'라고 하는 행동을 포함한다. 한편 '배려'는 상호 신뢰, 부하의 아이디어 존중, 부하의 감정에 대한 배려를 특징으로 하는 것과 같이 직무상 관계를 갖는 정도를 의미한다. 여기에는 '부하가 훌륭한 일을 한다고 평가한다', '부하에게 높은 도덕성의 중요성에 대해 강조한다', '우호적으로 접근하기 쉽다'라고 하는 행동이 포함된다.

이러한 정의에 기반한 세부적인 연구의 결과, 구조 주도와 배려의 차원에서 모두 높은 정도를 나타내는 리더 아래에서는 부하의 업적과 만족도가 높아질 가능성이 크다는 것을 알 수 있었다.[5] 즉 보통의 일상 언어로 나타낸다면 '일에 대한 지시를 명확히 하고 부하들과의 관계를 중요시하는 것이 리더 행동의 기본'이라고 하는 것이 명확해졌으며, 그 행동을 하고 있는지의 여부도 측정 가능하게 되었다.

③ PM 이론 구현

일본 연구자 중의 한 명인 미스미三隅二不二는 리더십에 대해 "특정 집단의 구성원이 다른 집단 구성원들보다 차별화되어 현저하게 어떤 지속적이고 적극적인 영향을 미치는 역할행동"이라고 정의하고 있다.[6] 리더로 인정받은 집단의 구성원은 팔로워들을 대상으로 집단의 목표 달성이나 유지와 관련하여 영향을 주는 능력을 지니고 있으며, 이 능력을 실천하며 행동한다. 리더의 집단에 대한 기능 중 하나는 P기능인데, 이는 집단의 과제 해결 내지는 목표 달성을 지향하는 기능으로 Performance의 앞 글자 P를 딴 것이다. 또 하나의 기능인 M기능은 집단의 자기 보존 내지는 집단의 과정 자체를 유지하여 강화하려고 하는 기능이며, Maintenance의 앞 글자 M으로 약칭한다. 미스미는 이처럼, PM이라는 두 종류의 집단기능에 작용하는 행동을 통해 리더십을 파악하고자 하였다.

P행동에 포함되는 내용으로는 '목표를 달성하도록 압력을 가한다', 즉 '규칙을 까다롭게 이야기한다', '정해진 시간까지 완료하도록 요구한다' 등의 행동과 '목표 달성을 위한 계획을 제시한다', 즉 '계획을 면밀히 수

립한다', '마무리의 시기를 명확히 제시한다' 등의 행동을 들 수 있다. M행동은 집단에서 행동하는 경우에 발생하는 구성원의 불만이나 구성원 사이의 대립을 경감시키고, 집단으로서의 통합을 촉진하는 행동이다. 구체적으로는 '감독자가 부하를 지지한다', '부하를 신뢰한다', '뛰어난 일을 해냈을 때는 인정해 준다', '부하를 공평하게 대한다', '분위기를 좋게 한다' 등이 포함된다. 대략적으로 P행동은 오하이오주립대학교 연구의 '구조 주도'에 해당되며, M행동은 '배려'에 상응한다.

리더로서의 행동 분류는 PM형, Pm형, pM형, pm형이 있으며, 대문자는 그 행동의 정도가 높음을, 소문자는 행동의 수준이 낮게 나타나는 것을 의미한다. 미스미의 연구 팀과 다른 연구자들에 의한 실증연구의 결과, 다양한 유형의 조직에서 PM, Pm, pM, pm의 순으로 효과가 높다는 것을 확인할 수 있었다. 한편 리더 개인이 배치전환 등에 의해 상황이 변화하는 경우, PM형의 리더가 pm형의 행동을 보이는 것과 같이 리더십 유형을 변화시켜 버릴 수 있다고 지적하고, 이러한 리더 행동의 유형은 개인의 성격요인으로 예측할 수는 없다고 보았다.

④ Hi-Hi형의 문제점

오하이오주립대학교 연구의 '구조 주도'와 '배려'가 양립하는 리더, 또는 PM 이론에 따른 PM형의 리더 행동은 다른 리더와 비교할 때 탁월한 업적 달성을 보인다고 말할 수 있다. '구조 주도' 혹은 'P 행동'을 '과업 지향', '배려' 혹은 'M행동'을 '인간관계 지향'이라고 정리한다면, 〈도표 7-1〉에 나타난 사분면 중에서 오른쪽 윗면 즉, 둘 다 높은 분면으로 분류되는 리더십이 부하의 업적에 대해 제일 좋은 영향력을 발휘하게 된다. 하지만 항상 어떠한 상황에서도 이러한 리더십 행동이 최고의 결과를 낼 수 있는 것일까. 미스미가 주장하고 있는 것과 같이 어떤 상황

도표 7-1 리더십 행동의 분류

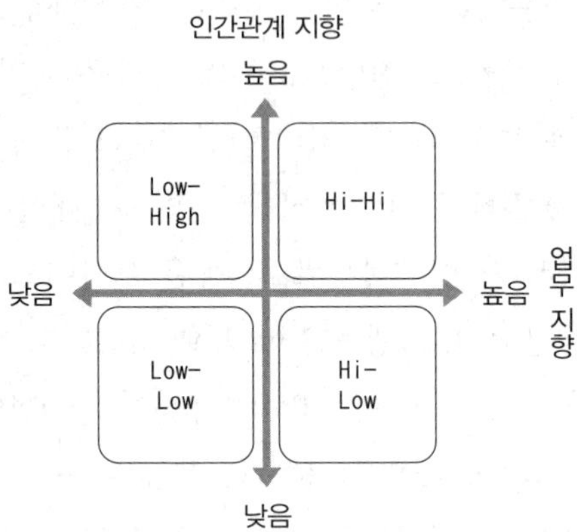

에서는 PM형인 사람이 다른 상황에 직면하게 되면 그러한 행동을 나타내지 못하는 것과 같은 모습은 현실에서 자주 발생한다(미스미, 1978: 478). 또한 미시간대학교 연구가 보여 주고 있듯이, 반드시 리더의 본뜻이 아니더라도 부하의 업적이 낮은 경우에 업적을 높이려고 압박을 가하며 세부적인 업무지시를 하게 되는 것과 같은 상황이 자주 발생하게 되는 것은 아닐까. 이러한 리더를 둘러싼 상황에 주목하여 리더십과 업적과의 관계를 명확하게 하려는 것이 다음에 설명할 컨틴전시 이론이다.

(3) 컨틴전시(상황적응)이론[7]

① Fiedler의 리더십 컨틴전시(상황적응)이론

컨틴전시이론은 Fiedler에 의해 처음 제시되었다. Fiedler는 개인의 기본적인 리더십 스타일을 리더십 성공의 열쇠가 되는 요인이라고 보았다. 리더십 스타일이라 함은 인격적personality 특성과 특정 행동 사이에

위치하는 개념으로 사회적 상황에 대해 비교적 안정된 반응 패턴을 나타낸다고 하였다.[8]

개인의 리더십에 관한 기본 스타일은 LPC 점수라고 하는 지표로 규정할 수 있다. 이 지표는 응답자가 가장 어려워하는 인물을 호의적으로 평가하고 있으면 응답자를 인간관계 지향으로 본다. 반대로 가장 함께 일하고 싶지 않은 인물을 비교적 나쁘게 평가하면(LPC 점수가 낮으면), 그 응답자는 직무 지향이라고 보게 된다.

상황의 유형으로는 3개의 상황요인을 사용하였다. 즉 리더와 구성원의 관계를 좋음–나쁨, 과업의 구조task structure(과업의 구조화의 정도)를 높음–낮음, 직위가 주는 권한을 강함–약함으로 나타냈다. 이러한 세 가지 중에서 리더와 구성원의 관계가 리더십의 행사에 가장 큰 영향을 미친다고 보았으며, 과업의 구조, 직위가 주는 권한의 순으로 영향력이 작아진다고 하였다. 이는 리더 자신의 영향력이라기보다는 직장의 구조적 요인에 의해 주어지는 것이라 할 수 있다. 이러한 세 종류의 요인이 조합된 결과로 얻을 수 있는 여덟 가지의 상황 패턴을 리더십에 대한 '상황 호의성'의 경우로 구분하였다. 상황 호의성은 리더로서 부하에게 일을 시키는 것이 쉬운 정도를 나타낸다. 상황이 유리한 것에서부터 불리한 것까지 순위를 매겨, 리더십 스타일, 즉 LPC 점수와 집단 업적과의 상관관계를 나타낸 결과가 〈도표 7–2〉이다.

그림의 횡축에는 상황요인의 조합으로 규정된 여덟 개의 상황이 호의성의 유리함으로부터 불리함까지 표시되어 있다. 그리고 팀의 업적과 리더의 LPC 점수의 상관관계에 따른 일정 패턴을 도출하였다. 즉 상황 호의성이 양호하거나 반대로 아주 안 좋은 경우에는 낮은 LPC(직무 지향형)가, 상황 호의성이 중간 정도의 경우에는 높은 LPC(인간관계 지향형)의

도표 7-2 Fiedler의 컨틴전시 이론

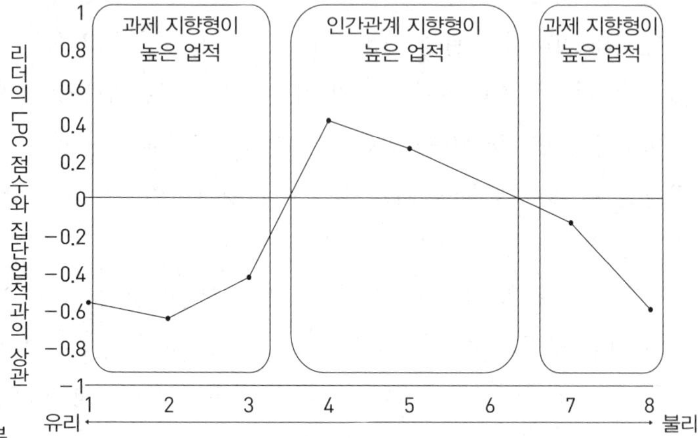

	1	2	3	4	5	6	7	8
• 리더에게 유불리의 여부	유리							불리
• 리더 – 구성원 사이 관계	좋음	좋음	좋음	좋음	나쁨	나쁨	나쁨	나쁨
• 과제의 구조	구조적	구조적	비구조적	비구조적	구조적	구조적	비구조적	비구조적
• 리더 직위의 파워	강함	약함	강함	약함	강함	약함	강함	약함

출처: Fiedler, F. E. (1970). 『新しい管理者像の探究』. (山田雄一 監譯.). 産業能率短期大学出版部. 를 참고로 필자 작성.

업적이 높음을 알 수 있다.

이와 같이 Fiedler는 리더의 특성과 상황의 적합이라는 관점에서 업적에 공헌하는 리더십에 대해 논하였다. Fiedler가 리더의 분류에 활용한 리더십 스타일은 개인의 성격과도 관계되기 때문에 단기간에는 크게 변화하지 않는다. 이 때문에 상황의 호의성과 리더 개인의 리더십 스타일이 적합하지 않은 경우, 다시 말하면 인간관계 지향의 리더임에도 불구하고 그래프의 횡측의 양 끝단에, 직무 지향형의 리더임에도 그래프의 중심 부분에 해당하는 경우에는, 리더를 적합한 타입의 다른 리더로 교대시킬지, 과제를 둘러싼 상황을 변화시킬 것인지(예를 들어, 외부로부터 지원자를 초빙하여 과제의 수행방법을 명확하게 하는 등), 부하를 배치전환 할 것인지 등의 변화를 주어야만 한다고 보았다.

② SL(Situational Leadership) 이론

Hersey 등[9]은 상황적응이론을 발전시켜, 리더 행동과 팔로워의 관계에 초점을 두었다. 이들은 특히 팔로워의 힘에 주목하여, 팔로워가 어떠한 리더십 상황에 놓이더라도 리더를 수용하거나 거부할 수 있는 것뿐만 아니라, 팔로워 집단이 리더의 개인권력personal power을 결정할 수 있다고 보았다. 이 때문에 리더 행동을 '과제'에 대한 관심과 '관계'에 대한 관심으로 분류하였다. 과제에 대한 관심으로부터 발생하는 행동을 '지시적 행동(과제 행동)'이라 하고, 관계에 대한 관심으로부터 발생하는 행동을 '관계행동(협로적(協労的) 행동)'이라 칭하였다. 이와 같은 두 가지 축에 따라 리더 행동은 네 개의 타입으로 분류되며, 각각 높은 지시-낮은 지원, 높은 지시-높은 지원, 낮은 지시-높은 지원, 낮은 지시-낮은 지원으로 나타나게 된다.

팔로워에 대해서는 그 성숙도 또는 준비도에 주목하였다. 성숙도는 능력(과제에 대해 보유하고 있는 지식·경험·스킬의 수준) 및 의욕(부하의 과제에 대한 자신, 열의, 동기의 강도)이라고 하는 두 가지 차원으로 규정하였으며, 이 두 축으로 네 가지 타입을 기술하고, 그 유형을 '준비도'라 하여 준비 정도의 높낮이를 표현하였다.

리더십 행동과 부하의 성숙도와의 상관관계를 나타낸 것이 〈도표 7-3〉이다. 부하의 목표달성행동에 대한 익숙함의 정도에 따라 적절한 리더십 행동이 변화하여 가장 우수한 부하에는 '위임형', 즉 권한이양의 스타일이 적합하다는 것을 나타내고 있다. 리더십의 측면에서 과제에

도표 7-3 SL 이론: 리더십·부하의 성숙도, 리더십 행동의 대응관계

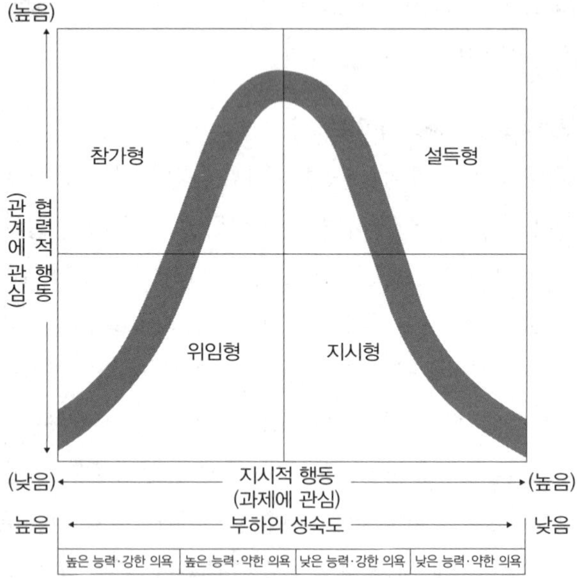

출처: Hersey, Blanchard, & Johnson. (1996), 번역서, p. 197. 수정하여 작성.

대해 관심이 높고, 관계 행동이 낮은 것은 '지시형', 과제에 대한 관심이 낮고 관계에 대한 관심이 높은 경우에는 '참가형', 과제와 관계 모두 관심이 높은 경우에는 '설득형', 둘 다 낮은 경우에는 '위임형'이라 부른다. 이를 종합하면, 능력도 의욕도 결여된 가장 미숙련된 부하에게는 지시형이, 능력은 낮지만 의욕이 넘치는 부하에게는 설득형이, 능력은 있지만 의욕이 낮은 경우에는 참가형이, 둘 다 높은 경우에는 위임형 스타일이 적합하다고 보았다.

③ 상황적응이론의 함의 및 문제점

상황적응이론은 부하나 과제의 상황으로부터 적절한 리더십 스타일

이 영향을 받는다는 것을 이론화하였다. 행동이론에 의한 Hi-Hi형의 리더십 행동이 최선의 리더를 의미하는 것에 비해, 상황적응이론에서는 그러한 리더는 존재하지 않으며, 부하를 비롯하여 리더를 둘러싼 환경이 리더십 행동의 적절성에 영향을 미친다고 보았다.

상황적응이론에 대한 비판도 존재한다. 먼저, 상황에 대해 정의를 하려고 한다는 점에서 이론적으로 많은 구성요인을 포함시키게 되어 모형이 복잡해지고, 실무자가 사용하기 어렵다는 지적이 있다. SL 이론은 이러한 문제의식을 고려하여 상황의 정의를 팔로워의 능력에 한정하고 있음에도 불구하고, 행동이론과 비교하면 측정해야 할 요소가 많다. 또한 팔로워의 연구는 리더십 스타일을 개인의 특성에 가까운 것으로 보고 LPC 점수로 규정하였으나, 이 점수 측정의 타당성에 대해서는 불안정하며 일정한 결과를 얻을 수 없다는 지적도 있다. 게다가 상황을 주어진 것이라고 생각하여, 리더에 따른 상황 호의성의 전환, 즉 변혁을 생각하지 않는다는 것이나 실제 현장에서 리더와 구성원 관계의 좋고 나쁨, 과업의 구조, 리더의 권한의 정도에 대한 판단이 어렵다고 하는 등의 문제점도 지적되고 있다.

(4) 변혁의 시대의 리더십

시대가 흘러 기업경영에 있어서도 크게 변화하는 환경을 선점하여 경영전략을 수립하고 그에 맞는 조직 운영을 할 것이 요구되며, 리더십 연구에서도 변혁을 이끌 리더십에 관한 연구가 이루어지게 되었다. 이러한 일련의 연구를 총괄하여 '변혁적 리더십'이라고 한다.[10] 이러한 변혁의 리더들에게 요구되는 것은 새로운 시대에 대응한 관리의 변혁이다. 새로운 비즈니스에 어울리는 변혁을 위해, 비전을 제시하고 해결할 과제를 선정하고 계획을 실행하기 위한 자원을 조직 내외로 확대된 네트워크로부터 조달·동원하는 새로운 유형의 행동이 요구된다. 이러한 변혁에 대한 적극적인 태도는 조직의 최고경영자뿐만 아니라 중간관리층에게도 필요하다. 한편 실제로 요구되는 비전과 이를 달성하기 위한 스킬이나 태도는 상위 계층의 리더가 되면 경영전략에 보다 가까워지게 된다. 이에 더해, 앞서 기술한 특성연구에서도 시대의 흐름에 따라 복잡한 문제 해결 스킬이나 유연성, 성격적인 개방성이 리더의 특성에 새롭게 포함되게 되었다. 즉 현실의 리더십은 특성, 행동, 상황적응이라고 하는 각각의 요소가 현실에서의 경영환경 변화에 따라 중점을 두는 분야를 바꿔 가면서 서로 조합을 이루어 가고 있음을 보여 주고 있다.

4. 경영환경의 글로벌화와 리더십 개발

(1) 경영환경의 글로벌화와 일본인 리더

다양한 조건에 대응하는 리더십의 실제를 관찰하며 이론이나 리더십 측정 척도와 관련하여 진행되어 온 것이 리더십 연구이지만, 경영환경의 변화 및 다양성의 확대에 따라 리더십은 보다 더 변혁할 것을 요구받게 되었다. 행동이론이 밝힌 과제 해결을 위한 행동이라는 점에서는 과제의 내용이나 성질이 크게 변화할 가능성이 있다. 또한 팔로워의 구성도 더 다양하게 될 가능성이 있기 때문에 이들에게 적절한 배려를 하여 배치·활용하지 않으면 안 된다고 할 수 있다.

이러한 리더십을 둘러싼 환경 변화를 글로벌화하여 바라본다면, 실제의 HRM은 어떤 측면에서부터 접근해야 할까. 첫 번째는 글로벌한 조직을 만들 인재의 확보와 조직 내 적재적소 배치일 것이다. 조직의 계획에 따라 이들을 적절한 포지션에 배치하기 위해서는, 필요로 하는 포지션을 정의하고 충분한 리더를 확보하는 것이 필요하다. 따라서 리더를 선발·육성하기 위한 계획의 수립과 양적인 측면에서의 충원이라고 하는 인사정책이 필요하게 된다. 두 번째로, 리더의 육성방법에 있다. 리더에게는 시위로부터 얻이지는 권한power이 있지만 이것만으로는 불충분하다는 것이 행동이론이나 상황적응이론을 통해 밝혀진 내용이다. 리더에게는 목표를 정하고 조직을 활성화하기 위한 능력이나 스킬, 행동력이 요구된다. 이러한 것들을 누가 어떻게 체득할 수 있을 것인가. 이에 대한 방법 중의 하나로 가능성이 높은 것은 교육연수를 들 수 있다. 또 다른 방법은 자기 스스로를 연마하는 것이다. 그렇다면 교육연수나 스스로를 연마하는 것은 어느 정도의 비율로 조합되어야만 할 것인가.

세 번째는, 팔로워의 다국적화에 대한 대응이다. 선행연구에 따르면, 일본인 해외 파견자의 능력을 둘러싸고 대인관계능력, 업무수행능력, 정보전달능력, 조직책임감, 개방성, 현지 사정에 대한 이해도라는 지표들이 보고되고 있다. 이 중에서 조직책임감은 현지인 팔로워들에게 높이 평가받고 있으나, 그 이외의 능력에 대해서는 높게 평가받고 있지 못한 것이 현실이다. 관리능력이나 리더십이 글로벌 조직에 있어서의 성과와 연결되어 있지 못하며[11], 또한 리더 특성과 비슷한 개념인 '글로벌 마인드셋'global mindset* 부족이 문제라고 여겨진다.[12]

---

* 해외에서의 성패를 결정하는 세 가지 요소로, '지적 자본', '심리적 자본', '사회적 자본'을 의미한다(옮긴이).

(2) 글로벌한 리더십의 개발

① 글로벌한 조직구성 및 인재관리(talent management)

실제로 리더십 개발이 어떻게 진행되고 있는지, 현재 주목받고 있는 '글로벌 인재관리'global talent management라 불리는 기업의 HRM 활동에 대해 검토해 보도록 하자. 글로벌 인재관리라 함은 다국적기업이 자사를 둘러싼 조직의 글로벌화 전략에 따라 필요로 하는 인재가 무엇인지 정의한 후에, 후보자가 되는 종업원을 모집, 개발, 유지하기 위한 인적자원관리활동을 의미한다.[13]

이러한 글로벌 인재관리가 주목을 받게 된 것은, 이러한 활동이 글로벌 경쟁력을 갖춘 조직의 구축과 직결된다고 여겨지기 때문이다. 글로벌 인재관리를 효과적으로 이행한다는 것은 쉽지 않지만, 타사가 이를 흉내 내는 것도 쉬운 일이 아니다. 잘 만들어진 조직에서는 글로벌한 경쟁우위를 확보하고 이를 유지할 수 있도록 하는 글로벌한 HRM 활동의 노하우를 얻을 수 있다. 특히 경합하고 있는 경쟁 회사보다 앞서서 적절한 능력talent을 개발하는 데 성공한다면, 장래에는 한층 더 적절한 HRM 활동을 할 수 있는 체제를 구축할 수 있게 된다. 아울러 이러한 성공은 탄탄한 관리 리더십과 HR 리더십과도 연결된다. 따라서 오늘날의 글로벌 인재관리에서는 첫째, 대상 포지션의 규정이나 배치계획과 같은 경영전략의 요구에 대응하려는 조직 강화의 측면과, 둘째, 대상이 되는 리더 개발프로그램이라고 하는 측면에서 큰 관심을 보이고 있다.

② 글로벌 리더십 개발프로그램

구체적인 리더십 개발은 핵심 직위에 배치할 인재를 선발·육성하는 프로세스에 도입된다. 핵심 직위라 함은 조직의 전략 수행을 위해 중요한 역할을 하는 자리이며, 그 담당자에게 요구되는 것은 그 직위에 주어진 목표를 달성해 내는 것이다. 특히 상위의 직위를 담당하기 위해서는 실제 기업의 환경 변화에 입각하여 자사의 과제를 설정하고 해결할 수 있는 과제 해결능력이 요구된다. 따라서 직위가 위로 올라가면 올라갈수록 기업전략에 대한 이해력이 중요하게 된다.

게다가 다국적 기업에서는 여러 나라에 걸쳐 있는 비즈니스를 통제할 필요가 있다. 글로벌한 사업 전개를 하는 조직에서 주목해야 할 점은 이문화異文化에 대한 이해와 조직 평가의식의 양립이다. 글로벌 조직 전체에서 유지하지 않으면 안 되는 조직문화나 업무에 임하는 가치의식way의 배양이나 전파도 이러한 육성프로그램을 통해 진행된다.[14] 인재관리에 뛰어난 조직은 리더십 개발을 조직문화의 통합을 위해 활용하며, 상급관리자가 리더십 개발에 적극적으로 관여하게 된다.[15]

조직구성원에게 가치의식을 전파시키는 데는, 일상의 업무를 통해 리더십이 발휘되고, 그 프로세스에서 리더가 구현하는 가치로서 가치의식이 제시되어야만 한다. 반면 리더와 팔로워의 배경이 되는 문화가 서로 다른 경우, 예를 들어 일본인 파견자가 현지인 스탭을 이끄는 경우에는 문화의 차이가 문제가 된다.

팔로워가 이문화에 속하는 경우, 리더십에도 이문화 역량(컴피턴시)이 요구된다. 이문화 역량은 성격이나 일부의 능력과 같이 개인이 느끼는 방법, 생각하는 방법, 행동양식이라고 하는 어느 정도 안정되어 있어 변하기 어려운 역량과, 이문화와 관련된 지식이나 대처방법 등 학습에 의해 획득되거나 변화되기 쉬운 역량으로 구분된다. 리더에게는 학습을 통해 이문화 역량을 높이고, 스스로 리더십을 통해 구성원에게 가치의식을 확산시키는 것이 요구된다.

도표 7-4 아지노모토 주식회사의 글로벌 리더십 프로그램

연수명	주요 대상	개최 빈도·연수 시간	참가 인원수	연수 내용
Executive coaching	임원·GEM	13회(1시간/일)	약 5명	최고경영층에 관한 개인 코칭 및 어세스먼트 실시
Global & Group Leader Seminar (GGLS)	JG1 상당	• Module 1: 3일간(7시간/일) • 중간보고: 1회(2시간/회) • Module 2: 2일간(7시간/일)	약 25명	자사의 글로벌 과제에 관한 액션러닝 및 인재위원회를 대상으로 한 프리젠테이션 실시
아지노모토 그룹 Future Leader Seminar (AGFLS)	JG2 상당	5일간(7시간/일)	약 25명	최고경영층의 강연, 이문화 커뮤니케이션의 이해, 사내 사례를 활용한 전략 시나리오 작성 훈련 실시
아지노모토 그룹 Leader Seminar (AGLS)	JG2 상당	5일간(7시간/일)	약 25명	자신과 조직을 되돌아보며 어떠한 리더를 목표로 할지 고민하는 훈련 실시(국내 기간직만을 대상)
지역본부별 젊은 리더 육성연수 (ARLS)	JG2·3 상당	• 북미본부: 5일간(7시간/일) • 유럽아프리카본부: 5일간(7시간/일)	약 25명	자사에 대한 이해에 더해, 코칭이나 이문화 이해에 관한 세션 실시(각 지역본부별 개최)
아지노모토 그룹 Future Leader Seminar Junior (AGFLS-Jr.)	젊은 일반직	• Step 1: 3일간(7시간/일) • Step 2: 5일간(7시간/일) • Step 3: 2일간(7시간/일) 그룹코칭 3회 (2시간/회) • Step 4: 2일간(7시간/일)	약 25명	미래의 아지노모토 그룹을 만들어 낼 리더란 무엇인가에 대한 자성 및 능력 학습

주: 표 안의 직책의 약칭은 아래의 구체적인 직명을 의미한다.
GEM: 사업부문장 : 인사·재무부장, 국내외 관계 회사의 최고경영층
JG1: 본사의 사업 부문 차장
JG2: 국내외 관계 회사의 임원·사업부장, 본사 국내외 관계 회사의 부장급
JG3: 본사 국내외 관계 회사의 과장급

출처: 『労政時報』, 第3919号(2016. 11. 11.), pp. 86–96.

실제 기업의 프로그램을 예로 들어, 이와 같은 리더십 개발에 필요한 요소들이 어떻게 대응되는지 살펴보도록 하자. 〈도표 7-4〉는 아지노모토味の素주식회사의 글로벌 리더십 개발프로그램의 내용이다.[16] 글로벌 리더십 프로그램은 경영이념인 「아지노모토 그룹 Way(새로운 가치의 창조, 개척자 정신, 사회에 대한 공헌, 사람을 소중히)」를 높은 수준에서 드러내어, 보다 높고 폭넓은 시야를 가지고 능력을 발휘하기 위한 프로그램으로서 운영되고 있다.

이 프로그램의 최종적인 목표는 미래의 임원급(또는 사업부문장)을 배출하는 데에 있다. 이 회사의 임원, 사업부문장은 현재 일본 국내에 약 120명이며, 2020년까지는 국내 300명, 해외 300명의 후보자 육성을 목표로 하고 있다. 또한 그룹의 핵심 포지션인 기간基幹직 인재육성은 회사 경영회의經營會議 아래에 직속으로 설치된 인재위원회가 총괄한다. 부사장이 위원장이며, 각 사업 또는 기능별 집행임원이 위원으로 구성되는 등 최고경영층에 가까운 구성원들에 의해 프로그램의 방침이나 운영방식이 조정된다. 이 프로그램에 참여하는 대상은 핵심 포지션이라고 할 수 있는 기간직이다. 프로그램에 참여하기 위해서는 국내에서 맡은 역할이나 연차별로 요구되는 표준적인 능력 개발을 위한 계층별 프로그램뿐만 아니라, 역량 향상을 위한 선택형 프로그램(개인의 '핵심이 되는 능력' 또는 '비즈니스 스킬')을 통해서 자율적인 경력형성을 하고자 하는 능력을 몸에 익힐 필요가 있다.

이와 같은 프로그램의 구성을 통해, 리더십을 글로벌하게 발휘하기 위해 필요한 요소 및 글로벌 조직 구성의 관계를 확인할 수 있게 된다. 즉 회사 전체에서 글로벌 조직으로서 의의나 가치가 규정된 이후에, 젊은 세대의 조직구성원에게는 자사에 대한 이해, 적합한 리더십의 탐구, 이문화 적응을 위한 감각이 요구되며, 이러한 것들을 몸에 익힌 상위의 리더에게는 비즈니스를 보다 효과적으로 진행시키기 위한 스킬이 한층 더 요구된다는 것이다.

프로그램의 보다 구체적인 특징을 살펴보면, 첫째, 교육프로그램의 큰 틀은 기업의 이념을 중심으로 구성되며, 최고경영자의 개입과 관여에 의해 이루진다는 것이다. 프로그램 내용의 규정이나 교육 참여 후보자의 선정뿐만 아니라, 상위 프로그램에서는 최고경영자가 직접 프로그램 참가자를 지도하는 체제가 구축되어 있다. 둘째, 글로벌 경쟁력이 있는 조직을 만들고자 하는 목적에서, 조직의 질과 규모가 명확하게 되어 있다. 프로그램이 목표로 하는 인재육성의 숫자는 글로벌 조직 구성에 있어서 어느 정도의 인원이 필요한지를 규정한 조직전략과 긴밀히 연계되어 있다. 또한 질적 측면에서는 최고경영층이 교육에 개입함으로써 조직문화의 전파와 사업 관련 스킬의 철저한 배양을 도모한다. 셋째, 사원에게는 이문화에 대한 이해가 요구된다. 이문화 이해는 일본·국외 쌍방의 프로그램에서 모두 필요하다. 특히 이문화 역량을 학습해야만 하는 필요성은 중간관리자 계층에 보다 더 강조된다. 일본인 종업원, 외국인 종업원 모두가 이문화 역량을 향상시킴으로써 글로벌하게 기업문화가 상호 공유될 수 있다. 마지막은, 개인의 경력형성과 관계된 것이다. 이러한 프로그램이 계층적으로 구성되어 있다는 점에서도 알 수 있듯이, 진정한 글로벌 리더십이라 함은 관리자 개인의 관점에서 보면 한 명의 경력과도 밀접하게 관련되어, 경력 단계별로 필요한 기술이나 리더십 스킬을 구축해 가는 과정에서 형성되는 것으로 이해할 수 있다. 개별 프로그램은 기간적으로도 제약이 있기 때문에, 프로그램에서 얻은 지식이나 리더십 스타일을 일상의 실제 비즈니스 환경에 적용해 가면서 몸에 익히는 것이다. 이러한 의미에서 HRM의 기능으로서 인재육성이나 경력개발이라고 하는 측면과 리더십 개발은 하나가 되어 있다.

5. 글로벌 리더십에 의한 팔로워 대응

이와 같은 프로그램을 통해 리더는 자신의 기술과 능력을 갈고닦게 되는데, 그렇다면 팔로워에 대한 대응은 어떻게 되는 것인가. 어떤 글로벌 리더십 연수담당자는 다음과 같이 설명하고 있다. "훈련만으로 완결되는 프로그램은 거의 없다, … 경험으로부터의 학습을 가장 중요시하고 있다. 원래 리더십의 발휘는 사람에 따라 다르기 때문에 표준적인 훈련을 하기보다는 개별적으로 경험을 쌓는 과정에서 그 사람에게 맞는 스타일을 이해하는 방법이 적합하다."[17] 리더는 각자 스스로에게 부여된 환경 안에서 스스로의 스타일을 이해하고 환경에 적응하는 것만으로 충분히 힘을 발휘한다.

리더가 적응하지 않으면 안 되는 이문화 환경과 관련하여, 리더십과 문화의 관계에 대한 연구가 진행되고 있다. 예를 들어, Erin(2017)[18]은 최근 논문에서 환경을 구성하는 요소를 명확히 하고, 리더에 대한 지원을 강화해야 한다고 주장하고 있다. Erin에 따르면, 비즈니스 조직환경은 그 나라에서 일반적인 '권위에 대한 사고방식'과 '의사결정에 대한 사고방식'을 통해 정의할 수 있다. 권위에 대한 사고방식은 '평등주의'와 '계층hierarchy 중시'라고 하는 두 가지 극점으로 정의되며, 상대방의 계급이나 지위에 대해 얼마나 주의와 경의를 표하는가에 대한 감각을 의미한다. 평등주의의 국가에서는 개방 정책open door policy*과 성을 제외한 이름으로만 호칭하거나 360도 다면평가 등이 흔히 사용되는 것처럼, 권위에 대한 사고방식은 일상의 비즈니스 관행에도 영향을 미치고 있다. 반면 의사결정에 대한 사고방식은 어떤 특정의 과제에 접근할 때 상사와

* 상사와 이야기하기 편한 풍토를 말한다(옮긴이).

팀 또는 상명하달과 합의 중에서 어느 쪽에 주도권을 둘 것인가에 관한 사고방식이다. 이는 '상명하달'과 '합의'를 극점으로 하는 인식으로 정의된다. 권위에 대한 사고방식과 의사결정에 대한 사고방식의 두 가지 축의 조합으로, 해당 국가에서의 리더십 발휘와 관련된 비즈니스 문화를 나타낼 수 있다. 이러한 특징은 과거 비즈니스 활동을 통해 누적된 시스템에 의해 형성된 것으로서 개인에게도 내면화되어 있다. 따라서 실제 비즈니스 활동을 하는 팀 내부에 다른 시스템에 기반한 행동 기준을 갖고 있는 구성원이 존재하게 된다면 혼란이 발생하게 된다. 즉 글로벌 리더십에서는 리더십에 필요한 행동을 몸에 체득하는 것뿐만 아니라 해외에서의 그 문화적인 맥락에 맞추어 리더십을 발휘하는 능력이 필요하다.

이와 같은 논의에 따르면, 전술한 바와 같이 현지의 종업원으로부터 일본인 파견자는 조직책임감이 높다라고 평가받는 반면에 다른 능력에 대해서는 높게 평가받지 못하고 있는 현상에 대해 보다 깊이 이해할 수 있을지도 모른다. 해외의 종업원들은 일본인 리더가 보이는 조직책임감을 가치로서는 평가할 수는 있겠지만, 상사가 내보이는 권위의 스타일이나 의사결정방법에 관한 행동 기준에 동의하지 못하게 된다면 문제해결을 위한 커뮤니케이션은 어려워지고 대인관계능력과 업무수행능력, 정보전달력, 현지 사정에 대한 이해능력 등도 적절히 평가받지 못하게 되어, 결국 매우 엄격한 평가가 되어 버린다고 생각할 수도 있을 것이다.

6. 결어

이상에서 살펴본 바와 같이, 조직이나 직장의 집단을 통솔해야 하는 다양한 수준의 리더에게, 조직은 어떤 역할을 요구하고 또 이를 실현시키도록 할지에 대해 여러 가지 리더십 이론이 적용되고 있다. 오랜 역사를 갖는 리더십 연구가 보여 주는 것은 조직관리의 기본 사항이다. 리더십 행동연구가 규정한 바와 같이, 리더는 업무관계의 스킬이나 노하우, 부하에 대한 배려에 따라 리더십을 발휘한다. 어떠한 스킬을 쌓아야만 할 것인가는 기업 업무상의 상위 목표인 기업전략과 관련되어 있으며, 배려는 조직으로서 가치나 이념과도 관련되어 조직의 통일성을 담보하기 위해 필요하다.

경영환경이 글로벌화됨에 따라, 리더십의 환경도 글로벌화된다. 리더의 스킬은 기업의 글로벌전략의 내용과 밀접하게 관련되는 한편, 리더가 배려를 표현하는 방식은 비즈니스가 이루어지는 국가에서의 전통을 고려하면서 기업이 갖는 이념이나 스타일, 즉 가치의식과 적합하도록 하는 것이라 생각할 수 있다. 이와 같은 역량은 회사 전체 수준에서 규정된 프로그램을 통해 학습하는 것보다는 학습한 지식을 배경으로 하여 리더의 구체적인 행동을 통해, 그리고 현장에서의 학습을 통해 점차 쌓여 가게 된다.

사례로 든 것과 같이, 글로벌 리더십 훈련은 오늘날 선진 기업에서 많이 채택되기 시작하고 있다. 이러한 훈련프로그램의 수료자들이 현지에 부임하거나 글로벌한 구성원으로 짜여진 팀에서 실제 리더십 발휘를 위한 훈련을 받는 것이 앞으로의 과제가 될 것이다. 현실의 변화에 따라, 일본의 리더십 연구도 보다 글로벌한 측면에서 리더의 자질,

행동과 함께, 이와 같은 것들이 발휘되는 환경과 일본 기업에 일반적인 리더십 스타일과의 적합도에 대해 보다 더 이해하고 이론화하여 나갈 필요가 있다.

주

1 Robbins, S. P. (2005). *Essentials of Organizational Behavior* (8th ed.). Pearson Education (高木晴夫 譯. (2009).『新版 組織行動のマネジメント』. ダイヤモンド社.)

2 Zakkaro, S. J., LaPort, K., & Jose, I. (2013). The attributes of successful leaders: A performance requirements approach. in M. G. Rumsey (ed.), *The Oxford handbook of leadership* (pp. 11-36). New York: Oxford University Press.

3 Robbins 전게서(번역)

4 金井壽宏.『リーダーシップ入門』. 日経文庫, p. 241.

5 Robbins 전게서(번역), p. 259.

6 三隅二不二. (1972).『リーダーシップ行動の科学』. 有斐閣, p. 44.

7 Fiedler, F. E. (1967). *A Theory of Leadership Effectiveness*. New York: McGraw-Hill. (山田雄一 監譯. (1970).『新しい管理者像の探究』. 産業能率短期大学出版部.)

8 Chemers, M. M. (1997). *An Integrative theory of leadership, Mahwah*. New Jersey: Lawrence Erlbaum Associates Publisher. (白樫三四郎 譯編. (1999).『リーダーシップの統合理論』. 北大路書房.)

9 Hersey, P., Blanchard, K. H., & Johnson, D. E. (1996). *Management of organizational behavior: Utilizing Human Resources* (7th ed.). Prentice Hall. (山本成二 他訳. (2000).『行動科学の展開：人的資源の活用：入門から応用へ 新版』. 生産性出版.)

10 金井壽宏.『リーダーシップ入門』. 日経文庫.

11 ザカ·プランヴェラ. (2014)「日本人派遣者のコンピテンシーと仕事成果(2)」. (白木三秀 編著.).『グローバル·マネジャーの育成と評価』. 早稲田大学出版部, pp. 53-72.

12 白木三秀. (2014).「本書のモチーフとアプローチ；日本人グローバル人材育成のマネジメントその課題」. (白木三秀 編著.).『グローバル·マネジャーの育成と評価』. 早稲田大学出版部, pp. 1-18.

13 Tarique, I., & Schuler, R. S. (2010). Global talent management: Literature review, integrative framework, and suggestions for furture research. *Journal*

of World Business, 45, 122-133.

14 堀江徹. (2014). 「外部企業によるグローバル人材の育成」. (白木三秀 編著.). 『グローバル·マネジャーの育成と評価』. 早稲田大学出版部, pp. 249-270.

15 Tarique & Schuler 전게서.

16 「아지노모토 글로벌 식품기업 톱10 진입을 목표로, '포지션관리' 및 '역량관리'를 통해 적재적소의 육성배치를 실현」. 『労政時報』, 第3919号(2016. 11. 11.), pp. 86-96.

17 「MSD차세대 리더후보를 실천적으로 연마하기 위한 3년간의 프로그램 'Japan Leadership Program'」. 『労政時報』, 第3884号(2015. 3. 13.), 53-62.

18 メイヤーエリン. (2017). 「'權威'のとらえ方と '意思決定'スタイルから読み解く異文化適応のリーダーシップ」. 『Diamondハーバード·ビジネス·レビュー』, 42(10), 2017-10, 12-21.

조금 더 공부하고 싶은 사람을 위해

- 金井壽宏. (2005).『リーダーシップ入門』. 日経文庫.
- ロビンス, S. P. (2009).『新版 組織行動のマネジメント』. (高木晴夫 譯.). ダイヤモンド社.
- チェマーズ, M. M. (1999).『リーダーシップの総合理論』. (白樫三四郎 譯編.). 北大路書房.
- 白木三秀 編著. (2014).『グローバル·マネジメントの育成と評価』. 早稲田大学出版部.

옮긴이 해설

어느 조직에서나 조직의 성과를 좌우하는 가장 큰 요인 중의 하나로 리더의 자질을 들 수 있다. 조직 성과에서 리더가 차지하는 비중이 점차 커짐에 따라 리더십과 관련된 연구들이 많이 진행되어 오고 있으며, 조직 내에서도 리더 양성을 위한 많은 노력을 기울이고 있다. 하지만 올바른 리더의 모습은 처한 상황에 따라 다를 뿐만 아니라 리더 개개인의 특성에 따라 많은 영향을 받는 것이 사실이며, 리더 특성에 대해 특정하기란 쉽지 않은 일이다. 초기 리더십 연구가 리더의 특성에 대해 집중하였던 반면에 최근에는 리더의 행동이나 상황적응이론에 조금 더 많은 관심이 더해지고 있는 것은 이를 방증하고 있다. 예를 들어, 오하이오주립대학교의 '구조 주도'와 '배려', PM 이론에 따른 과업 지향과 인간관계 지향의 리더십이론 역시 리더의 행동 특성 자체보다는 리더가 가진 권한이 효율적으로 조직 내부에 전달되기 위한 행동에 관심을 둔 연구들이라 할 수 있다.

이와 같은 리더십 연구의 중심 이동은 실제 조직 현장에서 필요로 하는 리더의 자질과 연계하여 보다 실증적으로 이루어지게 된다. 일본으로 초점을 돌려보면, 과거 안정적인 경제성장이 가능하던 시기의 일본 기업들은 성과보다는 인간관계 중심의 리더를 선호하였고, 이로 인해 리더육성의 방향도 인간관계의 측면을 강조하여 진행되어 왔던 것이 사실이다. 하지만 급변하는 시대적 상황 및 글로벌한 조직으로의 변화는 바람직한 리더가 갖추어야 할 자질에 대해 과거와는 다른 접근방식과 함께 리더십 스타일에도 변화를 요구하고 있다. 결국 조직 외부환경의 불안정성은 인적자원으로서의 리더를 어떻게 양성할 것인가에 대해 심도 깊은 고민을 필요로 한다는 것으로 이해할 수 있을 것이다.

"리더는 태어나는 것이 아니라 양성된다."라는 말이 있듯이, 조직의 경쟁력 확보를 위해서는 조직이 처한 현실과 내부 특성을 고려하여 가장 효율적인 리더 육성방법을 개발하고 정착시킬 수 있어야 한다. 특히 교육훈련과 연수 과정을 통한 리더십 교육은 실제 현장에서의 리더십 실천으로 이어질 때 그 성과를 극대화할 수 있으며, 이는 리더의 경력개발에도 기여할 수 있다는 점에서 리더십 개발은 연수 차원에만 머무는 것이 아니라 인적자원관리와도 전략적으로 연계되어야 할 것이다.

제 8 장

경력형성

1. 도입

기업에 있어 종업원은 중요한 경영자원(이른바 사람, 물자, 돈 등) 중의 하나이며, 이의 육성·활용이 기업의 미래를 결정하게 된다. 반면 기업에 근무하는 개별 종업원의 입장에서는 직장 생활의 대부분을 보내게 되는 기업 내에서의 근무방식(기업에서 하는 일, 인간관계, 능력, 보수 등)은 자기형성·자기실현에 커다란 영향을 준다고 해도 무방할 것이다. 이와 같은 측면에서 인재육성, 특히 그 중장기적 정책으로서 경력형성의 필요성·유용성이 대두되게 된다.

경력은 넓은 의미에서 '인간의 생애를 통해 얻는 다양한 경험의 연쇄'를 의미('life career'라 한다)하는 것에 비해, 좁은 의미에서는 '일의 경험에 따라 형성된 경력이나 직무 생활의 패턴·의미 부여'('work career'라 한다)를 뜻한다. 기업에서 형성된 경력은 개별 종업원의 중장기적 기간에 걸친 일련의 일의 경험을 의미한다. 이때 어떤 일을 경험하고 다음에 어떤 다른 일을 경험할 것인지 하는 경험의 연쇄, 즉 경력의 구성을 어떻게 해 나갈 것인지가 문제가 되게 된다. 기업은 의도적·계획적으로 개별 종업원의 경력을 만들어 갈 것 이라고 생각되지만[1], 때로는 의도하지 않은 일의 경험이 축적되어 가는 경우도 있을 수 있다. 어떠한 경우에 해당하더라도 경험하게 되는 개별 직무의 내용도 중요하지만, 어떤 일에서 어떤 일로 이동하고 그 결과 어떤 직무경험을 축적해 나갈 것인가, 그 과정에서 어떠한 능력이 형성될 것인가는 기업에 있어 경력형성의 중심적인 주제가 된다. 따라서 경력형성은 기업에 있어 인재육성의 방침이나 실태를 보여 준다고 말할 수 있다. 이 장에서는 기업에서 종업원의 경력형성이 어떻게 이루어지고 있는지, 승진과 이동[2]을 중심으로 생각해 보고자 한다.

2. 경력형성의 목적

(1) 인재육성

우선 첫 번째로 인재육성, 즉 직무수행능력(말하자면 일을 해내는 능력)의 향상을 들 수 있다. 의도적인 경력형성은 기업 내 인재육성(특히 OJT[3]) 중에서 중요한 위치를 점한다. 고이케(小池和男, 1991)의 「대졸 화이트칼라의 인재개발(동양경제신보사)」에 따르면, 업무경험의 폭을 확대하여 '전문성 및 전문성 안에서 폭넓은 업무경험'을 요구하는 것이 중요하다고 할 수 있다. 여기서 굳이 '전문성 안에서 폭넓은 업무경험'이 요구되는 것은 왜일까. 그 이유로는 다양성에 대응, 변화에 대응, 중층적인 효과를 들 수 있다. '다양성에 대응'은 일로서 다루어야 할 것들(상품·고객·지역 등)이 많기 때문에 이들에 대응하기 위해서는 다양한 경험을 쌓는 것이 필요하다는 것을 의미한다. '변화에 대응'의 의미, 즉 수요나 기술, 상품 등의 변화에 대한 대응능력은 지금까지의 다양한 경험을 통해 몸에 체화된 여러 능력들이 기반이 된다는 것을 의미하며, '중층적 효과'는 관련된 많은 영역에서 경험을 쌓게 되면 상호작용을 기대할 수 있다는 것을 뜻한다. 상호작용은 어디까지나 관련성이 높은 분야가 아니라면 기대할 수 없다. 또한 관련성이 부족한 분야로의 이동은 이동한 곳에서의 훈련을 위한 비용을 상승시킬 가능성이 크다. 고이케는 이 중에서도 중층적 효과를 가장 중시하여, 기업에 있어 경력형성의 최대 목적은 바로 이 중층적 효과를 증대시키는 것이라고 하였다. 아울러 단순히 폭넓게 직무를 경험시키기만 하면 되는 것이 아니라, 하나의 직능 안에서 폭넓은 직무경험이 보다 합리적이며 또한 일본이나 다른 국가들에서도 이와 같은 방식으로 일을 경험하게 하는 방법이 일반적이라고 보았다.

(2) 적성의 발견

두 번째로, 적합한 종업원을 가장 적절한 업무에 배치 가능하도록 하는 것, 즉 적성의 발견을 들 수 있다. 기업에 있어, 단기적으로 보면 기업성과를 향상시키고 기업성과에 플러스의 영향을 줄 수 있는 직무에 어떤 종업원을 배치할 것인가는 중요한 문제이다. 아울러 장기적으로 볼 때에도 장래의 기업성과를 향상시키기 위한 기능형성이 가능할 것으로 예상되는 직무에 그 종업원을 배치하는 것도 중요하다. 이처럼 직무에 대한 적성의 발견은 실제로는 다양한 직무경험을 쌓게 하면서 발견하는 것이 가장 용이하다고 생각된다. 이런 방식은 신규졸업자 중심의 젊은 종업원에게 자주 적용되지만, 이른바 경력사원으로 채용된 종업원에게도 동일하게 적용될 수 있다. 만약 타 기업에서 직무경험이 있다 하더라도 그 경험의 폭이나 깊이, 그 이면에 존재하는 능력, 그리고 그 경험이 즉시 활용 가능할 것인지는 실제로 일하는 모습을 보지 않으면 알 수 없는 경우도 많다. 또한 과거에 얻은 지식이나 기술이 진부화되어 버린 경우도 있을 것이다. 따라서 해당 기업에서의 직무경험을 통해 새롭게 능력이나 적성을 확인해 볼 필요가 있다.

적성의 발견은 기업뿐만 아니라 종업원에 있어서도 의미가 있는 일이다. 즉 기업성과에 기여함으로써 보수 면에서 플러스가 되는 일, 그 일을 하면서 자아실현을 도모할 수 있는 일에 배치 가능성이 높아진다는 의미에서 종업원에게도 유용한 일이 된다고 볼 수 있다.[4]

(3) 종업원에 대한 비금전적 보수

세 번째로, 기업 내에 형성된 경력이나 그 과정에서 얻게 된 기술·능력, 인맥 등은 종업원에게는 보수로서의 의미를 갖는다는 점을 들 수 있다. 기업으로부터 종업원에게 지급되는 보수에는 임금으로 대표되는 금전적 보수 이외에도 비금전적 보수가 있다. 비금전적 보수에는 기업 내에서의 지위·권한·신분, 즉 상사나 주변의 칭찬, 일 그 자체의 보람 등이 있지만, 경력 그 자체나 경력형성의 과정에서 얻은 기술·능력·인맥 등도 보수로서 중요한 의미를 갖는다. 일을 통해 얻은 기술·능력은 실제의 경험이 뒷받침된 것이기 때문에 직무 이외에서 얻은 능력과 비교할 때 실천·응용 가능성이 높은 편이다. 또한 기업 내의 상사나 주변 사람은 물론, 상황에 따라서는 기업 밖에서도 직무경험(덧붙여 말하자면, 직무의 결과를 나타내는 업적·성과)은 그 종업원에 대한 평가에 영향을 미친다고 생각할 수 있다. 직무를 통해 좋은 평가를 받거나 능력을 키우는 것은 종업원에게 커다란 보수라고 할 수 있다. 노동법학에서도 종업원에 대해 적절하게 경력을 형성시키는 것을 법적인 권리라 하여, 기업에 의한 고용의 계속보다도 더 보호해야 할 권리라는 견해(이른바 '경력권')가 있는데(스와, 1999)[5], 이 견해도 경력을 보수로 바라보는 점과 일맥상통하는 부분이 있다.

또한 종업원이 희망하는 직무경험을 할 수 있다는 것 역시 보수가 될 수 있다. 자신이 희망하는 직무를 맡게 되어 원하는 경력이 형성된다면, 일에 대해 동기부여 될 가능성도 높아질 것이다. 경력에 관하여 개인이 강하게 지향하는 가치관을 '경력 닻'이라고 하는데(Shein, 1990)[6], 종업원이 스스로의 경력 닻을 인식하고 자신에게 어울리는 경력형성을 희망하게 되면 기업은 개별 종업원에게 맞는 경력형성을 지원할 필요가 생기게 된다. 이 경우에 기업은 자사에 있어 보다 중요하다고 생각하는 종업원부터 우선적으로 경력 면에서의 처우를 고려할 가능성이 커지게 된다. 이처럼 우선적으로 처우를 받게 된다면, 이는 그 종업원에게는 일종의 보수가 된다고 할 수 있다.

(4) 종업원 상호 간의 인적 교류

네 번째는 전술한 기업 내의 인맥 형성과도 관계가 있는데, 기업 내 많은 부서에서 직무경험을 통해 보다 많은 종업원들과의 접촉을 갖게 함으로써, 종업원 상호 간의 인적 교류를 활발하게 하는 것을 들 수 있다. 기업 내에서 일을 수행하는 데 있어, 혼자서 완전하게 처리한다는 것은 쉽지 않은 일이다. 특히 일본 기업은 그룹으로 일을 추진하는 경우가 많다고 알려져 있는 점을 감안하면 더욱 그러하다. 이런 경우에는 여러 부서로의 이동경험이 있어, 실제로 접했던 적이 있는 종업원 사이라면 서로가 어떤 능력을 보유하고 있는지, 어떠한 사고방식이나 행동 패턴을 가지고 있는지 이해할 수 있기 때문에 부서 간의 조정이나 협력을 이끌어 내기 쉽다.

많은 부서를 경험시키는 것은 바꿔 이야기하면 많은 사람의 평가를 받는다는 것을 의미한다. 기업에 있어서, 직무순환을 통해 일정한 경력을 형성해 왔는지 아닌지의 여부는 그 기업 안에서 제 몫을 하는 종업원인지 아닌지의 기준이 된다고도 할 수 있다. 즉 기업에서 경력형성의 과정에서 기업 내의 수많은 상사로부터 평가를 받게 되는 셈이다. 종업원이 기업 내에서 이동하는 것과 동시에, 상사도 이동하여 평가자가 바뀌게 된다. 이 때문에 소수의 평가자가 평가함에 따라 발생할 수 있는 평가에 대한 오류의 시정이 용이하게 되어, 보다 적합한 사람이 승진할 가능성이 높아지게 된다고도 할 수 있다. 하지만 이러한 결과로 미국 등에 비해 상위의 관리자나 경영자로의 선발·승진이 늦어지게 된다고 하는 폐해에 대해서도 지적되고 있다(고이케, 2005).[7]

반면 신규자 중심의 종업원이 많은 기업에서는 단지 하나의 기업 내 경력만을 쌓게 됨으로써 시야가 좁아져 버리게 되어, 새로운 발상이나 혁신이 일어나지 않는다고 하는 비판도 존재한다. 대기업 등에서 종종 볼 수 있는 젊은 중견종업원의 외부 연수파견(타 기업이나 공공기관·기업단체 또는 연구기관·대학 등)은 이러한 비판에 대응하기 위한 방안이라 할 수 있다. 또한 다양성의 관점에서 다양한 인재를 채용하거나 경력채용을 적극적으로 활용하는 것 역시, 이러한 문제에 대응하고자 하는 노력의 측면에서 바라볼 수 있다.

(5) 기업 인사 정책의 제시

다섯 번째로, 경력형성을 통해 기업의 인사 정책을 기업 내외(특히, 기업 내부)에 제시하는 것을 들 수 있다. 예를 들어 직무순환에 있어, 경험한 직무를 통해 그 기업에서 요구하는 능력이나 인재상이 보다 명확해지게 된다. 경험한 직무의 폭이 일정한 직능의 폭을 넘어서서 넓어지게 된다면, 그 기업은 제너럴리스트 육성을 지향한다고 할 수 있다. 또한 경력형성의 방법(특히, 직무순환이나 선발)에 변화가 있는 경우, 기업 내부에서는 이를 인사 정책의 변화라고 인식할 가능성이 있다. 아울러 경력형성에 복수의 패턴이 존재하는 경우에는 어떠한 직무로 이동했는지 살펴보기만 해도 그 종업원이 어떤 패턴에 속해 있는지 알 수 있다(이것이 선발의 결과를 의미할 수도 있다).

3. 경력형성의 과정

일반적으로 경력형성의 과정은 평이한 업무에서 어려운 업무로, 단순한 업무에서 복잡한 업무로 이동하면서 이루어지게 된다. 이 과정에는 점차 더 넓고 깊은 지식·기술을 요하는 직무나 고도의 판단을 요하는 업무로 이동하게 되거나, 관련성이 높은 업무로의 이동도 포함되는 경우가 많다. 기업은 종업원이 능력을 높여, 보다 생산성 높은 업무가 처리 가능하게 되기를 바랄 것이다. 하지만 처음부터 어려운 일을 담당하도록 하는 것은 기업에게는 실패나 손실 발생의 리스크가 있는 데다가, 이러한 능력을 업무경험을 거치지 않고 몸에 익히도록 하는 데에는 많은 시간과 비용을 필요로 하게 된다. 따라서 평이한 업무로부터 어려운 업무로, 그리고 관련성이 높은 업무로 이동시키는 것은 많은 종업원들에게 고차원의 지식·기능을 체화시킬 수 있다는 의미에서 볼 때, 인재육성·능력개발을 위해 가장 효율적인 방법이다. 이를 일본 경제의 경쟁력의 원천이라고 평가하는 견해도 있다(고이케, 2005).[8]

특히 업무 현장에서 기술·능력, 그중에서도 비정형적인 내용을 많이 포함하고 있는 업무와 관련된 기술·능력은 글의 형태로 표현하기 어려운 '암묵지'暗默知인 경우가 적지 않다. 이러한 기술·능력은 경력형성을 중심으로 하는 OJT를 통해서만 기업 내에서 계승한다는 것은 어려운 일이다.[9] 하지만 이와 같이 양성된 종업원이라면 가능한 업무 영역이 넓어지게 되어, 예를 들어 일이 집중되는 시기나 다른 종업원의 휴가 등에도 적절히 대응할 수 있다. 또한 이상 사태의 원인을 파악할 수 있어 사고나 손해의 발생을 미연에 방지한다거나 문제 발생 이후의 대책 수립에 기여하는 것도 가능하다. 나아가 관리직이 되려는 경우에 필수적인 업무 상호 간의 관계나 어떤 일이 기업 전체에 대해 갖는 의미에 대해 이해하는 것 등에도 유용하다.

최근에는 변화가 감지되고 있기는 하지만, 일본에서는 일반적으로 신규졸업자로 입사하여 기업에 장기 고용되는 형태의 채용이 대기업을 중심으로 많이 이루어지고 있다. 보통, 종업원이 신입사원으로 입사한 경우에는 우선 인재육성에 중점을 두어 경력형성의 과정이 진행되게 된다. 대부분의 경우에 개별 종업원은 업무경험을 쌓아 가면서 전문 분야가 형성된다. 이와 같은 측면에서 볼 때, 일본에서의 인재육성은 제너럴리스트의 양성이 중심이 되었으며, 제너럴리스트를 우선시하다 보니 전문성이 우수한 인재육성은 다소 늦어졌다는 견해가 존재하는 것도 사실이다. 하지만 실증연구 결과에 따르면, 일본에서는 일정한 전문 분야를 가지고 있으면서 그 분야와 관련되는 보다 깊은 분야의 업무경험을 더하는 방식의 경력형성이 이루어지고 있음을 알 수 있다. 상위의 관리직이나 임원에서도 거의 같은 경향이 나타나기는 하지만, 이러한 직급에서는 폭넓은 경력을 보유한 사람도 존재한다(아베, 1995; 나카무라, 1992; 다치바나키, 1995 등).[10]

장기근속의 과정 중에는 업무경험을 쌓아 가는 것과 함께 승진이라는 것이 이루어지게 된다. 일본에서는 연공에 따른 승진이 이루어지고 있다라고 하지만, 실제로는 근속연수를 경과하기만 하면 일률적으로 승진하는 것이 아니라, 인사고과의 결과가 누적됨에 따라 점차 차이가 벌어지게 되고(다케우치, 1995)[11], 일정 시기에 이르면 중요한 결정적인 선발이 이루어지게 되어 상위의 관리직으로 나아가는 코스와 전문직으로 나아가는 두 가지 코스로 나뉘게 된다(고이케, 1991).[12] 이후 관리직 코스 안에서는 격한 경쟁이 벌어지게 되어 후보자 중에서 극소수만이 승진을 하게 되고, 그 외의 사람은 승진이 늦어지거나 승진할 수 없게 된다(하나다, 1987).[13] 이처럼 중요하고 결정적인 선발의 시기까지의 기간을 단축하려는 기업이 조금씩 나타나고 있다는 보고도 있으나, 기본적으로는 이러한 과정을 거쳐 기업 내에서의 경력형성이 이루어지게 된다.

하지만 이와 같은 경력형성의 방식은 신규 대졸 남성으로서 장기적이고 안정적인 고용(이른바 종신고용)의 대상이 되는 대기업이나 중견기업의 화이트칼라 종업원에게 나타나는 특징적인 형태이다. 학력·성별(1990년대 「남녀고용기회균등법(男女雇用機会均等法)」 규정 이후에는 종합직·일반직 등의 '코스별' 채용이 이를 대체)에 따라 경력형성에는 차이가 명확하게 존재한다(특히 승진상의 구분이 현저하게 나타난다). 또한 이른바 경력채용이나 비정규직 종업원, 중소기업의 경우에는 기업이 명시적으로 경력형성을 지원하지 않는 경우도 적지 않다. 취업 빙하기에 많이 보이는 '신입 프리타フリーター'* 또는 '신입으로 취업한 직후 퇴직한 프리타'는 기업에 있어서 경력형성의 대상이 되지 않기 때문에 장기적인 직업능력의 개발에서 극히 불리한 입장에 놓이게 되는 것이 문제가 된다.

게다가 최근에는 '경력정체'의 문제가 커지고 있다(야마모토, 2016).[14] 1990년 즈음부터 기업 내에서 승진의 정체가 현저하게 나타나고 있는데, 이는 기업 성장의 둔화에 따라 승진할 자리가 부족해지거나 조직의 수평화(관리직 계층의 소멸), 종업원의 고령화나 고학력화의 진행이 주요 원인이 되고 있다. 승진의 정체는 종업원의 의식의 변화, 예를 들어 업무에 대한 만족감, 조직에 대한 몰입도 등의 저하 또는 이직의도나 업무상의 스트레스 등의 상승을 가져오게 된다(여기에는 개인차가 있다). 야마모토(山本寛, 2016)에 따르면, 이에 대한 기업의 대책으로는 전문직 제도의 정비, 직책 정년제도, 멘토링 등을 들 수 있다.

---

* '프리(free)'와 '아르바이터(arbeiter)'를 조합한 단어로 하나의 직장에 얽매이지 않고 자기가 편한 시간에 아르바이트를 하고 남는 시간에는 좋아하는 일을 하며 살아가는 사람들을 지칭하는 말(옮긴이).

4. 경력형성과 업무 사이의 이동

(1) 업무 사이 이동의 세 가지 방향

경력이 업무경험의 축적에 따라 형성되는 한 업무 사이의 이동, 즉 업무로부터 다른 업무로의 이동이 어떻게 이루어지냐 하는 것은 경력형성에 있어 매우 중요한 의미를 갖게 된다. 그렇다면 업무와 업무 사이의 이동은 어떻게 이루어지는 것일까.

기업 내 업무 사이의 이동에는 세 가지 방향의 이동이 있다고 생각할 수 있다. 첫째, 수직 방향으로의 이동, 즉 기업 내의 계층(예를 들어, 기업 내의 직능자격, 직능등급, 역할등급, 지위)에 따라 이동하는 것으로, 대표적인 것으로는 승진·승격을 들 수 있다. 둘째, 수평 방향으로의 이동, 즉 기업 내 계층상의 위치는 변화하지 않은 채로 다른 업무로 이동하는 것을 말한다. 일반적으로 기업 내에서의 이동은 이러한 수직·수평의 두 방향의 이동, 혹은 양자의 조합이라고 할 수 있다.

하지만 여기에 추가해 제3의 방향을 들 수 있다. 즉 기업의 중심 방향으로의 이동이다(Shein, 1978).[15] 이와 같은 이동은 기업 내, 책임의 증대 등과 함께 조직의 중심으로 향하게 되는 이동을 의미한다. 중심 방향으로의 이동은 수평 방향으로 이동의 하나로 이야기할 수도 있으나, 굳이 다른 유형으로 구분하는 것은 후술할 내용과 같이, 양자가 갖는 의의가 다르기 때문이다. 아래에서 이 세 가지의 이동 방향이 갖는 의의에 대해 살펴보도록 하자.

(2) 승진의 의의

수직 방향으로의 이동은 대부분 승진에 해당된다. 이는 기업 내에서의 지위의 상승을 의미한다. 일반 종업원(비관리직. 이른바 평사원)에서 주임이나 치프chief라는 지위에 다다르거나, 과장에서 부장으로와 같이 지위가 상승하는 경우가 승진의 사례이다. 경력형성이라고 하는 의미에서는 동일한 업무라 하더라도 그 내용이 바뀌게 된다. 예를 들어, 권한·위임·범위(부하의 수나 지역의 넓이 등)가 넓어지지 않고 깊어진다고 히는 것을 들 수 있다.

승진에는 세 가지의 의의가 있다(이토, 1996).[16] 첫째는 업무에 적합한 사람의 배치이다. 둘째, 보다 우수한 인재를 보다 중요한 포스트(지위·업무)에 배치하기 위한 선발이다. 셋째, 인센티브, 특히 장기적인 기술·능력 형성의 촉진을 들 수 있다.

첫 번째 의의는 기업조직이 계층구조를 형성하고 있어, 그 안에서 개별 업무가 배정됨에 따라 승진을 통해 업무에 적합한 인재의 배치가 가능하게 된다고 보는 것이다. 두 번째 의의는 기업 내 종업원의 지식이나 능력에 관한 정보를 수집하여 선발할 수 있다는 것이다. 세 번째 의의는 금전적인 보수의 증가나 사회적 지위의 상승 등이 기대된다는 점에서 승진은 인센티브로서의 역할을 할 수 있으며, 승진 후에는 보다 높은 지식이나 능력이 요구되기 때문에 종업원의 능력 향상을 도모할 수 있다는 점을 들 수 있다.

(3) 수평 방향으로 이동의 의의

수평 방향으로 이동은 기업 내에서의 지위는 변화하지 않은 채 담당하는 업무가 변화하는 것을 말한다. 정확하게 말하면, 다른 업무 포지션으로 이동하는 것이다. 배치전환에는 업무 폭의 확대나 인적 교류 등이 가능하게 된다는 의의가 있다.

또한 승진이 가져다주는 첫 번째 의의로 언급했던 '업무에 적합한 인재의 배치'는 수평 방향으로의 이동에도 적용할 수 있다. 기업에서는 종업원의 업적 향상이나 능력 형성이 가능한 업무로의 전환배치가 필요하게 되는데, 종업원에게 있어서도 금전적 보수 측면에서뿐만 아니라, 자신에게 보다 적합한 업무로 배치된다는 의미에서 수평 방향으로 이동의 의미는 존재한다.

(4) 중심 방향으로 이동의 의의

중심 방향으로 이동의 의의는 첫째, 그 기업에 있어 실질적인 지위의 상승이 되어 승진과 같은 효과를 얻게 되는 것이라 할 수 있다. 예를 들어, 조직 내에서 특전을 누리게 되거나, 조직의 비밀(방침이나 계획 등)을 알게 되는 것 등을 들 수 있다(Shein, 1978).[17] 동일한 지위에 있지만 경비지출을 결정할 수 있는 것과 같이 권한이 높아지는 것은 이와 같은 중심 방향으로의 이동이 주는 특전에 해당한다. 또한 개별 사업부분의 책임자(예를 들어 사업부장)에서 기업 전체의 경영전략 수립의 책임자(예를 들어, 기획부장)로 바뀌게 되는 이동은 조직 비밀의 입수에 관여하게 된다고 볼 수 있다. 이 외에도 비정규직에서 정규직으로의 전환이나, 기업의 중요한 의사결정을 위한 위원회에 소속되는 것 등도 여기에 포함할 수 있다.

두 번째 의의는 첫 번째 의의와 관계되는데, 실질적인 지위의 상승이면서도 승진을 수반하지 않는 가능성이 있다는 점이다. 이 경우 금전적 보수의 변경이 없기 때문에 기업의 비용은 증가하지 않는다.

마지막으로 세 번째 의의 역시 첫 번째 의의와 관계되는데, 기업에서 보다 중요한 부분에 관여하게 되어 종업원에 대한 신뢰가 높아지고, 종업원 자신의 책임감도 높아지게 됨으로써 성장이 촉진된다는 점이다(가

나이, 1999).[18] 보다 중요하거나 어려운 업무에 도전시켜, 상급자의 조언과 지원 등을 받아가면서 해당 업무를 달성해 나가도록 유도하는 것은 인재육성의 중요한 기능 중의 하나이다. 중심 방향으로의 이동은 이 기능과 밀접하게 관련되어 있다.

5. 경력형성 정책의 변화

(1) 기업 주체의 계획적 · 체계적인 경력형성

원래 일본에서는 기간(핵심)이 되는 종업원을 중심으로 하여 기업 내 경력형성(특히 배치·이동)이 이루어지는 것을 당연한 전제로 두고, 인적자원관리가 이루어져 왔다고 할 수 있다. 이를 가능하게 한 것은 처우 측면에 있어서의 직능자격제도와, 법률적인 측면에서 이른바 사용자의 인사권(특히 배치전환명령권)을 들 수 있다. 만일 업무 내용에 따라 급여가 변하는 직무급이라고 한다면 이동하는 곳의 직무에 따라 급여 수준이 내려갈 가능성도 있으며, 업무와 업무 사이의 이동에 대해 종업원이 저항하는 모습도 생각해 볼 수 있다. 이에 비해 직능자격제도(직능급)에서는 기업 내에서의 업무 간 이동이 이루어지더라도 직능자격이 바뀌지 않는다면, 급여 수준이 떨어질 리는 없다. 또한 법률적으로도 기업 내에서의 업무 간 이동(배치전환)은 기업 인사권의 범주에 속하기 때문에 노동계약이나 취업규칙에 이동가능성이 명시되어 있으며, 실제 이동이 업무상 필요가 없다거나 부당한 목적에 의한 것이거나 기타 기업에 의한 권리의 남용으로 비춰지는 것이 아니라면 종업원은 원칙적으로 기업의 배치전환 명령에 따르게 된다. 이와 같이 기업에 있어서는 기업 스스로가 주체가 되어 경력형성을 할 수 있는 조건이 마련되어 있다고 할 수 있다.

일본에서 기업이 주체가 되어 계획적·체계적인 경력형성이 본격적으로 행해지게 된 시기는 고도 성장기부터라고 할 수 있다. 1960년대부터 대기업을 중심으로 장기적인 인재육성·경력개발계획(CDP: Career Development Program)에 대한 관심이 높아져, 이를 채택하려는 움직임이 시작된 것으로 보인다(요시카와, 1982). CDP는 개별 종업원의 경력이나 능력개발에 대해, 기업이 요구하는 인재상과 해당 종업원의 적성이나 희망을 고려하여 장기간에 걸쳐 계획을 수립하는 것을 의미한다. 이 계획을 통해 기업 내외에서의 연수·교육 활동이나 직무순환이 조합되어, 목표로 하는 경력이 형성되고 인재육성이 이루어지게 된다(도표 8-1). CDP의 장점으로는 업무의 전문화·다양화에 대응하여 인재의 체계적인 육성이 가능하다는 점, 개별 종업원의 적성에 맞춘 다방면의 육성을 통해 종업원의 자기실현의 촉진이나 의욕 향상을 도모할 수 있다는 점, 기업의 사업 분야 전환 등으로 인한 직종전환에도 적응할 수 있는 '다재다능한' 인재육성을 철저히 할 수 있다는 점, 숨겨진 인재의 발굴·재배치가 가능하다는 점을 들 수 있다(인간능력개발센터, 1982).[19]

하지만 CDP의 보급은 반드시 순조롭지만은 않으며, 또 이를 도입한 기업도 여러 가지 어려움에 직면하게 되었다. CDP에는 원래 다음과 같은 단점이 있음이 지적되고 있다(인간능력개발센터, 1982).[20] 즉 종업원 수가 적은 경우에는 프로그램에서 의도한 것과 같이 배치가 불가능하다는 점, 오랜 경력이 현재에도 도움이 될 것인가 하는 의문이 드는 점, 경력체계가 변한 경우에 이를 재검토하는 것은 귀찮은 일이 된다는 점, 종업원 자신의 희망에 부합하지 않은 경우 오히려 욕구불만의 원인이 된다는 점, 개인 데이터의 관리·처리가 수고스럽다는 점 등을 들 수 있다.

도표 8-1 전체 시스템으로서의 CDP

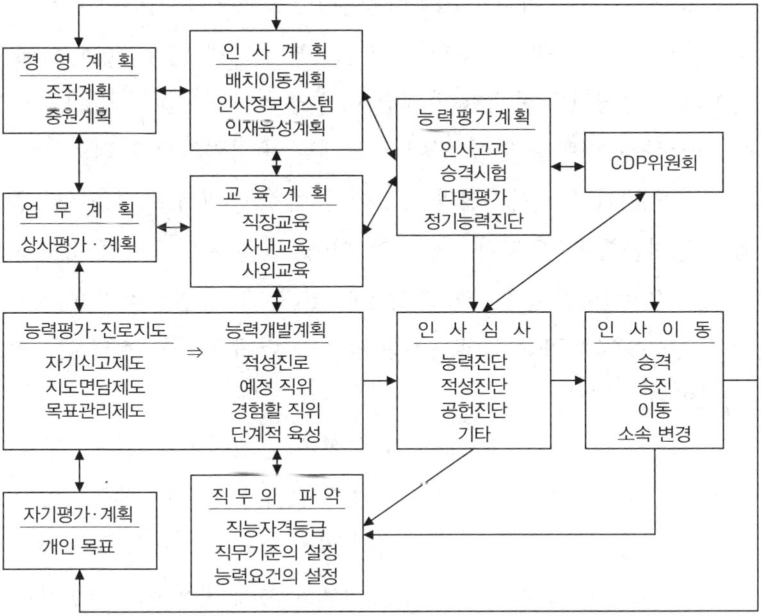

출처: 吉川栄一. (1986).『人材の育成と活用』. 早稲田大学出版部.

이 외에 기업이 경력을 결정한다는 풍토가 강한 곳에서는 효과를 기대하기 어렵다는 점, 장래가 불투명한 기업에서는 장기적인 경력을 고려하는 것이 어렵다라는 점도 문제가 된다. 실제 환경 변화가 급격한 상황에서는 일정한 경력 코스를 설계하더라도 자주 재검토될 수밖에 없다. 게다가 CDP는 기본적으로 종업원별로 책정되어야 하는 것이기 때문에 기업의 경영전략이 바뀌게 되면(예를 들어, 새로운 분야로의 진출이나 후퇴), 이에 미치는 영향도 커져 CDP 재검토를 위한 시간이나 노력의 비용도 커지게 된다. 또한 최근에는 기업의 인수합병M&A: Merger and Acquisition이 활발해져서, 합병이나 지주회사 산하에 들어가게 되어 사업의 타사 매각도 드문 일이 아니게 되었다. 이러한 경우에는 기업이 앞서 설계한 CDP를 책임질 수 없다고 하는 상황도 발생하게 된다. 이에 더해 장기적이고 안정적인 고용관행이 점점 더 흔들리고, 기업 간의 이동이 빈번히 발생하게 되면 기업에 있어서도 개별 종업원의 장기적인 경력을 설계하는 인센티브가 사라짐과 동시에 종업원 중에서도 처음부터 동일 기업에 장기근속 할 의지가 사라지게 되어, 단일 기업에서의 CDP에 관심을 갖지 않는 사람도 증가할 가능성이 있다. 또 종업원의 요구 자체가 변화하는 경우에 CDP를 재검토하는 것이 어렵게 된다는 것도 문제점으로 지적할 수 있다.

이와 같은 상황하에서는 CDP의 장점은 한정적이게 된다. 예를 들어, 사업환경의 변화가 크지 않거나 종업원의 유동성이 작은 기업이라면 CDP는 유용할 것이다. 또한 기업에 있어 중요한 역할을 하는 종업원(이른바 간부 후보생이나 고도의 기술·능력을 보유한 자 등)에 대해서는 근무처로 해당 기업을 선택하게 하거나 그 기업에 계속 남게 하기 위한 조건으로서 CDP를 설계할 가능성이 있다. 이와 같은 점에도 불구하고, CDP의 근저에 있는 기업 요구와 개별 종업원의 의도까지도 포함하는 체계적인 경력형성 그 자체의 의미는 오늘날에도 여전히 줄어들지는 않았다고 생각된다.

(2) 종업원의 주체성 · 자율성을 존중한 경력형성

앞으로의 경력형성은 종업원의 주체성·자율성을 한층 더 높여, 기업은 경력형성·능력개발 등에 필요한 도구나 정보의 제공에 노력을 기울임과 동시에, 개별 종업원은 가능한 한 자신의 니즈를 반영한 경력형성을 해 나갈 필요가 있다.

구체적으로 기업은 기업을 둘러싼 환경이나 경영전략, 각 부서·종업원에게 요구되는 중장기·단기적인 역할·목표라는 정보 및 기업으로부터 제공 가능한 도구 등을 제시한다. 그리고 개별 종업원이 기대하는 경력의 모습을 포함하여 상사와의 커뮤니케이션을 통해 종업원 경력·능력 개발의 계획을 설계한다.

선진 기업에는 이미 이러한 방향에서의 경력형성이 이루어지고 있다(도표 8-2, 도쿄상공회의소, 2005).[21] 여기서 중요한 점은 기업은 종업원의 기술·능력을 활용하지만, 경력형성에 대해서는 오히려 종업원이 주체가 된다고 해도 과언이 아니며, 기업은 단지 이를 지원하는 역할을 할 뿐이라는 것이다.[22] 이는 기업에도 개별 종업원에게도 쉬운 일은 아니지만, 종업원과 기업의 한쪽에게 과도한 리스크를 부담하게 하는 경력형성은 지속되기 어렵다는 것을 의미한다.

도표 8-2 경력형성시스템 개념도

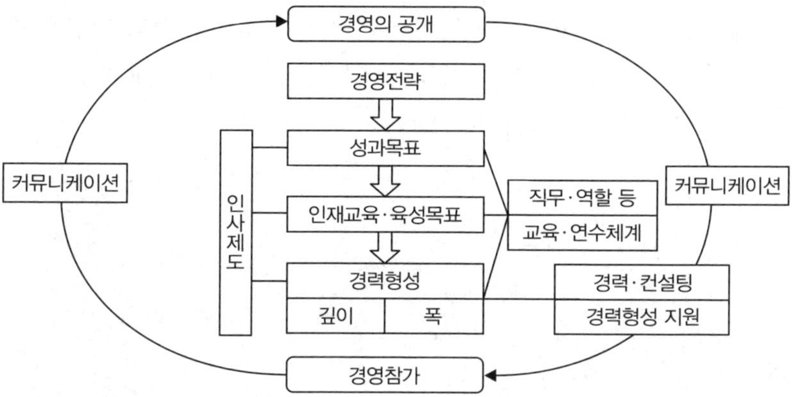

출처: 東京商工会議所. (2005).

6. 결어

앞으로 기업은 다양한 타입의 종업원을 활용해야만 하고, 경력형성도 고용형태에 따라 충분히 배려해야만 한다. 또한 경력형성의 책임이나 리스크는 고용형태에 따른 차이가 어느 정도 존재한다고 하더라도 기업과 개인이 서로 공유해 나가지 않으면 안 된다. 그 이후에 기업과 개인이 적정한 긴장관계 아래에서 '공생'의 관계를 구축해 나가야 하는 것이 앞으로 가져야 할 자세이다.

아울러 앞으로는 기업 외부에서의 경력을 기업 내의 경력형성 시 고려하지 않으면 안 되는 경우가 많아질 것으로 예상된다. 즉 종신고용관행이 점차 희미해져 외부노동시장이 확대되어 경력채용이 증가하게 되고, 기업의 M&A 등으로 상이한 경력을 보유한 종업원들이 같은 회사에서 근무하는 경우도 생각할 수 있다. 이러한 상황이 계속되면 기업 주도의 경력형성을 선호하지 않는 종업원이나 경력형성에 있어 스스로의 의지를 강하게 주장하는 종업원이 늘어날 가능성이 높아진다. 기업이 종업원을 고스란히 끌어안는 것은 이제 어려운 일이다. 오히려 기업은 종업원의 자율적인 경력형성을 지원해 가는 방향으로 전환해 가야 하는 것은 아닌지에 대한 고민이 필요하다.

주

1 특히, 다른 직무를 담당하도록 하기 위해 동일 기업 내에서 행해지는 연속적인 직무 간의 이동인 직무순환의 경우에 이러한 경향이 현저하게 나타난다.

2 '이동'은 기업 내에서 담당하는 일이나 지위, 근무지 등이 (주로 그 기업의 명령에 따라) 바뀌는 것을 말한다. 이는 경영, 인적자원관리에서 특수한 용어이다. 또한 이 장에서는 '이동'이라는 용어를 사용하였는데, 이는 담당하는 일만 변경되는 것을 의미한다.

3 OJT는 On the job training의 약자로, 기업 내에서 일을 통해 이루어지는 교육훈련을 말한다. 이에 반해, 일에서부터 멀어져서 따로 이루어지는 교육훈련(예를 들어 집합연수)을 Off-JT(off the job training)라고 한다. 제3장과 제9장을 참고하기 바란다.

4 물론 자신이 희망하지 않는 이동에 의해 오히려 자아실현을 방해받을 가능성도 부정할 수는 없다.

5 諏訪康雄. (1999). 「キャリア権の構想をめぐる一試論」. 『日本労働研究雑誌』, 第468号.

6 Shein, E. H. (1990). *Career Anchors. Jossey-Bass*. (金井壽宏 訳. (2003). 『キャリア·アンカー』. 白桃書房.)

7 小池和男. (2005). 『仕事の経済学 (第3版)』. 東洋経済新報社.

8 小池和男 전게서.

9 반면 선진적인 기술, 지식 등 OJT를 통해 배울 수 없는 것도 있기 때문에 Off-JT와의 연계가 필요하다.

10 阿部健. (1995). 「事務系ホワイトカラーの企業内移動」. 『日本労働研究雑誌』, 第426号; 中村恵. (1992). 「ホワイトカラーの労働管理と職種概念」. (橘木俊詔 編.). 『査定·昇進·賃金決定』. 有斐閣; 橘木俊詔. (1995). 「役員への途と役員の役割」. (橘木俊詔·聯合生活開發総合研究所 編.). 『昇進の経済学』. 東洋経済新報社.

11 竹内洋. (1995). 『日本のメリトクラシー』. 東京大学出版会.

12 小池和男. (1991). 『ホワイトカラーの人材開発』. 東洋経済新報社.

13 花田光世. (1987). 「人事制度における競争原理の実態」. 『組織科学』, 第21券, 第2号.

[14] 山本寛. (2016).『働く人のキャリアの停滞』. 創成社.

[15] Shein, E. H. (1978). *Career Dynamics*. Addison-Wesley. (二村敏子·三善勝代 訳. (1991).『キャリア·ダイナミクス』. 白桃書房.)

[16] 伊藤秀史. (1996).『日本の企業システム』. 東京大学出版会.

[17] Shein, E. H. (1978). *Career Dynamics*. Addison-Wesley. (二村敏子·三善勝代 訳. (1991).『キャリア·ダイナミクス』. 白桃書房.)

[18] 金井壽宏. (1999).『経営組織』. 日本経済新聞出版社.

[19] 人間能力開發センター 編. (1982).『いまなぜCDPか』. 青葉出版.

[20] 人間能力開發センター 編 전게서.

[21] 東京商工会議所 編. (2005).『中小企業における労働者のキャリア形成支援に関する調査検討事業報告書』. 東京商工会議所.

[22] 기업이 전부를 행할 필요 없이, 예를 들어 경력 카운슬링 등은 외부의 전문가를 활용하는 것도 좋다고 생각된다.

조금 더 공부하고 싶은 사람을 위해

- 平野光俊. (1994).『キャリア·ディベロップメント』. 文眞堂.
- 金井樹宏. (2002).『働く人たちのためのキャリア·デザイン』. PHP研究所.
- 川端大二·関口朋代 編著. (2005).『キャリア形成』. 中央経済社.
- 菊地達昭·合谷美江 編著. (2007).『キャリア開發論』. 東洋経済新報社.
- 山本寛 編著. (2016).『働く人のキャリアの停滞』. 創成社.

옮긴이 해설

일본식 경영의 장점 중 하나로, 다양한 직무를 경험토록 하는 경력형성의 과정을 들 수 있다. 즉 '일을 통한 학습'이라는 관점에서 업무를 통해 많은 상사로부터 다양한 평가를 받고, 그 안에서 보다 객관적인 검증을 거치도록 함으로써 조직이 필요로 하는 인재로 양성할 수 있다는 점이다. 이러한 접근이 가능했던 것은 과거 장기고용과 안정적 보수체계 등의 환경요인을 들 수 있다. 하지만 이러한 경력개발과 인재양성은 고용형태가 다양화되고 노동시장의 유연성이 커져 감에 따라 더 이상 의미를 갖기 어렵게 되었다.

경력형성의 주체가 조직이 아닌 개인으로 변화하고 있는 현상도 이와 무관하지는 않다. 즉 조직을 둘러싼 환경 변화는 앞으로의 경력개발과 경력형성에서 조직이 아니라 개인이 주도적 책임을 가져야 할 것을 요구하고 있다는 것이다. 따라서 개인은 경력 그 자체뿐만 아니라 경력형성의 과정에도 보다 적극적으로 관심을 가지고 적절히 대응하지 않으면 안 된다. 개인은 경력형성의 한 축으로서 어떤 업무에서 다른 업무로의 이동을 경험하게 되는데, 이 경우 직무 내용 자체가 변화하기 때문에 직무수행을 위해 필요로 하는 기술과 역량을 키우기 위해서 스스로 보다 적극적인 자기 계발의 노력을 기울여야 한다.

이처럼 경력형성의 과정은 자연스레 인재개발과도 연결이 되는 주제가 된다. 또한 개인의 경력개발에 대한 노력과 함께 조직의 책임성을 필요로 하기 때문에, 경력형성의 과정은 조직의 인재개발에 대한 정책 방향을 엿볼 수 있는 지표가 되기도 한다. 경력개발 책임의 무게 중심이 개인에게 있다 하더라도 그 과정에서 조직의 역할을 무시할 수는 없다. 조직은 종업원 경력형성의 과정에서 접하게 되는 많은 부서와 평가자를 통한 직·간접적인 평가를 인재육성의 도구로서 활용하거나, 보상으로서의 경력개발지원 등 인적자원관리 정책으로 활용할 수 있어야 한다. 아울러 조직 내부에는 조직의 수평화로 승진 T/O Table of Organization의 감소, 경력정체 등의 문제도 발생하게 되는데, 이에 대한 대책으로 수평적 조직문화의 구축, 전문직제도 개편 등 인사제도상의 보완책 마련에도 관심을 가지고 지원할 필요가 있다. 결국 경력개발은 인적자원관리와 인적자원개발의 교차점에 위치한다는 점에 유념하여, 경력개발의 성과가 조직 전체의 성과 창출과 개인의 역량 개발에 기여할 수 있도록 추진되어야 할 것이다.

제 9 장

글로벌 인재개발

1. 도입

IT(정보기술) 혁신이 진행됨에 따라, 세계 경제의 글로벌화는 한층 더 가속화되고 있다. 이와 동시에 아시아 신흥국들의 눈부신 경제성장으로, 경제활동의 중심이 서구로부터 아시아 신흥국으로 이동하고 있다.

경영의 주요 자원인 사람, 물자, 돈, 정보 중에서, 일본은 물자, 돈, 정보의 글로벌화는 진전되어 왔지만, '사람'의 글로벌화는 안타깝게도 충분히 진전되지 못하고 있는 실정이다. 그 배경으로는 일본 기업이 요구해 온 인재요건과 해외에서 주류가 되는 글로벌 인재요건이 다르다고 하는 점을 이유로 들 수 있다.

이 장에서는 우선, 일본을 둘러싼 외부환경이 크게 변화하고 있다는 것에 대해 소개하고자 한다. 그리고 일본의 경제성장을 뒷받침해 온 '일본식' 고용시스템과 외국에서의 주류가 되어 있는 '성과주의형' 고용시스템에 대해 비교해 볼 것이다. 이 두 가지 시스템의 차이를 포함하여 '일본식' 고용시스템으로부터 '성과주의형' 고용시스템으로 변모하게 된 인재의 만족요인에 대해 살펴보고, 아울러 일본 기업이 '성과주의형' 고용시스템으로 이행하기 위한 과제들에 대해 검토하고자 한다. 마지막으로 글로벌 인재가 되기 위해 인생의 탐색기에 있는 학창 시절에 준비해야만 할 것들은 무엇인지 제시하고자 한다.

2. 글로벌 시대와 글로벌 인재

인터넷을 중심으로 하는 사회가 형성됨에 따라 '글로벌 사회'라 불리는 새로운 세계 속에서 인터넷상의 커뮤니케이션 언어인 영어가 중심적으로 사용되는 세상이 되어 있다. 쓰치다(土田昭夫, 2011)[1]는 글로벌 인재를 능력과 역할의 두 가지 측면에서 '글로벌 사업의 동력이 되는 인재'라고 정의하고 있다.

일본의 글로벌 사회로의 대응은 해외시장을 무대로 하는 기업을 중심으로 하여 진행되고 있다. 예를 들어, 적극적인 글로벌화 전략을 채택하고 있는 유니클로FAST RETAILING CO., LTD.나 라쿠텐楽天은 영어를 사내의 공용어로 삼고 있다. 또한 일본을 대표하는 기업인 히타치日立는 2012년에 입사한 사원부터 사무직 전원 및 기술직의 절반가량은 장래에 해외에 부임하는 것을 전제로 하여 채용하고 있다. 시세이도資生堂, 미쓰이물산三井物産, 후지富士필름 등은 유능한 인재를 세계 수준에서 활용하기 위해 전 세계적으로 통일된 인사제도를 도입하기 시작하였다. 글로벌 기업을 목표로 하는 일본 기업은 인재 또는 직장의 글로벌화에 적극적으로 나서고 있다.

3. 아시아 신흥국의 눈부신 경제성장

관점을 일본 이외의 국가들로 옮겨 보자. 상세한 내용은 졸저(2017)를 참고하면 좋겠지만 〈도표 9-1〉에서 알 수 있듯이, 2005년부터 2015년까지 10년간 아시아 신흥국의 1인당 GDP는 크게 증가하고 있다. 비교적 규모가 큰 태국, 인도, 인도네시아의 경제성장뿐만 아니라, 미얀마, 말레이시아, 필리핀, 라오스, 베트남, 캄보디아 등 작은 규모의 신흥국에 있어서도 경제성장은 현저하게 나타난다.

〈도표 9-1〉의 1인당 GDP에서 발생하는 구매력의 차이는 신흥국의 규모에 따라 상당히 크게 나타나는데, 작은 규모의 신흥국에서도 경제력이 점차 상승하고 있음을 알 수 있다. 앞으로 아시아 신흥국의 경제성장을 고려한다면, 일본 기업은 아시아의 신흥국을 '생산시장'으로 바라보는 것이 아니라, '소비시장'으로 생각할 필요가 있다.

또한 선진국인 홍콩과 일본의 1인당 GDP를 비교해 보면, 2005년에는 일본의 1인당 GDP가 홍콩보다 1만 달러 이상 높았으나, 10년 후인 2015년에는 반대로 일본보다 홍콩이 7,000달러 이상 높아졌음을 알 수 있다.

도표 9-1 아시아 신흥국의 1인당 GDP (2005년, 2015년) 및 증가율

국명	1인당 GDP(달러)		2005년부터 2015년까지의 증가율
	2015년	2005년	
말레이시아	9,644	5,594	1.7배
중국	8,069	1,753	4.6배
태국	5,815	2,894	2.0배
인도네시아	3,336	1,261	2.6배
필리핀	2,878	1,195	2.4배
라오스	2,159	475	4.5배
베트남	2,107	700	3.0배
인도	1,613	707	2.3배
미얀마	1,195	247	4.9배
캄보디아	1,163	474	2.5배
일본	34,474	37,218	0.9배
홍콩	42,351	26,650	1.6배

출처: The World Bank World Development Indicators. 2016년 현재. 일본과 홍콩은 참고.

4. '일본식' 고용시스템과 '성과주의형' 고용시스템

제2차 세계대전 이후 일본 기업은 장기고용, 연공임금, 기업별 조합을 축으로 하는 일본 독자적인 고용관행을 채택하게 되었다. 기업은 자사의 장기적 경영전략 아래에서, 정규 교육 과정을 마친 신규졸업생을 일괄하여 채용하고, 개개인의 잠재능력에 맞추어 기업에 필요한 인재로 육성해 왔다. 신규로 일괄 채용한 인재에 대해 정년퇴직까지 고용을 보장하는 이러한 일본 고유의 고용관행은 '일본식' 고용시스템이라 불리게 되었다.

'일본식' 고용시스템하에서는 채용전형 시의 기초학력과 잠재능력의 유무가 중시되어, 대학(학교)에서 학부나 전문 분야의 학습 내용을 묻는 경우는 많지 않았다. 승진 심사에서도 업적만이 아니라 인품이나 연령과 같은 속인적 요소가 고려되었다. 기업에 새로운 분야의 인재가 필요하게 되는 경우에는 사내에서 직접 필요한 인재를 육성하였으며, 외부시장에서 경력채용을 하는 경우는 많지 않았다.

제2차 세계대전 이후의 고도성장기는 필요한 인재를 확보하기가 어려웠던 시기로, 앞서 설명한 '일본식' 고용시스템은 비용이 많이 소요되지만 기업에 있어서는 합리적인 방법이었다. 하지만 1990년대 이후 버블경제가 붕괴되고 국제경쟁이 격화되는 과정에서 일본 대기업은 인재의 활용방법을 '일본식' 고용시스템으로부터 '성과주의형' 고용시스템으로 전환하기에 이르렀다.

그렇다면 서양의 기업은 어떻게 인재를 채용하고 있는 것일까. 서양 기업에서 인적자원관리의 기본이 되는 것은 '직'職, post이다. 인원의 보충은 직종별 공모를 기반으로 필요한 직무를 수행할 수 있는 최적의 인재를 외부노동시장으로부터 채용한다. 응모 당시의 직무경험이 적은 경우에는 전형 과정에서 높게 평가받지 못한다. 또한 '성과주의형' 고용시스템하에서는 고용은 계약에 근거해 일반적으로 기간의 정함이 있어, 고용의 계속성이 보장되는 것은 아니다.

5. '일본식' 고용시스템에서 '성과주의형' 고용시스템으로

1989년 소비에트 연방의 붕괴를 시작으로 한 냉전 종식을 계기로, 자유무역을 향한 움직임도 가속화되어 일본 기업의 경영환경은 크게 변화하게 되었다. 1990년 이후의 버블경제 붕괴로 인한 경기의 장기침체도 한층 더 심각해져서, 종래 일본식 고용관행에 기반한 '일본식' 고용시스템은 기업의 경쟁력을 저해하는 요인이라 지적받기에 이르렀다. 결과적으로, 일본 대기업을 중심으로 하여 높은 비용(장기고용, 교육투자, 사회보장 등)의 '정규사원'의 고용은 최소한으로 남기고, 낮은 비용(장기고용·연공임금이 적용되지 않음)의 '비정규노동자'를 증가시키는 방향으로 전환하게 되었다. 이러한 흐름은 경제의 글로벌화가 진행되고, 산업구조도 변화해 가는 과정에서 일본 기업의 인재활용 방식에 대한 재검토를 강요받은 결과이기도 하다.

일본경영자단체연맹(日本経営者団体連盟, 현재의 '일본경단련')은 1995년에 「새로운 시대의 '일본식 경영'－도전해야만 하는 방향과 그 구체적 방안－」이라는 보고서를 작성하였는데, 이 보고서는 앞서 설명한 고용방침의 전환을 가속화하는 계기가 되었다. 일본경영자단체연맹은 동 보고서에서 '고용 포트폴리오 모델'을 제시하고, 기업이 살아남기 위해서는 종래의 '정사원'을 중심으로 했던 고용관리를 재검토하여, '비정규노동자'를 적극적으로 활용할 필요성에 대해 강조하였다. 또 기업은 경영환경의 변화를 근거로 하여 '치열한 기업경쟁이 계속되는 가운데, 기업에서 인재의 육성과 업무의 효율화를 도모해 가면서 업무, 사람, 비용을 가장 적절하게 조합한 기업경영'을 실현할 필요성이 있다고 주장하였다. 구체적으로는 인원의 조정이 곤란한 고비용의 '정규사원'은 기업의 중핵이 되는 '핵심 인재' core 의 일부에 한정하고, 기간의 정함이 있는 고용이나 파견노동자 등의 '외부 인재'를 적극적으로 활용하여 노동력에 대한 '탄력성'을 높여, 인건비의 절약과 비용 감소의 실현이라는 고용전략의 전환을 추천·장려하였다. 고용 포트폴리오를 구성하는 세 가지의 그룹을 〈도표 9-2〉에 나타내었다.

도표 9-2 일본경영자단체연맹 「새로운 시대의 '일본식 경영'」 고용 포트폴리오

구분	장기 축적능력 활용형	고도 전문능력 활용형	고용 유연형
고용형태	기간의 정함이 없는 고용계약	기간의 정함이 있는 고용계약	기간의 정함이 있는 고용계약
대상	관리직, 종합직, 기능 계열의 기간직	전문직	일반직, 기능직, 판매직
임금	월급제 또는 연봉제, 직능급, 승급제도	연봉제, 업적급, 승급 없음	시간급제, 직무급, 승급 없음
상여	정률 + 승급	성과 배분	정률
퇴직금·연금	포인트제	없음	없음
승진·승격	직책승진, 직능자격승격	업적평가	상위 직무로의 전환
복지 정책	후생연금, 기업조합보험 등 생애 종합 정책	생활 지원 정책	생활 지원 정책

출처: 新·日本的 経営システム等研究プロジェクト編. (1995). 『新時代の「日本的経営」─挑戦すべき方向とその具体策』. 日本経営者団体連盟, p. 32.

① **장기 축적능력 활용형:** '기업이 종래의 장기 계속고용이라고 하는 사고방식을 가지고, 기업으로서도 일을 하면 좋겠고, 종업원으로서도 일하고 싶다는(고용 기간의 정함이 없는) 그룹'으로, 종래의 정규 기간基幹 직원이 대상이 된다.

② **고도 전문능력 활용형:** '기업이 책임져야 할 과제 해결을 위해 전문적인 숙련·능력을 가지고 대응하며, 반드시 장기고용을 전제로 하지 않는(고용 기간의 정함이 있는) 그룹'으로, 이 그룹은 계약사원으로서 적절한 인재를 경력채용시장을 통해 보완한다.

③ **고용 유연형:** '직무에 대해서는 정형적인 업무에서부터 전문적 임무를 수행할 수 있는 사람까지 다양하며, 종업원도 여가 활용형부터 전문적 능력 활용형까지 다양하게 고용하는 그룹'으로 파견노동자나 아르바이트 등의 노동자가 대싱이 된다.

상기의 고용 포트폴리오 모델이 발표된 1990년대 후반부터, 수출을 중심으로 하는 일본 대기업들은 글로벌 경쟁이 격심한 상황에서 서양 기업에서 주류가 되고 있는 '성과주의형' 고용시스템을 채택하기 시작하였다.

그렇다면 고용 포트폴리오 모델이 현재는 어떻게 운영되고 있는지에 대해 살펴보도록 하자. 〈도표 9－3〉에서 알 수 있듯이, 기업에서 '일본식' 고용시스템(장기 축적능력 활용형)이 전체의 60%를 차지하고 있으며, 고도 전문능력 활용 형태인 계약사원은 3.5%에 불과하다. 반면 고용 유연형인 아르바이트 노동자, 파견노동자 등을 포함한 비정규고용자는 약 40%에 이른다.

일본경영자단체연맹은 세 가지 형태의 고용 포트폴리오를 주장하며, 서양식 성과주의를 바탕으로 하는 노동시장으로의 전환을 도모하고

도표 9-3 고용 포트폴리오 현황

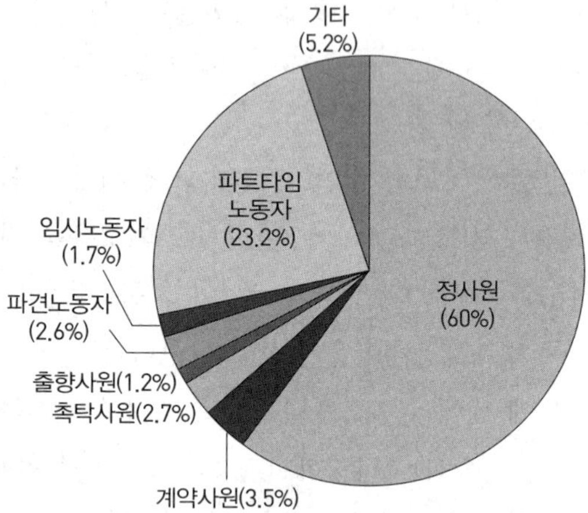

출처: 総務省 統計局 e-Sat (GL0820101).「就業形態の多様化に関する総合実態調査平成26年」表2 性, 産業 · 事業規模, 就業形態別労働者割合를 참고하여 작성.

자 하였다. 하지만 현실에서는 노동시장이 장기 축적능력 활용형과 고용 유연형의 두 가지로 나뉘어, 고도 전문능력 활용형의 인재시장은 활성화되지 못하는 문제가 있었다. 이에 더해 '고용 유연형'으로부터 '장기 축적능력 활용형'이나 '고도 전문능력 활용형'으로의 전환이 충분히 이루어지지 못하고, '고용 유연형'에만 머물게 되는 젊은 세대의 비정규 고용문제는 커다란 사회문제가 되었다.

6. 경력계획이 필요하게 된 이유

일본에서는 건실한 기업에 취업하여 정년퇴직까지 동일한 회사에서

안정된 인생을 보내는 것이 훌륭한 삶의 방식이라 생각되어 왔다. 일본 기업은 정규종업원에게 정년까지의 고용을 보장하고, 기업의 인사부는 조직의 장기적인 성장전략을 바탕으로 종업원의 배치관리, 승진관리를 일원적으로 담당해 왔다. 결과적으로 종업원은 고용보장과 맞바꾼 자신들의 직업인생을 소속된 조직의 인사 정책에 맡겨왔던 셈이다.

앞서 기술한 바와 같이 일본의 대기업이 '일본식' 고용시스템으로부터 '성과주의형' 고용시스템으로 전환을 도모하게 됨에 따라, 기업은 전체 종업원의 고용을 보장할 필요가 없어지게 되었다. 또한 거의 동시에 미국에 널리 정착된 '경력계획'에 대한 생각이 일본의 학교 교육에도 도입되어, 자신의 직업인생은 자신이 책임져야 한다는 생각도 널리 정착되게 되었다. 이에 더해, 개인적인 측면에서도 '자신의 인생은 자신이 스스로 결정하고 싶다'거나 '직접, 기여할 일을 하고 싶다' 등의 다양한 생활방식을 희망하는 젊은 세대가 증가하게 되었다.

7. 경력이란 무엇인가?

'경력'이라는 단어는 미국에서 널리 사용되고 있으며, 경력과 관련된 연구는 미국에서 100년 정도 이전에 시작되었다. 경력연구 분야의 일인자인 Super는 경력을 "생애에 걸쳐 어떤 개인이 수행하는 일련의 역할 및 그 역할의 조합이다."라고 정의하였다. 경력은 협의의 의미로는 '직업, 직무, 직위, 이력, 진로'를 나타낸다고 할 수 있으며, 광의의 의미로는 Schein이 정의한 '생애·개인의 삶, 삶의 방식 그 자체와 그 표현의 방식'으로 널리 알려져 있다.

경력연구의 역사를 개관하여 보면, 직업지도의 필요성에 대해 주장한 Parsons의 생각을 받아들여 20세기 초, 미국 보스턴 직업국에서 보다 조직적인 '직업지도운동'을 시작한 것이 최초라고 알려져 있다*. 이후 20세기 중반 Super는 〈도표 9-4와〉와 같이 인생을 다섯 가지의 발달 단계(성장 단계, 탐색 단계, 확립 단계, 유지 단계, 쇠퇴 단계)로 나누고, 개인의 직업적 발달과제가 각각의 라이프스타일에 따라 달라지는 '전 생애 발달life stage 이론'을 주장하였다. 또한 Super는 인생에서 단계별로 발달과제에 매진함으로써 인간적인 성장을 이루게 된다고도 하였다. 특히 16~25세의 탐색 단계에서는 직업에 대한 희망을 형성하고 실천을 시작하는 시기로, 실천을 통한 시행착오를 거쳐 자신의 생애에 있어 직업을 발견하는 중요한 시기라고 규정하였다.

반면 조직심리학자인 Schein은 경력을 "사람의 일생을 통한 업무", "생애를 통한 인간의 삶의 방식, 그 표현 방식"이라고 하며, '경력 닻career anchor'의 개념을 주장하였다. '경력 닻'이라 함은 '개인 경력의 방식을 유도하고 방향을 이끄는 닻으로, 경력을 위한 여러 가지 판단을 조직화하고 결정하는 자기개념', 즉 장기적인 직업생활에서 '기반이 되는 것'이라 정의하였다. 또한 Schein은 경력형성에 있어 훌륭한 지도자, 조언자를 의미하는 '멘토'mentor 역할의 중요성에 대해서도 강조하였다.

이상의 설명에 대해 다시 정리해 보자. 경력 분야의 연구는 미국을 중심으로 100년 이상의 역사를 가지고 있는 반면에, 일본에서 경력연구가 주목을 받게 된 시기는 20세기 말 이후이다. 일본의 민간기업이 '일본식' 고용시스템으로부터 '성과주의형' 고용시스템으로 전환을 도모한 결

* Parsons, F.는 직업지도운동의 창시자로 불리며, 1908년 보스턴 시민후생관에 직업국을 설치하여 직업상담을 시작하였다(옮긴이).

도표 9-4 Super의 전 생애 발달(life stage) 이론

단계	시기	직업적 발달과제
성장 단계	0~15세	자신이 어떤 사람인지를 자각하고, 직업적 세계에 대하여 적극적인 태도를 기르며, 일하는 것의 의미에 대해 깊이 탐색함
탐색 단계	16~25세	직업에 대한 희망을 정립하고, 실천을 시작함. 실천을 통해 현재 직업이 자신의 생애에 걸쳐 할 만한 직업인지 아닌지에 대해 생각함
확립 단계	26~45세	직업에 대한 방향을 확정하고 그 직업에서 스스로의 확립을 도모함
유지 단계	46~65세	달성한 지위나 그 장점을 유지함
쇠퇴 단계	66세 이후	여러 활동의 감퇴, 퇴직, 제2의 인생을 즐김

출처: 『厚生労働省労働研修所 2002 職業指導の理論と實際』를 참고하여 필자 작성.

과, 기업은 전체 종업원의 장기고용을 보장할 필요가 없어졌으며, 개인의 직업상 책임은 본인 스스로가 부담하지 않으면 안 되게 되었다. 이러한 변화에 호응하여, 일본에서도 경력에 관한 연구가 주목받게 되었다.

8. 다국적 기업의 발전형태

국제경영 분야에서 Perlmutter(1969)[2]는 기업의 다국적화 수준을 ① 본국지향형 ethnocentric, ② 현지지향형 polycentric, ③ 세계지향형 geocentric의 세 가지로 분류하였다. Perlmutter가 주장하는 '다국적 기업 발전론'은 국제경영연구의 기본 개념으로 널리 알려져 있다.

다국적 기업 중에서 본국지향형 조직에서는 자국민은 우수하고 신뢰 가능한 반면, 현지조직에서 일하는 외국인은 의지가 부족하고 신뢰할 수 없다고 생각한다. 미국이나 일본 기업의 대다수가 본국지향형에 속한다.

두 번째 현지지향형 조직에서는 현지의 사정은 현지 사람이 보다 잘 알고 있다고 생각하여, 자회사의 경영은 현지인에 맡기는 편이 더 낫다고 생각하는 입장이다. 이익이 발생하는 한, 본사는 자회사의 경영에 거의 간섭하지 않는다. 유럽 기업의 대다수가 현지지향형이다.

Perlmutter는 궁극적인 다국적화는 세계지향형이라고 주장한다. 세계지향형의 경우에는 국적의 여하를 막론하고 최적의 인재를 적재적소에 배치한다. 본사나 자회사를 불문하고 인재가 필요한 경우에는 현지의 니즈에 적합한 인재를 선발한다. 일본 기업이 글로벌하게 활약하는 인재에 대해 논의해야 하는 경우라면, Perlmutter가 주장하는 세계지향형의 인재 활용을 검토할 필요가 있다.

9. 다양성 관리

'Diversity'라 함은 '다양성'을 의미하며, 인종, 국적, 성별, 연령 등에 상관없는 인재 활용에 대한 접근방식이다. 경영학에 있어서 다양성 관리diversity management는 최근 새롭게 주목받고 있는 연구 분야로, 1990년대에 미국에서 인재전략의 하나로 언급되기 시작하였다.

기업의 활동이 글로벌화되고, 회사가 복잡화되면서, 예를 들어 미국 IBM 등이 다양성을 추진한 이유는 다양한 인재의 능력을 활용하여 성과를 높이고 보다 많은 이익을 낼 수 있는 강한 기업을 만들기 위함이었다.

반면 일본의 다양성 관리 분야에서 자주 논의되는 것은 '여성의 활용'이다. '여성의 활용'을 추진시키기 위해 정부는 「남녀고용기회균등법男女雇用機会均等法」 등 법률의 시행을 통해, 남녀의 균등한 고용을 실현하

도표 9-5 성, 학력, 직책별 일반 노동자 수 및 구성비(기업 규모 100명 이상)

구분	직책 있음				직책 없음	노동자 (계)
	계장 이상	부장급	과장급	계장급		
여성 대학·내학원	122,640명 (8.2%)	13,750명 (4.5%)	41,460명 (6.0%)	67,430명 (13.5%)	1,281,930명 (31.0%)	1,404,570 (25.0%)
남성 대학·대학원	1,366,100명 (91.8%)	290,370명 (95.5%)	644,550명 (94.0%)	431,180명 (86.5%)	2,849,340명 (69.0%)	4,215,440 (75.0%)
여성·남성 대학·대학원	1,488,740명 (100%)	304,120명 (100%)	686,010명 (100%)	498,610명 (100%)	4,131,270명 (100%)	5,620,010 (100%)

주: 1. '고용 기간의 정함이 없는' 노동자의 집계임. 2. 괄호 안은 노동자 합계에 대한 비율임.
출처: 厚生労働省. (2016). 「賃金構造 基本統計調査」를 참조하여 필자 작성.

려는 노력을 하고 있다. 하지만 다른 선진국들과 비교할 때, 일본의 민간기업에서의 여성 활용은 진전되고 있지 못한 것이 현실이다.

〈도표 9-5〉는 후생노동성이 2016년에 조사한 「임금구조 기본통계조사」에 기초하여 작성한, 대졸 이상의 학력을 가진 노동자의 남녀별 구성비이다. 이 표에서 종업원 100명 이상인 기업에서 계장 이상의 직책에 근무하고 있는 여성은 8.2%에 불과함을 알 수 있다. 이 여성 비율은 개선되고는 있지만 필자가 근무했던 '성과주의' 고용시스템을 채택한 국제기구에서는 〈도표 9-6〉에서 알 수 있는 것처럼 대졸 이상의 학력을 가진 여성 직원의 비율은 40%이다. 물론 둘 사이의 통계를 단순히 비교하는 것은 어렵지만, 일본의 직장에서 여성의 활용이 활발하지 못하다는 것을 알 수 있다. 부장 이상의 관리직 수준을 살펴보아도 일본의 여성 관리직은 4.5%에 불과하지만, 국제기구에 근무하는 여성 관리직은 30%에 이른다. 또한 국제기구는 공공기관이므로 민간기업과 단순 비교하는 것은 무리라고 비판할 수 있으나, 필자가 실시하였던 설문조사 결과에 따르면 일본인 국제공무원의 경우 남녀 모두 민간기업으로부터의 전직

도표 9-6 국제기구에 근무하는 전문직·관리직 중 여성 관리직원의 숫자 및 비율

기관명	여성 직원 수(전문·관리직)	남녀 직원 수(전문·관리직)	여성 비율
UN	3,939명	10,083명	39%
UNDP	996명	2,232명	45%
UNICEF	1,114명	2,235명	50%
WHO	853명	2,230명	38%
UNHCR	672명	1,629명	41%
WFP	592명	1,449명	41%
UNESCO	471명	969명	49%
FAO	480명	1,510명	32%
ILO	442명	1,015명	44%
IAEA	242명	1,055명	23%
기타 21개 기관	1,713명	4,428명	39%
합계	11,514명	28,835명	40%

출처: 2009년 12월 31일 현재, CEB/2010/HLCM/HR/24를 참고로 작성.

한 비율이 약 40%[3]를 넘고 있다.

일본에서는 4년제 대학 졸업 여성의 일부를 '종합직'総合職*으로 채용하는 민간기업이 있다. 그렇지만 2014년에 종합직·일반직으로 구분하여 채용하는 코스별 고용관리제도를 도입하고 있는 기업 118개 사를 대상으로 한 후생노동성의 조사[4]에 따르면, 종합직 채용예정자 중에서 여성 비율은 단지 22.2%에 불과하였다.

게다가 일본에서는 여성이 육아휴직을 쓰거나, 첫째 자녀를 출산한 후에 계속 근무하는 비율은 38%[5]에 불과하다. 나머지 약 60%의 여성은

* '종합직(총합직)'은 관리직 및 장래 관리직이 될 것으로 기대되는 간부 후보의 정사원을 의미하며, 이에 대응하는 것으로는 일반사무 등의 정형적·보조적인 업무를 담당하는 일반직·현업직이 있다(옮긴이).

일을 그만두어, '여성이 장기간 근무 가능한 환경의 정비'라는 문제는 쉽게 해결되지 못하고 있다.

정리하자면, 기업활동의 글로벌화가 진행되고 사회가 복잡해지는 과정에서, 특히 미국 기업은 다양성을 유지하는 기업전략을 수립하여 높은 성과와 높은 이익을 창출하는 조직을 만들어 가려 하고 있다. 다양성 관리의 관점에서 보면, 정부는 다양한 정책들을 내놓고 있음에도 불구하고 일본에서는 여성의 활용이 뒤처져 있는 것이 현실이다.

10. '성과주의형' 고용시스템의 특징

이 절에서는 필자가 2008년에 실시했던 '성과주의형' 고용시스템이 적용된 국제기구에 근무하는 일본인 직원들을 대상으로 한 인터뷰 조사를 중심으로, 해외의 '성과주의형' 고용시스템 아래에서 근무하는 인재의 특징에 대해 소개하고자 한다. 자세한 내용은 졸저(2011)를 참고하면 좋겠지만, 인터뷰 조사를 통해 알 수 있었던 첫 번째 특징으로는 높은 만족도를 보인 직군은 전문직(남성 4.25, 여성 5.0), 재무직(남성 4.0, 여성 4.5) 직원이었다. 전문직, 재무직으로 근무하는 직원의 직위는 평균 직위보다 높았다. 참고로, 만족도에 대한 척도는 1(낮음)부터 5(높음)의 단계로 하여 진행하였다.

두 번째 특징은, 최종 학력에서의 전공 분야와 현직에서의 전문 분야·직위와의 상관관계가 높다는 것이다. 채용된 이후에 직역을 변경한 비율은 37%에 불과하며, 나머지 약 60%는 직역을 변경하지 않았다. 이 조사에 앞서 웹을 통해 진행되었던 설문조사에서도 동일한 결과를 얻을 수 있었다. 이와 같이 '성과주의형' 고용시스템하에서는 전문 분야를 변경하는 직원이 많지 않다는 것을 알 수 있다.

세 번째 특징은, 일하는 데에 있어서 가장 중요한 요소는 직무만족이라고 하는 점이다. 높은 직무만족도를 가지고 있는 직원일수록 직위가 높고, 직무만족도와 전체적인 만족도는 높은 상관관계를 나타냈다. 전문직이나 재무직 직원이 높은 직무만족도를 갖는 것은 앞서 기술한 바와 같다. 모국어가 영어가 아닌 일본인은 전문 분야의 지식이나 숫자를 사용하는 능력을 발휘함으로써 국제기구에서 높이 평가받고 있음을 알 수 있다.

네 번째 특징은, 급여에 대한 불만이 적다는 것이다. 국제기구의 급여는 달러로 지급되어 엔화로 환산하면 결코 높다고는 할 수 없다. 실제로 40% 이상의 남성 직원이 국제기구로 이직하고 급여가 20~50% 감소하였지만, 급여의 감소에 따른 불만은 발견되지 않았다. 남성 직원, 여성 직원 모두 공통적으로 직장이 제공하는 직장환경을 높게 평가하고 있다는 것을 의미한다. 이와 같은 높은 평가의 이유로 주목해야 할 점은 남성은 노동시간의 감소를, 여성은 민주적인 직장환경을 들었다.

다섯 번째 특징은, 전직에 대해 적극적이라는 점이다. 전문 분야에서 높은 능력이 요구되는 세계보건기구WHO, 국제노동기구ILO, 세계은행 등의 전문기관에 근무하는 응답자의 40%는 기회가 된다면 "자신의 능력·지식을 다른 직장에서 펼쳐 보고 싶다."라며 전직에 대해 의욕적인 답변을 하였다. 전문성이 높은 직원은 자신의 능력·경험을 살려 기회가 생긴다면 급여가 조금 감소하더라도 전직에 의욕적인 모습을 보이고 있다.

여섯 번째는 부임지에서 가장 어려운 문제로, 의료시설에 접근, 안전의 확보, 먹거리 등 일반적인 사항이 열거되었으며, 현지에서 사용되는 언어나 현지 직원과의 관계는 문제로 인식되지 않았다. 이는 국제기구에서는 영어가 주로 사용되어 근무 국가가 바뀌어도 직장에서의 사용 언어는 영어가 되기 때문에, 일본 민간기업의 경우와는 다른 것일지도 모른다. 또한 Black의 연구[6]에서는 부임지에서 조정하기 어려운 문제로 제시된 것은 현지 사람들과의 대인관계였으며, 그다음으로는 업무와 관계없는 일반적인 사항이었다. 해외파견자 또는 동반 가족의 부임지 적응 과정에는 현지의 일반적 생활 정보의 유무가 커다란 역할을 한다는 것을 알 수 있다.

이 절에서의 내용을 정리하면 '성과주의형' 고용시스템이 적용되는 국제기구에 근무하는 일본인 직원의 특징으로는, 직무만족의 실현을 목표로 근무하고 있다는 것, 급여의 많고 적음보다는 식상환경에 대해 더 높이 평가한다는 것, 전문성이 높은 직원은 전직에 대해 적극적이라는 것을 들 수 있다.

11. 일본 기업에 요구되는 글로벌 인재육성을 위한 과제

이 절에서는, 해외에서 사업 전개를 활발히 하고 있는 일본 기업이 글로벌 인재를 육성하기 위한 과제는 무엇인지에 대해 살펴보고자 한다.

해결하지 않으면 안 되는 첫 번째 과제는 전문직 직원의 육성이다. 국제기구에 근무하는 일본인 응답자들의 인터뷰 결과를 보면, 만족도가 높은 직원은 전문직과 재무직 등의 전문성이 높은 직종의 직원이었다. 일본 기업의 인재육성방식은 이동이나 배치전환을 통해 이루어진 제너럴리스트의 육성이 중심이다. 하지만 일본 이외의 국가나 조직에서는 전문 분야에서의 학위나 관련 분야의 직무경험을 보유한 인재를 적극적으로 활용하고 있다.

두 번째 과제는, 경력채용시장의 확충에 있다. '성과주의형' 고용시스템이 적용되는 국제기구, 그 안에서도 전문기관에 근무하는 직원의 대다수는 능력을 발휘할 수 있는 직장에서 일하고 싶다고 생각하며, 한 조직에서 오랜 기간 근무하는 것만을 고집하지 않는다. 전문가의 능력을 사회 전체가 효율적으로 활용한다는 관점에서, 전문직 분야의 인재 유동성을 높일 수 있는 경력채용시장을 확충시킬 필요가 있다.

세 번째 과제는, 보다 이른 단계에서의 글로벌 인재의 선발이다. 서양의 외국인 직원과 비교할 때, 외국인 직원의 경우가 일본인 직원보다도 자신의 경력형성에 있어 의욕적이다. 조사 결과를 살펴보면 외국인은 장래 근무하고 싶은 직업 분야를 빠른 시기에 결정하고 그 직업 분야에서의 경력형성에 적극적으로 매달린다. 글로벌 인재를 육성하기 위해서 일본 기업은 전문 분야에서의 교육·경험, 외국어, 이문화 커뮤니케이션 능력 등을 습득시키지 않으면 안 된다. 이를 위해서는 장기간에 걸친 준비가 필요하다.

네 번째 과제는, 해외근무자에게 인센티브를 주는 것이다. 최근 해외근무에 소극적인 일본인, 특히 젊은 세대가 많아지고 있다. 인재의 글로벌화를 추진하기 위해서는 직원을 해외로 내보내려 하는 조직이 해외근무자에 대한 처우 면에서의 인센티브를 검토할 필요가 있다.

다섯 번째 과제는, '여성의 활용'이다. 앞서 살펴보았듯이 일본 기업의 관리직에서의 여성 비율은 '계장 이상'이 8.2%로 매우 낮으며, 일본에서 여성 인재 활용은 진전되지 못하고 있는 실정이다. 여성의 노동력을 전력화하기 위해서는 많은 시간이 소요되며, 국제기구의 경우에도 남녀의 고용균등을 실현시키기 위해서 30년 이상의 세월을 필요로 하였다.

여섯 번째 과제는, 일과 삶의 균형work life balance의 실현이다. 인터뷰 조사에서 응답자의 대다수가 일과 삶의 균형이 보장되지 않으면, 장기적인 업무는 가정의 어딘가에 지장을 주게 된다며 가정생활의 중요성에 대해 지적하고 있다. 여기에서의 함의는 사생활의 충실이나 만족은 성과주의 조직에서 계속 일하기 위한 노력으로 이어진다고 해석할 수 있다. 조직 내의 인적자원을 장기간에 걸쳐 유용하게 활용해야 한다는 관점에서, 조직 주도로 일과 삶의 균형이 실현될 수 있는 직장환경의 정비가 필요하다.

12. 글로벌 인재가 되기 위하여

장래에 해외에서 활약하고 싶다고 생각한다면, 경력계획을 빨리 세워 관련된 분야에서의 경험을 대학시절부터 쌓아, 취직한 이후에도 자신의 경력형성에 적극적으로 나서는 것이 필요하다. 외국인과의 대등한 업무를 하기 위해서는 어학이나 전문 분야의 지식뿐만 아니라, 이문화 커뮤니케이션 능력 등을 습득하지 않으면 안 된다. 이를 위해서는 젊은 시절부터 효과적인 준비가 필요하다. 유의할 점은 다음과 같은 것들을 들 수 있다.

첫째, 전문 분야의 명확화이다. 자신의 직업인생에서 어떤 분야·직종의 전문가가 되어 일하고 싶은지를 명확하게 하는 것이다. 먼저 관련 서적을 읽고, 희망하는 전문 분야를 어느 정도 명확하게 할 필요가 있다.

둘째, 어학능력의 측정이다. 일본의 수많은 대기업에서는 신입사원의 어학능력을 측정하기 위해서 TOEIC 시험을 활용하고 있다. 또한 해외 대학원에 진학하기 위해서는 유학할 국가에 따라, 미국의 경우 TOEFLiBT, 영국의 경우 IELTS 점수를 제출할 것을 요구받고 있다. 이에 더해, 업무에서는 영어로 문서작성이 요구된다. 평소부터 『뉴욕타임즈』*The New York Times*의 일요판에 게재된 국제 분야의 사설, 『인터내셔널 헤럴드 트리뷴』*The International Herald Tribune* 등을 읽고, 독해력을 강화할 것을 권장한다.

셋째, 신흥국에서의 경험을 갖는 것이다. 학창 시절에 신흥국·개발도상국에서 체재한 경험은 높게 평가받는다.

넷째, 해외 인턴십에 참가하는 것이다. 해외의 기업이나 국제연합 기관은 대학생·대학원생을 대상으로 한 인턴십 프로그램을 제공하고 있다. 비용은 본인 부담이지만, 직장경험을 통해 장래 자신의 경력 디자인이 용이해지게 된다.

마지막으로, 컴퓨터의 조작능력이다. 국제적인 직장에서는 고도의 컴퓨터 조작능력을 요구한다. 그러므로 학창 시절부터 컴퓨터의 조작기능의 습득은 필수적이다.

13. 결어

일본 기업의 경영전략은 신흥국의 사업에 초점을 맞춰 가는 등 변화가 두드러지게 나타나고 있다. 과거 일본 기업은 신규졸업생을 일괄 채용한 후에 배치전환을 반복해 가면서 인재육성을 해 왔다. 채용시험에서는 기업이 기초능력과 잠재능력이라고 하는 잣대를 가지고 전형을 진행하여, 특히 문과 계열의 신규채용에서는 최종 학력의 전공 분야는 중요하게 생각되지 않았다. 하지만 글로벌화라는 사회의 변화에 대응하여, 일본 기업이 전문성 높은 인재를 경력채용 할 날도 머지않았다. 대학생은 미래를 바라보고, 해외의 인재와 경합할 수 있는 힘을 습득하기 바란다.

주

1 土田昭夫 他著. (2011). 『世界で勝ち抜くためのグローバル人材の育成と活用』. 中央経済社.

2 Perlmutter, H. V. (1969). The Tortuous Evolution of the Multinational Corporation. *The Colombia Journal of World Business*.

3 Yokoyama, K. (2014). *Human Resource Management*. 白桃書房.

4 厚生労働省 (http://mhlw.go.jp/stf/houdou/0000101661.html, 2017年12月2日 検索)

5 (財)21世紀職業財団 編. (2011). 『女性労働の分析 2010年』. (財)21世紀職業財団, p. 68.

6 ブラック·J. S. 他. (2001). 『海外派遣とグローバルビジネスー異文化マネジメント戦略(Globalising People through International Assignment)』. (白木·永井·梅澤 譯.). 白桃書房.

조금 더 공부하고 싶은 사람을 위해

- 石田英夫. (1997).『日本企業の国際人事管理』. 日本労働研究機構.
- フリードマン, T. (2006).『フラット化する世界 上下』. 日本経済新聞.
- マーサジャパン. (2008).『個を生かすダイバーシティ戦略』. ファーストプレス.
- 横山和子. (2011).『国際公務員になるには』. ペリカン社.
- 横山和子. (2017).『東南アジアで働く』. ペリカン社.

옮긴이 해설

조직에 있어서 글로벌화는 이미 선택이 아닌 필수가 되어 있는 것이 사실이다. 인적자원관리 측면에서 바라볼 때, 글로벌화되어 가는 경제의 흐름은 고용시스템뿐만 아니라 조직 내 인재육성, 경력관리, 다양성관리 등 다양한 분야에도 영향을 주고 있는데, 여기서 중요한 것은 조직 전체의 인적자원관리의 방향성이 일관되게 유지되어야 한다는 점이다. 다시 말하면, 글로벌화된 조직은 HR 전략의 어느 일부분만을 개편하는 것의 문제가 아니라, 채용, 교육훈련, 평가, 보수, 조직문화 등 인적자원관리의 제 분야를 함께 검토하지 않으면 안 된다.

글로벌화를 추진하는 일본에서 가장 취약한 부분으로는 바로 다양성관리 차원에서의 여성 인재의 활용이라 할 수 있다. 우리나라와도 자주 비교되는 부분이기도 하지만, 여성의 유리천장이나 출산이나 육아 문제로 인한 조기퇴직 등의 문제는 인력 활용의 효율성 측면뿐만 아니라 저출산·고령화에 대한 대응 차원에서 노동력 확보를 위해서도 매우 중요한 문제이다. 이러한 측면에서 국제기구에 근무하는 일본인 직원을 대상으로 한 인터뷰 조사에서 나타난 바와 같이, 급여의 많고 적음보다는 근무환경에 대한 강조와 함께, 전문성을 발휘할 수 있는 직장에서의 직무만족도를 훨씬 더 중요하게 생각한다는 결과는 앞으로의 글로벌 인적자원관리를 위한 작은 힌트를 제공해 주고 있다고 보인다.

글로벌 조직으로의 전환에는 많은 시간이 요구된다. 글로벌 조직은 조직기능의 여러 부분에서 차이도 많이 발생할 수 있고, 그 수준도 다를 수 있다. 또한 조직문화를 포함한 조직구조 개편 과정에서는 내부 충돌이 일어날 수도 있다는 점을 고려하여, 신중하게 접근할 필요가 있다.

제10장

다양성과 포용

1. 도입

일본 기업이 일본 시장 안에서만 경쟁하는 것은 어려워지고 있으며, 이미 돌이킬 수 없는 글로벌 시장의 성장 궤도 위에 놓여 있는 것이 현실이다. 또한 고객, 거래처, 내부의 조직도 글로벌화가 진행되고 있으며, 외부 환경의 변화는 점점 더 가속화되고 있다. 글로벌화 전략은 과거에는 생각할 수 없었던 다양한 문화, 신념, 배경을 가지고 있는 사람들과의 상호작용을 필요로 하며, 내부 조직의 경영방침에도 커다란 영향을 주고 있다.

Ashby(1956)[1]의 "다양성으로 다양성을 제압한다."라고 하는 이론과 같이, 일본 기업 내의 조직도 급격히 변화하는 외부환경에 맞서 창의적으로 변모하기 위해서는 다양성이 필요하다. 따라서 조직의 다양성을 최대한으로 활용해 나가는 것이 기업 경영과제의 하나가 되어 있다.

하지만 다양성을 최대한 활용해 나간다는 것은, 남성의 정규직 사원을 중심으로 오랜 기간에 걸쳐 내부 조직을 형성하며 성공해 온 일본 기업의 경영진, 상급관리자, 현장관리자에게 결코 쉬운 일은 아니다. 경영진과 관리직은 자기 자신뿐만 아니라, 자신이 속한 조직도 "다양성을 받아들이는 것, '인간은 누구나 다르다는 차이'를 포용적 자세로 받아들이는 것, 그리고 누구나 존엄하게 취급받는 조직으로 변화해 나가는 것의 중요성"을 확실히 이해한 후에, 솔선수범하여 행동할 수 있도록 미리 준비해 둘 필요가 있다.

다양성은 생산성과 경쟁력을 강화할 수 있는 가능성을 내포하고 있기 때문에 기업은 다양성에 주력하여 포용력 있는 조직이 될 수 있는 방법에 대해 모색할 필요가 있다. 다양성 관리는 조직 내의 인재관리에서 중요한 요소이며, 이론적으로는 직장의 생산성을 향상시키도록 한다. 하지만 잘못된 다양성 관리는 오히려 충돌conflict을 발생시키고 조직의 목표를 달성하는 데 방해가 될 수도 있다. 따라서 다양성은 '양날의 검'이라고도 볼 수 있다.

이 장에서는 일본 기업의 다양성 관리 현상과 과제에 대해 분석한 후에, 그 정의와 개념에 대해 서양의 선행연구에 기반하여 살펴보도록 하자. 또 어떠한 조건하에서의 다양성 관리가 경영개혁의 일환으로서 현장의 생산성을 향상시킬 수 있는지에 대해서도 알아보자.

2. 일본의 다양성 관리의 현상과 과제

일본의 전체 취업자 중에서, 여성이 차지하는 비율에 비해 임원이나 관리직 종사자의 여성 비율은 국제적으로 비교할 때 현저히 낮은 편에 속한다.

2016년 10월 세계경제포럼WEF: The World Economic Forum이 발표한 2016년판 『세계 성 격차 보고서』*The Global Gender Gap Report*에 따르면, 남녀의 격차가 매우 작은(남녀가 평등한) 국가는 아이슬란드로 점수는 0.874점이었다. 2위는 핀란드, 3위는 노르웨이, 4위는 스웨덴으로 매년 북유럽 국가들이 상위에 랭크된다.

매년 순위가 낮은 일본은 올해도 낮은 순위를 보이며, 111위(전년도 101위)로 전년 대비 순위가 10계단 하락하였다. 이는 일본도 남녀 격차 해소를 위해 많은 정책을 쏟아 내고 있음에도 상대적으로 타 국가들과 비교할 때, 여성의 활약은 지지부진하여 앞으로 나아가고 있지 못하다는 것을 나타낸다. 분야별로는, 경제활동의 참여 및 기회 118위(전년도

106위), 교육 76위(전년도 84위), 건강 및 생존 40위(전년도 42위), 정치 관여 103위(전년도 104위)로, 경제활동에 대한 참여 및 기회는 순위가 크게 하락하였다.

경제산업성(經済産業省, 2017)은 「다양성 2.0 – 한 발자국 앞으로의 전략으로」 중, 〈도표 10 – 1〉, 〈도표 10 – 2〉와 같이 실제 데이터를 가지고서 일본에서 현저하게 부족한 다양성 과제에 대해 지적하고 있다.

경제산업성(經済産業省, 2017)에서는 '무엇을 위한 다양성인가?'라는 근본적 과제에 대해 "지금까지는 균질성·효율성을 우선하는 것이 합리적인 경영전략이었다. 하지만 직면한 외부환경 변화에 대응하기 위해서는

도표 10–1 각 직위를 차지하는 여성 비율의 국제 비교 (단위: %)

(일본의 경우 취업자 중에서 여성 비율을 비교하였으며, 임원이나 관리직 여성 비율은 매우 낮음)

구분	일본	미국	영국	프랑스	스웨덴
임원 중에서 여성 비율	3.4	16.9	22.8	30.0	26.0
관리직 중에서 여성 비율	12.5	43.4	35.4	31.7	39.5
취업자 중에서 여성 비율	43.2	47.0	46.7	48.3	47.7

출처: 관리직 또는 취업자에 대해서는 「平成28年 男女共同参画白書」를 참조하여 작성. 일본, 영국, 프랑스 및 스웨덴은 2015년 수치이며, 미국은 2014년 수치. '임원'에 대해서는 일본은 동양경제신보사, 『役員四季報』(2017년판)에 기초하여 작성, 2016년 7월 수치. 그 외 국가는 미국의 국제비영리단체 '국제여성경영간부협회'(CWDI)의 Comparative Percentages of Women Directors를 참조하여 작성, 2015년 1월 수치. 経済産業省 経済産業政策局 経済社会政策室(2017) 「多様性 2.0 – 一歩先の競争戦略へ」.

도표 10–2 외국인 인구·취업자 수의 국제 비교 (단위: 만 명, %)

구분	일본	한국	싱가폴	독일	영국
총인구	12,741	4,926	541	8,272	6,313
외국인 인구(비율)	212(1.7)	149(3)	149(28.1)	721(9)	479(7.5)
외국인 취업자(비율)	79(1.2)	76(2.9)	124(37)	245(6.1)	264(8.8)

출처: 経済産業省 経済産業政策局 経済社会政策室(2017) 「多様性 2.0 – 一歩先の競争戦略へ」.

'경영개혁'이라는 인재전략을 변혁하는 것이 필수적인 일이 되었으며, 이를 주축으로 하여 '다양성'의 실현이 요구되고 있다. 이를 위해, 직면한 외부환경의 변화, 즉 ① 글로벌한 경쟁 격화(글로벌 인재의 확보·활용이 필수적), ② 산업구조 변화의 가속화(리스크에 대한 대응 및 혁신 창출의 과제), ③ 저출산·고령화(인재의 모집단을 확대할 필요)를 배경으로 하여, '경영개혁'을 추진하기 위해 종래 일본인 남성 중심의 인재전략에서 탈피하여 '성별', '국적', '세대', '스킬', '경력'의 다섯 가지 요소"를 내걸고 있다.

3. 전략적 인적자원관리(SHRM)와 조직 다양성, 그리고 조직성과에 관한 선행연구

이 장의 목적은 앞으로 일본에서 '경영개혁'으로 인재전략을 변혁하는 것은 필수적이며, 그 중심적인 내용으로서 '다양성'의 실현이 요구되고 있다는 경제산업성(経済産業省, 2017)의 의견에 바탕을 두어, 아래에서는 전략적 인적자원관리[2](이하에서 'SHRM'이라 함)와 조직 다양성이 어떻게 조직성과에 플러스의 영향을 미치는지의 조건에 대해 논의하고자 한다.

선행연구에서는 '적극적 조치'affirmative action(서양에서 사용되는 적극적인 차별시정조치)와 종래의 '다양성 관리'라는 접근방법이, 다양성의 결과로서의 '비즈니스 성장'과 '공정한 사회 실현'이라는 두 가지 목적을 동시에 달성하는 것에는 실패하였다는 것을 지적하고 있다. 선행연구에서 지적한 바와 같이, 다양성은 단지 이를 도입한 것만으로 비즈니스의 성장과 공정사회를 달성하게 한다는 것은 불가능한 일이다. 개인 간 차별의 시정을 촉진해 나가기 위해서는 조직문화의 변혁이 필요하다. 이 장에서는 다양성

관리가 SHRM에 미치는 영향에 대해 탐색하고, 다양성을 갖는 조직이 현재의 SHRM 시스템을 어떻게 바꾸었을 때, 비즈니스의 성장 및 공정한 사회의 실현을 달성할 수 있는지에 대해서도 살펴보도록 하자.

Gilbert 등(1999)[3]은 그룹 내의 다양성을 활용하기 위해서는 SHRM의 도입이 필수적이라고 하였다. 또한 Syed와 Kramar(2009)[4]는 다양성이 가져온 인지적, 감정적, 커뮤니케이션의 다양성에 따른 영향으로부터 이익을 창출하기 위해서는 포용을 촉진할 필요가 있다고 주장하였다. 이들의 구조방정식모형에서 확인할 수 있는 결과는, 그룹성과에 대한 다양성의 영향을 완화하는 데 도움이 될 수 있는 특정한 전략적 인적자원관리가 실행되었을 때, 비로소 포용 촉진의 성과를 달성할 수 있다는 것이다.

이와 같은 개념을 검증하기 위한 모형으로 Fernando 등(2010)[5]은 다양성이 조직성과에 영향을 줄 때 SHRM이 어떻게 이들 변수를 조절할 것인가에 대해 가설모형을 제시하고, 요인분석을 실시하였다(도표 10-3). 또한 Benschop(2001)[6]은 지금까지의 일반론으로 추측해 온 바와 같이, 다양성과 포용은 수레의 양 바퀴와 같이 종합적으로 고려됨으로써 많은 이익을 얻을 수 있다는 것을 정량분석을 통해 검증하고 있다.

도표 10-3 다양성과 그룹의 성과와의 관계에서 SHRM의 조절모형[7]

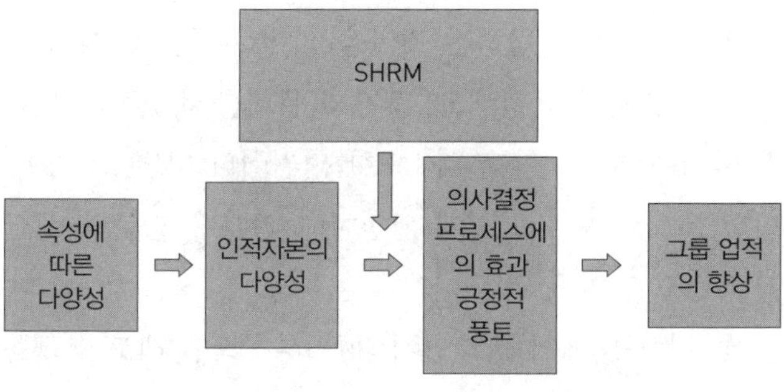

4. 조직에서 다양성의 장점과 리스크

조직에서 다양성은 종업원과 경영진 모두에게 유익한 장점이 존재한다고 알려져 있다. 종업원은 여러 차원에서 구성원 상호 간에 의존하고 있는데, 개인 사이에는 차이가 있다는 것을 당연하게 여기고 이를 존중하는 직장이라면, 개개인의 생산성이 향상되고 나아가서는 조직 전체의 생산성이 향상될 것으로 생각할 수 있다. 왜냐하면 직장의 다양성은 ① 차별에서 기인하게 되는 소송을 감소시키고, ② 보다 많은 소비자에게 다가갈 수 있는 마케팅의 기회를 얻을 수 있으며, ③ 보다 많은 모집단을 대상으로 모집·채용이 가능한 기회와 다른 사람들이 뒤섞이며 발생하는 창조성을 기대할 수 있고, ④ 대외적인 비즈니스 이미지를 높일 수 있는 등 수많은 장점이 있기 때문이다(Esty et al., 1995).[8]

미리 예측할 수 없는 외부환경 아래, 유연성과 창조성이 경쟁력의 열쇠가 되는 오늘날에 있어서 다양성은 조직의 성공을 위해 매우 중요한 요인이 된다.

반면 시간과 돈의 손실이라는 리스크도 있다는 측면을 간과해서는 안 된다. 직장에서 다양성의 의미는, 여러 다양한 속성의 개인을 고용하여 관리해야 하기 때문에 발생하는 문제도 포함한다. 다양성 관리는 단순히 개인들의 차이점을 인정하는 것만을 의미하는 것이 아니다. 차이의 가치를 인식하고, 차별을 없애고, 포용의 문화를 촉진하기 위해 노력해야 비로소 이익이 창출되게 된다. 또한 편견이나 차별, 조직에 대한 고충이나 법적 조치(Devoe, 1999)[9]에 기인하여 인사나 업무의 생산성 손실을 초래할 리스크도 있을 수 있다.

예를 들어, 직장 내에서의 타인에 대한 부정적인 태도나 행동은 업무상의 관계에 해를 미치며, 의욕이나 업무의 생산성을 낮출 수 있기 때문에 조직의 다양성에는 장벽이 될 가능성이 있다(Esty et al., 1995).

결론적으로, 다양한 종업원이야말로 급변하는 외부환경과 글로벌 시장을 반영하는 지표라고도 해석할 수 있다. 여럿의 다양한 개인으로 구성되어 있는 팀이 소식에 커다란 부가가치를 가져다주기 위한 조건은 개인 차이를 존중하여 일할 수 있는 직장이며, 그곳에서 일하는 개인이 업무의 생산성을 높이도록 하고, 그 결과 조직 경쟁력을 높여 조직 전체에 이익을 가져다주는 관계가 되어야 한다. 즉 다양성 관리의 이점으로는 누구라도 기회와 도전에 접근할 수 있는 공정하고 안전한 환경을 만들어 냄으로써, 지금까지는 승진의 기회가 거의 없었던 여성이나 마이너리티에 속한 종업원들이 활발하게 동기부여 되어 일할 수 있게 되어, 개인 업무의 생산성을 높일 수 있다는 데에 있다. 이를 뒷받침하기 위해서는 다양한 IT 기술을 구사하여 다양성 및 이와 관련된 문제(법률이나 규제 등)에 대하여 종업원 전체를 대상으로 교육할 필요가 있다(Koonce, 2001).[10]

글로벌화가 진행되고 있는 오늘날, 그리고 미래에는 수많은 직장은 다양한 인재로 구성되어 간다는 방향성을 가지고 있다. 따라서 조직은 미래에 성공하기 위해 어떠한 다양성의 조직으로서 자신들이 적응해 나갈 것인지 학습할 필요가 있다(Flagg, 2002).[11]

5. 젠더 · 다양성 관리에 관한 선행연구

다양성의 최대 자원인 여성을 활용하는 인사 정책인 젠더·다양성 관리에서 현장관리자의 역할에 대해 외국의 선행연구들을 소개해 보고자 한다.

Purcell 등(2003)[12]은 인사 정책을 수립하는 것도 폐기하는 것도 모두 현장관리직에 달려 있다고 주장하였다. Boselie 등(2015)[13]은 지금까지의 선행연구에서는 거의 무시되었던 현장관리직의 역할에 대해, 현장관리직이야말로 사원들이 인사 정책을 받아들이는 방식에 커다란 영향을 주고 있다고 주장하였다. 또한 Shen 등(2009)[14]은 효과적인 다양성 관리는 훌륭한 인사 정책을 통해 좋은 결과로 이어진다고 보았다. 반대로 효과적이지 못한 다양성 관리는 조직 내의 갈등을 유발하고, 종업원 특히 남성 종업원의 동기부여, 이직률, 낮은 생산성이라는 결과로 나타나게 된다고 보았다. Zhu, Chen, 그리고 Spangler(2005)[15]는 CEO의 지원 아래에서 인사 정책으로 젠더·다양성 관리를 설계할 때, 인사부장은 '최종 실행자는 현장관리직이라고 하는 사실'을 고려해야만 한다고 지적하였다. 예를 들어, 서투른 제도설계나 불충분한 정책이라 하더라도 훌륭한 현장관리직의 행동에 따라 긍정적으로 전파시킬 수 있다면 훌륭한 결과를 가져오게 된다. 반대로 훌륭하게 설계된 젠더·다양성 관리 정책을 서투른 현장관리직이나 미흡한 리더십에 의해 제대로 전파하지 못하게 되면 나쁜 결과로 이어지게 된다고 하였다.

Küper(2015)[16]는 현장관리직의 특성에 따른 다양성 관리 정책의 전파 정도를 조사하여, 현장관리직이 어떤 지원, 스킬을 필요로 하는지에 대해 실증 분석하였다. 성공한 인사 정책과 그렇지 않은 정책을 비교하기 위해 인사 담당자와 인터뷰를 실시하였으며, 성공하지 못한 조직에서는 현장관리직에게 다양성 관리의 운용을 맡기고 있지 않다는 사실을 확인할 수 있었다. 다양성 관리가 성공하기 위해서는 현장관리직에게 정식으로 다양성 관리의 운용 역할을 부여하고, 이에 대한 현장관리직의 깊은 이해와 운용을 위해서는 교육훈련에 투자해야 한다고 주장하였다.

6. 포용적 조직문화의 육성

Richard 등(2013)[17]은 다양한 그룹조직에서 포용성inclusiveness은 다양성 안에서 발생할 수 있는 문제를 회피하고 다양성의 이점을 최대한 이끌어 내도록 돕는다고 주장하였다. 이 가설을 증명하기 위해 여성의 활용이 조직업적에 미치는 영향에 대해 살펴보고, 어떻게 '포용적인 조직문화'가 이를 매개하고 있는지에 대해 정량적으로 분석하였다.

노스웨스턴대학교Northwestern University의 다양성과 포용 연구소Office of Diversity and Inclusion 책임자인 Ricketts(2017)[18]는 다음과 같이 이야기하고 있다. "기업이 포용을 전략으로 삼아 참여하는 것이 정말로 필요한 시대가 되었다.", "우리들이 혁신을 유지하기 위해서, 포용적인 조직문화를 가꾸는 것은 필수적이라고 생각된다. 이를 이행하지 못하는 기업은 살아남기 어렵다."라고.

'현장관리직은 포용적인 조직환경을 어떻게 구축할 수 있을까?', '팀의 구성원 모두가 포용의 가치에 대해 이해할 수 있도록 하는 효과적인 방법은 무엇인가?'라는 질문에 대해 Ricketts가 주는 다음의 힌트는 몇 가지의 유용한 전략을 제공해 준다.

① 롤 모델role model이 되자. 종업원은 자신의 매니저를 모델로 간주하는 경우가 많다. 이들의 팀 참여를 촉진하기 위해 현장관리직은 먼저 다양성과 포용의 의미를 이해하지 않으면 안 된다. 눈에 보이는 속성인 성별이나 민족, 인종을 뛰어넘어 연령, 성적 취향, 그 이외 분야에서의 차이를 포함한 광범위한 의미의 다양성에 대해 파악할 필요가 있다. Ricketts에 의하면, 당신 자신과는 다른 시점에서 누군가가 말을 거는 것이 중요하다고 말한다. 각각의 의견을 중시하며 누구라도 자신의 의견

을 이야기하고, 논의하기 쉽도록 하는 것만으로도 훌륭한 롤 모델의 실제 예시를 만들 수 있다.

② 종업원을 지원하자. 포용성은 다양한 배경의 사람들을 지원하는 것을 의미한다. Ricketts는 종업원이 자신의 고민 사항에 대해 이야기할 수 있도록 독려하기 위한 'open door policy'(언제나 자신의 집무실의 문을 열어두어 누구와도 상담에도 응할 수 있는 자세)를 구축할 것을 추천하고 있다.

③ 종업원의 장기적인 목표, 재능, 열정에 대해 업무 이외의 장소에서도 이해할 수 있도록 하자. 종업원의 공헌도를 평가하고 그 가치를 알 수 있도록 하는 커뮤니케이션을 지속하며, 그들이 일과 삶의 균형을 유지할 수 있도록 업무의 스케줄을 유연하게 할 필요가 있다. 우선 현장관리직은 종업원이 자신과는 다른 그룹의 사람들을 위해 지원 네트워크를 활용할 수 있도록 촉진하여야 한다.

④ 종업원을 공평하게 대하자. "배경에 상관없이, 누구에게나 보수와 승진의 기회는 평등하다는 것을 명확하게 하자."라고 Ricketts는 주장한다. 현장관리직은 각 종업원이 업무상 공헌을 하고 승진할 수 있는 기회를 제공하고, 전문적인 인재 개발과 훈련을 받을 수 있도록 주의를 기울여야 한다.

⑤ 종업원들에게 다양성과 포용에 대한 교육을 하자. 이문화 사이의 커뮤니케이션에 대해 지식을 습득하고, 비즈니스의 전통이 문화별로 어떻게 차이가 나는지 이해하는 것은 종업원이 포용적인 환경을 만들어 가는 데 있어 필수적인 스킬이다.

⑥ 당신의 목표에 포용력을 높이려는 노력을 포함시켜 보자. 행동은 말보다 크게 상대방에게 전달된다. 아이디어를 구체적인 계획으로 변환하기 위한 포괄적인 분위기 조성을 위해 구체적인 비즈니스 목표를 설

정하자. “성공한 기업은 다양성·포용의 과제를 진전시키는 책임을 현장의 리더에게 부여하고 있다.”

⑦ 포용적 행동을 업적평가에 포함시키는 것에 대해 검토해 보자. 종업원에게 포용적 행동을 촉구할 때, 종업원들 스스로가 자신의 행동에 대해 보다 적극적으로 생각할 수 있도록 동기부여 할 수 있다.

이상, Ricketts의 일곱 가지 제언은 일본 기업의 인사 정책에도 충분히 도입할 가치가 있다고 판단된다.

7. 일본 기업에서의 젠더·다양성 전략의 표면화 및 현실과의 간극

일본의 기업 현장으로 눈을 돌려 보면, 다양성 관리에 관한 일본 정부의 목표 및 언론 보도, 일본 기업조직 현장 사이에는 커다란 간극이 존재함을 알 수 있다. 언론이 보도하는 일본 기업 중에서 다양성 관리가 되고 있다고 평가받는 일부 우량기업 대표의 “다양성 관리는 경영전략이다.”라는 인터뷰 기사가 최근 보도되기도 하였으나, 실제로 많은 현장과의 간극은 부정할 수 없다.

일본 기업에게 가장 가까운 의미의 다양성은 무엇일까. 그것은 바로 여성의 활용이다. 5,000만 명의 잠재능력인 여성을 유효하게 활용하는 것으로 다양성을 향한 첫걸음을 확보하지 않으면 안 된다. 이때 과거의 커뮤니케이션 스타일로는 다양한 인재의 활용은 불가능하다. 같은 언어를 말하고, 같은 문화를 가지고, 항상 자신의 곁에 있는 어머니나 아내와 같은 성별의 사람들에 대해서조차, 본격적으로 활용할 커뮤니케이션 비용의 크기에 당황하고 있는 일본 기업, 이러한 일본 기업이 환경이 급격히 변화하는 시대로 돌입하고 있다.

일본 정부는 국제적인 외부의 압력도 있는 데다가 '여성 활약', '일억 총활약'*을 표방하며, 여성 활약을 경제회복의 중요한 과정으로 내걸고 「여성의 직업생활에서의 활약 추진에 관한 법률女性の職業生活における活躍の推進に関する法律」(여성활약추진법)을 시행하고 있다.[19] 이러한 정부와 언론의 전방위적 압박에 따라 일본 기업의 경영진은 '다양성 관리 추진'을 '표면화' 하여, 이제 다양성은 피할 수 없는 상황이 되어 있다.

하지만 여전히 많은 경영진이나 상급관리직은 다양성 관리는 기업의 사회적 책임CSR: Corporate Social Responsibility이나, 인사부의 문제라고 생각하는 경향이 있다. 또한 단기적으로 비용이 증가하게 되는 것에 대해 리스크로 생각하는 경영진도 많이 있는 것 역시 사실이다.

다양성 관리는 경영전략으로서 필수 불가결한 일이고, 지속적 성장을 위한 투자라고 인식하여, 이를 전략적으로 실행하고 있는 서양의 글로벌 기업과 대조적이라 할 수 있다. 서양 자본의 글로벌 기업은 다양성 관리와 조직 프로세스를 결합하여 조직개혁을 추진하고, 지식을 창조하고 조직능력을 키워 결과적으로 기업 업적을 향상시키고 글로벌 경쟁우위를 전략적으로 강화하고 있다.

한편 전통적 일본 기업에서 비교적 자주 보이는 폐쇄적인 문화 속에서 육성된 단일 조직에서의 조직구성원들은 무엇인가를 함께 공유하는 이른바 '장'場에서, 많은 다른 정보나 가치관의 공유도 소위 '손발을 척척 맞추어' 하게 된다. 서로의 생각을 이해하기 쉽다는 점에서 커뮤니케

* 1억 3,000만 명 가까이 되는 일본 인구 중에서, 젊은이도 고령자도, 여성도 남성도, 장애가 있는 이도 모두 사회를 위해 활약할 수 있는 사회를 지향하자는 것으로, 2016년 발표된 아베 내각의 정책 중 하나이다(옮긴이).

이션의 효율이 발휘되어 집단의 의견 일치가 쉽다는 장점이 있다. 이 장점을 잘 살려 비약적 성장을 지속해 온 것이 일본 인구가 폭발적으로 증가했던 고도성장기의 일본 기업이었다.

하지만 오늘날과 같이 저출산·고령화를 배경으로 다양한 가치관, 문화적·역사적 배경을 가지고 있는 고객에 대한 대응을 하지 않으면 안 되는 외적 환경의 변화 아래에서, 일본 기업은 이제는 과거와 같은 직선적이고 연속적인 상황을 중시한 관리방식으로는 생존해 나갈 수 없다. "예상 밖이었다."라는 말로 수습할 수는 없다. 위기에 관한 회복 탄력성 resilience[20]을 높여 두는 것이, 오늘날의 '사람과 조직'에게 요구되는 것이다. 최근 연구에서는 '사회·생태계'의 회복력에 대해 다양성이 중요하다고 하는 점에서 견해가 일치되고 있다. 이는 단기적 관점에서는 추구하는 이익을 희생하더라도, 장기적 관점에서 지속적인 이익을 창출하려 한다는 것을 의미한다.

Nakagawa(2015)[21]는 일본 상장기업 745개 사를 대상으로, CEO의 다양성에 대한 관심을 나타내는 대리지표인 다양성 추진 조직의 유무가, 여성 관리직 비율이 기업실적(Tobin's q[22])에 미치는 정의 영향에서 매개변수로 작용한다는 것을 실증적으로 증명하였다. 또한 시간 측면에서도 1년의 시간 경과보다는 6년의 시간이 경과하였을 때에 더욱 큰 영향을 주고 있음을 정량적으로 분석하고 있다. 아울러 서비스업과 제조업을 대상으로, 인적자본이 직접 생산성에 영향을 줄 것이라고 예상되는 서비스업 기업이 여성 관리직 비율이 높은 경우에 기업실적이 높을 것이라는 가설을 세웠으나, 정량분석의 결과는 제조업의 경우에 민감도가 더 높게 나타나는 등 서양의 선행연구와는 다른 결과를 보였다. 이와 같은 결과의 배경에는 일본 서비스업에서는 이미 여성의 활용이 어느 정도 진행되고 있으나, 일본 제조업에서는 여성 활용에 대한 논의 수준의 과정에서 단지 '여성 활용의 추진을 경영전략의 하나로 하여 행동으로 옮기고 있는지 아닌지 여부에 대한 판단'의 차원이며, 아직 행동으로는 옮기고 있지 못하는 기업도 많이 있다는 것을 의미한다. 반면 이를 행동으로 옮기고 있는 제조업도 있는데, 이러한 기업에서는 CEO의 많은 관심 아래에서 인사부, 현장관리직이 삼위일체가 되어 조직개혁을 추진하는 과정에 있다고 할 수 있다. 이러한 조직개혁의 결과로서 여성 관리직이 증가하고, 조직생산성을 높여 보다 유연한 발상이 가능하게 되어, 제품·서비스의 차별화가 가능해지고, 효율화가 진전되어 결국 기업실적이 올라가는 선형적인 관계가 있음을 실증하고 있다.

8. 결어

미래를 예측하기란 쉽지 않으며, 변화가 격심한 외부환경에서 일본 기업 및 조직이 생존해 나가기 위해서는 조직 내에 가능한 다양한 능력과 다양한 가치관을 가지고 있는 인재를 보유하는 것이 생존을 위해 중요한 점이라고 하는 것은 자연계의 다양성을 통해서도 알 수 있다. 노동력 공급의 감소와 일하는 사람들의 가치관이 변화하고 있는 오늘날에는, 종래의 인재층만이 아니라 그 이외의 다양한 인재층을 받아들이고 활약할 수 있는 직장으로 만드는 것이 다양성 관리의 기본이 된다. 이것이 바로 '조직 내에서 다양한 인재의 적재적소 배치'를 의미한다. 결국 '생존을 위한 경영전략으로서 다양성과 포용전략을 행동으로 옮길 것인가, 옮기지 않을 것인가'의 문제이다.

주

1 Ross, A. (1956). *AN INTRODUCtiON TO CYBERNETICS*. CHAPMAN & HALL LTD.

2 1980년대 중반부터 '(외부)환경 – 전략 – 조직구조 – 조직과정 – 업적'이라고 규정되었으며, 전략수행에 필요한 종업원의 역할·능력, 그리고 이를 이끌어 내는 HR 정책, 경쟁우위를 가져오는 전략과 HRM의 조합이 요구되어 '전략적합'으로서 SHRM(전략적 인적자원관리론)이 생성되게 되었다.

3 Gilbert, J. A., Stead, B. A., & Ivancevich, J. M. (1999). Diversity Management: A New Organizational Paradigm. *Journal of Business Ethics*, 21(1), 61-76.

4 Syed, J., & Kramar, R. (2009). Socially responsibility diversity management. *Journal of Management & Organization*, 15(5), 639-651.

5 Fernando, M. A., Pedro, M. R. F., & Gonzalo, S. G. (2010). Transforming Human Resource Management Systems to Cope with Diversity. *Journal of Business Ethics*, 107-4, 511-531.

6 Benschop, Y. (2001). Pride, prejudice and performance; relations between HRM diversity and performance. *International Journal of Human Resource Management*, 12(7), 1166-1181. ISO690.

7 매개변수인 SHRM에는 다음과 같은 정책의 유무를 HR 요인으로 하여 분석·검증하였다. HR 정책으로 종업원 사이의 상호 교류의 장을 만들고, 그룹 내 관점의 대립을 억지로 피하려 하지 않고, 의사표현이 가능한 채널을 열어 놓으며, 정보의 수발신이 가능한 환경을 구축하고, 의사결정의 압력을 피할 수 있으며, 팀의 직무량을 증가시키며, 그룹 전원이 참여하는 정기적인 미팅이 존재하며, 비공식적인 상호 조정이 가능하고, 그룹 내 커뮤니케이션은 IT 시스템으로 쌍방의 이익을 생각하며, 종업원을 둘러싼 장기적인 지향성의 유무를 요인으로 하였다. 훈련 정책으로는 다양성과 관련된 연수, 상호 의존을 촉진하는 연수, 참여의 촉진 및 직장의 풍토 개혁, 계획적이고 체계적인 연수의 유무를 요인으로 하였다. 보수 정책으로는 집단 결과주의, 객관적 요소를 중심으로 한 안정적이고 높은 기본급, 그리고 평가 정책으로는 종업원 참여형, 그룹평가의 주축, 업적 향상 중시, 결과 중시의 유무를 요인으로 하였다. 채용, 배치안으로는 사회성 중시, 개방되어 있어 유연하게 이동이 가능하며, 이중 경력으로서 가정과 업무의 양립이 가능하고 복수의 승진의 가능성이 있는 외부채용 중시의 유

무를 요인으로 하였다.

8 Esty, K. R. G., & Schorr-Hirsh, M. (1995). *Workplace diversity. A manager's guide to solving problems and turning diversity into a competitive advantage*. Avon, MA: Adams Media Corporation.

9 Devoe, D. (1999). *Managing a diverse workplace*. San Mateo, CA: InfoWorld Media Gruop.

10 Koonce, R. (2001). Redefining diversity: It's not just the right thing to do; it also makes good business sense. *Traininig and Development*, December.

11 Flagg, A. (2002). Managing diverse workgroups successfully. *United Behavioral Health*.

12 Purcell, J., Kinnie, N., Hutchinson, S., Rayton, B., & Swart, J. (2003). *Understanding the People and Performance Link: Unlocking the Black Box*. London: Chartered Institute of Personnel and Development.

13 Boselie, P., Diets, G., & Boon, C. (2005). Commonalities and Contradictions in Research on Human Resource Management and Performance. *Human Resource Management Journal*, 15.3, 67-94.

14 Shen, J., Chanda, A., D'Netto, B., & Monga, M. (2009). Managing diversity through human resource management: and international perspective and conceptual framework. *The International Journal of Human Resource Management*, 20.2, 35-251.

15 Zhu, W., Chen, I., & Spangler, W. (2005). CEO transformational leadership and organizational outcome: the mediating role of human capital enhancing human resource management. *The Leadership Quarterly*, 16(1), 39-52.

16 Küper, K. (2015). Line Managers' Involvement in Diversity Management-An Outlook into the Future. *IBA Bachelor Thesis Conference*, July 2nd.

17 Richard, O. C., Susan L. K., & Chadwick, K. (2013). The impact of racial and gender diversity in management on financial performance: How participative strategy making features can unleash a diversity advantage. *International Journal of Human Resource Management*, 24(13), 2571-2582.

18 http://www.northwestern.edu/provost/about/bios/nsombi-ricketts.html

19 2016년 「여성의 직업생활에서의 활약 추진에 관한 법률女性の職業生活における活躍の推進に関する法律」(여성활약추진법)에 기반하여, 국가지방공공단체, 301명 이상의

대기업은 (1) 자사의 여성의 활용에 대해 상황 파악, 과제 분석, (2) 그 과제를 해결하기 위한 수치 목표와 달성을 위한 조직 구성 등 행동계획의 수립·신고·주지·공표, (3) 자사의 여성의 활용에 관한 정보 공개를 하지 않으면 안 된다 (300명 이하의 중소기업은 노력의무). 이 법률에 따라, 현재 종업원이 300명 이상인 일본 기업은 여성 관리직과 여성 임원의 비율, 수치 목표, 행동계획을 공개하는 것이 의무화되어 있다.

20 복원력이나 회복력이라는 의미임.

21 Nakagawa, Y. (2015). The Gender Diversity-Firm Performance Relationship By Industry Type, Working Hours, And Inclusiveness: An Empirical Study of Japanese Firms. *Journal of Diversity Management*, 10, 61-78.

22 미국의 경제학자 James Tobin이 주장한 투자이론으로, Tobin의 q는 주식시장에 평가되는 기업의 가치를 자본의 재취득가격으로 나눈 값으로 정의된다. 기업의 가치는 주식시장이 평가하는 기업의 주가총액과 채무의 총액과의 조화이다. ROA, ROE와 구별하여 기업의 미래가치에 무게를 두어 측정한다.

조금 더 공부하고 싶은 사람을 위해

- 経済産業省. (2017).『ダイバーシティ2.0 一歩先の戦略へ』.
- デヴィッド·スターク. (2011).『ダイバーシティとイノベーション』. (中野勉·中野真澄 訳.). マグロウヒル·エデュケーション.
- 平田透·成田康修·中川有紀子. (2014).『レジリエント·マネジメント』. ナカニシヤ出版.
- http://www.hitachi.co.jp/csr/labor/diversity/index.html

옮긴이 해설

비정규직 등 다양한 고용형태의 등장, 여성 인재의 활용, 저출산·고령화, 국제 간 분업, 외국인 노동자의 증가 등으로 인해 조직 내 인적 구성의 다양성이 확대되고 있다. 과거의 다양성 관리의 초점이 차별 철폐에 있었다고 한다면, 최근의 다양성 관리는 차별을 없애는 것보다는 정보의 다양성에 관심을 가지고서 조직 내 다양한 인재의 창의적 활용을 추구하는 방향으로 옮겨 가고 있는 분위기이다. 즉 '차별의 해소'라는 소극적 접근방식에서 벗어나, 조직구성원 개개인의 다름과 가치, 즉 차이를 인정하고 이를 적극적으로 활용하는 것에 다양성 관리의 목적이 있다고 할 수 있다.

일본 기업에서 다양성 관리에 대해 자신 있게 이야기할 수 있는 부분은 그리 많지 않아 보인다. 국적의 다양성과 관련하여, 편의점에 외국인 노동자나 유학생이 없으면 편의점의 절반 이상은 문을 닫아야 할 것이라는 우스갯소리가 있을 정도로 일부 서비스 업종에서 외국인 비율이 높은 것은 사실이지만, 그 외의 부분에서 다양성은 그다지 진전되고 있지 못한 것이 사실이다. 특히 다양성과 관련된 논의가 대부분 여성 인재의 활용에 머무는 것에서도 알 수 있듯이, 일본 사회 내부적으로 아직까지는 성별 이외에 국적, 종교 등에 대한 언급은 본격적으로 이루어지지 못하고 있다. 하물며 성적 소수자를 뜻하는 LGBT(레즈비언(lesbian), 게이(gay), 양성애자(bisexual), 트랜스젠더(transgender))까지 포함한 다양성에 대한 논의는 시급함마저 느껴진다.

그럼에도 불구하고 남성 위주의 조직문화와 관행에 오랜 기간에 걸쳐 익숙해진 일본에서 여성의 사회 진출과 관련된 논의가 진행되고 있다는 사실 자체만으로도 이를 고무적으로 바라보는 시선도 있다. 노동력의 절반을 차지하는 여성 인력의 적극적 활용을 위한 정책개발과 사회적인 분위기의 전환이 조금씩 이루어지고 있으며 앞으로 더욱더 가속화될 것으로 보인다. 일본 사회도 급변하는 사회에 적응하고 성과 창출에 기여하기 위해서는 다양성과 포용의 관점에서 성별을 바라보는 것이 효과적이라는 데에 인식을 같이 하고 있음을 알 수 있다.

우리나라 역시 다양성 관리 차원에서는 유럽 등 서양 국가들에 비해서는 매우 낮은 수준에 머물고 있는 것이 사실이지만, 점차 다양성 관리가 조직경쟁력 강화에 도움이 된다는 공감대 속에서 여러 정책들이 시행되고 있는 것은 바람직한 움직임이라 할 수 있다. 예를 들어, 장애인 고용을 위한 보다 적극적인 인사 정책을 수립하고, 여성 인재의 활용 극대화를 위해 전체 임원이나 관리직에서 여성이 차지하는 비율 목표를 상향 조정하는 등 여러 분야에서 다양성 관리를 위한 실질적인 노력들이 이루어지고 있다.

앞으로는 다양성과 포용의 관점에서 조직 내 반발, 즉 충돌이 발생할 가능성을 염두에 두고 조직문화에 걸맞은 보다 적극적인 다양성 관리 정책이 수립되어야 할 것이다.

제11장

일과 삶의 균형

1. 도입

'일과 삶의 균형'Work Life Balance(이하 'WLB'라 한다)이라는 것은 '일과 삶의 조화'를 의미한다. 즉 일하는 사람들이 기업 등에서 일하는 동안 자신의 생활 스타일에 맞는 일을 하며, 생활과의 균형을 유지해 가면서 업무 효율을 높일 수 있도록 한다는 개념이다. 내각부(內閣府, 2017)에서는 이를 "일하는 모든 사람들이 '업무'와 육아나 간호, 취미나 학습, 지역활동 등의 '업무 이외의 생활'과 조화를 이루어 양자를 충실하게 하는 일하는 방식·삶의 방식"이라 정의하고 있다.

그렇다면 왜 지금 WLB의 도입이 필요한 것일까. WLB 정책을 뒷받침하고 있는 배경에는 저출산·고령화에 따라 예측되는 장래의 노동력 부족 문제가 크게 작용한다. 인구구조의 변화에 대응하기 위해서는 과거 주된 일꾼이었던 '남성·정사원'뿐만 아니라, '여성·고령자·외국인·장애인'이라고 하는 다양한 배경을 가진 노동자를 기업이 활용해야 할 필요가 있다. 또한 이러한 다양한 가치관·일하는 방식을 지향하는 인재를 채용하여 활용하는 것이 기업경쟁력 향상과도 직결되는 시대가 되고 있다.

한편 기업에 있어 WLB 정책의 도입은 기업실적에도 플러스의 효과를 가져다줄 수 있다. 경영자 입장에서 보면 WLB 정책을 단지 노동자에 대해 도입하는 것뿐만 아니라, 이 정책에 따라 노동자가 업무의 생산성이나 의욕을 향상시킬 수 있게 되기를 희망한다. 그리고 최종적으로는 기업경영에 플러스의 효과를 가져다주어 생산성·수익이 향상되는 것을 목적으로 하게 된다. 또한 인재 확보의 관점에서는 WLB 정책에 힘을 쏟는 기업이 훌륭한 인재를 확보할 수 있다는 채용상의 이점도 기업에서 볼 때는 중요한 부분이라 할 수 있다.

이와 같이 오늘날 기업경영에서 가장 중요한 자원인 훌륭한 인재를 채용하여 활용하기 위해서, WLB를 배려한 인적자원관리는 매우 중요한 경영과제 중의 하나라고 말할 수 있을 것이다. 이 장에서는 WLB 대응에 대해 정부·기업 쌍방의 대처방법을 종합하여, 향후 일본 기업의 WLB 정책이 나아갈 방향에 대해 개관해 보고자 한다.

2. WLB 정책의 배경과 의의

(1) 외국의 WLB 정책

원래 WLB 정책은 서구권에서 앞서 시행되어 온 대응방법으로, 실제로는 고용형태의 다양화, 여성의 취업 촉진, 나아가 국가에 따라서는 출산율의 증가라는 효과를 가져오기도 하였다. 1980년대 이후 서양의 여러 국가에서는 취업에 대한 인식의 변화나 저출산·고령화 등을 배경으로 하여, 업무와 생활의 조화를 개인의 일하는 방식, 기업의 경영, 사회의 나아갈 방향 등의 각 단계에서 검토하면서 WLB 정책을 충실히 추진하여 왔다(후생노동성, 2007). 국가에 따라서는 영국이나 독일과 같이 정부 주도하에서 WLB 정책이 추진된 국가도 있다.

보다 구체적인 정책을 살펴보면, 〈도표 11 - 1〉과 같이 국가별로 다양한 대응이 이루어져 왔음을 알 수 있다. 예를 들어, 프랑스에서는 가족정책을 중시한 정책의 성과로, 1990년대에 1.71까지 하락하였던 합계출산율*이 2005년에는 1.90까지 회복[1]되었다고 한다. 또한 북유럽의 충실

* TFR(Total Fertility Rate). 인구통계상의 지표로 한 여성이 출산 가능한 15세부터 49세까지 낳는 아이 수의 평균을 나타낸다(옮긴이).

도표 11-1 외국의 일과 삶의 균형에 대한 대응

영국	• 2000년 정부에 의한 일과 삶의 균형 캠페인 • 2002년 「고용법」 제정, 출산휴가의 확충, 남성휴가 도입, 자녀가 있는 종업원에 대해 유연근무 신청을 할 권리 부여 • 2005년 「취업가족법안」 제정
독일	• 2003년 정부에 의한 「기업 측면에서 가족에게 좋은 환경 만들기」 프로젝트, 기업 문화의 변혁, 여성의 사회 진출, 가족 지원을 위한 서비스 제공
미국	• 1980년대 이후 기업 독자적인 가족 친화적 정책 • 1990년대 가족 친화적인 정책으로부터 일과 삶의 균형으로의 확장, 유연근무, 보육 지원, 간호서비스, 입양 지원, EAP(사원 지원 프로그램) 등
프랑스	• 2005년 출산율의 향상과 여성의 경제적 자립을 목적으로 한 가족 정책 제정 • 2006년 공립탁아소 내실을 위한 「영유아 플랜」 제정
북유럽	• 가족 정책 중시, 보육서비스나 휴가제도에 충실. 스웨덴의 'SABBATICAL'(장기 휴가), 핀란드의 '직무순환제' 등 장기 휴가의 충실
네덜란드	• 1982년 「바세나르 협약」(Wassenaar Arrangement)에 의한 노동시간 단축과 임금억제 정책 • 콤비네이션 시나리오(부부 2명에 1.5명분의 업무부과, 일과 가정 책임을 부부에게 분담)

출처: 厚生労働省. (2007). 『労働経済白書』를 참조하여 작성.

한 보육서비스나 휴가제도, 네덜란드의 파트타임 및 풀타임 근무자 사이의 균등한 처우, 노동시간의 단축과 일자리 나눔work sharing, 고용 창출과 결합한 정책, 그리고 이러한 생각을 발전시킨 콤비네이션 시나리오**는 일본 노동자의 일하는 방식 개선에 있어 얻을 수 있는 시사점이 많이 있다.

** Combination scenario, 네덜란드에서 정부가 추진한 WLB 정책으로, 남녀 모두의 파트타임화를 촉진하고 가사나 육아, 간병 등을 서로 분담하는, 일하는 방식을 말한다(옮긴이).

(2) 일본의 WLB 정책의 전개와 의의

외국 사례에 이어, 일본 정부도 2007년에 「일과 삶의 조화Work Life Balance 헌장」과 「일과 삶의 조화 추진을 위한 행동지침」, 그리고 2017년에 「일하는 방식 개혁 실행계획」을 수립하였다. 그렇다면 왜 일본은 WLB 정책을 도입하게 되었던 것일까. 가장 큰 원인은 인구감소 사회에 대비한 노동력의 확보가 필요하다고 예측되었기 때문이며, 다음으로는 다양한 특성을 지닌 노동자에 대응 가능한 '일하는 방식 개혁'의 필요성이 대두되었다는 이유를 들 수 있다. 국립사회보장·인구문제연구소(2017)에 따르면, 일본의 인구는 2017년 시점에 1억 2,676만 명이지만 2053년에는 1억 명 아래인 9,924만 명이 되고, 2065년에는 8,808만 명으로 급감할 것으로 예상된다. 즉 인구는 급감하고 고령자는 대폭 증가할 것으로 예측되는데, 이로 인해 여성·고령자·장애인·외국인이라는 다양한 인재의 확보·활용은 빠질 수 없는 인사 정책이 될 것으로 보인다.

그렇다면 실제로 일본의 노동자는 WLB를 실현할 수 있을 것인가. 오늘날 일본 노동시장은 시간에 따른 고용관리가 엄격한 정규고용과 일정한 유연성을 갖는 비정규고용으로 구분된 시장으로 되어 있기 때문에, 시간의 제약이 많은 노동자는 비정규직으로 근무하고 있다. 현재 비정규직의 비율은 증가 추세에 있는데, 그 원인으로는 ① 비정규고용의 비율이 높은 60세 이상의 인구가 증가하고 있다는 점, ② 노동시장에 여성의 참여가 증가하고 있다는 점의 두 가지를 들 수 있다. 남녀별 정규·비정규 고용의 숫자 추이를 살펴보면, 정규직은 남성이, 비정규직은 여성이 많다. 여성 노동자 중에서 과반수는 비정규직으로 근무하고 있다. 이는 여성이 결혼·출산 후에 가사나 육아 등을 주로 담당하게 됨에 따른 시간의 제약으로 인해, WLB의 관점에서 비정규고용이라고 하는 고용형태를 선택하고 있는 것도 하나의 원인으로 생각된다.

하지만 정규직은 장시간 노동 등의 경직된 근무방식의 문제, 비정규직은 정규직과의 임금격차의 문제 등 여러 가지 해결해야 할 과제들이 발생하고 있다. 최근 WLB 제도를 도입한 기업의 비율은 20% 미만으로 적은 편이긴 하지만, 정규직보다 1주간의 소정근로시간이 짧거나 소정노동일수가 적은 정사원으로 근무가 가능한 '단시간 정사원제도'*를 마련하고 있는 기업도 있다.

그렇다면 WLB의 실현 정도를 측정하는 데에 중요한 지표가 되는 노동시간·유급휴가의 활용 상황에 대해 확인해 보자. 먼저, 연간 평균노동시간에 대해서는 통계의 기준에 따라 몇 가지 데이터가 있지만 후생노동성 자료(2017)에 따르면 2014년에는 1,810시간에 이르고 있으며, 남성의 연간 평균노동시간은 2014년에 1,637시간, 여성은 1,421시산에 이른다. 연간 1,800시간 정도의 추이로, 시계열적으로 보아도 과거 10년간 커다란 변화는 없다. 반면 1주간의 노동시간이 60시간 이상인 취업자의 비율은 특히 30대, 40대의 남성이 높았으며, 동 연령대 남성의 20% 정도를 차지하고 있다. 남성의 WLB도 앞으로 커다란 과제가 될 것으로 보인다.

그렇다면 유급휴가의 활용 상황은 어떠할까(도표 11-2). 이에 대해서도 일본의 유급휴가 사용 비율은 아직 높다고는 할 수 없는 상황인데, 2016년 기준으로 48.7%(남성 45.8%, 여성 54.1%) 정도이다. 유급휴가 사용 비율은 기업 규모가 클수록 높아져서, 종업원 수 1,000명 이상의 기업에서는 사용률이 54.7%인 반면에 30~99명의 기업에서는 43.7%에 머물고 있다. 또한 업종별 불균형도 커서, 사용률이 높은 전기·가스·열공

* 우리나라의 '시간선택제 근무'를 말한다(옮긴이).

도표 11-2 업종별로 살펴본 연차유급휴가 사용률 (단위: %)

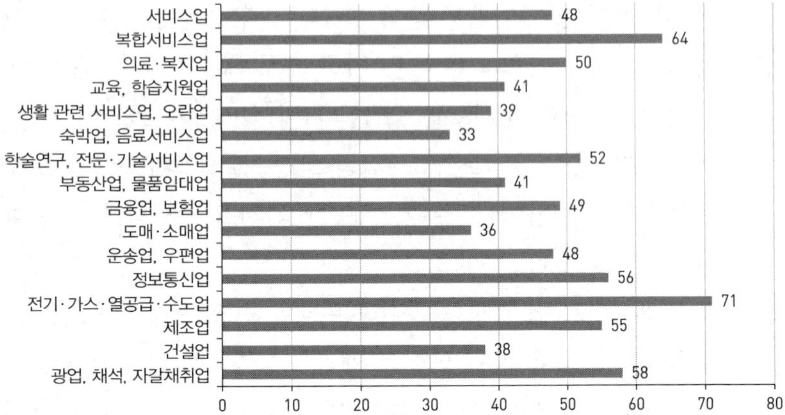

출처: 厚生労働省. (2017). 『平成28年就労条件総合調査』.

급·수도업에서는 71.3%인 반면에, 숙박·음료서비스업은 32.6%로 낮다. 기업 규모·업종에 좌우되지 않고 휴가를 사용할 수 있는 정책이 필요할 것으로 보인다. 유급휴가에 대해서는 시간 단위로 사용할 수 있는 기업도, 미미한 수준이기는 하지만 증가하고 있으며, 2016년에는 16.8%의 비율을 보였다. 노동시간의 길이뿐만 아니라, 노동시간의 유연성까지도 배려한 새로운 인적자원관리가 요구된다고 할 수 있다.

(3) WLB 정책의 의의 및 목적

지금까지 WLB 제도의 배경과 다양화된 노동자를 대상으로 하는 정책으로서 WLB에 대해 개관해 보았다. 기업의 입장에서 보면, WLB 정책을 도입하는 가장 큰 의의와 목적은 기업실적의 향상에 있다. 그렇다면 노동자에 대한 WLB 정책은 실제로 기업의 생산성을 높여 기업실적을 향상시키는 것일까. 이 점에 대해서는 현재 많은 연구들[2]이 진행되고 있다. 연구들 중에서, WLB 정책이 기업의 생산성을 높이는 것인지 아닌지에 대해 검증한 결과를 소개해 보고자 한다. 분석 결과를 살펴보면, WLB 정책과 기업생산성TFP: Total Factor Product (총요소생산성) 사이에는 플러스의 상관관계가 있기는 하지만, WLB 정책이 기업생산성을 높인다고 하는 인과관계가 있다고는 말할 수는 없다. 하지만 일정 규모 이상의 기업, 제조업, 노동의 고정비가 큰 기업, 균등 정책을 시행하고 있는 기업에서는 WLB 정책이 중장기적으로 기업의 생산성을 높인다는 연구 결과를 확인할 수 있다. 또한 효과적인 WLB 정책으로는 전담 추진 조직의 설치, 장시간의 노동관행 개선을 위한 장치 마련, 비정규직에서 정규직으로의 전환제도 등을 들 수 있다.

이 외에도 가정 친화적 정책(일과 가정의 양립 지원제도)을 비롯한 WLB 정책을 도입한 것만으로는 충분하지 않고, 기업 내에서의 남녀차별 없는 균등한 대우도 중요한 역할을 한다는 연구 결과도 있다.[3] 기업에 있어 WLB 정책이 갖는 의의는, 이념으로서는 당연히 추진해야 할 일이지만 기업실적에 대한 명확한 효과 검증은 앞으로 더 필요하다는 것이다. 효과에 대한 면밀한 검증을 통해 보다 적합한 WLB 정책의 설계·전개가 이루어지게 될 것으로 기대된다.

3. 정부 · 기업의 대응

(1) 정부의 대응

지금까지 살펴본 바와 같이, 일본에서는 정부 주도로 WLB 추진 정책이 마련되어 왔다. 「일과 삶의 조화Work Life Balance 헌장」에 따르면, WLB

가 실현된 사회에서 말하는 최종적인 사회란 ① 취업에 의한 경제적 자립이 가능한 사회, ② 건강하게 풍족한 생활을 할 수 있는 시간의 확보가 가능한 사회, ③ 다양한 일하는 방식·삶의 방식을 선택할 수 있는 사회라는 세 가지가 구비된 사회를 의미한다.

하지만 이러한 사회를 목표로 함에 있어서, 일본의 노동시장은 몇 가지의 문제점들을 내포하고 있다. 문제의 사례로는 내각부가 제정한 「일과 삶의 조화 헌장」에 열거된 것과 같이 ① 안정된 일자리를 얻지 못하여 경제적으로 자립할 수 없고, ② 일에 쫓겨 심신의 피로로 인해 건강을 해칠 수도 있으며, ③ 일과 양육, 노부모 봉양은 양립하기 어렵다는 것을 들 수 있다. 여기에는 정규고용과 비정규고용으로 일하는 방식이 이원화되고, 장시간 노동이나 맞벌이 세대의 증가, 바뀌지 않는 업무방식과 역할 분담에 대한 의식, 가족과 지역·사회의 변화라는 요인이 그 배경이 되고 있다.

또한 「일하는 방식 개혁 실행계획」에서는 〈도표 11－3〉에 열거된 바와 같이 향후 대응이 필요한 11가지 항목에 대해 지적하고 있다. 1번 항목의 동일노동 동일임금이라 하는 것은 정규고용, 비정규고용 등 고용형태에 상관없는 균등·균형 대우를 목표로 하는 개념이다. 균등대우라 함은 동일한 일을 하는 경우에는 처우(임금 등의 노동조건)를 같게 해야 한다는 것을 말하며, 균형대우라 함은 일하는 방식이 다른 경우 차이에 따라 균형을 생각한 처우를 하는 것을 말한다. 2번 항목은 다른 국가들과 비교할 때 낮은 일본의 노동생산성과 남녀 간의 커다란 임금격차의 해소를 말하며, 3번 항목은 노동시간 상한 규제의 기본적 틀로서 현행 시간 외 한도 기준을 고시告示에서 법률로 격상하여 벌칙에 의한 강제력을 갖도록 하는 것이다. 지금까지는 특별한 경우 등에는 노사 간 합의가 가능토록 하여 시간 외 노동에 대한 상한 규제는 없었으나, 어떠한 경우라도 노동시간에는 상한을 정해 두는 것이 옳다는 것을 의미한다. 상한을 원칙으로 하여 월 45시간, 또는 연간 360시간으로 기준을 정하고, 이를 위반할 시에는 특별한 경우를 제외하고는 벌칙을 부과하는 것도 포함되어 있다.

도표 11-3 「일하는 방식 개혁 실행계획」에 따른 향후 중점 대응 과제

1	동일노동 동일임금 등 비정규고용의 처우 개선
2	임금 인상과 노동생산성 향상
3	벌칙을 포함한 시간 외 노동의 상한 규제의 도입 등 장시간 노동의 시정
4	유연한 근무방식 적용이 용이한 환경의 정비
5	여성·젊은 세대 인재육성 등 이들이 활약하기 용이한 환경의 정비
6	질병의 치료와 업무의 양립
7	육아, 간호 등과 업무의 양립, 장애인 취업
8	고용흡수력, 부가가치가 높은 산업으로의 전직·재취업 지원
9	어느 누구에게라도 기회를 주는 교육환경의 정비
10	고령자의 취업 촉진
11	외국 인재의 영입

출처: 首相官邸. (2017). 『働き方改革実行計画(概要)』를 참고로 작성.

또한 최근 주목받고 있는 항목으로는 8번 항목의 부가가치가 높은 산업으로의 전직·재취업 지원을 들 수 있다. 앞으로는 AI(인공지능)의 발달에 따라 산업구조가 크게 변화할 것이 예상되며, 새로운 산업에 대응할 수 있는 인재육성·인적자원관리, 보다 유동적인 노동시장의 구축이라는 새로운 과제가 생겨날 것으로 예상된다.

(2) 기업의 대응

지금까지 살펴본 바와 같이 WLB 정책이 입안되어 이미 실행 단계에 진입해 있지만, 실제로 노동자 개인에게 WLB가 가능할 것인지에 대해서는 각 기업의 대응 수준에 달려 있다고 할 수 있다. 그렇다면 실제로 기업은 어떻게 대응하고 있을까.

우선 후생노동성은 WLB 중에서도 육아 지원에 힘을 쏟고 있는 기업을 대상으로 인증마크 '구루민', '프라티나 구루민'을, 여성활약 추진기업에는 인증마크로 '에루보시'를 마련하였다.*

이에 따라, 정부로부터 인정을 받은 기업은 인증마크를 광고 등에 표시하여 WLB에 대해 대응을 잘하고 있는 기업이라는 것을 외부에 홍보할 수 있어, 학생이나 구직자들도 취업 시의 판단 기준으로 활용할 수 있도록 하고 있다. 또한 기업에 있어서도 인재 확보 측면에서 플러스의 효과가 기대되는 것뿐만 아니라, 인증마크를 취득함으로써 세제상 우대조치나 공공조달 시 가점평가 등의 이점도 받을 수 있다는 장점이 있다.

이와 같은 인증마크를 받은 기업이 실제로 도입한 구체적인 정책을 살펴보도록 하자. 주로 활용하고 있는 제도는 정해진 하루의 노동시간을 단축하는 단시간근무, 자녀를 가까이서 양육할 수 있는 사업소 내 보육시설, 육아 중의 사원을 대신하여 일을 할 수 있는 대체요원의 확보, 자택 등에서 업무를 할 수 있는 원격근무를 비롯한 재택근무의 추진, 집

---

* '구루민'은 '쌓다'라고 하는 단어 '구루무(包む)'에서 나온 애칭으로 '육아지원기업'이라고 후생노동성으로부터 인정을 받은 것을 의미하며, '프라티나'는 플래티넘(platinum)의 일본식 표현이며, '에루보시'는 알파벳 'L'의 일본식 표현 '에루'를 의미하며 'Lady(여성)'나 'Labor(노동)', 'Lead(주도)' 등 다양한 의미를 담아 사회적으로 활약하는 여성이 많아졌으면 하는 바람에서 '에루보시'라는 명칭을 붙여 인증해 주는 것을 말한다(옮긴이).

중근무core time(출근의무가 있는 시간) 없이 하루의 출근시간을 유연하게 조정할 수 있는 '플렉스'flex 제도의 실시, 야근시간의 억제(야근 없이 정시 퇴근하는 'No 야근데이'나 월말 금요일에는 조기 퇴근하는 '프리미엄 프라이데이'의 실시) 등이 있다.

WLB 정책의 전개에 있어서는 노동시간·근무장소의 유연성이 중요한 요인이 되기 때문에, 이러한 제도의 시행은 노동자에게 업무의 편의성을 가져다줄 것으로 기대된다. 반면 기업에 출근하지 않는 사원을 어떻게 관리하고 평가할 것인가, 육아·돌봄으로 휴직 중인 사원을 대신하여 누가 업무를 할 것인가(대체요원)라는 새로운 문제도 발생하고 있다. 다양성을 지닌 일하는 방식과 인사평가의 바람직한 방향을 어떻게 양립시킬 수 있는가는 기업에게 새로운 과제가 되고 있다.

4. 여성 활약의 추진과 남녀의 WLB

(1) WLB에 관한 법 제도의 정비

WLB에 관한 의식 고취를 뒷받침하여 2016년에 「여성활약추진법女性の職業生活における活躍の推進に関する法律」이 시행되었다. 이에 따라, 일터에서 활약하고 싶다고 희망하는 모든 여성이 자신의 개성과 능력을 충분히 발휘할 수 있는 사회를 실현하기 위해, 여성의 직업 선택에 도움이 되는 정보를 공표하는 것이 사업주에게 의무화되었다(내각부, 2016). 또한 기업은 ① 여성 채용 비율, ② 근속연수에서 남녀 차이, ③ 노동시간의 상황, ④ 여성 관리직 비율 등 기업 내의 남녀 공동 참여와 관련된 수치를 파악·분석하여, 수치목표를 포함한 행동계획을 책정·공표할 것을

요구받고 있다. 한편 종업원 300명 이하의 민간기업 등에 있어서는 어느 정도의 유연성을 두어, 이와 같은 것들이 강제화되지 않고 노력 의무로 설정되어 있다.

특히 저출산·고령화 대책에 대해서는 1994년에 제정된 육아 지원을 위한 기본적 방향과 정책을 포함하고 있는 「엔젤플랜」*부터 시작하여, 1999년 제정된 「신엔젤플랜」, 2003년에 시행된 「차세대육성지원대책추진법次世代育成支援対策推進法」 및 다양한 정책들이 강구되어 왔지만, 효과는 기대한 만큼 나타나지 못했다. 출산 후에도 업무를 계속할 수 있는 사회에서는 남녀 균등 대우가 실현되어 실제로 출산을 더 촉진한다는 연구 결과[4]도 있다. 노동력 부족이 예상되는 일본의 노동시장에서는 여성이 어떻게 출산 후에도 계속 근무할 수 있을지, 또 재취업할 수 있을지가 커다란 과제가 되어 있다. 최근의 통계에서는 출산 후에도 계속 근무가 이루어진다는 보고도 있으나, 아직까지도 과반수의 여성은 출산과 동시에 일을 그만둔다. 또한 비정규직으로 고용된 여성의 경우에는 조건에 따라 육아휴직제도를 이용할 수 없는 경우도 있다. 앞으로 법 정책의 효과에 대한 검증도 필요할 것으로 보인다.

(2) 결혼 · 출산 시의 여성 취업의 현상

여성 노동자는 능력 발휘를 지향하지만, 일본에서는 결혼·출산을 계기로 직장을 그만두는 여성이 많다. 다른 국가들에서도 결혼·출산의 경우에 여성 취업 지원이 뒷받침되고 있는데, 일본도 마찬가지로 여성의 활약 촉진을 위한 다양한 시책을 강구하고 있다. 최근에는 2010년에 개정된 육아·간호 휴직 법령의 시행에 따라, 3세 미만의 자녀가 있는 노

* 일본 정부의 저출산 대책의 구체적 실시계획이 담긴 계획을 말한다(옮긴이).

동자에 대한 단시간 근무(1일 6시간)의 적용이 사업주에게 의무화되었다. 부모 모두가 육아휴직을 쓰게 되면, 휴직 기간을 2개월 연장 가능하도록 하는 방식(「아빠·엄마 육아휴직 플러스제도」) 등도 도입되었다. 2017년 시행된 육아·간호 휴직 법령에 따라, 조건을 만족하는 경우에는 육아휴직을 최대 2년간 쓸 수 있게 되어 단지 수개월 만에 출산 후 복귀해야 하는 다른 국가들과 비교할 때 육아휴직 기간·제도는 후한 편에 속한다.

결혼에 대해서 살펴보면, 결혼 시점이 2010~2014년인 여성이 계속 근무를 하는 경우는 70%를 넘어, 2009년 이전의 50~60% 정도와 비교할 때 계속 근무하는 여성의 숫자는 대폭 증가하였음을 알 수 있다.

한편 〈도표 11-4〉는 여성이 출산 후에 어느 정도 일을 계속하는지를 조사한 것이다. 출산 연도가 2010~2014년인 여성 중에서 계속 근무를 하고 있는 여성은 38.3%로 증가하였으며, 출산 후 퇴직지는 33.9%로, 2009년 이전의 계속근무자가 20~30%이었던 수준과 비교할 때, 계속근무자의 비율은 증가하였다. 2010년 즈음을 경계로 하여, 결혼·출산 이

도표 11-4 자녀의 출생 연도 · 출산 전후의 여성의 취업 변화(첫째 자녀) (단위: %)

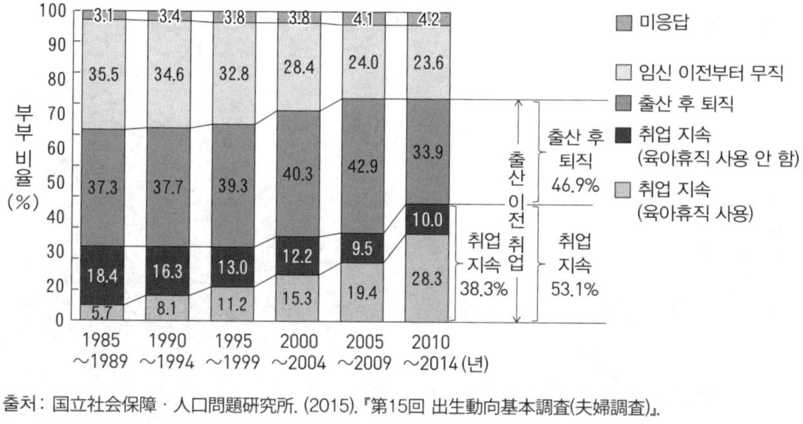

출처: 国立社会保障 · 人口問題研究所. (2015).『第15回 出生動向基本調査(夫婦調査)』.

후에도 계속 근무를 하는 여성이 증가하고 있음을 알 수 있다. 특히 육아휴직제도를 이용한 계속근무 여성 비율은 지속적으로 증가하여, 30% 가까이 되었다. 하지만 과반수를 넘는 여성이 첫째 아이가 출생한 당해 연도에는 직장을 가지고 있지 않으며, 아이가 어릴 때는 전업주부 비율이 높다고 하는 일본 여성의 근로방식이 아직도 상당수를 차지하고 있음을 알 수 있다.

한편 〈도표 11-5〉는 육아휴직 사용률 추이를 남녀별로 살펴본 자료이다. 여성은 2005년까지는 상승 경향이 있었지만, 그 이후에는 80%대를 전후로 횡보하는 경향을 보이고 있다. 이는 이 수치의 계산방법이 출산 시점에서 계속근무자를 대상으로 했기 때문에, 출산 전에 회사를 그만둔 사람을 분모에 포함하지 않았기 때문이다.[5] 하지만 계속근무를 하는 여성 중에서 80% 정도의 여성은 육아휴직을 사용하고 있다. 업종별 차이도 커서, 대부분의 업종에서 사용률이 90%를 넘는 반면에, 제조업, 숙박·음료서비스업에서는 60%대에 머물고 있다. 남성의 육아휴직 사용률은 약간이나마 상승 경향을 보이며 2016년에 3.16%를 보이고 있다.

도표 11-5 육아휴직 사용률 추이(좌측: 여성, 우측: 남성)

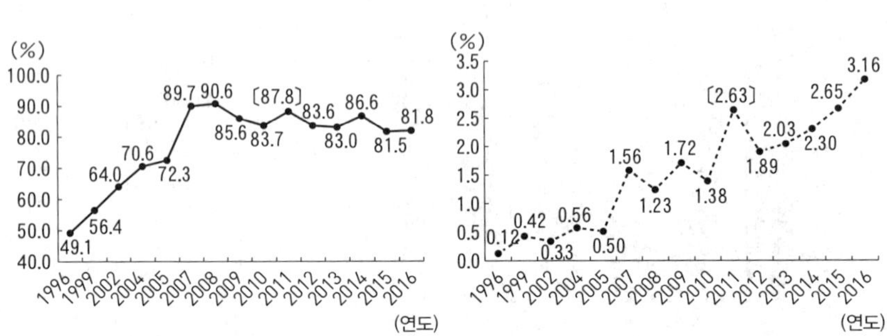

출처: 厚生労働省. (2016).『平成27年度 雇用均等基本調査』.

점차 남성도 육아휴직을 쓸 수 있다고 인식되고 있어 사용률은 상승 경향을 보인다. 자녀가 태어난 남성 직원 전원이 단기간이지만 육아휴직을 사용하고 있는 기업도 있다.

반면에 육아휴직의 사용에서 직장 내에 새롭게 발생하는 문제점에 대해 세 가지 정도 지적할 수 있다. 첫째, 다른 국가들과 비교하여 장기간의 육아휴직 사용으로 육아휴직 사용자의 경력형성에 문제가 있다는 점을 들 수 있다. 비교적 장기간에 걸친 휴직으로 복귀 후의 경력이 뒤처지거나(머미트랙(mummy track)*), 개인의 동기부여 저하의 문제 등이 지적되고 있다. 장기간 육아휴직의 장점과 단점에 대해서는 보다 신중히 검토할 필요가 있을 것이다. 둘째, 법 제도 등의 제도 측면이 충실하더라도 실제로 기업 내에서 WLB 제도를 활용하기 어렵다라는, 조직이 갖는 문제이다. 출산·육아휴직을 사용하려 할 때, 직장 내 압력이 생기는 것을 의미하는 '임산부 괴롭힘'maternity harassment이라는 용어가 사용되는 것처럼, 아직까지는 육아휴직을 사용하는 여성이 계속 근무하는 것이 어려운 직장도 상당수 존재하고 있다. 셋째, WLB 정책을 활용하고 있는 사람의 주변 노동자에 관한 문제이다. 이점에 대해서는 최근에 진행된 연구에서, 하나의 직장 내 다양한 인재를 위해 인사제도가 세분화되다 보니, 종업원 간에 불공평하다고 인식하는 정도가 높아지고 있음을 알 수 있다. 이러한 문제를 완화시키기 위해서는 종업원의 심리적 요인에 초점을 맞추는 것이 필요하다고 지적되고 있다. 특히 상사로부터 지원의 중요성, 질적인 재량이라고 하는 직장환경의 배려, 인사제도와 종

* '머미트랙'은 1988년 미국에서 처음 사용된 단어로, 출산을 마친 여성이 업무에 복귀했는데도 단조로운 업무만 담당하거나, 육아로 인해 야근을 못하고 휴가를 많이 사용하게 되어 출세 코스와는 다른 또 하나의 코스에 진입하게 되어 버리는 것을 의미한다(옮긴이).

업원 간의 조합이 중요하다는 것이 강조되고 있다.[6] 모 화장품 회사의 사례에서와 같이, 종업원 간의 불균형을 해소하기 위해서 육아 중인 종업원에게도 다른 종업원과 같이 당번이나 주말 출근 의무를 부과하는 등 특별히 대우하지 않는 경우도 있다. 이 사례는 단순히 육아휴직을 사용하여 육아 중인 여성의 근로시간을 단축하는 것뿐만 아니라, 이보다 앞서 '양립 지원부터 균등대우까지'라는 측면에서의 접근 필요성을 보여준다고 할 수 있을 것이다.

(3) 남성의 WLB

일본에서는 1990년대 후반에 맞벌이 가정의 숫자가 전업주부 세대수를 뛰어넘어, 2016년에는 맞벌이 세대가 1,129만 세대로 전업주부 세대인 664만 세대를 크게 상회하게 되었다. 세대구조의 변화에 따라 맞벌이 세대뿐 아니라 단신 세대도 큰 폭으로 증가하여 2035년에는 인구의 절반이 독신자로 구성될 것이라는 예측도 있다.[7] 게다가 앞서 살펴본 바와 같이, 장시간 노동은 30, 40대의 한창 일할 나이의 남성에게서 이루어지는 경우가 많아 과로사 등의 문제도 무시할 수 없는 실정이다. 장시간 노동의 영향이 있을지도 모르지만, 6세 미만의 자녀를 둔 남편들의 집안일과 관련된 시간은 하루에 67분 정도로 선진국 중 최저 수준에 머물고 있다.

이러한 배경으로부터 기인하여, 과거의 남성은 돈을 벌어 오는 존재라고 인식했던 가족에 대한 인식 변화뿐만이 아니라, 가족 본연의 모습도 다양화되고 있다. 또 다양한 역할을 남성에게 부과하려는 요구가 생기게 되었으며, 남성을 대상으로 하는 WLB 정책들도 주목을 받고 있다. 게다가 남성들의 가치관도 다양화되어, 코스별 고용관리제도 안에서 주로 종합직으로 채용되어 근무해 온 남성들 중에서도, 일반직을 희망하는 사람이 나타났다는 보고도 있다.[8] 전근제도를 시작으로, 종래 종합직으로 일하는 방식에 대해 의문을 가지고, 근무 시간·장소와 함께 자신의 페이스에 맞춰 일을 하고 싶다고 생각하는 젊은 세대가 나타나고 있는 반면에, 상사인 남성의 라이프 코스*·가치관과의 마찰은 우려되는 부분이다.

향후 남성의 WLB에 대해 어떻게 대처해 나갈 것인지, 기업도 대응을 강요당하고 있다고 말할 수 있을 것이다.

5. 다양성에 대한 대응

(1) 고령자 · 장애인에 대한 대응

WLB의 이념은 여성뿐만 아니라 모든 노동자를 대상으로 하여 적용된다. 다양한 노동자를 고용하고 있는 기업에 있어 다양한 속성을 갖는 인재의 활용(다양성)은 앞으로 더욱더 그 중요성이 증대될 것으로 예상된다. 이 중에서도 일본의 노동시장에서 주목받고 있는 인재는 고령자이다. 고령자의 고용에 대해서는, 2006년에 「고령자고용안정법高年齢者等の雇用の安定等に関する法律」이 개정되어, 사업주는 65세까지의 안정적인 고용을 확보하기 위해 단계적으로 ① 65세로 정년 연장, ② 60세 정년을 맞이한 사람 중에서 희망자를 65세까지 계속 고용, ③ 정년의 폐지 중에서 선택할 수 있게 되었다. 이 조치에 의거, 60~64세의 취업이 촉진될

* 'Life course', 개인의 일생을 가족 경력, 직업 경력, 거주 경력 등 다양한 경력의 묶음으로 파악하는 것을 의미한다(옮긴이).

도표 11-6 남녀별 간호 · 돌보미 숫자 및 여성 비율 추이

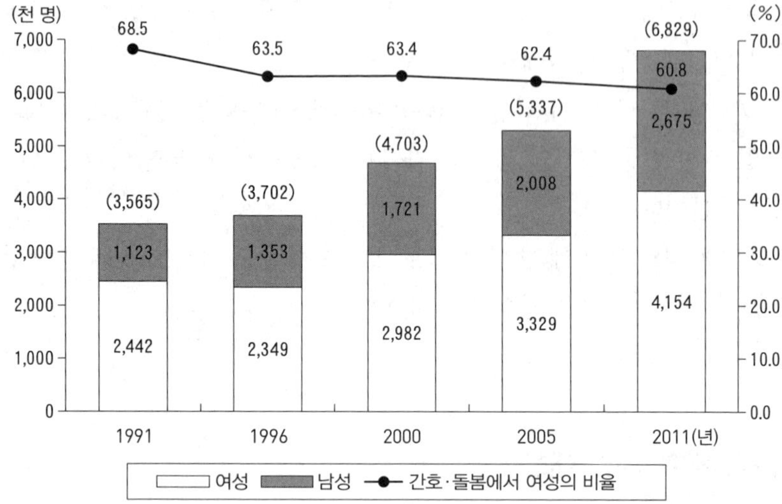

출처: 総務省. (2011). 『社会生活基本調査』.

것으로 전망되고 있다.

반면 고령자의 고용 문제뿐만 아니라 고령자와 가족으로 함께 생활하는 가정의 돌봄* 문제도 커다란 과제가 되고 있다. 〈도표 11-6〉은 남녀별 돌보미 수 및 돌봄에서 여성이 차지하는 비율의 추이이다. 돌봄에 종사하는 사람의 숫자는 증가하는 경향을 보이고 있으며, 그중에서 60% 이상을 여성이 차지한다. 최근에는 남성 돌보미가 증가하고 있는 것도 알 수 있다. 2017년에 개정된 「육아·돌봄휴업법育児休業､介護休業等育児又は家族介護を行う労働者の福祉に関する法律」에서는 통산 93일의 돌봄휴가를 최대 3회까지 분할하여 사용할 수 있도록 하였으며, 반일 단위로의 사용

* '가이조에 간고(介添え看護)'의 준말로 사용되는 '가이고(介護)'라는 용어를 대체하여, '돌봄'으로 표기하였다(옮긴이).

도 가능하게 되어 보다 유연성을 가지고 운용이 가능하게 되었다.

가족을 보살피는 사람은 남녀 모두 55~59세가 가장 많으며, 돌봄의 역할을 하는 동거가족(배우자, 자식, 자식의 배우자)의 비율이 낮아지는 대신, 사업자 또는 별거 가족에 의한 돌봄의 비율이 높아지고 있다. 기업 측면에서도 이 문제에 대응하여 '제도 이용 개시 시점에 직장의 상사나 인사 담당자와 면담 실시', '직장의 관리자 등이 평소부터 돌봄에 대한 것뿐만 아니라 부하의 개인적인 고민거리에 대해 청취하도록 주지시키는 것'과 같은 배려를 하는 기업도 있다.

게다가 돌봄을 이유로 어쩔 수 없이 직장을 그만두는 노동자도 많은데, 그 숫자는 2007년에 약 14만 명에 이르고 있다. 돌봄으로 인해 직장을 그만두는 사람을 남녀별로 살펴보면, 여성이 80% 정도를 차지하여 돌봄이나 보육과 같은 보살핌의 역할 대부분을 여성이 담당하고 있는데, 이와 같은 방법으로 업무를 조절하여 WLB를 확보하고 있음을 알 수 있다. 직장을 그만두는 이유로 들 수 있는 것은 "노동시간이 길어서", "출근·퇴근 시간을 자신의 사정에 맞춰 조정하는 것이 불가능했기 때문에"라고 응답한 경우가 대부분이었다.

다음, 장애인을 대상으로 한 WLB가 있다. 「장애인 고용촉진법障害者の雇用の促進等に関する法律」에 따라, 종업원이 일정 규모 이상인 사업주는, 민간기업의 경우에 종업원 중에서 신체장애인·지적장애인의 비율을 2.0% 이상으로 할 의무가 있다. 장애에 따라 특기인 기술·스킬이 다르기 때문에, 개별적으로 업무와의 매칭 정도를 확인해 가면서 업무의 효율화를 평가하고, 몸 상태 등을 중심으로 정기 면담을 실시하는 등의 배려를 하는 기업도 있다.

(2) 외국인 노동자에 대한 대응

글로벌화의 진전에 따라, 기업에 있어 외국인 노동자들에 대한 대응도 급선무가 되고 있다. 외국인 노동자 타입 중의 하나는 국제업무 전문가나 IT 등 기술 전문직으로 채용된 고급 외국 인재이다. 일본은 고급 인재를 받아들이는 경쟁에서 싱가포르 등 아시아의 다른 국가들과 비교해 매우 늦은 편인데, 보다 매력적인 조건으로 우수한 인재를 유치할 필요가 있다. 예를 들어, 영주권 허가의 신청 조건을 완화하거나 창업자를 위한 체류 자격을 신설하는 것과 같은 대책이 필요할 것으로 보인다.

한편 이러한 고도의 스킬을 보유한 외국인을 채용하여 정착시키기 위해서 가장 중요한 정책이 바로 WLB의 실현이 가능한 조직 풍토라고 생각된다. 앞으로 일본에서 간호·간병, 농업, 제조업 등 폭넓은 분야에서 일손 부족이 심각해질 우려가 있으므로 이민 정책의 재검토가 이루어져야 할 필요성이 있다. 이 경우, 많은 외국인 노동자를 배려한 WLB 정책을 검토할 필요가 있을 것이다.

6. 결어

이 장에서는, WLB 대응에 대해 정부·기업 쌍방의 대응방안을 종합하고, 앞으로 일본 기업에 있어서 WLB 정책이 나아가야 할 방향에 대해 살펴보았다. 지금까지 살펴본 바와 같이 WLB는 일본에서 10년 정도 경과한 비교적 새로운 정책이라 할 수 있다. 하지만 향후 일본 사회의 구조 변화를 생각하면, WLB에 대한 대응은 각 기업의 경쟁력을 좌우할 것으로 보인다. 다양한 노동자를 기업이 채용하고, 기업이 활용하는 방식에 따라 노동자의 의욕 향상뿐만 아니라 새로운 가치관·시점에 따른 기업활동에의 공헌도 기대된다. WLB 실현을 위해서는 우선 제도적인 측면에서 노동시간·근무장소의 유연성을 갖는 인사제도의 운영이 필요하다.

한편 WLB의 전파·정착의 정도는 기업의 규모·업종에 따라 차이가 크다. 특히 다른 나라들과 비교할 때 현저히 낮은 여성 노동자의 계속근무·활용의 추진은 시급한 과제이다. 결혼·출산 시의 계속근무뿐만 아니라, 여성의 기업 내에서의 승진이나 남녀 간 임금격차의 해소, 가정 내에서 가사·육아 역할의 분담 등도 우선 해결되어야 할 문제이다. 또한 노동자의 연령대에 따라 추구하는 라이프 코스가 다르다는 점에서 WLB에 대한 생각에는 세대 사이에 간극이 존재한다는 것에 대해서도 생각해야 한다. 다양한 연령대의 사람이 함께 일하는 기업 내에서는 이러한 차이의 해소도 중요한 문제이다.

아울러 기업경영에서 WLB 정책이 기업에 플러스가 된다고 실감할 수 있게 하기 위해서도 WLB 정책이 기업성과에 기여하는 영향력에 대한 검증 작업은 앞으로도 계속되어야 할 필요성이 있다. 기업은 가장 중요한 자원으로서의 '사람'을 효율적으로 활용하기 위해 앞으로 WLB 정책을 충실히 재검토하여, 일하고 싶다고 생각하는 모든 사람이 활동 가능한 사회 만들기를 지향할 필요가 있을 것이다.

주

1 네델란드의 일과 삶의 균형에 관한 내용과 사회의 변화에 대해서는 나카타니(中谷文美, 2015)『オランダ流ワーク·ライフ·バランス』. 世界思想社에 구체적 내용을 담고 있다.

2 山本勳·松浦黒寿辛. (2014). 『ワーク·ライフ·バランス施策は企業の生産性を高めるか』; 山本勳·黒田祥子. 『労働時間の経済分析 超高齢社会の働き方を展望する』. 日本経済新聞出版社, 제8장 참조.

3 川口章. (2011). 「均等法とワーク·ライフ·バランス両立支援政策は均等化に寄与しているか」. 『日本労働研究雑誌』; 脇坂明. (2011). 「均等法後の企業における女性の雇用管理の変遷」. 『日本労働研究雑誌』. 労働政策研究·研修機構, No.615참조

4 山口一男. (2009). 「女性の労働参加率と出産率の真の関係について OECD諸国の分析」. 『ワーク·ライフ·バランス実証と政策提言』. 日本経済新聞出版社, 제3장 참조.

5 또한 육아휴직 사용 후에 이직하는 여성은 감소 경향이 있다. 후생노동성(2016)에 따르면, 육아휴직 종료 이후에 퇴직하는 비율은 2012년에 10.2%였으나, 2015년에는 7.2%로 감소하였다.

6 細見正樹. (2017). 『ワーク·ライフ·バランスを実現する職場 見過ごされてきた上司·同僚の視点』. 大阪大学出版部.

7 荒川和久. (2017). 『超ソロ社会「独身大国·日本」の衝撃』. PHP新書.

8 日経ビジネスオンライン. (2010). 「時代深層 ゆとり世代は男子も一般職」. 2010年 4月 12日 참조.

조금 더 공부하고 싶은 사람을 위해

- 佐藤博樹·武石恵美子 編. (2014).『ワーク·ライフ·バランス支援の課題 人材多様性時代における企業の対応』. 勁草書房.
- 樋口美雄·府川哲夫. (2011).『ワーク·ライフ·バランスと家族形成 少子化社会を変える働き方』. 東京大学出版部.
- 細見正樹. (2017).『ワーク·ライフ·バランスを実現する職場 見過ごされてきた上司·同僚の視点』. 大阪大学出版部.
- 山本勳·黑田祥子. (2014).『労働時間の経済分析 超高齢社会の働き方を展望する』. 日本経済新聞出版社.
- 山口一男·樋口美雄. (2008).『論争 日本のワーク·ライフ·バランス』. 日本経済新聞出版社.
- 山口一男. (2009).『ワークライフバランス 実証と政策卯提言』. 日本経済新聞出版社.

옮긴이 해설

'일과 삶의 균형'이라는 주제는 최근 더욱더 각광받게 된 분야이다. 많은 월급을 받기보다는 '저녁이 있는 삶'을 더 중시한다는 언론 보도가 이어지고 있을 정도로, 일과 삶의 균형은 많은 이들의 관심을 받고 있다. 직장생활과 개인적인 가정생활의 균형은 노동자의 삶의 질뿐만 아니라 조직의 성과 차원에서도 중요한 주제이며, 사회 변화와 더불어 노동력 감소에 대응하기 위해서도 절대 무시할 수 없는 주제이기도 하다. 조직 입장에서도 업무성과가 탁월한 직원임에도 불구하고, 가족구성원과의 관계 형성에 실패한다면 결국 그 피해는 조직에까지 미칠 수 있는 부분이기 때문에, 이에 대해 관심을 가지고 지켜보지 않을 수 없다.

2018년 OECD 주요국의 연간 근로시간을 살펴보면, 우리나라는 1,967시간으로 일본 1,706시간, 미국 1,792시간 등과 비교하여 상당히 높은 수준임을 알 수 있다. 일본 역시 유럽 국가들의 1,400여 시간 전후에 비해 높은 수준이지만 우리나라와 비교할 때 연간 약 250시간 이상 근로시간이 적다는 것을 알 수 있다. 현재 일본 내에서 일과 삶의 균형을 위해 운영되고 있는 제도는 직장 내 육아시설의 설치, 자율적인 단축근무나 재택근무, 정시퇴근 등 현재 우리나라에서도 시행되고 있는 제도들이 대부분이다. 출산 후 경력단절 비율이 높은 일본과 우리나라(약 66%가 출산 후 경력단절 경험)의 현실은 이와 같은 제도 운영에 대한 공감대를 높이게 되는 요인이 되고 있다고 보인다. 아울러 '일과 삶의 균형'이라는 과제를 다양성의 관리, 즉 여성 인재, 고령자, 외국인 인재의 활용과 연결되도록 하고 있다는 점을 특징으로 들 수 있다. 이러한 특징은, 인구의 감소라고 하는 변화에 대응하기 위해서는 노동력 확보를 필요로 하고, 이를 충족할 자원으로서 여성, 고령자, 외국인을 들 수 있으며, 이를 통해 WLB를 실현할 수 있다는 논리의 전개로 자연스레 이어질 수 있도록 한다.

다양성 관리의 문제를 해결하면서 일과 삶의 균형을 유지하는 복잡한 퍼즐을 어떻게 풀어 낼 수 있을지는 앞으로 인적자원관리 담당자에게 커다란 과제가 될 것으로 보인다. 유연한 노동시장에 적절히 대응하기 위한 탄력적인 인사제도, 이에 걸맞은 인재개발제도 등이 도입됨으로써 상대적으로 적은 시간을 투입하되 효율적으로 일하는 방식으로의 전환을 촉진할 수 있을 것이다. 하지만 무엇보다도 직장으로부터의 지원과 상사의 배려, 노동자 스스로의 의식 전환 등이 어우러졌을 때, WLB는 인사제도와 조합하여 원하는 성과 창출에 기여할 수 있다는 사실을 명심해야 한다.

제12장

인사부의 기능과 역할

1. 도입

이 장에서는 인사부의 기능과 역할에 대해 살펴보고자 한다. 채용, 배치·이동, 교육훈련, 승격·승진·선발, 평가, 임금 등 인적자원관리의 대응에서 인사부는 어떠한 기능을 가지고, 어떠한 역할을 담당할 것인지, 그리고 인사부는 어떠한 담당으로 나뉘어 업무를 수행할 것인지 인사부의 조직과 담당 업무에 대해서도 알아보자.

또한 인사 담당자에게는 인사에 관한 전문적인 지식도 필요하며 현장 업무, 특성, 인재 등에 대해서도 이해할 수 있는 역량이 요구되는데, 인사업무를 익숙하게 다루는 인사 담당자는 어떻게 육성할 것인지 인사 담당자 육성의 실태에 대해서도 살펴보도록 하자.

인적자원관리를 담당하는 부문에는 인사제도의 기획입안 등의 업무를 하는 '인사부'와 종업원을 각 현장에서 관리하는 '라인'(현장의 일선 관리자)이 있어, 각각 인적자원관리와 관련된 역할을 수행한다. 인적자원관리를 추진함에 있어서의 인사부와 일선 현장의 인사와의 관계에 대해서도 고찰해 보도록 하자.

2. 인사부의 역할

기업의 전략을 달성하기 위해서는 인적자원관리의 각 정책들이 유기적으로 연결될 필요가 있다. 따라서 인사부의 역할 중의 하나로, 인적자원관리에 필요한 여러 제도를 계획하는 것이 요구된다. 보다 구체적으로는 채용에서부터 시작하여, 교육훈련·연수, 배치·이동, 승격·승진,

인사평가, 보수 등 각 인사제도의 기획, 제도 설계를 담당하게 된다. 반면 실제 일상의 인적자원관리, 예를 들어 배치·이동, 교육훈련, 인사평가 등에 대해서는 개별 현장에서 실시하게 된다.

이와 같이 일상의 인적자원관리에 대해서는 현장의 일선 관리자에게 위임되지만, 인사부의 또 하나의 역할로서 각 현장에서 인적자원관리가 적정하게 운용되고 있는지를 체크하는 기능도 있다. 이는 각 현장의 일선 관리자에게만 인재관리를 위임해 버리게 되면 문제가 발생하기 때문이다. 후술하겠지만, 배치·이동, 승격·승진, 인사평가 등에서 전사적으로 보면 치우침과 불균형이 발생하는 경우가 있다. 이를 위해 인사부는 전사적 관점에서 인재관리에 불균형이 발생하지 않도록 조정하는 업무를 수행해야 한다.

3. 인사부의 조직과 담당 업무

(1) 인사부의 배치

인사부는 어떠한 조직으로 이루어져 있을까. 〈도표 12 - 1〉과 같이 본사에 인사부(본사 인사부)를 두고, 그 외에 지사·지점, 공장 등이 있다면 거기에도 인사 담당 부서를 배치하는 기업이 있다. 이러한 인사 담당 부서를 여기에서는 '사업소 인사'라고 하자.

또한 사업부에 인사 담당 부서를 두는 기업도 있다(사업부 인사). 사업부 인사는 인사업무만을 하는 기업도 있으며, 사업전략의 입안업무, 사업부의 이익 관리 등의 사업에 관계되는 다양한 관리업무를 하며, 여러 가지 업무 중의 하나로서 사업부 인사를 담당하는 경우도 있다. 후자의

도표 12-1 인사부의 배치

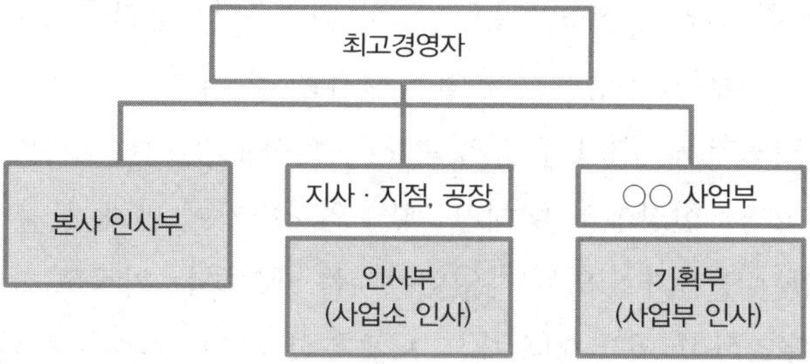

경우에는, 예를 들어 '기획부' 등으로 지칭하여 운영하고 있는 기업도 있다.

(2) 인사부의 담당 업무

본사 인사부에서는 다양한 업무를 수행한다. 채용 담당(과·팀)은 신규 졸업자 채용, 경력채용을 담당하며, 교육훈련(연수) 담당은 신입사원 연수에서부터 시작하여 각 직급의 계층별 연수, 해외연수, 간부 후보를 대상으로 하는 선발연수 등을 담당한다.

그리고 배치·이동, 승격·승진, 인사평가, 임금에 대해서는 개별 인사를 종합해서 담당하게 하는 기업도 있으나, 담당자를 나누어 배치하는 기업도 있다. 배치·이동이라는 인사이동의 경우를 예로 들면, 부문 간 이동 시 각 부문에서 이를 조정하는 기업도 있다. 또한 배치되고 나서 오랜 시간 한곳에서만 머문 경우에는 일선 현장에서도 일하도록 조치함으로써 종업원 경력형성이 촉진되도록 유도하는 기업도 있다.

승격·승진에 대해서는 예를 들어, 인사부는 과거의 평가 결과를 기초로 승격 후보자 명부를 만들고, 각 일선 현장에서는 그 승격 후보자 중에서 선발을 하는 경우가 있다. 혹은 직접 승격시험을 보는 기업도 있다.

승격시험에는 필기시험이나 면접이 있는데, 본사 인사부가 주관이 되어 시험을 실시하거나, 면접을 하는 기업도 있다. 인사평가를 위해서는 미리 평가계획을 세우는데, 예를 들어 S 평가를 몇 퍼센트, A 평가를 몇 퍼센트로 할 것인가 등 평가 결과의 분포를 인사부가 미리 정하는 기업도 있다. 그리고 각 현장에서 행해진 개별 인사평가에 대해 불공정하거나 치우침이 있는 평가가 있었는지 없었는지를 체크하는 업무도 하게 된다.

또한 노동조합이 있는 경우에는 노동조합 관련 업무를 하는 담당자도 있다. 인사제도의 개정 등 조합 측의 의견이나 요청 사항을 청취하여 제도에 반영시키는 것도 필요하기 때문에 그 절충 업무를 담당하게 된다. 해외현지법인 등이 있는 경우, 해외 파견자의 관리, 현지 인사제도의 기획 등을 할 해외 인사 담당을 두기도 한다. 이와 같은 업무들을 전체적 관점에서 보아, 인사제도 전체의 재검토나 계획을 수립하는 '인사제도기획' 모두를 다루는 업무도 있다. 이 외에도 중장기적인 '인원계획'을 세우는 업무 담당자도 있으며, '일과 삶의 균형'이나 '다양성 관리'를 추진하기 위한 담당 부서를 설치하는 기업도 있다.

또 인사부와 별개로 '인재개발부'를 설치하는 기업도 있다. 이 조직을 통해서는 인재개발계획을 수립하고, 종업원의 경력형성, 육성에 특화된 대응이 이루어진다.

4. 인사 담당자의 배치 · 경력

(1) 인사 담당자의 배치

인사부의 인재를 어떻게 육성할 것인가에 따라 '인적자원관리의 힘'에도 차이가 생기게 될 것이다. 이 절에서는 인사 담당자의 경력개발 방식에 대해 살펴보고자 한다. 앞서 살펴본 인사 담당 부서에 인재를 배치하는 데 어떠한 경력을 보유한 인재를 배치할 것인가는 기업에 따라 차이가 발생한다.

'본사 인사부'에는 인사 직능(부문)을 중심으로 경험을 쌓아 온 사람만이 아니라, 다른 직능(부문)을 경험해 온 사람을 배치하는 기업도 있다. 그리고 '사업소 인사'에는 본사 인사부를 경험한 사람을 배치하거나 또는 인사 직능의 초임자를 배치함으로써 현장경험을 시키기 위한 배치를 하는 경우도 있다. 반면 '사업부 인사'에는 그 사업과 관련한 경험자를 배치하는 기업도 있으며, 인사업무를 경험한 사람을 배치하는 기업도 있다.

(2) 인사업무의 경험

인사부에서 이루어지는 인재의 육성방식에 대해 살펴보자. 일본노동연구기구(日本労働研究機構, 1998)는 일본 대기업의 인사, 경리, 영업의 세 가지 업무(직능)를 담당하는 부장, 과장을 대상으로, 현재 맡고 있는 업무를 입사한 뒤부터 어느 정도 경험하였는지에 대해 조사하였다.[1] 그 결과는 〈도표 12-2〉와 같이, 인사업무의 부장·과장은 경리나 영업 담당의 부장· 과장과 비교할 때, 해당 업무 내에서의 경험 비율이 낮음을 알 수 있다. 즉 인사 담당 부장·과장은 타 기능의 부·과장보다도 타 기능을 경험하였을 확률이 높다는 것을 의미한다.

아울러 이 조사에서는 각 기능의 부장·과장을 대상으로, 현재의 업무수행에서 어떤 업무경험이 효과적인지에 대해 조사하였다. 〈도표 12-3〉은 업무경험에 대해 '도움이 되지 않았다', '조금 도움이 되었다',

도표 12-2 근속기간 중에서 업무(직능) 관련 경험을 한 비율 (단위: %)

구분			25% 이하	26~50%	51~75%	76% 이상
인사업무	부장	(58)	3.4	22.4	34.5	39.7
	과장	(106)	3.8	32.1	23.6	40.6
경리업무	부장	(183)	2.2	15.3	30.6	51.9
	과장	(321)	0.9	16.5	29.0	53.6
영업업무	부장	(87)	2.3	21.8	27.6	48.3
	과장	(161)	0.6	19.9	27.3	52.2

주: 괄호 안은 답변자 수
출처: 일본노동연구기구(日本労働研究機構, 1998)를 참조하여 작성.

도표 12-3 직무경험의 효과('상당히 도움이 되었다'라고 답한 비율) (단위: %)

구분	인사부장 (148)	인사과장 (260)	경리부장 (282)	경리과장 (451)	영업부장 (157)	영업과장 (269)
다른 부문에서의 업무경험	60.8	48.5	36.2	29.7	40.1	31.2
동일 부문 내, 다양한 업무경험	59.5	58.5	69.1	66.3	62.4	49.8

주: 괄호 안은 답변자 수
출처: 일본노동연구기구(日本労働研究機構, 1998)를 참조하여 작성.

'상당히 도움이 되었다', '경험하지 않았다'의 답변 중에서 '상당히 도움이 되었다'라고 답한 비율만을 살펴본 것이다. 결과는, 인사업무 담당 부장·과장의 답변은 영업이나 경리 부문의 부장·과장과 비교할 때, '다른 부문의 업무경험'이 상당히 도움이 되었다고 답한 비율이 높다는 것을 알 수 있다. 이에 비해, 경리업무 담당 부장·과장은 동일 부문 내에서의 폭넓은 경험을 높이 평가하는 비율이 높아, 담당 업무에 따라 어떠한 업무경험이 효과적인지에 대해서는 차이가 있었다.

이상에서, 인사업무 담당 부장·과장의 경력을 보면, 타 부문의 직무를 경험한 비율이 높고, 그 경험이 인사업무를 수행하는 데 기여를 하는 것으로 나타났다.

(3) 인사업무 안에서의 경험

다음으로, 인사업무 내에서 업무경험의 폭에 대해서 살펴보도록 하자. 앞서, 일본노동연구기구(日本労働研究機構, 1998)는 인사업무의 영역을 모집·채용, 교육훈련, 이동·승격, 급여 등으로 나누어, 인사부의 부장·과장을 대상으로 지금까지 경험한 영역에 대해 질문하였다. 그 결과를 미국과 독일의 대기업과 비교해 보면, 〈도표 12-4〉와 같이 세 국가 모두 인사업무 범위 안에서 다양한 영역을 경험하고 있고, 그중에서도 특히 일본이 다양한 분야의 인사업무를 경험하고 있다는 사실을 알 수 있다. 이 중에서도 특히 차이가 나타나는 것은 '이동·승격' 업무의 경험이다. 일본에서는 '이동·승격' 업무를 경험한 부·과장의 비율이 거의 70%인 데 비해, 미국은 52.4%, 독일은 30%에도 미치지 못하였다.

이상과 같이, 인사업무 담당자는 타 부문의 경험, 그리고 인사업무 안에서 복수 영역에 대한 경험이 많다는 것을 알 수 있다. 인사업무 담

도표 12-4 인사 부장·과장의 인사업무 안에서의 경험 영역(복수응답) (단위: %)

구분	모집·채용	교육훈련	급여	복리후생	이동·승격	인사계획·요원관리	인사제도의 기획입안	해외인사	조합과의 절충	기타	실무경험 없음
일본(406)	71.2	62.6	55.2	43.1	68.0	62.1	70.0	26.6	61.3	3.4	5.7
미국(225)	67.1	75.6	44.9	40.0	52.4	60.0	52.9	19.6	34.2	17.3	4.0
독일(281)	70.2	85.7	50.7	39.3	27.9	62.5	59.6	26.8	37.5	23.2	2.9

주: 괄호 안은 답변자 수
출처: 일본노동연구기구(日本労働研究機構, 1998)를 참조하여 작성.

당자에게 타 부문의 경험이 많은 이유로는 다음의 몇 가지를 들 수 있다. 예를 들어, 다양한 부문으로부터 사람을 모아 놓은 인사부에서는 각 부문의 실정, 특성, 그리고 각각의 부문에서 일하는 인재에 대해 잘 알고 있는 인사 담당자가 있기 때문에 개별 인사, 예를 들어 이동·승격, 인사평가 등에 관여하기가 용이해지기 때문이다. 특히 일본 기업에서는 이동·승격 담당으로 배치하는 경우가 많았는데, 그 이유로는 인사부에 그러한 업무가 존재하기 때문이며, 아울러 인사부가 이동·승격에 관여하는 것을 중요시하고 있기 때문이라고 생각된다. 또한 이동·승격 업무 수행 시, 다른 부문의 직무를 경험한 인재가 이를 담당하면 이동 등이 보다 원활히 진행되기도 한다는 점을 들 수 있다.

(4) 인사 담당의 구성

인사부의 부장, 과장은 타 부문의 업무경험을 가지고 있는 비율이 높다는 특징을 보여 주었다. 그렇다면 인사부는 어떠한 경력을 보유한 인재로 구성되는지 살펴보자.

간사이경영자협회(関西経営者協会, 1994)는 264개 회사를 대상으로 설문조사를 실시하여, 인사 담당자의 경력·패턴에 대해 조사하였다.[2] 이 조사에서는 경력을 '외길형'(인사부에서만 근무), '복귀형'(인사부 → 타 부문 → 인사부), '이동형'(타 부문 → 인사부), '사외형'(사외에서 인사부 경험)의 네 가지 타입으로 구분하여 가장 많은 경력·패턴과 두 번째로 많은 경력·패턴에 대해 조사하여 그 조합에 대해 확인하였다.

그 결과 '외길형+이동형'의 조합인 기업이 제일 많았으며, 기업 규모가 크면 클수록 그 비율이 높아진다는 것을 확인하였다. 즉 인사부에서는 인사업무만 담당해 온 인재와 다른 직무경험을 가지고 있는 인재를 섞어서 배치하고 있는 셈이다. 그리고 본사 인사 담당자의 육성 방침에 대해서도 조사하였는데, '타 부문에 일정 기간 근무한 사람 중에서 적성을 보고 인사부로 배치·전환하여 육성한다'라는 응답이 제일 많았다. 이상에서, 인사부는 인사업무를 전문으로 하는 인재와 타 직무를 경험한 인재로 구성되는 비율이 높다는 것을 알 수 있다.

(5) 해외 기업의 인사부장의 경력

다음으로 해외 기업의 실태에 대해 살펴보자. Kelly와 Gennard(2000)는 인사부장으로 승진하기까지 어떤 경력경로career path를 걷게 되는지를 영국 기업의 인사부장 60명을 대상으로 설문조사를 실시하여 살펴보았다.[3] 이 연구에서는 인사부장에 도달하기까지의 경력경로를 '인사 내부 타입', '인사와 타 직무 간을 이동하는 지그재그 타입', '인사 경험이 없는 낙하산 타입'의 세 가지 타입으로 나누어 분석하였다. 그 결과 '인사 내부 타입' 21명, '지그재그 타입' 34명, '인사경험이 없는 낙하산 타입' 5명으로 조사되어, '지그재그 타입'이 가장 많음을 확인하였다.

가장 많은 '지그재그 타입'의 경력에는, 예를 들어 처음에는 인사부에서 경력이 시작되고, 그 이후에 자회사에서 관리업무를 경험하고, 다시 인사부로 복귀하는 패턴이다. '지그재그 타입'은 평균적으로 세 가지 직능을 경험하고 이러한 경력을 쌓음으로써 기업을 폭넓은 관점에서 볼 수 있게 되어 조직의 다양한 문제에 대해 이해할 수 있는 장점이 있다고 알려져 있다. 이로 인해, 특히 간부 후보high flyer에게는 이러한 경력을 쌓은 사람이 많다는 특징이 있다.

5. 인사부와 일선 현장의 관계

(1) 인적자원관리 담당자

인적자원관리의 담당자로 인사부와 일선 현장의 역할은 모두 필수적이다. 인사부는 경영전략과 연동하여, 채용에서부터 배치·이동, 교육훈련, 선발, 인사평가, 보수 등의 인사제도를 기획·입안하고, 제도설계를 하는 것뿐만 아니라 때로는 실제로 현장에서 행해지고 있는 인적자원관리에 대해서도 관여할 필요가 있다. 반면 일선 현장은 일상의 인적자원관리를 수행하는 주체가 된다. 아래에서는 각 인적자원관리 정책을 시행하기 위해, 인사부와 일선 현장에는 어떠한 역할 차이가 있는지 살펴보도록 하자.

(2) 채용

우선, 인재를 채용할 필요가 있다. 채용 과정에서는 필요로 하는 인재상을 명확히 하고, 채용 규모의 결정, 응시자 전형·선발, 그리고 배치할 부문의 결정 등을 하게 된다. 이러한 채용 프로세스에서 인사부와 일선 현장에는 각각의 역할이 존재한다.

채용 규모의 결정에서는, 현장에서 실제로 업무를 수행하는 데 필요한 인원수를 산출할 필요가 있는데, 중장기적이고 전사적인 관점도 필요하다. 현재 필요로 하는 인원수뿐만 아니라, 장래 정년퇴직자 수를 고려하여 중장기적으로 필요한 인원수를 확보해 놓을 필요가 있다. 이러한 중장기적, 전사적 채용계획은 일선 현장에서 수립하는 것은 쉽지 않기 때문에 본사 인사부가 담당할 필요가 있다.

다음으로, 채용한 인재를 사내의 여러 부문에 배치하는데, 구체적으로는 자신의 적성이나 희망, 인사부가 시행한 채용시험이나 면접, 각 부문의 배치 희망 규모 등에 기반하여 적절하게 인재를 나누게 된다. 이러한 작업은 전사적 관점에서의 균형을 고려하여 진행할 필요가 있기 때문에 인사부가 담당하는 기업이 많다. 그리고 초임자로서 담당 업무는 어디가 적당할지, 또 각 부문 내에서 구체적으로 어떻게 업무를 배치할 것인지에 대해서는 누구보다도 현장 인사 담당자가 잘 알고 있기 때문에, 일선 현장에 배치업무를 위임하는 기업이 많다.

(3) 배치 · 이동, 경력형성

인사부가 개별 종업원의 배치·이동에 관여하게 된다면, 사내의 여러 부문의 많은 종업원을 대상으로 해야 하기 때문에 이동 이력 등에 관한 정보를 수집하거나, 이동 부서를 찾는 등의 직업에 소요되는 비용이 크다. 이보다는 종업원의 근무 태도를 직접 관찰할 수 있는 일선 현장에서 수행하는 것이, 개인에게 적합한 부서를 쉽게 알게 되고, 배치·이동도 보다 효율적으로 이루어질 수 있다.

하지만 배치·이동의 결정을 일선 현장에 전적으로 위임해 버리면, 상사는 우수 인재의 이동을 꺼리게 되어 인재를 내놓지 않고 자신의 밑에 두려고만 하는 문제가 발생하게 될 수도 있다. 이 경우 그 종업원의 경력형성의 기회는 제약을 받게 된다. 이러한 문제가 기업에 자주 발생하게 되면 기업의 경쟁력 저하로 연결될 수밖에 없다. 이 때문에 장기간 이동이 없는 종업원에 대한 정보를 인사부가 파악하여, 그러한 경우에는 이동을 촉진하도록 일선 현장에 압력을 가하는 등의 대응이 필요하게 된다.

아울러 장래의 경영자 후보군이 되는 기업의 핵심적인 인재에게는 부문 간의 이동이나 해외경험 등 기업의 주요 부서를 경험시켜 육성하고, 선발해 나가는 것이 필수적이다. 이와 같은 육성은 부문 간 경계를 넘어서는 이동이 많기 때문에 각 현장에서 계획하기는 어려우며, 또한 실제 배치·이동도 부문 사이에서의 협의만으로 결정하는 것은 쉽지 않다. 따라서 인사부가 전사적 관점에서 대응하는 것이 필요하게 된다.

(4) 평가

종업원의 평가는 인사부가 담당하는 것보다는, 종업원의 일상적인 일하는 태도를 관찰하고 있는 일선 현장에서 담당하는 것이 보다 적정한 평가를 할 수 있을 것으로 생각된다. 하지만 현장에서 실시한 평가는 인사부가 전사적 관점에서 체크할 필요가 있다. 왜냐하면 부문 간에는 평가를 하는 방법에 차이가 발생할 수 있기 때문이다. 예를 들어, 전사적으로 보면 종업원에 대해 관대한 평가를 실시한 조직도 있을 것이고, 엄격하게 평가한 조직도 있을 수 있기 때문에 동일한 업무 태도라 하더라도 배속된 부문에 따라 평가 결과가 달라져 버릴 수 있다. 인사부에는 사내에서 이와 같은 평가의 불공정함이 발생하는 것은 아닌지 모니터링을 실시하여, 필요한 경우에는 조정 역할을 하기도 한다. 이와 같은 조치가 이루어지면, 배치에 따른 불공정을 느끼는 종업원이 적어지고, 의욕 저하를 방지하는 데도 도움이 된다.

(5) 승격 · 승진 · 선발

승격·승진 대상자를 정해야 하는 경우에는, 종업원의 업무 태도에 대해 잘 알고 있는 현장의 관리자가 결정하도록 하는 것이 보다 정확한 판단을 가능하게 할 것이다. 일반 사원의 승격에 대해서는 '상사의 추천',

'과거의 평가'가 요건이 되어 일선 현장에서 결정되는 경우가 많다. 관리직으로의 승진에 대해서는 '시험', '면접'을 실시하는 기업도 있는데, 이는 인사부가 주체가 되어 실시하는 경우가 많다. 인사부에는 승격·승진의 후보자가 되는 각 부문의 인재를 한 줄로 세워 놓고 비교하여, 능력, 실적, 연령 등에 있어 과도하게 큰 차이가 발생하는 것은 아닌지 체크하는 기능도 있다.

왜 이러한 기능이 필요한 것일까. 예를 들어, 기업 내에 몇몇 사업부가 있다고 할 때, 어느 사업부만 승격·승진 속도가 빠르다면 타 사업부에서 불공정하다고 느끼는 종업원들이 나오게 되어 의욕 저하를 가져올 수 있기 때문이다. 또한 사업부별 승격·승진 속도가 다르면, 사업부 간 인재의 이동 전환도 어렵게 된다. 어느 사업부에 있어서도 동일한 조건이라면 사내에서 유동적으로 인재의 이동이 가능하게 된다.

이상과 같이, 인적자원관리에 있어 인사부와 일선 현장에는 각각의 역할이 있다. 〈도표 12-5〉와 같이, 각 사업부·부문에서 일상적인 인적자원관리가 행해지고 있다. 인사부는 각각의 인적자원관리에 대해 전사적 관점에서 적정·공정하게 운영되고 있는지 체크하고, 필요한 경우에

도표 12-5 인사부와 일선 현장의 인적자원관리

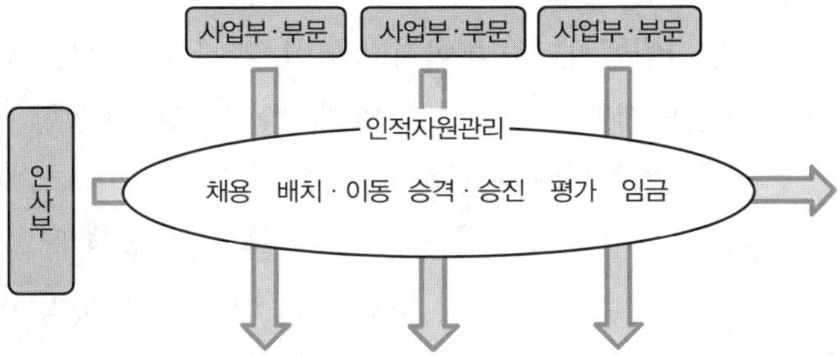

는 현장으로 다시 돌려보내 수정하도록 하는 등의 조정 작업을 담당한다. 이처럼 일선 현장이 '종적인' 인적자원관리를 한다면, 인사부는 '횡적인' 인적자원관리를 담당하여, 양자는 '종'과 '횡'의 관계에 있다고 할 수 있을 것이다.

6. 인사부 및 일선 현장의 역할에 관한 실상

(1) 일반 사원의 배치 · 이동

앞 절에서는 인적자원관리의 각 부문별 기능에 있어 인사부와 일선 현장의 관계에 대해 알아보았다. 다음에서는 기업에서 이 둘의 역할에 대해 조사·연구한 결과를 통해 구체적인 실상에 대해 살펴보도록 하자.

먼저, 일반 사원 수준에서의 배치·이동을 주된 대상으로 하여 구체적으로 진행된 연구부터 살펴보자. 후지모토(藤本雅彦, 1998)는 일본 대기업 중의 하나인 전기통신기기업체를 대상으로 하여, 전사 차원의 인재 배치의 메커니즘에 대해 조사하였다.[4] 그 결과 ① 부문 내에서의 이동에 대해서는 실질적인 인사권이 각 부문에 상당 부분 위양되어, 본사 인사부가 개입하는 경우는 별로 없다는 점과 ② 핵심 인재 확보를 위한 노력이 각 사업 부문 사이에서도 이루어지고 있어, 본사 인사부는 핵심적인 관리 대상이 되는 인재를 부문 간 이동의 대상이 되도록 조율할 수 있는 수완이 요구되고 있다는 점을 확인하였다.

일본노동연구기구(日本労働研究機構, 2001)는 일본 대기업 4개 회사(식품업체, 운송용기기업체, 철도회사, 백화점)의 과장직급 정도까지의 조직 내 이동 결정과 관련하여, 인사부와 일선 관리직을 대상으로 인터뷰 조사를 진행하여 권한의 실태에 대해 살펴보았다.[5] 그 결과, 인사부가 이동을 일방적으로 결정하고 있는 기업은 없었으며, 사업부나 일선 현장에 인사권이 있는 사례가 많았다.

또한 히라노(平野光俊, 2006)는 일본의 대형마트 2개 회사, 체인스토어 2개 회사(이 중 1개 회사는 미국계 기업의 일본 법인)를 대상으로 한 조사를 통해, 일본 기업은 사업부 내에서 이동의 권한은 일선 현장에 위양되어 있으나, 계통을 넘어서는 이동(예를 들어, 점포 근무에서 본사 상품부로 이동)의 경우에는 인사부가 이를 조정하고 있다는 것을 확인하였다.[6]

이상의 사례연구를 종합해 보면, 일본의 대기업에서는 일반 사원 수준의 사업부 내에서의 이동이나 부문 내 이동에 대해서는 일선 현장의 역할이 크다는 결과를 알 수 있다.

(2) 관리직의 배치 · 이동

다음으로 관리직의 배치·이동에 초점을 두어, 그 관계에 대해 살펴본 연구들에 대해 알아보자. 앞서 살펴본 바와 같이 일본노동연구기구(日本労働研究機構, 1998)는 일본·미국·독일의 대기업 378개 회사를 대상으로 한 설문조사를 통해, 과장과 부장으로의 승진에 관한 결정 주체는 누구인지에 대해 조사하였다. 과장으로의 승진에 대해, 일본에서는 인사부가 담당한다는 비율이 거의 30% 정도였으며, 일선의 라인장이 40% 이상, 직속 상사가 10% 이상으로 조사되어, 라인장이 가장 많았다. 이에 비해, 미국에서는 인사부가 담당한다는 답변은 불과 몇 퍼센트 되지 않았으며, 라인장이 40%, 직속 상사는 거의 절반가량을 차지하여, 일선 현장의 결정권한이 강하다는 것을 알 수 있었다. 이와 같이 일본과 미국에서 인사부 권한의 비율에는 차이가 발생한다는 특징을 보인다. 아울러 부장으로의 승진에 대해서는 일본과 미국 모두 CEO나 임원회의가 결정의 주체가 된다는 답변이 많았으며, 인사부가 담당한다는 답변은 많지 않았다.

Jacoby(2005)는 일본과 미국의 대기업 374개 회사를 대상으로 설문조사를 실시하여 관리직의 배치에 관해 살펴보았는데, 특히 미국에서는 최근 5년간 현장의 역할이 증가하였다는 것을 알 수 있었다.[7] 관리직에 대한 배치권한을 살펴보면, 일본 기업은 일선 현장에 책임이 있다는 비율이 20% 수준인데, 본사 인사부라고 한 답변은 절반이 넘어, 본사 인사부의 권한이 크다는 결과를 보여 주고 있다. 이에 비해, 미국 기업에서는 본사 인사부라고 답한 비율은 10%를 조금 넘겼으며, 현장이라는 답변은 60% 이상으로 일선 현장의 권한이 크다는 결과를 확인할 수 있었다. 이상의 조사에서 볼 때, 관리직 수준에서는 일본과 미국 공통으로 현장의 결정이 중요하지만, 일본에서는 인사부의 결정도 크게 작용한다는 것을 알 수 있다.

(3) 해외 기업에 있어 배치 · 이동의 결정

서양 기업에서는 배치·이동에 있어, 사내공모제도internal job advertising, job posting를 활용하는 기업이 많다(Baruch & Peiperl, 2000; CIPD, 2003).[8] 사내공모는 종업원 본인의 희망을 배치·이동에 반영시키는 방식이다. 이러한 공모제도가 어떻게 결정되는지 살펴본 연구로는, 예를 들어 Hirsh 등(2000)의 연구를 들 수 있다. 이 연구에서는 영국의 대기업 6개 회사를 대상으로 조사하였는데, 사내공모가 점차 늘어남에 따라, 인사부는 공석이 된 직위의 승인이나 모집, 그리고 현장에 대해 응시자의 전형을 위한 조언을 해 주는 역할을 하고 있으나, 실제로 후보자를 압축하고 최종

결정을 하는 것은 일선 현장에 권한을 위임하고 있다는 것을 확인할 수 있었다.[9]

또한 일본노동연구기구(日本労働研究機構, 1997)의 해외 기업 인재개발에 관한 조사에 따르면, 사내공모는 과장 수준 정도까지라는 것을 확인할 수 있다.[10] 아울러 사업부 간의 이동 등 거리가 먼 이동이나, 그 외의 부서 내의 이동에 대해서는 상사의 재량에 따라 현장에서 결정되고 있다는 것을 실증적으로 보여 주고 있다.

(4) 간부 후보 및 핵심 인재의 육성

상급관리직senior management, 높은 잠재역량을 보유한 인재high-potential, 간부 후보fast track, high flyer의 육성에는 누가 관여하고 책임을 지는 것인가. 미래 기업의 핵심이 될 인재군을 대상으로 기업의 주요한 부서, 부문 간의 이동, 해외 직무 등을 경험시켜, 육성·선발해 가는 것이 중요하다.[11]

상급관리직의 선발에 초점을 두어 Kelly(2001)는 다국적 기업 23개 회사의 최고경영층과 인사부장을 대상으로 인터뷰 조사를 통해, 본사 인사부의 역할이 커지고 있다는 것을 확인하였다.[12] 그 이유로는 ① 경영층에서 인사 담당자가 점유하는 비율이 커지고 있다는 점, ② 해외 자회사의 인사부에는 자립성이 있음에도 불구하고, 중요한 정책 변경의 경우에는 본사 인사부의 승인이 필요하다거나, 본사 인사부에는 해외 자회사에 대해 인사전략, 인사 정책이 제대로 실행되고 있는지에 대해 모니터링하는 기능이 있다는 점, ③ 상급관리층의 선발에는 본사 인사부가 관계되어 있기 때문이라는 점을 들고 있다.

앞서 Jacoby(2005)는 고위임원층senior executives의 선발에 있어, 인사부

의 역할에 대한 연구도 진행하였다. 그 결과, 일본과 미국 모두 인사부는 정보 제공 등의 역할보다는 최종 결정에 참여하는 비율이 높았으며, 특히 미국에서는 그 비율이 더 높았다. 앞서 살펴본 바와 같이, 일반 사원들의 배치에 대해서는 인사부가 결정하는 비율이 일본 기업의 경우에 더 높았으나, 고위임원층의 선발에 대해서는 미국 기업의 경우에 인사부에 권한이 있다고 하는 비율이 더 높다는 점은 흥미로운 사실이다.

Larsen 등(1998)은 유럽 10개국, 2,888개 회사를 대상으로 한 설문조사를 통해 인사기능이 집권적인 형태의 기업에서는 간부 후보 육성제도를 도입하는 비율이 높다는 것을 확인하였다.[13] 또한 이러한 제도를 운영하고 있는 기업에서는 계획적인 직무순환, 관리직의 내부 승진도 실시되고 있다고 답한 비율이 높다는 결과를 보였다.

또한 Scullion과 Starkey(2000)도 동일한 결론을 도출하였다.[14] 연구를 위해 해외 진출을 추진하고 있는 영국의 대기업 30개 회사에서 상급관리직 및 높은 잠재력을 보유한 인재의 선발, 육성에 초점을 두고, 인사부의 권한과 역할에 대해 인터뷰 조사를 실시하였다. 이 중에서 인사부 권한의 정도를 분류하여, '집권적 인사 타입의 기업'centralized HR companies에서는 인사부가 해외의 여러 거점으로부터 높은 잠재역량의 인재를 선발하고 육성할 수 있는 장점을 가지고 있다는 것을 확인하였다.

이에 비해 '분권적 인사 타입의 기업'decentralized HR companies에서는 계획적인 경력형성이 이루어지기 어려운 문제가 발생하기 때문에, 이러한 기업 중에는 상급관리직의 육성기능을 향상시키기 위해 인사기능의 재집권화re-centralization를 도모하는 기업이 나오고 있다는 결과를 보여 주고 있다.

이상의 조사연구를 통해, 유럽이나 미국 기업에서 간부 후보자, 상급관리직, 높은 잠재력을 보유한 인재, 즉 핵심 인재의 선발·배치와 관련하여서는, 기업 내 다양한 부문의 이동이나, 해외 거점에서도 인재를 선발·육성할 수 있기 때문에 전사적인 인재관리를 할 수 있는 인사부의 역할이 중요하다는 점을 알 수 있다.

(5) 임금 · 평가

임금에 대해서는 먼저 Hutchinson과 Wood(1995)의 연구를 살펴보자.[15] 이들은 영국 기업 27개 회사의 인사부장과 일선 현장의 부장을 대상으로 인터뷰 조사를 진행하여, 개별 임금 결정은 현장에서 결정권한을 갖지만 그 이외의 외부와의 임금 비교 등은 인사부가 결정하고 있다는 점을 확인하였다. 임금에 대해 가장 구체적으로 살펴본 연구로는 Poole과 Jenkins(1997)의 조사를 들 수 있다.[16] 이 연구는 영국 기업을 주된 대상으로 하여, 909개 회사의 다양한 부문의 관리직에 대한 설문조사를 통해 임금, 평가 등에 대해 실제로 실행의 책임을 누가 가지고 있는지 살펴보았다. 임금에 대해서는 14개 항목으로 나누어 분석하여, 종업원의 성과급·업적급payment by results/performance이나 보너스individual bonus schemes에 대해 실제의 실행 책임은 현장의 책임이 가장 크고, 그다음으로 인사부와 현장의 공동 책임이 크다는 결과를 보였다. 이에 비해, 임원의 임금에 대해서는 인사부가 권한책임을 가지고 있다는 결과를 확인할 수 있었다.

그리고 평가에 대해 일본과 미국을 비교한 Jacoby(2005)는 관리직에 대한 평가의 결정 시 일본에서는 일선 현장과 본사 인사부가 각각 40% 정도로 비슷한 비율을 보였으나, 미국에서는 현장의 비율이 60%를 넘었고, 인사부는 10%를 조금 넘는 수준으로 일선 현장의 책임 비율이 더 높다는 것을 알 수 있었다.

또한 Hall과 Torrington(1998)의 연구에서도, 평가를 인사부에서만 결정하는 비율은 매우 낮고, 인사부는 단지 정보 제공만 하는 비율이 높아 일선 현장의 역할이 크다는 결과를 보이고 있다.

이상의 연구에서, 개별 종업원을 대상으로 하는 임금, 평가의 결정은 특히 해외 기업에서 현장의 역할이 강하고 중요하다는 것을 알 수 있다.

(6) 소결

인적자원관리에 관한 인사부의 기능과 역할에 대해 실태를 조사한 지금까지의 연구를 종합해 보자. 일본 기업, 그리고 해외 기업에서는 현장이 인적자원관리의 문제를 단독으로 결정하고 있지 않고, 인사부와 공동으로 결정하고 있음을 알 수 있다.

배치·이동에 관해서는 종업원의 수준별, 국가별 차이가 있다. 일본 기업에서는 과장급 수준까지의 부문 내 이동에 관해서는 현장의 역할이 강했으나, 일본과 서양을 비교해 보면 서양의 경우에 일선 현장의 역할이 강했다.

높은 잠재역량을 보유한 인재나 상급관리직, 임원의 선발·배치 등에 대해서는 일본 기업보다도 서양 기업의 경우에 인사부의 역할이 크며, 특히 집권적인 인사 스타일의 기업에서는 이와 같은 인재관리를 행하는 비율이 높다는 결과를 얻을 수 있었다. 그리고 각 사업부·부문에서는 일상적인 인적자원관리가 이루어지지만, 인사부는 각각의 인적자원관리에 대해 전사적 관점에서 적정·공평하게 운용이 이루어지고 있는지를 체크하고, 필요한 경우에는 현장에 인사 운용의 결과를 되돌려 수정하도록 하는 등 조정 작업을 담당하고 있음을 확인하였다.

임금에 대해 서양 기업을 대상으로 한 연구에서는, 개별 종업원의 임금 결정은 현장이 중요하다는 결과를 보이며, 평가에 대해서도 역시 서양 기업에서는 현장의 역할이 강한 측면을 보이고 있다.

7. 결어

일본 대기업의 인사부는 인사업무를 전문으로 하는 인재와 타 부문을 경험한 인재가 조합되어 구성되어 있다는 실증조사 결과를 확인할 수 있었다. 이는 타 부문의 경험이 인사업무에 플러스의 효과를 가져오기 때문이다. 예를 들어, 사업 특성이나 일하는 방식을 알고 있는 인재가 인사제도의 기획업무를 담당하게 되면, 사업의 실정, 실태, 특성을 감안한 인사제도 기획업무를 할 수 있을 것이다. 이 때문에 인사부의 부장·과장은 타 부문의 부장·과장과 비교할 때, 타 부문의 업무경험에 대해서도 평가받는다고 생각할 수 있다. 아울러 인사부 내에서는 다양한 인사 영역의 업무를 경험시켜 육성하고 있다는 현상에 대해서도 확인할 수 있었다.

인적자원관리를 수행하는 데 있어서, 일본 기업과 해외 기업은 일선 현장을 제외하는 것이 아니라, 인사부와 현장에는 각각의 역할이 존재하며, '종', '횡'의 관계를 가지고 있음을 알 수 있었다. 그리고 국가별, 대상이 되는 종업원 수준에 따라 인사부의 역할이 상이하여, 예를 들어 해외 기업에서는 간부 후보자, 상급관리직, 높은 잠재력을 보유한 인재, 즉 고위급 인재의 배치·선발에 대해서는 인사부의 역할이 상대적으로 강하다는 특징을 보여 주었다.

이 장에서는 인사부의 역할, 그리고 인사 담당자를 어떻게 육성할 것인가에 대해 살펴보았다. 인사부가 어떻게, 어디까지 개별 종업원의 인적자원관리에 관여할 것인가, 그리고 어떠한 경험을 갖고 있는 인재로 인사부를 구성할 것인가는 '인적자원관리의 힘'에 커다란 영향을 주게 될 것이다.

주

1 日本労働研究機構. (1998).『国際比較: 大卒ホワイトカラーの人事開発·雇用システム一日､米､独の大企業(2)アンケート調査編』. 日本労働研究機構.

2 関西経営者協会. (1994).『本社人事部門の機能と将来に関する調査』. 関西経営者協会.

3 Kelly, J., & Gennard, J. (2000). Getting to the top: Career paths of personnel directors. *Human Resource Management Journal*, 10(3), 22-37.

4 藤本雅彦. (1998).「日本の大企業の人材配置メカニズムに関する一考察一戦略的人事部の構築に向けて」.『経済学』, 第60巻1号. 東北大学.

5 日本労働研究機構. (2001).『大卒ホワイトカラーの昇進·配置と人事部の役割』. 日本労働研究機構.

6 平野光俊. (2006).『日本型人事管理一進化型の発生プロセスと機能性』. 中央経済社.

7 Jacoby, S. M. (2005). *The Embedded corporation: Corporate governance and employment relations in Japan and the United States*. Princeton: Princeton University Press. (サンフォード·M·ジャコビー. (2005).『日本の人事部､アメリカの人事部』. (鈴木良治·伊藤健一·堀竜二 訳.). 東洋経済新報社.)

8 예를 들어, Baruch와 Peiperl(2000)은 영국의 194개 회사를 대상으로 경력개발의 실태에 대해 조사하여, 경력과 관련된 17개 항목 중에서 사내공모(job posting)의 도입 비율이 가장 높다고 하였다. 또한 CIPD(2003)가 영국 기업 732개 회사를 대상으로 실시한 조사에서, 93%의 기업이 사내공모(open internal job market)를 도입하고 있는 것으로 나타나, 사내공모가 많이 보급되어 있음을 알 수 있다.

Baruch, Y., & Peoperl, M. (2000). Career management practices: an empirical survey and implications. *Human Resource Management*, 39(4), 347-366; CIPD. (2003). *Managing employee careers: Issues, trends and prospect*. London: CIPD.

9 Hirsh, W., Polland, E., & Tamkin, P. (2000). *Free, fair and efficient? Open internal job advertising. IES report 371*. Brighton, The Institution for Employment Studies.

10 日本労働研究機構. (1997).『国際比較: 大卒ホワイトカラーの人事開発·雇

用システム一日､米､独の大企業(1) 事例調査編』. 日本労働研究機構.

11 예를 들어, 시라키(白木三秀, 2006)는 서양의 다국적 기업을 대상으로 한 조사에서 고성과자(high potential)를 대상으로, 30대 전반 정도의 경력상 빠른 단계에서 자회사에 파견하여 해외 근무를 시키거나, 기업 내의 다른 사업 그룹이나 직능을 경험하도록 하고 있음을 명확하게 하고 있다.
白木三秀. (2006). 『国際人的資源管理の比較分析一「多国籍内部労働市場」の視点から』.

12 Kelly, J. (2001). The role of the personnel/HR function in multinational companies. *Employee Relations*, 23(6), 536-557.

13 Larsen, H. H., London, M., Weinstein, M., & Raghuram, S. (1998). High-flyer management-development programs: Organizational rhetoric or self-fulfilling prophecy? *International Studies of Management and Organization*, 28(1), 64-90.

14 Scullion, H., & Starkey, K. (2000). In search of the changing role of the human resource function in the international firm. *International Journal of Human Resource Management*, 11(6), 1061-1081.

15 Hutchinson, S., & Wood, S. (1995). *Personal and the line: Developing the new relationship*. Institute of Personnel and Development.

16 Poole, M., & Jenkins, G. (1997). Responsibilities for human resource management practices in the modern enterprise: Evidence from Britain. *Personal Review*, 26(5), 333-356.

조금 더 공부하고 싶은 사람을 위해

- サンフォード·M·ジャコビー. (2005).『日本の人事部、アメリカの人事部』. (鈴木良治·伊藤健一·堀竜二 訳.). 東洋経済新報社.

옮긴이 해설

전략적 인적자원관리의 최일선을 담당하고 있는 것이 바로 인사부이다. 인사부는 조직의 성과 극대화를 위해 과거보다 훨씬 더 많은 역할을 요구받고 있기 때문에, 재무적 측면에서의 영향까지도 고려하여 경영전략과 연동하는 인사전략을 수립하고 이의 이행을 위해 노력하지 않으면 안 된다. 따라서 인사부는 인사의 전략적 기능 수행의 중요성을 인식하고, 지원 부서로서의 인사가 아니라 조직 전체의 성과 창출을 지탱하는 중요한 역할의 한 축으로서 자리매김하기 위한 노력이 필요하다.

인사부의 담당 업무는 채용에서부터 퇴직에 이르기까지 조직 내 인사와 관련된 업무 전체를 아우르게 된다. 조직 특성 및 규모에 따라 업무 내용을 세분화하여 전담자가 담당할지, 여러 업무를 중복해서 담당하게 할지에 따라 일부 차이는 존재하지만, 본질적으로 수행하는 업무의 내용은 동일하다고 하겠다. 구체적으로는 채용, 배치·이동, 승격·승진, 인사평가, 임금, 노동조합, 인사제도, 인원계획 등의 업무를 담당하는 것은 여느 조직에서나 유사하다.

과거에는 인사업무에 대해, 전문성이 없어도 아무나 할 수 있는 업무라고 단정 짓는 사람도 있었지만, 조직환경이 복잡해지고 인사관리의 중요성이 강조되면서 인사업무에서의 전문성을 강조하는 경향성이 강해지고 있다. 이 때문에 조직의 중요 기능 중의 하나인 인사업무를 담당할 인재의 양성 역시 중요한 과제가 된다. 인사관리에 도움이 될 각 요소별 전문지식의 축적과 현장에서 갈고닦은 실무 감각이 조화를 이룰 때 인사업무의 성과는 극대화될 수 있을 것이다.

어떤 인재가 인사업무에 가장 적합할지, 인사 담당자의 성향에 대해 정확하게 정의 내릴 수는 없겠지만, 타 부문의 업무 담당자와 비교하여 차별화되는 특징을 찾아볼 수 있다. 일본 대기업의 인사, 경리, 영업을 담당하는 간부를 대상으로 한 조사 결과, 인사 담당 간부는 인사업무 이외에 타 기능 업무를 수행한 경험 비율이 높으며, 인사업무 안에서도 다양한 직무를 수행한 경험이 많다는 점은 인사 담당자 배치에 참고할 수 있을 만한 내용이다. 이처럼, 타 직무 경험의 비율이 높다는 특징은 현장과의 커뮤니케이션 및 현장의 조직 분위기를 신속히 파악할 수 있는 인적 네트워크 구축에서 상대우위를 가질 수 있는 요인으로 작용할 수 있다. 이는 조직 내 인사 담당자 육성을 위한 방향 설정에서 반드시 고려할 요인임에 틀림없다. 제4장에서 학습한 역량 개념을 적용하여, 인사업무 담당자에게 요구되는 필수 역량이 무엇인지 결정하고, 그 역량을 보유한 인재를 선발하여 인사 담당자로 육성해 나가는 방안에 대해서도 고민이 필요할 것이다.

03

HRM의 거시적 관점

제13장

노사관계와 인적자원관리

1. 도입

사용자에게 있어서, 인적자원인 노동자와 어떠한 관계를 맺는가 하는 것은 기업 경영상 중요한 문제이다. 즉 양호한 노사관계인지 대립적 노사관계인지에 따라 경영활동에서의 생산성에는 커다란 차이가 발생하게 된다. 또한 노동자에게도 노사관계는 일의 본연의 모습뿐만 아니라 실제 생활과도 직결되는 문제이다. 따라서 노사관계는 단순히 하나의 기업, 하나의 산업과 관련된 문제에 머무르지 않고, 그 시대의 사회 본연의 모습을 규정하는 것이라 할 수 있다.

이번 장에서는 노사관계와 관련하여, 우선 집단적 노사관계로서 핵심적 역할을 담당해 온 노동조합에 대해 살펴보고, 다음으로 일본 노사관계의 특징에 대해 이해한 후, 마지막으로 최근 일본 노사관계의 변화에 따라 커다란 문제가 되고 있는 개별적 노사관계에 대해서도 고찰해 보도록 하자.

2. 인적자원관리와 노사관계

사용자와 노동자가 서로 협력하여 경제활동에 종사하게 될 때 경영목적의 달성이 가능하게 된다. 노동자는 노동력을 제공하고, 사용자는 물자, 돈, 정보와 함께 사람, 즉 노동력을 인적자원으로 활용함으로써 경제활동을 수행하게 된다.

하지만 사용자와 노동자의 입장은 서로 다르기 때문에 여기에는 이해대립의 요소도 포함되어 있다. 사용자는 노동자에게 지불하는 임금, 즉 인건비를 최소한으로 억제하고 이윤의 극대화를 도모하려 한다. 반면에 노동자에게 임금은 생활을 지탱해 주는 원천이 되기 때문에 노동의 대가로서 최대의 임금을 받으려 한다. 이 때문에 양자는 경제활동을 위해 협력관계를 구축하는 것이 필요하지만, 대립관계가 되는 경우도 적지 않았다. 산업혁명 이후에 임금노동자가 증가하고, 그중에서는 비참한 생활에 처한 노동자도 다수 발생하여 노사관계는 심각한 사회문제가 되었다. 이로 인하여 사용자와 노동자 사이에는 극심한 분쟁의 역사가 전개되어 왔다.

둘 사이의 격한 대립은 경제활동에 커다란 마이너스의 요인으로 작용하였으며, 사용자와 노동자 쌍방에게도 커다란 타격이 되었다. 이에 따라 둘 사이의 협조적 관계 구축이 사회적으로 중요한 과제가 되어, 우호적 노사관계를 구축하기 위한 시행착오가 반복되어 왔다. 사용자에게 있어서도 협조적인 노사관계를 구축하는 것은 귀중한 인적자원을 유효하게 활용함으로써 스스로 경제목적을 달성하기 위해 필수적이다. 이런 점에서 인적자원관리에서 노사관계에 대해 이해한다는 것은 커다란 의의를 갖는다.

3. 노사관계의 개념

노사관계라 함은, 원래 영어로는 'industrial relations'로 산업 내에서의 여러 관계를 뜻한다. 즉 노사관계는 근대 사회에서 산업의 성립과 함께 생겨나게 된 것이며, 산업 사회에 있어 기본적인 사회관계의 하나라고 할 수 있다. Dunlop(1958)은 저서 『노사관계시스템』*Industrial Relations*

Systems[1]에서 노사관계를 개별 기업의 사용자와 노동자와의 관계에만 그치지 않고, 매크로 분석을 위한 하나의 틀로 보아 광의의 의미로 파악하고 있다. 그리고 경제학뿐만 아니라, 사회학, 경영학, 법학, 정치학 등 사회과학의 다양한 분야로부터의 학술적 접근이 필요하다고 주장하고 있다.

이와 같은 접근방식은 일본에도 널리 받아들여져, 많은 영향을 주게 되었다. 나카야마(中山伊知郎, 1974)는 노사관계에 대해, 원래 인간과 인간과의 관계, 즉 인간이 속한 하나의 집단과 다른 집단과의 관계라고 하였다.[2] 모리(森五郎, 1981)는 노사관계를 사용자 계층과 노동자 계층과의 사이에 질서를 형성하고 있는 사회적 여러 관계로 보았으며, 이 관계를 ① 기업 수준, ② 산업 수준, ③ 국가 수준으로 나누고 각각에 대해 명확히 밝혀야 할 필요성을 강조하며 노사관계를 커다란 주제로 다루고자 하였다.[3]

하지만 많은 연구들에서 노사관계의 핵심은 기업(단체)과 노동조합과의 관계로 파악하고 있는 것이 일반적이다.[4] 이는 실질적으로 노동자 단체인 노동조합과 기업과의 관계가 노사관계의 실제 모습에 커다란 영향을 미치며, 노사관계의 모습을 규정하고 있기 때문이다. 아울러 노사 간의 협조 및 대립의 역사는 오랜 시간에 걸쳐 커다란 사회적 문제가 되어 왔다는 것도 그 이유가 될 수 있을 것이다.

또한 최근에는 노동자 개개의 노동문제가 증가하고 있어, 노사관계를 'labor-management relations'라고 하는 경우도 많아졌다.

그럼 아래에서는 노사관계의 중심적 역할을 담당해 온 노동조합의 세부 내용에 대해 이해해 보자.

4. 노동조합

(1) 노동조합의 정의

19세기에 Webb 부부(1894)가 『노동조합운동의 역사』[5]에서 "노동조합이라 함은, 임금노동자가 그 노동생활의 여러 조건을 유지 또는 개선하기 위한 항상적恒常的인 단체이다."라고 정의하였으며, 이 정의가 사회적으로 정착되어 왔다. 즉 노동조합은 노동자가 생활의 유지·개선의 목적을 가지고서 자주적으로 만든 조직을 의미한다. 그리고 노동조합의 성립에는 산업 사회의 성립과 함께 발생한 고용관계에 기반한 사용자와 노동자와의 역사가 그 배경이 되고 있다.

산업혁명 이후 증가하게 된 임금노동자 중에는 저임금으로 인해 인간으로서의 최저 생활을 유지하기도 힘들고, 부당한 처우를 받는 사람도 적지 않았으며, 이러한 비참한 역사는 많은 나라에 존재하고 있었다. 경제학적으로 볼 때, 고용관계라는 것은 노동자와 사용자가 시장에서 노동력에 대한 매매계약을 체결하는 것이지만, 쌍방 사이에는 정보량에 비대칭성이 있기 때문에 교섭력에 있어서 노동자는 사용자에 비해 불리한 입장에 서게 된다. 노동자는 일상의 노동을 통해 생계를 유지하며 생명을 유지해 가기 때문에, 일반적인 상품과 같이 비싸게 노동력을 판매한다는 것이 현실에서는 쉽지 않은 일이다. 또한 대체적으로 어떤 노동자가 다른 노동자의 노동 조건이나 교섭 상황 등에 관한 정보를 얻는 것이 어려워 교섭력도 낮다. 하지만 이는 노동자가 각각 개별적으로 사용자와 교섭하기 때문에 약점이 되는 것일 뿐이며, 사용자에게 노동력은 필수적인 생산요소이기에 노동자가 집단을 만들어 대응하게 되면 커다란 힘을 얻게 되어 상호 대등한 입장에 설 수 있다. 여기에서 노동자가 '노동조합'이라는 조직을 형성하려는 의의를 찾을 수 있다.

(2) 노동조합의 종류

노동조합은 사회적·경제적 여러 조건에 따라 다양한 성격의 조합들이 존재한다. 아울러 노동조합의 조직형태는 노동자의 가입 자격에 따라 몇 가지의 종류로 구분할 수 있다.

① 직업별 노동조합(craft union)

노동조합의 역사에서 가장 오랜 전통을 가지고 있으며, 동일 직종의 유자격 숙련노동자가 공통의 직업을 기반으로 조직한 것을 말한다. 직업별 노동조합에서는 유자격 숙련노동자의 이익을 지켜 내기 위해서, 제자의 숫자에 제한을 두거나 직업 자격 등에 대한 통제를 가하여 숙련노동자의 공급을 제한하는 방식으로 스스로의 노동 조건의 유지·향상을 도모하려 하였다. 하지만 기계화에 따른 대량생산체제가 갖추어지게 됨에 따라 숙련에 기반을 둔 직업별 노동조합은 점차 약화되게 되었다.

② 산업별 노동조합(industrial union)

서양의 여러 국가들에서 가장 중심적인 형태의 노동조합이다. 숙련도나 직종에 관계없이, 동일 산업의 노동자가 기업 횡단적으로 가입하는 형태이다. 대규모의 대량생산체제의 발전에 따라 크게 성장하게 되었다. 산업별 노동조합은 산업별 사용자단체나 주요 대기업과의 관계에서 산업 내의 노동 조건에 대해 교섭한다. 구체적으로는 금속산업, 철강산업, 자동차산업, 전기산업 등이 있다.

③ 기업별 노동조합(enterprise union)

일본에서 가장 중심이 되는 노동조합이다. 기업 또는 사업소별로 그곳에서 일하는 정사원을 중심으로 하여 직종의 구분 없이 조직하는 형태이다. 여기에서는 기업이나 사업소별로 경영환경을 반영한 노동교섭이 이루어진다.

서양의 여러 국가들에서는 기업의 범위를 넘어선 산업별 노동조합을 중심으로 구성되는 것에 비해, 일본은 기업별 노동조합이 중심적인 존재인데, 이는 일본 노사관계가 갖는 하나의 특징이라고 여겨진다. 제2차 세계대전 이후, 노동조합이 발족하였을 당시의 일본 기업에는 가족 회사의 사고방식이나 관행이 넓게 퍼져 있어, 기업을 하나의 '가족'으로 생각하는 인간관계가 존재하고 있었다. 아울러 후술하겠지만 치열한 기업 간 경쟁 속에서도 기업별 노동조합은 합리적인 조직으로 받아들여졌다.

④ 일반 노동조합

직업, 산업, 기업의 차이에 상관없이 모든 노동자가 가입할 수 있는 노동조합이다. 일반적으로는 직업별 노동조합, 기업별 노동조합, 산업별 노동조합 등의 가입에서 제외되는 노동자가 조직화되어 있는 경우가 많다.

일정 지역을 기반으로, 중소기업 노동자가 가입하는 경우가 많은 합동노조에는 노동자 개인, 조직, 실업자도 가입할 수 있다. 최근에는 관리직 노동조합, 여성 노동조합 등과 같은 특징 있는 커뮤니티 노동조합도 조직화되고 있다.

(3) 노동조합원

보통 노동조합에 가입할 수 있는 노동자는 일반 노동자이다. 일본 기업에서는 과장 이상의 관리직은 노동 조건의 결정이나 부하의 인사고과에 관여하여 노동관리에 대해 경영자와 일체적인 입장에 있다고 판단되기 때문에, 조합원의 대상이 되지 않는 경우가 많다. 그리고 기업별 노동조합의 조합원 자격은 정년 등의 이유로 기업을 퇴직하면 사라지게 된다. 또한 조합비는 급여에서 자동적으로 공제되는 제도인 체크오프 check-off가 널리 보급되어 있다.

한편 종업원과 노동조합원 자격과의 관계를 나타내는 '숍'shop 제도가 있다.

① 오픈숍(open shop)

종업원 개개인의 자유의사에 따라 노동조합에 가입한다.

② 유니온숍(union shop)

기업이나 사업소의 종업원이 되면 조합원이 된다.

③ 클로즈드숍(closed shop)

노동조합원이 되는 것이 고용의 조건이 되어 있다. 일본에서는 거의 보이지 않는 형태이다.

또한 조합의 임원도 종업원 신분을 갖는 경우가 많아, 사용자와의 고용관계를 유지한 채로 조합업무를 수행한다. 그중에서 조합업무에 전념하는 사람이 재적在籍 전임자이다. 전임자 역시 취업규칙을 적용받게 되는데, 사용자가 급여를 지급하는 것은 노조에 대한 재무적인 원조에 해당하기 때문에 「노동조합법勞働組合法」 제7조의 부당노동행위로 인식되어 금지되고 있다. 이로 인해 전임자 기간 중에는 휴직 처리되는 것이 일반적이다.

(4) 노동조합의 역할

① 단체교섭

노동자가 단결하여 사용자 또는 사용자단체와 교섭하는 것을 말한다.

개개인이 교섭하는 것은 교섭력이 약하기 때문에, 단결하여 대등한 입장에 서서 교섭하려는 것을 의미한다. 일본에서는 「헌법」 제28조에 따라 단체교섭권, 단결권, 쟁의권이 보장되어 있다. 아울러 「노동조합법」 제7조에 따라, 정당한 사유 없이 사용자가 단체교섭을 거부하는 것은 부당노동행위로 간주하여 금지하고 있다.

그리고 단체교섭을 통해 노동 조건이나 노사관계의 룰, 사용자의 여러 권한에 대한 노동조합의 관여 등이 결정되며, 여기에서 체결된 협정이 노동협약이 된다.

또한 공무원 또는 다른 공익적 직무에 종사하는 직원은 공공의 복지의 관점에서 쟁의행위가 금지 또는 제한된다.

② 춘투(春闘, 임금협상투쟁)

일본에서는 기업별 노동조합이 중심적인 형태가 되어 있다고 설명했는데, 개별 기업의 노동조합이 교섭을 하다 보면 기업 간 치열한 경쟁 속에서 노동자들이 열세를 보일 수 있다. 이 때문에 교섭을 일정한 시기에, 일제히 진행하는 시스템으로 '춘투'春闘가 있다. 연합('일본노동조합총연합회'(日本労働組合総連合会)의 약칭) 등 노동조합의 전국중앙조직national center이 교섭 내용이나 일시 등의 조정을 하여, 각 단산(單産: 산업별 단일 노동조합의 약칭. 일본에서는 기업별 노동조합이 산업별로 결성한 연합체 조직을 의미)의 지도에 따라 각 기업별 노동조합이 같은 시기에 임금인상 등의 교섭을 진행한다. 이때 주체가 되는 산업, 현재는 주로 자동차총연, 전기연합, 정보노련* 등을 들 수 있는데, 이들이 춘투의 분위기나 인상의 수준을 형성

* 각각 '전 일본 자동차산업 노동조합 총연합회(全日本自動車産業労働組合総連合会)', '전 일본 전기·전자·정보 관련 산업 노동조합 연합회(全日本電機·電子·情報関連産業労働組合連合会)', '정보산업 노동조합 연합회(情報産業労働組合連合会)'의 약칭이다(옮긴이).

하고 이 결과가 타 산업에 전파·보급된다. 그리고 이른바 '춘투시세'春闘相場는 중소기업이나 노동조합이 설치되지 않은 직장의 노동자, 공무원 등을 포함하여 일본 사회 전체의 임금 결정에 커다란 영향을 주고 있다.**

③ 교섭 내용

단체교섭의 구체적인 내용은 일반적으로 '임금'에 관한 것이 가장 많으며, 다음으로 '노동시간, 휴일·휴가' 등이며, 기본적인 노동 조건이 중심적인 교섭 사항이 되고 있다. 이 외에도 '고용이나 인사', '정년제', '채용' 등에 대한 것들도 포함되며, 사업 부문의 분사화·재편성 등 경영방침에 관한 내용이 포함되기도 한다.

(5) 노동조합의 조직률

노동조합의 조직률은 노동조합에 가입해 있는 종업원이 전체 고용자수에서 차지하는 비율을 의미한다. 기업의 종업원 규모에 따라 그 조직률에는 커다란 차이가 발생하게 되는데, 대기업일수록 조직률은 높아지게 된다.

한편 북유럽 국가 등 일부를 제외하고는 세계적으로 노동조합의 조직률은 장기적으로 낮아지는 경향을 보이고 있다. 일본에서는 제2차 세계대전 이후에 조직률이 높았는데, 1949년에 55.8%로 최정점을 나타낸 후에 점차 낮아져서 최근에는 약 17% 수준까지 하락하였다(도표 13-1). 그 이유로는 주로 다음 몇 가지 가 지적된다. 첫째, 산업구조가 변화하여 중후장대형重厚長大形의 산업이 쇠퇴하고 유니온숍 제도를 도입한 기

** 춘투의 확대에 따라, 동일 산업 안에서의 임금 인상액의 평준화가 진행되어 그것이 산업을 초월해 연동하는 움직임이 강화되고 있음을 나타낸다(옮긴이).

도표 13-1 노동조합 추정 조직률 (단위: %)

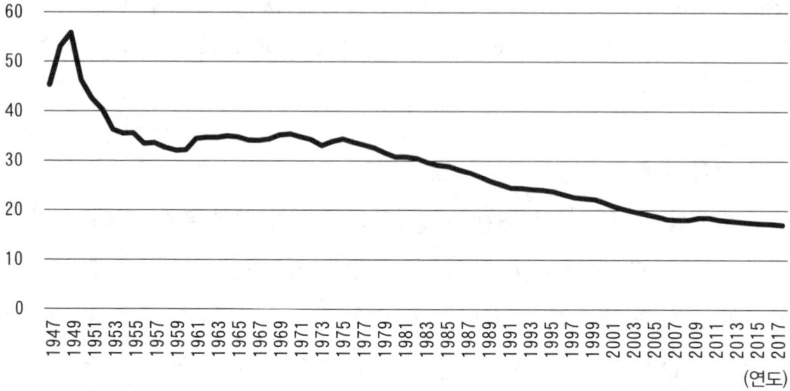

출처: 厚生労働省.「労働組合 基礎調査」.

업이 감소하였다는 점이다. 둘째, 기업의 분사화나 민영화가 진행 중인 관계로, 노동조합의 조직화가 이루어지지 못했다는 점을 들 수 있다. 셋째, 고용형태가 다양화되어 비정규직의 비율이 높아져 기업 내에 조합에 가입하지 않은 종업원이 증가하였다는 점, 마지막으로 조합원의 니즈가 다양화되어 조직화하기 곤란해져 오픈숍제도의 기업에서는 노동조합에 가입하지 않는 종업원도 많아졌다는 것 등을 들 수 있다.

(6) 노사협의제

기업이나 사업소에서 노사의 대표가 '생산', '노동 조건', '복리후생' 등에 대해 협의하는 것을 말한다. 단체교섭이 노사 대립을 전제로 한 제도인 것에 비해, 노사협의제는 단체교섭을 보완하는 노사 간의 자주적인 절차로, 노사의 커뮤니케이션을 통해 정보 공유, 의사소통, 합의에 도달하는 수단이 된다. 노동협약의 대부분은 노사협의 후의 단체교섭 또는 노사협의 절차 없이 체결되어, 노사협의는 중요한 노사교섭의 제도가 되어 있다. 이 제도는 노동조합이 없는 기업에도 존재하는 경우가 적지 않다.

5. 일본의 노사관계

지금까지 살펴본 바와 같이 노동조합의 방식에는 몇 가지 일본의 특성이 나타났다. 아래에서는 일본 노동관계의 특징에 대한 역사를 되돌아보며 개관해 보도록 하자.

(1) 일본의 노동 관계 법규

제2차 세계대전 이전에 노동조합은 법률적으로 인정받지 못하였으며, 비참한 노동 조건하에서 일하는 노동자가 상당수 존재하였다. 전후에 민주화가 진전됨에 따라, 1945년 12월에 「노동조합법」이 제정되었다. 이듬해인 1946년에는 「노동조합법」을 보완하여, 노동쟁의의 예방, 해결을 도모하는 「노동관계조정법労働関係調整法」이 제정되었다. 이 법에서는 쟁의행위의 일부 제한을 규정하여, 노사 간의 집단적 분쟁의 조정수단 등을 규정하고 있다. 아울러 1947년에는 「노동기준법労働基準法」이 제정되어 노동 조건 등에 대해 일정한 룰이 규정되기에 이르렀다. 이 세 가지 법이 이른바 '노동 3법'이며, 일본 노사관계의 방식을 규정하는 중심적인 법률이 되어 있다.

(2) 전후의 격한 노사대립

법 제도가 성립된 이후에, 일본에서는 장기간의 격한 노사대립의 역사가 전개되었다. 제2차 세계대전 이후 경제상황은 하락하여 혼란을 겪고 있었으며, 노동조합은 곤궁한 노동자의 생활을 지키기 위해 '임금인상', '직장의 민주화'를 슬로건으로 하는 노동운동을 계속하였다. 반면 경영자 측면에서는 1948년에 일본경영자단체연맹日本経営者団体連盟을 창설하고 '경영자여, 올바르게 강해져라'経営者よ､正しく強かれ라고 선언하며 기업 재건에 힘을 쏟기 시작하였다.

1950년대 전반, 한국전쟁 특수를 계기로 하여 경제는 부흥의 궤도에 올라 기업 업적의 회복, 고용자 숫자의 증가 등 경기는 급속히 개선되었다. 그러나 이후에도 파업을 끝내고도 다시 파업을 일삼는 격한 노사분쟁이 계속되었다. 이와 같은 대립은 노동자에게도 경영자에게도 커다란 타격을 주었으며, 이로 인해 노사대립 문제의 타개는 사회적으로 강하게 요구되게 되었다. 일본 기업은 아직 국제적인 경쟁력을 갖추지 못해, 일본 경제는 국제 사회에서 매우 약한 상태였다. 노사가 정해져 있는 파이를 서로 빼앗으려 하는 소모전보다는 생산성을 높이고 보다 큰 파이를 만들어 내는 것이 노사 모두에게 필요한 것이라고 하는 인식을 갖게 되어, 1955년에는「생산성 향상운동」이 일어나게 되었다.

「생산성 향상운동」에는 세 가지의 원칙이 세워져 있었다. 3원칙의 주요 내용은 다음과 같다. 첫째, 생산성 향상은 궁극적으로는 고용을 증가시키지만, 과도기적으로는 인원의 과잉 공급을 발생시키게 된다. 이로 인해 실업을 방지하기 위해 국민경제적 관점에 서서 민관이 협력하여 노력한다. 둘째, 생산성 향상을 위한 구체적인 방법은 각 기업의 실정에 맞추어 노사가 협의한다. 셋째, 생산성 향상의 여러 성과는 경영자, 노동자 및 소비자에게 공정하게 배분하여야 한다. 여기에서 이후의 일본 노사관계의 기본적 성격을 발견할 수 있다. 이 생산성 향상운동은 국민운동으로 전개되었다. 이는 노사 간에 존재하는 난제에 대해 장기간에 걸친 극심한 노사갈등과 교섭이 있었으며, 그 결과로 확립된 것이라 할 수 있다.

(3) 일본식 노사관계

생산성 향상을 추진한다는 것과 이에 따라 발생하는 과도한 인원에 대한 고용의 유지를 도모한다는 것은 얼핏 보기에 모순된 이야기일 수도 있으나, 일본에서는 이러한 문제를 앞서 설명한 3원칙에 기반한 노사관계의 방식에 따라 극복하였다. 즉 자사의 생산성을 향상시키고 경쟁력을 갖추어 시장점유율의 확대를 도모하고, 기업의 사업을 확장함에 따라 노동자의 고용을 유지할 수 있다. 기업의 발전은 노동자에 대한 고용의 안정과 생활의 향상과도 연결되기 때문에 노동자는 적극적으로 기업의 발전에 공헌하고자 하였다. 이에 따라 노사는 기업의 실정을 파악하고 협력함으로써 생산성 향상에 노력을 기울였다. 이를 통해 기업과 노동자는 기업의 존속·발전을 경영 운영의 공통 목표로 설정하여, 이해관계를 공유하고 협력하여 경제활동에 대응하는 운명 공동체가 되었다. 이로 인해 노사관계도 대립관계를 뛰어넘어, 협조적 관계가 되어 이른바 '일체화된 노사관계'의 구조를 구축할 수 있게 되었다.

일본의 기업은 이와 같은 일체화된 노사관계를 갖게 됨으로써 급속한 발전을 이루어, 일본의 고도 경제성장을 실현할 수 있었다. 그리고 일본경제가 발전한 이후에도 서양과는 다른 기업별 노동조합이 일본 노동조합의 중심적 역할을 담당하게 되었다.

제2차 세계대전 이후 한동안 일본의 노사관계는 산업별 노동조합이 중심이 되지 못했다는 점에서 전근대적이라는 낮은 평가를 받아 왔다. 하지만 Abegglen(1958)[6]이나 OECD(1972)[7] 등이 그 특징에 대해 높이 평가하고, 또 일본이 고도 경제성장을 달성한 이후에 일본의 노사관계는 내외부로부터 각광을 받게 되며, 일본 경제성장의 하나의 요인으로 평가받게 되었다.

이른바 일본식 경영의 세 가지 축으로 평가받아 온 '종신고용', '연공임금', '기업별 조합'은 모두 일본의 노사관계의 특징이라 할 수 있다. 즉 일본의 안정적이고 협조적인 노사관계야말로 경제발전을 지탱하는 중요한 요인으로 이해되게 되었다.

(4) 1990년대 중반 이후

지금까지 안정적으로 흘러왔던 일본식 노사관계는, 버블경제 붕괴 이후에 크게 동요하기 시작하였다. 어려운 경제환경 속에서 국제 경쟁은 한층 격화되어, 많은 대기업은 비용 절감을 위해 조기퇴직 우대제도를 통해 대대적인 인원 감축을 실시하였다. 또한 기업의 도산도 계속 이어지고 고용 상황이 악화되어, 일본 사회에서는 고용불안에 대한 우려가 커지게 되었다. 반면 기업은 살아남기 위해 인건비가 높은 일본에서의 생산을 줄이고 해외에 공장이나 사업소를 설립하는 경우도 적지 않게 되어, 기업의 발전이 일본 노동자의 생활 향상과 연계되었던 지금까지의 구조에는 금이 가기 시작하였다.

게다가 노동자의 가치관이 다양화되고, 기업과 노동자와의 관계를 시장에서의 노동력 매매관계, 단기적인 관계라고 치부해 버리는 경우도 점차 많아지게 되었다. 실제로도 비정규 종업원이 증가하고, 이직률이 높아지고, 고용의 유동성 경향이 이전보다 강해졌다. 아울러 노동자들은 장기적으로 반드시 하나의 기업에 근무하고, 기업의 발전을 위해 노력하여 이에 따라 자신의 생활 안정·향상을 도모하고 기업과 운명을 함께하는 것에만 가치를 두지 않게 되었다.

즉 이전까지의 '일체화된 노사관계'도 존재하지만, 다른 한편으로는 기업의 발전이 반드시 노동자의 고용안정과 연결되지 않는다는 이른바 '서로 소원한 노사관계'가 구축되기에 이르렀다.

6. 최근의 동향

최근 노사관계의 변화 중에는 기업과 노동자 사이에 소원한 관계가 나타나게 되었으며, 노동자 자신도 개개인이 뿔뿔이 흩어지게 되는 개별화가 진행되고 있다. 다양한 고용형태와 함께 다양한 가치관이 생기고, 노동자들이 통일된 이익을 추구하기 위해 단결하여 사용자와 교섭하기 어려워졌다. 또한 성과주의가 도입되어 노동자 한 명 한 명이 개별적으로 단기간의 실적에 따라 평가되고, 그 결과가 임금이나 처우 등에 반영됨으로써 개인 간의 격차가 커지게 되었다. 이로 인해 평가에 대한 불만도 다수 발생하여 커다란 노동문제가 되었으나, 이 역시 개별적으로 발생한 문제이기 때문에 노동자가 단결하여 대응하는 것은 어려운 문제가 되어 있다.

이러한 상황은 앞서 기술한 바와 같이, 노동조합의 조직률을 떨어뜨리는 하나의 요인이 되어 있다. 최근에는 해고나 노동 조건의 문제 등 많은 노동문제가 개별적으로 발생하여, 지금까지 노동조합의 틀에서는 해결할 수 없는, 즉 집단적 노사관계로는 대응할 수 없는 문제가 다수 발생하고 있다.

다음으로는 최근 개별화된 노동자가 증가하고 있는 상황에서 노사관계의 동향에 대해서도 살펴보자.

(1) 비정규직의 노동조합

노동조합이 노동자의 대표로서 교섭력을 높이기 위해서는 높은 조직률이 필수적이지만, 현재는 17% 정도의 조직률 상황이 계속되고 있어 노동자의 조직화는 중요한 문제가 되어 있다. 이 중에서도 비정규직 비율이 높아, 비정규직의 조직화가 커다란 과제가 되고 있다. 하지만 정규직과 비정규직 사이에는 이해가 대립하는 요건이 많아서, 지금까지 기본적으로는 정규직을 조합원으로 두었던 노동조합들에게는 고용형태의 차이를 뛰어넘어 통일된 견해를 가지고서 사용자와 교섭을 한다는 것에는 어려운 점이 적지 않았다. 하지만 최근에 조금씩이긴 하지만, 비정규직의 노동조합 가입이 이루어지고 있다.

① 파트타임 노동자

파트타임 노동자의 노동조합을 통한 조직화는 조금씩 진전되고 있다. 노동조합에 가입되어 있는 파트타임 노동자 수는 2005년에 40만 명에도 미치지 못하였으나, 최근 계속 증가하여 110만 명을 넘어서서, 전 조합원에서 차지하는 비율도 거의 11%가 되었다. 또한 추정되는 조직률도 아직은 약 8% 정도이지만, 점차 증가하고 있는 추세이다(도표 13-2).

도표 13-2 파트타임 노동자의 노동조합 추정 가입률 (단위: %)

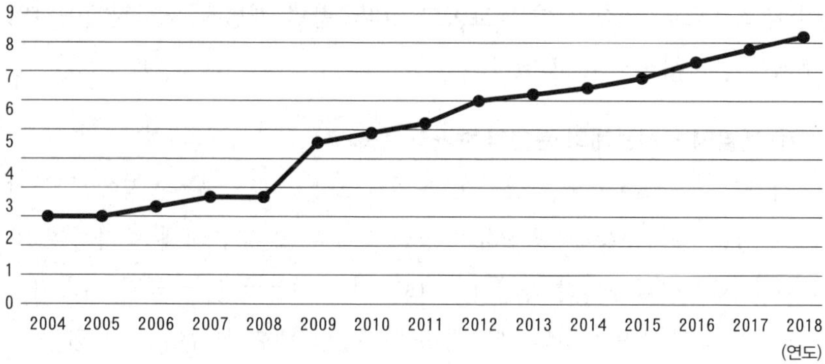

출처: 厚生労働省.「労働組合 基礎調査」.

② 파견노동자

1990년대 후반부터, 규제완화의 영향으로 파견노동자의 수는 급증하였다. '간접고용'이라는 특유의 고용형태에 있어, 단기간의 계약 기간하에서 불안정한 고용이나 저임금 등의 불안한 노동 조건에서 일하고 있는 노동자도 적지 않아 다양한 노동문제를 발생시키고 있다. 하지만 개개의 파견노동자가 개별 사용자와 교섭할 힘이 없기 때문에 파견노동이라는 하나의 고용관계의 문제에 공동으로 대처하기 위해, 2004년에 파견노동자들에 의해 노동조합 'UI 젠센(현재는 UA젠센)동맹 인재서비스 제너럴유니온'service general union이라는 단체가 결성되었다.

(2) 개별 노동관계

노동조합이나 종업원조직 등의 노동자단체와 사용자와의 노사관계가 집단적 노사관계인 것과 비교하여, 개별 종업원과 사용자, 또는 상사와의 노사관계는 개별적 노사관계를 의미한다. 노동조합의 조직률이 낮아진 영향도 있고, 노동쟁의 등의 집단적 노사관계의 분쟁은 장시간에 걸쳐 대폭적으로 감소 경향을 보이고 있다. 반면 개별적 노사관계에서의 분쟁은 급격히 증가하고 있다.

① 개별적 노사관계의 분쟁의 증가

각 도도부현都道府県 노동국이나 주요 노동 기준 감독관청에서 실시하고 있는 종합노동 상담코너의 상담 건수는 2000년대에 증가하여 최근에는 제자리걸음이긴 하지만, 110만 건을 넘는 높은 상태가 지속되고 있다. 이 중에서 민사상의 개별적 노동분쟁에 대한 상담이 25만 건을 넘어서고 있다(도표 13-3).

상담 내용은 '집단 따돌림·괴롭힘'이 가장 많고, 그 뒤를 이어 '희망퇴직'이나 '해고'가 주된 내용이 되고 있다.

② 개별적 노사관계의 분쟁 처리

기업 내의 자주적인 문제 처리는 상사를 통한 해결이 대부분이지만, 이 외에도 노사의 대표로 구성된 고충처리기관을 설치해 두는 기업도 있다. 또한 노사협의제나 단체교섭을 활용하여 해결을 도모하는 방법도 있다.

그리고 기업 내 조치만으로는 해결할 수 없는 문제도 많아서, 기업 외부의 분쟁처리제도의 중요성이 커지고 있다. 특히 노사관계가 변화하고 고용의 불안정화나 정신건강과 관련한 문제도 발생하고 있어 개별 노동분쟁은 점차 심각해지고 있다. 한편 2001년에 「개별 노동관계 분쟁해결 촉진법個別労働関係紛争の解決の促進に関する法律」이 시행되어, 도도부현 노동국장에 의한 조언·지도 및 분쟁조정위원회에 의한 알선이 이루어지고 있다. 또한 2004년에는 「노동심판법労働審判法」이 제정되어 전문적 지

도표 13-3 총노동상담 건수, 민사상 개별 노동분쟁 상담 건수 (단위: 건)

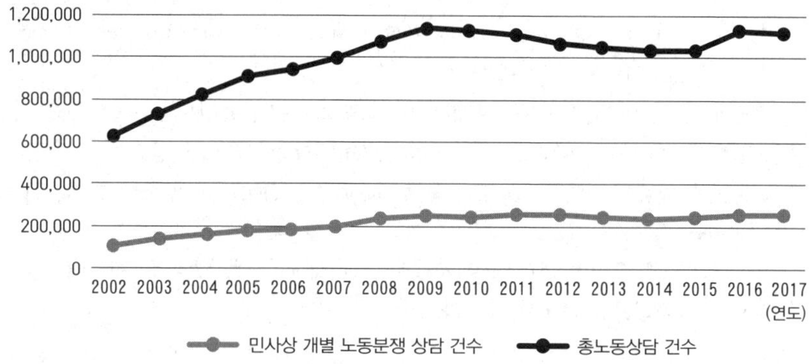

출처: 厚生労働省.「個別労働争議解決制度の施行状況」.

식, 경험을 보유한 자가 재판관과 함께 개별 노동분쟁을 간소한 방법으로 신속하게 해결하는 노동심판제가 만들어졌다. 이 외에도 노동위원회에 의한 상담, 알선, 소송을 들 수 있다.

7. 결어

노사관계 및 그 관계에서 발생하는 여러 문제에 대해, 제2차 세계대전 이후부터 현재에 이르기까지 간략하게 개관하여 보았는데, 당시의 환경 조건에 따라 다양한 양상을 보이는 것을 알 수 있었다. 노동조합의 조직률 저하에 따라 노사관계의 연구도 감소 경향을 보이고 있지만, 노사의 모습은 오늘날 커다란 사회문제가 되는 부분이며, 앞으로도 많은 연구분석이 요구되는 분야라 할 수 있다.

주

1 Dunlop, J. T. (1958). *Industrial Relations Systems*. Harvard Business school.

2 中山伊知郎. (1974).『労使関係の経済社会学』. 日本労働協会.

3 森五郎 編. (1981).『日本の労使関係システム』. 日本労働協会.

4 津田真澂. (1980).『労使関係』. 日本経済新聞社などから.

5 ウェッブ 夫婦. (1973).『労働組合運動の歴史』. (飯田鼎·高橋洸 訳.). 日本労働協会.

6 アベグレン, J. C. (1958).『日本の経営』. (占部都美 訳.). ダイヤモンド社.

7 OECD. (1972).『対日労働報告書』.

조금 더 공부하고 싶은 사람을 위해

- 戎野淑子. (2006).『労働関係の変容と人材育成』. 慶応義塾大学出版部.
- 戎野淑子. (2018).『労働関係の職場の課題』. 生産性出版.
- 佐藤博樹·八代充史·藤村博之. (2015).『新しい人事労務管理』. 有斐閣.
- 白井泰四郎. (1993).『労働関係論』. 日本労働研究機構.

옮긴이 해설

노사관계는 끊임없이 변화하고 발전해 가는 과정으로, 변증법적 정반합의 시각에서 바라볼 수 있다. 노사관계가 안정화되어 가는 과정에서는 사용자와 노동자 사이에 격한 대립이 존재하였으며, 이와 같은 대립과 협력을 반복하면서 우호적인 노사관계를 형성해 나가게 되었다는 점에 주목할 필요가 있다. 여기에는 어느 한쪽의 주장만이 강조되면 결국 조직 전체에는 마이너스의 영향을 줄 수밖에 없다는 의미가 내포되어 있기 때문이다.

여타 다른 국가들에서와 마찬가지로 산업화가 이루어지게 된 일본 역시 1945년에 「노동조합법」이 제정되면서 노동자들의 근로 조건 개선을 위한 노력이 시작되었다고 볼 수 있다. 이른바 '노동 3법'이라 불리는 「노동조합법」, 「노동관계조정법」, 「노동기준법」이 순차적으로 제정되어 노사관계를 규정하는 핵심적인 법률이 되어 있다. 일본식 노사관계의 가장 큰 특징은 '기업별 노동조합'을 필두로 하여 종신고용과 연공서열에 따른 임금체계를 들 수 있는데, 이러한 인식은 일본의 사용자와 노동자에게 오랜 기간 이어져 온 안정적인 개념으로 일본 경제 발전의 토대가 되었다고 할 수 있다. 하지만 외부환경의 급격한 변화는 이러한 노사 간 암묵적인 합의를 더 이상 유지할 수 없도록 하고 있으며, 이로 인해 노동조합 가입률 역시 급격히 하락하여 2019년 현재 16.7%의 낮은 조직률 수준에 머물고 있는 실정이다. 아울러 정규직 중심의 조합원 구성에서 벗어나, 비정규직까지도 조합원에 포함하게 됨으로써 보다 다양해진 직원들의 요구에 대응하여야 하는 숙제를 부여받게 되었다.

한편 노동 관련 법체계는 명칭에서 다소 차이가 있을 뿐 우리나라도 「노동조합법」, 「노동쟁의조정법」, 「근로기준법」의 노동 3법으로 일본과 유사하게 구성되어 있다. 우리나라의 기업 역시 과거 정규직을 중심으로 결성되었던 노동조합으로는 더 이상 변화된 고용환경 변화에 대응할 수 없게 되었다는 점에서 새로운 노사관계의 정립을 위한 노력을 필요로 한다. 노사 모두에게 이익이 될 수 있도록 적대적 관계에서 벗어나 미래 지향적이고 협력적인 자세로 파이를 키워 나가야 할 것이다.

제14장

사회안전망과 인적자원관리

1. 도입

최근 저출산·고령화의 급속한 진전과 장기적인 경기침체를 배경으로, 사회안전망에 대한 관심이 높아지고 있다. '세이프티넷'safety net으로 표현되는 안전망은 그 용어에서도 알 수 있듯이, 예상치 않게 발생한 일로 인해 고용이나 생활이 위협받게 되었을 경우, 안전망이 작동함으로써 그 피해를 최소한으로 억제하고 그 피해에 대해 보상하며, 심리적 안정을 갖게 해 주는 것 등이 가능하다. 이 장에서, 세이프티넷은 '실제로 일상생활을 영위해 나가는 데 있어, 사회보장이나 사회보험의 여러 제도의 조합에 의해 만들어진 안전망'이라고 정의해 두도록 하자.

실제로 사회보험과 관련된 사무업무는 인적자원관리의 중요한 부분이다. 총무부나 인사부에서는 급여 계산이나 인사채용 등의 업무 이외에도 노동보험이나 사회보험의 절차 등 번잡한 사회보험 관련 사무를 담당하고 있다. 보통 이러한 부서에서 담당하고 있는 사무로는 고용보험·건강보험·후생연금보험 등의 자격취득·상실 업무, 산재보험·고용보험의 노동보험료의 갱신업무, 건강보험료(개인 간호보험료 포함)와 후생연금보험료 결정을 위한 기초액의 산정, 월액 변경, 각종 보험금의 지급 업무 등이 포함된다.

이 장에서는 현대 일본의 사회보장제도, 특히 인적자원관리와 관계가 깊은 사회보험제도의 구조에 대해 살펴보도록 하자.

2. 사회보장이란 무엇인가

일본에서는 1950년에 사회보장제도 심의회의 권고를 통해 제시된 사회보장제도에 관한 정의가 가장 정통적인 것으로 알려져 있다. 지금까지 일본의 사회보장제도의 범위 또는 정의는 이 권고에 따라 이루어지고 있다고 보면 된다.

1950년의 사회보장제도 심의회 권고에 따르면 "사회보장제도라 함은, 질병, 부상, 분만, 폐렴, 노령, 실업, 다자녀 등 곤궁한 원인에 대해, 보험을 통한 방법이나 직접적인 공공의 부담을 통해 경제적으로 보장할 방법을 강구하고, 생활이 어려운 사람에 대해서는 국가보조로 최저 한도의 생활을 보장하는 것과 동시에, 공중위생 및 사회복지의 향상을 도모하여, 전체 국민이 문화적 구성원이 될 수 있는 생활을 영위할 수 있도록 하는 것을 말한다."라고 되어 있다(사회보장제도 심의회, 1950; 총리부 사회보장제도 심의회 사무국 감수, 1980: 253).

이 정의에 따르면, 일본의 사회보장제도는 크게 두 가지 방식으로 나뉘어 있다. 첫째는 국가가 국민으로부터 징수한 세금을 활용하여 국민에게 현금 지급이나 현물 지급(서비스)을 하는 방법이다. 이 방법의 전형이 되는 것은 가난한 사람을 돕기 위한 공적부조제도(생활보호제도)이지만, 장애자 복지, 아동 복지라는 사회복지서비스나 아동수당을 비롯한 사회수당 등 미리 갹출을 필요로 하지 않는 제도도 포함된다. 또 하나의 방법은 가입자가 스스로 돈을 내고, 병에 걸렸을 경우나 나이가 들어 일할 수 없게 되었을 때, 의료서비스나 생활자금을 받을 수 있는 사회보험제도이다. 오늘날의 일본에는 의료보험, 연금보험, 간호간병보험, 고용보험 및 산재보험이라고 하는 다섯 가지 사회보험제도가 있다. 사회보장제도 두 가지 방식과 이들을 조합하여 우리 자신의 생활과 고용을 지켜 주는 사회안전망이 된다고 볼 수 있다.

3. 사회보험제도의 구조

(1) 직역보험과 지역보험

일하는 방식의 차이에 따라 사회보장·사회보험의 대응도 달라지게 된다. 사회보장제도의 역사를 되짚어 살펴보면, 초기 사회보험제도는 고용노동자를 보호하기 위해 만들어진 것이었다. 예를 들어, 독일에서는 1883년에 「질병보험법」이 제정되어 병에 걸려 임금을 받을 수 없게 된 노동자에 대해 무료 치료와 실병수당을 지급하는 질병금고*가 실시되었다. 이것이 세계 최초의 사회보험제도라 알려져 있다. 또한 일본에서 최초로 만들어진 사회보험제도는 1922년의 「건강보험법健康保険法」에 의해 제정된 고용노동자를 위한 건강보험(1927년부터 실시)이다. 이후 사회보험제도는 경제성장과 함께 대상자의 범위나 지급 내용을 크게 확대하여 보편적인 제도로 자리 잡게 되었다.

일본의 사회보험제도에서는 연금보험제도와 의료보험제도가 커다란 비중을 차지하고 있는데, 이러한 제도는 직역보험과 지역보험으로 나뉘어 있다. 글자 그대로, 직역보험은 직업을 가진 사람, 즉 고용노동자에게 적용되는 것이며, 지역보험은 고용노동자가 아닌 자영업자나 농업종사자 및 무직인 사람에게 적용되는 보험이다. 제5절에서 설명할 의료보

* 독일의 공적의료보험은 조합방식으로 운영되는데, 질병금고는 우리나라의 의료보험조합과 같은 개념으로 이해할 수 있다(옮긴이).

험을 예로 들어 설명해 보자. 의료보험에서 지역보험이라는 것은 자영업자나 농업종사자 등 비고용노동자가 가입하는 국민건강보험을 말한다. 이는 동일 지역 내에 형성된 보험집단으로 지역의 단결에 주목하고 있다. 한편 직역보험은 기업 등에 고용되어 있는 노동자가 가입하는 건강보험이나 공제조합을 말한다. 이는 직업이나 기업에 형성되어 있는 보험집단이며 직업의 단결에 주목하고 있다.

직역보험의 안에는 일반 피용자보험으로서 대기업이 만든 조합관장 건강보험과 중소기업의 피용자가 가입하는 전국건강보험협회관장 건강보험(약칭 '협회건보(協会健保)'), 국가공무원공제조합, 지방공무원공제조합, 사립학교 교직원공제조합이 있다.

(2) 직역보험과 지역보험의 차이

직역보험과 지역보험 사이에는 가입에 관한 규정, 재원 조달의 방법, 지급 수준 등에서 커다란 차이가 있다. 또한 보험료의 산정방법, 부담방법 및 지급방법에 관해서도 큰 차이가 존재한다. 보험료의 산정방법에 대해 직역보험에서는 보수액에 소정의 보험료율을 곱해 산출하지만, 지역보험에서는 소득에 대한 정액부담이 많다. 보험료의 부담방법에 대해서는, 직역보험에서는 노사가 절반씩 부담하며 보험료에는 피부양 가족에 대한 부분도 계산되어 가족 단위로 설정되어 있으나, 지역보험에서는 피보험자 개인이 부담하는 개인 단위로 되어 있다. 지불방법에 대해서는, 직역보험에서는 봉급에서 공제되지만, 지역보험에서는 보험자 자신이 관공서(시정촌*)에 직접 납부하게 된다. 재원 조달의 방법에 있어서도

* 지방공공단체의 '시(市)', '정(町)', '촌(村)'의 총칭으로, 2019년 2월 말 현재, 792개 시, 743개 정, 183개 촌 등 총 1,718개이다(옮긴이).

차이가 존재한다. 직역보험에서는 노사 공동으로 거출하는 보험료가 주된 재원이 되지만, 지역보험에서는 정부로부터의 보조금 비율이 높다.

이어서 제4절과 제5절에서는 이 책의 목적에 맞추어, 인적자원관리와 관련이 깊은 직역보험을 중심으로 설명하고자 한다.

4. 고용노동자를 위한 노동보험제도

앞서 설명한 바와 같이, 오늘날 일본의 사회보험제도는 의료·연금·간호간병·고용·산재라고 하는 다섯 가지 종류로 구성된다. 제4절에서는 일하는 것과 깊이 관계된 노동보험, 즉 산재보험**과 고용보험의 두 제도의 구조에 대해 살펴보도록 하자.

(1) 산재보험제도의 구조

다섯 가지의 사회보험제도 중에는 일 자체와 관계가 깊은 것이 두 가지 있다. 산재보험과 고용보험이 바로 그것이다. 이 둘은 모두, 업무상의 이유로 노동시장에서 일시적 또는 장기적으로 배제될 수 있는 리스크에 대응하기 위한 것이다. 여기서는 먼저 산재보험에 대해 살펴보자.

농업 사회와 비교할 때, 산업 사회에서는 기계화·공장화가 이루어짐에 따라 작업장에서 산업재해의 가능성이 높아지게 되었다. 업무가 원인이 되어 노동자가 병에 걸리거나 부상을 당하여 장애를 입게 되고, 경우에 따라 사망에 이르게 된다면, 노동자나 그 가족에게는 매우 커다란

** 일본어로는 '로사이(労災)' 보험이라고 하지만, 의미상 '산재' 보험으로 표기하였다(옮긴이).

리스크의 하나가 될 것이다. 이와 같은 리스크에 직면한 경우, 해당 노동자나 유족에 대해 필요한 의료서비스의 제공 및 소득의 보상을 해 주는 것이 '노동자재해보상보험勞働者災害補償保険'(약칭 '산재보험')이라는 제도이다. 노동자 사회보장제도의 '보상'과는 달리, 리스크에 따라 발생하는 손해를 보조하는 의미가 강하다.

① 산재보험제도의 피보험자

산재보험 가입에 대해서는 "제도가 적용되는 사업장에 근무하고 있는 고용노동자는 모두 산재보험에 가입하지 않으면 안 된다."라고 규정되어 있다. 즉 강제적으로 가입시키는 방식이다. 고용노동자는 상근의 정규노동자와 파트타임 노동자와 같은 비정규노동자로 나뉘게 된다. 산재보험의 경우에는 파트타임 노동자(아르바이트도 포함)도 가입 대상이 된다. 다만 국가공무원이나 지방공무원 등의 경우에는, 혹시라도 업무상의 재해를 입었을 때에는 산재보험이 아니라 각각 「국가공무원재해보상법国家公務員災害補償法」, 「지방공무원재해보상법地方公務員災害補償法」의 적용을 받는다. 또한 농림수산업 중에서 노동자가 5명 미만인 소규모 사업의 경우에는 희망에 따라 가입하는 것이 인정된다. 그리고 고용노동자라고 말하기 어려운 중소기업의 사장이나 목수, 개인택시 운전기사 등 개인적으로 일을 하고 있는 사람은 별도로 신청하면 특별 가입이 가능하다. 선원의 업무상 재해에 대해서는 예전에는 「선원보험법船員保険法」이 적용되었으나, 2010년 1월부터 산재보험의 대상에 포함되게 되었다.

② 산재보험제도의 보험자

「노동기준법労働基準法」 제8장 '재해보상' 제75조에는 "노동자가 업무상 부상을 당하거나 질병에 걸린 경우에, 사용자는 그 비용으로 필요한 요양을 하거나 또는 필요한 요양비용을 부담하지 않으면 안 된다."라고 명확하게 규정되어 있다. 이 규정에 따라, 산업재해에 관한 책임은 개별 사업주에게 있다고 해석하는 것이 가능하다. 하지만 모든 책임을 개별 사업주에게만 부담하도록 하게 되면, 큰 사고의 경우에는 해당 회사가 도산하게 될지도 모른다. 또한 사업주에게 지불능력이 없다면 피해 노동자의 권익을 해치게 된다. 이와 같은 사정을 고려하여, 산재보험은 개별 사업주의 재해보상책임을 공적으로 운영하는 사회보험의 구조로 만들었다. 이로 인해, 산재보험의 보험자는 '국가=정부'로 설정되어 있다. 하지만 피해 노동자에 관한 노동 피해의 인정이나 산재보험의 지급 등의 실제 업무는 사업장의 소재지를 관할하는 노동 기준 감독부서가 담당하고 있다.

③ 산재보험제도의 보험료

산재보험에는 원래 담당해야 할 개별 사업주의 재해보상책임이 보험화되어, 사업주의 재해보상책임이라는 관점에서, 보험료에 관해서는 고용노동자 본인은 거의 부담이 없으며, 보험료 전부를 사업주가 부담하도록 되어 있다. 또 고용노동자가 요양보상금을 받는 경우에도 개인 부담은 전혀 없다. 이러한 조치는 다른 사회보험에서는 찾아볼 수 없는 산재보험제도만의 특징이라 할 수 있다.

산재보험료율은 사업의 종류에 따라 다르다. 이는 사업의 종류에 따라 노동재해의 발생률과 위험도가 다르기 때문이다. 금속광업, 비금속광업 등의 경우에는 보험료율이 가장 높고(2017년도에는 8.8%), 통신업, 금융업 등의 경우에는 보험료가 가장 낮다(2017년도에는 0.25%). 또한 산재보험의 보험료율은 법 개정에 따라 변경될 수 있으며, 업종별 구체적인 보험료율은 후생노동성의 홈페이지에서 확인할 수 있다.

산재보험에 대한 사업주의 산재 방지에 관한 인식이나 노력을 촉진하기 위해, 메리트 제도를 설계해 두고 있다. 즉 동일한 업종 안에서 일정 규모 이상의 사업장에 대해서는 과거 3년간의 사고 발생 실태에 기초하여, 다음 해부터의 산재보험료율을 일정 범위 내에서 증감할 수 있도록 되어 있다. 노동재해의 감소는 노동자의 건강 확보에 커다란 공헌을 할 뿐만 아니라, 기업의 사회적 지위의 향상이나 생산비용의 절감과도 연계된다.

④ 산재보험제도의 보험 급여

산재보험의 지급에는 요양보상급여, 휴업보상급여, 상병보상급여, 장해보상급여, 유족보상급여 등이 있다. 여기에서는 중요한 급여인 요양보상급여에 대해 간략히 설명해 보자.

업무상의 질병이나 부상으로 요양이 필요하게 된 경우에, 산재보험으로부터 요양보조급여를 지급받게 된다. 지급 대상이 되는 것은 치료비, 입원비용, 간호비용, 이송비용 등 통상적인 요양을 위해 필요한 금액이다. 요양보상급여에는 현물 지급의 성격을 가지고 있는 '요양급여'와 현금 지급의 성격을 갖는 '요양비용의 지급'이라는 두 종류가 있다. '요양급여'란 산재 지정 의료기관에서 무료로 진료를 받을 수 있는 것을 말한다. 반면 특별한 사정에 따라 산재 지정 의료기관에서 진료를 받을 수 없는 경우에는 '요양비용의 지급'이라는 제도를 이용할 수 있다. 구체적으로는, 상환 지급의 방법으로 일단 의료비용을 대신 먼저 지불하고 이후에 노동 기준 감독부서에 청구하여 되돌려 받게 된다.

⑤ 통근 중의 산재

1947년에 「노동기준법」과 함께 제도화되었던 산재보험은 이후 수차례 개정되어 통근 중의 재해에 대해서도 지급하도록 하여 지급되는 종류와 수준도 확대되기에 이르렀다.

노동자는 통근 중의 부상 등에 대해서도 업무상 재해와 동일하게 보상받을 수 있다. 여기서 통근의 개념에 대해 살펴보도록 하자. '통근'이라 함은 '노동자가 취업과 관련하여 주거지와 취업 장소와의 사이를 합리적인 경로 및 방법으로 왕복하는 것'이라 정의된다. 이로 인해, 예를 들어 업무가 끝나고 퇴근 시 술집 등에 들르거나, 출근 전에 피트니스 클럽에서 운동을 하는 등 노동자가 해당 경로를 벗어나거나 중단하는 경우에는 통근에 포함되지 않는다.

⑥ 과로사 문제

1980년대 후반부터 과로사가 사회문제의 하나로 점점 주목받고 있다. 과로사는 서비스 잔업*을 포함하는 장시간 노동이나 격무로 인해, 노동자가 뇌혈관 장애나 심장 질환 등의 건강 장해를 일으켜 사망하는 것을 말한다. 또한 격무에 의해 중증의 우울증이나 스트레스가 원인이 되는 과로 자살도 나타나고 있다. 과로사 문제가 지적되기 시작한 1980년대 당시에는 과로사의 산재 인정이 매우 어려웠으나, 최근 산재 인정의 비율은 30~40% 정도에 이르고 있다. 과로사의 산재 인정 비율이 낮은 배경에는, 산업재해의 경계선이 명확하지 않다는 문제 이외에도 업무로부터 기인한 것이라는 것을 증명하기 위해 기업으로부터의 협력을 얻기가 쉽지 않기 때문이라는 이유가 있다.

* 노동자의 시간 외 노동에 대해, 본래 지불해야 할 임금이 지불되지 않는 시간 외 노동의 속칭이다(옮긴이).

(2) 고용보험제도의 구조

2017년 현재 일본의 완전실업률은 22년 만에 3%대로 내려가 있으며, 2000년대 초반에는 5% 중반 정도의 추이를 보였다. 1990년대 후반부터 퇴직의 권장이나 배치전환 등 정리해고나 준구조조정이 증가해 온 오늘날의 일본에서는 이제 해고나 실업은 남의 일이 아니다. 이와 같은 상황하에서, 고용노동자(또는 고용노동자가 될 학생들)는 실업보험(정식 명칭: 고용보험)에 관한 기본 지식을 몸에 익혀야 할 것이다.

실업자 중에는 회사가 도산하게 되어 실업자가 되는 사람도 있지만, 아무리 노력해도 직장에 적응하기 어려워 자발적으로 이직하는 사람도 있다. 고용보험제도는 어떠한 이유의 이직자라 하더라도 적용된다.

① 고용보험제도의 피보험자

고용보험의 피보험자에는 일반 피보험자, 고연령 계속피보험자, 단기고용 특수피보험자, 일용노동 피보험자의 네 가지 타입이 있다. 여기에서는 일반 피보험자에 대해 설명해 보도록 하자. 제도를 적용받는 사업장에서 일하고 있는 65세 미만의 정규노동자(일반 피보험자)라면, 모두가 고용보험에 가입하지 않으면 안 된다. 파트타임 노동자는 소정의 노동시간이 주 20시간 이상이고 연속하여 31일 이상의 고용이 예상되는 경우, 일반 피보험자로서 고용보험에 가입할 수 있다. 또한 2017년 1월부터는 65세 이상으로 새롭게 고용되는 사람도 고용보험을 적용받게 되었다.

② 고용보험제도의 보험자

고용보험의 보험자는 '국가=정부'이다. 구체적인 업무는, 예를 들어 실업의 인정, 고용보험의 지급 절차와 업무의 소개 등 거주지를 관장하는 공공직업안정소(헬로워크, ハローワーク)가 담당한다. 고용노동자는 일자

리를 잃게 되어 실업급여를 받고 싶은 경우, 반드시 거주지를 관장하는 공공직업안정소에서 구직신청 등 소정의 절차를 밟지 않으면 안 된다.

③ 고용보험제도의 보험료

고용보험의 보험료는 통근수당이나 상여를 포함하는 임금총액에 소정의 보험료율을 곱하여 산출되지만 산재보험과는 달리 노사 공동으로 부담하는 형태이다. 하지만 사업주와 피보험자 본인이 부담하는 보험료율에는 차이가 있다. 구직자급여(실업급여)에 해당하는 부분에 대해서는 사업주와 본인이 절반씩 부담하지만, 고용안정과 능력개발 등의 사업에 해당하는 부분은 사업주가 부담한다. 예를 들어, 2017년도 일반사업의 고용보험료율이 0.9%였는데, 이 중에서 사업주 부담은 0.6%, 본인 부담은 0.3%였다. 사업주 부담의 0.6% 중에서 0.3%는 구직자급여의 재원이 되지만, 0.3%는 고용안정과 능력개발사업에 해당하는 부분이다. 고용보험의 보험료율도 경제 상황의 변동에 따라 법 개정을 통해 변경되게 되며, 보험료율은 후생노동성 홈페이지에서도 확인 가능하다.

④ 고용보험제도의 보험 급여

고용보험의 보험금(구직자급여)을 수령하기 위해서는, 먼저 원칙적으로 퇴직 이전의 2년간 12개월 이상의 피보험자 기간을 가지고 있어야 한다. 단 회사 사정으로 인해 실업자가 된 경우에는 실업 발생일부터 이전 1년간 피보험자 기간이 합계 6개월 이상이라면 급여를 받을 수 있다.

보험금의 지급을 받기 위한 절차의 흐름은 다음과 같다. 퇴직 후에는 우선 공공직업안정소를 방문하여 이직표(離職表, 퇴직 서류)*를 제출하고

* 퇴직자가 고용보험의 실업급여를 수급할 때 필요한 서류로서, 퇴직자로부터의 교부 청구가 있을 때, 사업주는 종업원 퇴직 후 일정 기간 내에 이직표를 교부해야 한다(옮긴이).

구직신청을 하여 수급자격을 인정받는다. 이 절차가 완료되지 않으면 보험금을 받을 수 없다. 이직표를 제출한 날로부터 '실업 상태'가 통산 7일간(대기 기간) 경과하고 나서 처음으로 보험금의 지급 대상으로 인정받게 된다. 이직표를 제출한 날로부터 28일마다 실업인정일이 있어, 그날에 실업급여가 지급된다. 단, 첫 번째 실업급여는 대기 기간인 7일을 제외하고 21일분이 지급된다.

현금 지급을 중심으로 하는 보험급여에는 구직자급여, 취직촉진급여, 교육훈련급여, 고용계속급여 등이 있다. 이 중에서 구직자급여가 주요한 급여가 되며, 이의 중심이 되는 것은 기본수당이다. 기본수당은 기본수당일액에 소정급여일수를 곱하여 산정한다. 기본수당일액은 퇴직 전 180일간의 1일 평균임금의 50~80%(급여율)의 범위에서 결정된다. 평균임금의 산출 시에는 상여나 보장금*은 제외되지만, 야근수당이나 통근교통비 등의 수당은 포함된다. 기본수당일액은 연령이나 임금에 따라 분류되어, 임금이 높을수록 지급률이 낮아지는 것 이외에도 상한액도 정해져 있다. 구체적인 내용은 〈도표 14-1〉을 참고하자.

소정지급일수에 관해서는 이직의 이유, 이직자의 연령 및 피보험자 기간에 따라 90일에서 330일(장애인 등 취업이 곤란한 경우에는 360일)의 사이에서 정해진다. 기본적으로 일반 이직자보다는 도산·해고 등에 의한 이직자의 경우가 지급일수가 길다. 그리고 연령이 높을수록, 피보험자 기간이 길수록 지급일수가 길어진다. 지급일수의 상세한 내용에 대해서는 〈도표 14-2〉를 참고하기 바란다.

기본수당일액이나 급여일수는 법 개정에 따라 변경되게 되며, 이러한 정보에 대해서는 후생노동성 홈페이지에서 확인할 수 있다.

---

* 어떤 일을 장려하면서 대가로 지급하는 금전을 말한다(옮긴이).

도표 14-1 기본수당일액의 산출

임금일액(퇴직 전 180일간의 1일 임금평균액)		지급률
퇴직 시 연령이 30세 미만	2,300엔 이상 4,600엔 미만	80%
	4,600엔 이상 11,660엔 미만	80~50%
	11,660엔 이상 12,790엔 미만	50%
	12,790엔 이상	기본수당일액 상한액 6,395엔
퇴직 시 연령이 30세 이상 45세 미만	2,300엔 이상 4,600엔 미만	80%
	4,600엔 이상 11,660엔 미만	80~50%
	11,660엔 이상 14,210엔 미만	50%
	14,210엔 이상	기본수당일액 상한액 7,105엔
퇴직 시 연령이 45세 이상 60세 미만	2,300엔 이상 4,600엔 미만	80%
	4,600엔 이상 11,660엔 미만	80~50%
	11,660엔 이상 15,620엔 미만	50%
	15,620엔 이상	기본수당일액 상한액 7,810엔
퇴직 시 연령이 60세 이상 65세 미만	2,300엔 이상 4,600엔 미만	80%
	4,600엔 이상 10,500엔 미만	80~50%
	10,500엔 이상 14,920엔 미만	50%
	14,920엔 이상	기본수당일액 상한액 6,714엔

출처: 후생노동성(厚生労働省) 자료를 참고하여 필자 작성.

도표 14-2 기본수당의 지급일수

<table>
<tr><th rowspan="2">구분</th><th colspan="5">피보험자에 해당하는 기간</th></tr>
<tr><th>1년 미만</th><th>1년 이상
5년 미만</th><th>5년 이상
10년 미만</th><th>10년 이상
20년 미만</th><th>20년 이상</th></tr>
<tr><td>30세 미만</td><td rowspan="5">90일</td><td rowspan="3">90일</td><td>120일</td><td>180일</td><td>–</td></tr>
<tr><td>30세 이상 35세 미만</td><td rowspan="2">180일</td><td>210일</td><td>240일</td></tr>
<tr><td>35세 이상 45세 미만</td><td>240일</td><td>270일</td></tr>
<tr><td>45세 이상 60세 미만</td><td>180일</td><td>240일</td><td>270일</td><td>330일</td></tr>
<tr><td>60세 이상 65세 미만</td><td>150일</td><td>180일</td><td>210일</td><td>240일</td></tr>
</table>

주: 이 표는 도산·해고·고용계약해지 등에 의한 퇴직자 대상의 지급일수임.
출처: 후생노동성(厚生労働省) 자료를 참고하여 필자 작성.

이상 산재보험과 고용보험에 대해 살펴보았다. 이 두 가지의 공적보험에 있어 가장 큰 특징은 의료보험이나 연금보험과는 달리, 고용노동자만 가입할 수 있도록 되어 있다는 점이다. 계속하여 의료·연금·간호간병보험제도에 대해서도 살펴보자.

5. 고용노동자를 위한 건강보험 · 연금보험 · 간호간병(介護)보험

제4절에 이어, 이 절에서는 고용노동자를 위한 건강보험, 연금보험과 간호간병보험의 구조에 대해 살펴보도록 하자.

(1) 건강보험제도의 구조

1961년에 확립된 '전 국민 보험' 체제는 50년 이상의 세월이 지나, 오늘날에는 〈도표 14-3〉과 같이 복수의 제도로 구성되어 있다. 국민은 일하는 방식에 따라 상이한 공적의료보험제도에 가입하고 있다. 비고용노동자인 자영업자나 농업종사자 등에게는 지역보험의 성격을 갖는 국민건강보험제도가 적용되고 있다. 한편 고용노동자와 그 피부양가족들은 직역보험의 성격을 갖는 건강보험, 선원보험(2010년 1월부터 전국건강보험협회가 운영) 및 공제보험에 가입하고 있다. 2008년 4월 1일부터 지금까지 국민건강보험제도나 노인보건제도에 가입해 왔던 75세 이상의 고령자는 새롭게 만들어진 독립된 의료제도인 후기고령자의료제도에 가입하게 되었다. 아래에서는 고용노동자가 가입하는 건강보험제도를 중심으로 살펴보자.

먼저 고용노동자의 공적의료보험제도 가입의 필요성에 대해 살펴보

도표 14-3 공적의료보험제도의 종류

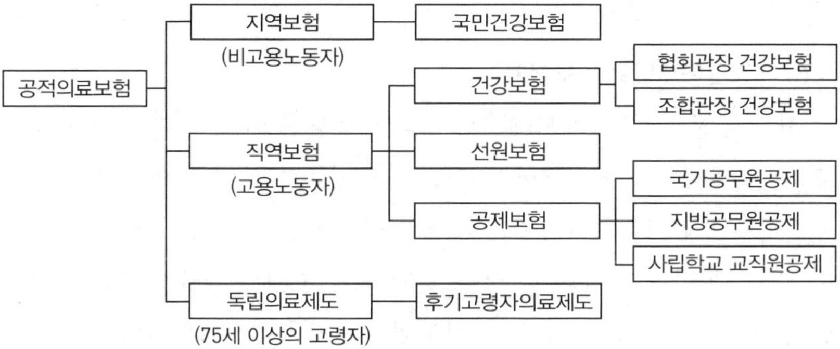

출처: 후생노동성(厚生労働省) 자료를 참고하여 필자 작성.

자. 업무 이외의 질병이나 부상이라는 리스크는 고용노동자의 안정된 생활에 위기를 가져올지도 모르는 커다란 위협요소가 된다. 질병이나 부상이라는 리스크를 접한 고용노동자는 그 질병이나 부상을 치료하기 위해, 우선 진료비용을 준비하지 않으면 안 된다. 이 비용은 고용노동자의 '임금=생활자금'으로부터 나오게 된다. 하지만 '노동력의 제공에 의해 받게 되는 임금에는 질병·부상이라는 리스크에 대비한 부분이 포함되어 있지 않다'라고 생각하는 것이 당연하다. 고액의 의료비가 발생하는 경우, 해당 노동자의 생활이 유지될 수 없을 것이라는 우려를 할 수밖에 없으며, 이를 위해 치료비용은 다른 어딘가에서 조달하지 않으면 안 된다. 게다가 질병이나 부상의 상황에 따라서는 이를 치료하기 위한 일정의 요양과 휴양의 기간이 필요하게 될지도 모른다. 이렇게 되면 고용노동자는 일시적으로 노동력의 제공을 중지하고, 노동시장으로부터 멀어지지 않으면 안 된다. 노동력의 제공이 중지되는 기간이라고 하더라도 그 대가인 '임금=생활자금'의 보장이 필요할 것이다. 이상과 같은

이유로 공적의료보험제도에는 처음으로 고용노동자를 대상으로 한 건강보험이 만들어지게 되었다.

① 건강보험제도의 피보험자

'전全 국민 보험' 체제하에서는 일본 국민뿐만 아니라, 일본에서 일하고 있는 외국인이나 일본에서 적법하게 거주하고 있는 외국인은 모두 공적의료보험제도에 가입하지 않으면 안 된다. 〈도표 14-3〉에서와 같이 고용노동자가 가입하는 의료보험제도는 건강보험, 선원보험, 공제보험의 세 가지를 들 수 있다. 건강보험에는 전국건강보험협회가 관장하는 건강보험(약칭 '협회관장 건보')과 건강조합이 관장하는 건강보험(약칭 '조합관장 건보')이 있다. 전자는 2008년 9월 말까지 사회보험청이 운영하였던 정부관장의 건강보험제도였으나, 2008년 10월부터는 새롭게 민간조직으로 설립된 전국건강보험협회가 운영하는 '협회관장 건보'로 바뀌게 되었다. 협회관장 건보의 피보험자는 주로 중소기업에 근무하는 고용노동자이다. 후자의 조합관장 건보의 피보험자는 주로 대기업에 근무하는 고용노동자이다. 또한 공제보험인 국가공무원공제·지방공무원공제·사립학교 교직원공제에 가입하는 피보험자는 각각 국가공무원, 지방공무원 및 사립학교 교직원이 포함된다. 산재보험이나 고용보험과는 달리, 건강보험과 공제보험의 경우에는 고용노동자의 피부양가족(배우자나 자녀 등)도 피보험자가 된다. 피부양자의 인정 기준은 연 수입 130만 엔 미만(60세 이상인 자와 장애인의 경우에는 180만 엔 미만)으로, 피보험자 본인 연 수입의 절반 미만이다.

② 건강보험제도의 보험자

협회관장 건보의 보험자는 전국건강보험협회이지만, 구체적인 업무는 협회의 도도부현都道府県 지부에서 담당한다. 조합관장 건보에서는 보험자가 기업별 또는 산업별로 조직된 각각의 건강보험조합이다. 실제로 사무 절차는 각 건강보험조합의 사무소에서 담당한다.

③ 건강보험제도의 보험료

건강보험이나 공제조합의 경우, 보험료를 결정하는 기준이 되는 것은 표준보수월액이다. 보험료는 원칙적으로 피보험자 본인과 보험자가 절반씩 부담하는 것으로 되어 있으며, 피보험자의 표준보수월액에 소정의 보험료율을 곱하여 산정하고, 매월 봉급이나 상여금에서 공제한다.

소정의 보험료율에 대해서는 동일한 건강보험이라 하더라도, 협회관장 건보와 조합관장 건보 간에는 차이가 있다. 협회관장 건보의 경우, 2008년 9월까지 정부가 관장했던 건강보험 시기에는 보험료율이 전국적으로 동일한 8.2%였으나, 협회관장 건보로 변경되고 난 이후부터는 지역별 보험료율에 차이가 발생하게 되었다. 2017년도에는 전국 평균이 약 10%이다. 조합관장 건보의 경우에는, 보험료율이 각 건강보험조합에 따라 차이가 있으며, 3%에서 9.5%(피보험자 본인 부담은 4.5% 이하) 사이로 차이가 큰 편이다. 건강보험의 경우에는 보험료에 상한이 정해져 있다. 표준보수월액의 경우에는 제50등급의 139만 엔이 된다. 즉 139만 엔 이상의 보수에 대해서는 더 이상 건강보험료가 증가하지 않는다. 표준상여액에 대해서는 연간 573만 엔이 상한으로 정해져 있다.*

또한 건강보험의 보험료율은 법 개정 등에 따라 변경될 가능성이 있으며, 각 조합에서 독자적으로 부담하는 방법도 있다. 보험료율에 대한

* 일본의 표준보수월액은 제1등급의 5만 8,000엔부터 제50등급의 139만 엔까지의 50등급으로 구분되어 있으며, 표준보수월액은 임금, 급료 등 노무의 대상으로 받는 모든 것을 포함한다(옮긴이).

정보는 후생노동성, 협회건강보험 및 각 건강보험 조합의 홈페이지에서 확인할 수 있다.

④ 건강보험제도의 보험 지급

의료보험급여는 피보험자가 의료기관에서 외래진료를 받거나, 입원치료를 받거나 혹은 보험약국에서 약을 조제하여 받거나 하는 등의 경우에 받게 되는 의료서비스(현물급여)이다. 이는 피보험자의 일부 부담을 제외한 나머지 부분을 보험자가 부담하는 구조이다. 오늘날 건강보험을 시작으로, 모든 공적의료보험에 대한 보험 지급은 의무교육 취학 이후로부터 70세 미만의 피보험자가 의료서비스를 받는 경우에, 70%의 의료급여를 부담하도록 되어 있다. 의무교육 취학 전의 아동에 대한 의료급여는 80%가 된다. 70세부터 75세 미만의 경우에도 80% 지급(소득이나 연령에 따라 90%나 70% 급여도 있다)을 시행하고 있다.

건강보험이나 공제보험의 현물급여 이외에도, 상병수당, 출산수당, 출산육아일시금, 장제비 등의 현금급여도 있다.

(2) 연금보험제도의 구조

노동자는 나이가 들어 가며 노동능력이 점차 저하되어 간다. 특히 고용노동자의 경우에는 정년제도가 있어 노동시장으로부터 퇴출되게 된다. 자신의 노동력을 노동시장에 상품으로서 제공할 수 없게 되면, 노동력을 제공하고 받을 수 있었던 생활자금(임금)도 받을 수 없게 된다. 생활자금을 받지 못하게 되면 생활의 유지에 지장이 생길지도 모른다. 이와 같이 '고용노동자가 고령화되어 고용시장으로부터 퇴출되고 난 이후의 생활을 보장하기 위해 어떻게 하면 좋을 것인가'라는 문제가 발생한다. 이를 해결하기 위해서 공적연금제도가 마련되어 있다. 일본의 경우,

직역보험에 속하는 후생연금보험제도나 공제연금이 고용노동자의 노후 생활을 보장하기 위한 보험에 해당된다.

① 2단계의 공적연금보험제도

일본의 공적연금제도는 종종 3층 건물에 비유되는데, 실은 3층 부분은 대기업 등에 있는 기업연금과 국민연금기금 등을 말한다. 이들 연금제도는 강제 가입이 아니며, 공적연금제도에도 포함되지 않는다. 이 장에서는 2층 부분까지의 공적연금보험제도를 중심으로 설명하고자 한다.

공적연금제도에는 국민연금, 후생연금, 공제연금(「피용자연금일원법(被用者年金一元法)」의 시행에 따라 2015년 10월부터 후생연금으로 일원화되었다)의 세 가지가 있다. 〈도표 14-4〉에서 알 수 있듯이 1층 부분은 '국민연금=기초연금'이며, 일본에 살고 있는 20세부터 60세 미만의 사람은 반드시 이 연금에 가입하지 않으면 안 된다. 2층에 해당하는 부분은 고용노동자를 적용 대상으로 하는 후생연금과 공제연금이다. 2층의 후생연금과 공제연금은 1층 부분과 2층 부분을 통해 성립되는 제도이다. 고용노동자의 연금제도에 대해서는 국민연금과 후생연금·공제연금을 함께 검토하면 보다 이해하기 쉽다.

도표 14-4 공적연금보험제도의 구조

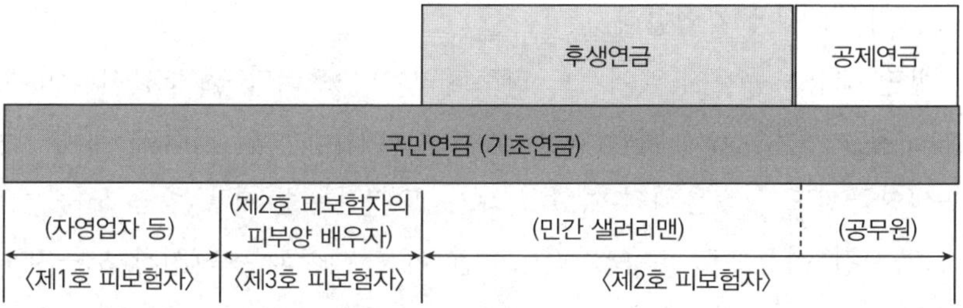

출처: 후생노동성(厚生労働省) 자료를 참고로 필자 작성.

② 연금보험제도의 피보험자

앞서 기술한 바와 같이, 국민연금의 피보험자에는 고용노동자인지 아닌지의 여부는 상관없이 일본에 거주하는 20세부터 60세 미만의 모든 사람이 해당된다. 반면 후생연금이나 공제연금의 피보험자는 고용노동자가 된다.

바꿔 말하면, 고용노동자와 그 피부양 배우자는 후생연금이나 공제연금에 가입함과 동시에 국민연금에도 가입하고 있다는 의미이다. 또한 후생연금에 가입하기 위한 연령 상한은 70세 미만으로 되어 있다.

국민연금의 피보험자는 직업 등에 따라 세 종류로 나누어진다. 학생, 자영업자 및 농업종사자 등은 '제1호 피보험자'라고 불린다. 민간 샐러리맨이나 공무원 등 후생연금·공제연금에 가입하고 있는 사람을 '제2호 피보험자'라고 하며, 제2호 피보험자에게 부양되고 있는 배우자는 '제3호 피보험자'라 한다. 각각의 가입 절차나 보험료의 납부방법에는 차이가 있다.

후생연금과 공제연금의 피보험자에 대해서 살펴보자. 일반적인 민간의 샐러리맨은 후생연금에 가입하지만, 공무원이나 사립학교 교직원 등은 공제연금에 가입한다. 국가공무원의 경우에는 국가공무원공제, 지방공무원의 경우에는 지방공무원공제, 그리고 사립학교 교직원은 사립학교 교직원공제에 가입한다.

반면 고용노동자에 있어서도 파트타임이나 프리타 등 노동시간이 정규 고용노동자의 3/4 미만(주당 노동시간이 30시간 미만)인 사람에 대해서는 후생연금제도가 적용되지 않았었으나, 2017년 4월 이후 주당 노동시간이 20시간 이상으로 고용 기간이 1년 이상 예상되는 단시간 노동자도 후생연금제도의 적용을 받게 되었다. 파견노동자의 경우에는 후생연금제도의 적용 대상이 되지만, 가입에 관련해서는 실제로 근무하고 있는 회사가 아니라 원청회사인 파견회사에 가입 의무가 있다.

③ 연금보험제도의 보험자

공적연금제도에서 보험자는 연금제도의 종류에 따라 차이가 있다. 구체적으로는 국민연금과 후생연금의 경우에는 '국가=보험자'가 되지만, 공제연금의 경우에는 각종 공제조합이 보험자가 된다. 국민연금과 후생연금에 관한 실무 절차 등은 2010년 1월부터 구 사회보험청을 대신하여 발족한 일본연금기구가 담당하게 되었다.

④ 연금보험제도의 보험료

공적연금의 보험료는 의료보험과 동일하게, 피보험자가 가입한 제도에 따라 부담하는 방법이 다르다. 제1호 피보험자의 경우에는 보험료 면제 등을 받는 사람을 제외하고, 모든 피보험자는 동일한 금액의 보험료를 납부하게 되어 있다. 2017년도의 보험료는 매월 1만 6,490엔으로 책정되어 있다. 이 금액은 2004년도 개정에 따라 매년 인상되어, 최종적으로 2018년 4월 이후에는 월 1만 6,900엔으로 고정되었다.

후생연금이나 공제연금의 경우, 건강보험과 동일하게 표준보수월액 또는 상여금에 소정의 보험료율을 곱하여 산정하며, 원칙적으로 피보험자 본인과 보험자가 절반씩 보험료를 부담하도록 되어 있다. 후생연금의 보험료율도 2004년 개정에 따라 매년 0.354%씩 인상되어, 2017년 10월 이후부터는 18.3%로 고정되었다. 후생연금이나 공제연금의 경우에도 보험료에 상한이 정해져 있다. 표준보수월액에 대해서는 제32등급(62만 엔), 상여금에 대해서는 1회 150만 엔이 기준이 된다.

⑤ 연금보험제도의 보험 급여

연금지급에 대해서는, 퇴직 이후의 소득보장이라고 생각되지만, 실제로 연금에는 노령연금, 장해연금, 유족연금의 세 가지 종류가 있다. 명칭에서도 알 수 있듯이 '장해연금'이라 함은 생계유지를 담당하는 사람이 질병 등으로 장해가 남아 업무를 할 수 없게 된 경우에 지급되는 연금(장해기초연금·장해후생연금·장해수당)이며, 유족연금은 생계유지를 담당하는 사람이 사망한 경우에 그 유족들에게 지급하는 연금(유족기초연금이나 유족후생연금)을 말한다. 아래에서는 연금 지급의 중심이 되고 있는 노령연금에 대해 살펴보도록 하자.

나이가 들어서의 소득 보장을 의미하는 노령연금에는 노령기초연금과 노령후생연금이 있다. 국민연금의 피보험자라면 다음 조건을 만족하는 경우 누구라도 노령연금을 수급받는 것이 가능하다. 그 조건이라 함은 자격 기간과 지급 개시 연령을 말한다. 자격 기간은 보험료의 납부 기간이 10년 이상(2017년 8월부터 시행, 지금까지는 25년 이상)을 말한다. 지급 개시 연령이라 함은 65세가 되고 나서 국민연금을 받을 수 있음을 의미한다. 자격 기간에는 보험료의 납부 기간 이외에 보험료 면제 기간(생활보호수급자나 학생 등 소득이 낮다는 이유로 국민연금보험료 면제 사유 신고를 하고 이를 수리·허가받은 경우의 법정 면제 기간)이나 합산 대상 기간(회사원의 아내로 1986년 3월 이전에 임의 가입이었던 이유로 가입하지 않았던 기간 등)도 가산할 수 있다. 개인이 받을 수 있는 노령기초연금액은 다음 식에 의해 산정된다.

노령기초연금액＝(해당 연도의) 노령기초연금액* ×
보험료 납부 완료 개월 수÷480개월

---

* '노령기초연금액(만액, 滿額)'은 국민연금의 보험료를 40년간 납부한 사람이 받을 수 있는 금액으로, 매년 경제 상황을 고려하여 국가가 결정한다. 참고로, 2020년도의 기초연금만액은 78만 1,700엔이다.

위 식에서 알 수 있듯이, 노령기초연금액을 전액 수령하기 위해서는 40년간의 보험료 납부 기간이 필요하다.

노령기초연금액은 매년 재산정되는데, 2017년도에는 77만 9,300엔(40년 가입하여 전액 지급받는 경우)이 된다. 금액에 대해서는 후생노동성 홈페이지에서 확인할 수 있다.

노령기초연금의 지급 개시 연령은 원칙적으로 65세이지만, 지급 개시 연령을 앞당기거나 뒤로 미루거나 할 수 있다. 지급 개시를 앞당기거나 늦추는 것은 최장 5년간 가능하다. 즉 앞당기는 경우에는 60세까지, 미루는 경우에는 70세까지 조정할 수 있다. 앞당기는 경우 1개월 앞당기면 연간 금액이 0.5% 삭감되게 되며, 늦추는 경우에는 1개월에 연간 금액이 0.7% 올라가게 된다. 연금액은 한 번 감소하거나 증가된 경우에는 전 생애에 걸쳐 그 금액을 수령하게 된다.

고용노동자에게는 노령기초연금 이외에 노령후생연금도 지급된다. 노령후생연금을 받기 위한 조건은 세 가지가 있다. 즉 ① 노령기초연금의 자격 기간을 만족할 것, ② 후생연금보험에 가입되어 있을 것, ③ 65세 나이가 될 것이라고 하는 조건이다. 후생연금의 지급 개시 연령은 2000년의 법 개정에 의해 단계적으로 60세부터 65세로 상향 조정되었다. 완전하게 65세부터 지급되는 시기는 남성의 경우 2025년도, 여성은 2030년부터로 되어 있다.

노령기초연금의 경우 정액부담·정액급여라는 방식이 적용되어 있는데, 노령후생연금의 경우에는 노령후생연금액은 현역 시절의 소득과 보험료 납부 완료 기간(피보험자 기간)에 비례한다. 즉 현역 시절의 소득이 높고, 보험료의 납부 기간이 긴 사람일수록 많은 노령후생연금을 받을 수 있다. 구체적인 금액은 노령기초연금액만큼 간단하게 계산되지 않는다. 왜냐하면 피보험자 본인이 지금까지 납부한 보험료에 대한 상세한 파악이 필요하기 때문이다.

(3) 간호간병(介護)보험의 구조

간호간병보험제도가 생기기 이전에는, 일본에서 고령자를 돌보는 역할은 주로 가족이 담당하였다. 하지만 급격한 고령화 사회의 형성과 핵가족화의 가속화 및 맞벌이 부부나 여성의 사회 진출 증가(노동 형성의 다양화)에 따라 가족이 담당하는 간호간병의 한계가 점차 커지게 되어, 간호간병서비스를 사회보험방식으로 전환하였다.

① 간호간병보험제도의 피보험자

일본에 거주하는 40세 이상의 모든 사람은 원칙적으로 간호간병보험제도의 피보험자가 된다. 피보험자는 제1호 피보험자와 제2호 피보험자로 나누어진다. 제1호 피보험자는 65세 이상이며, 제2호 피보험자는 40세 이상 65세 미만의 공적의료보험에 가입하고 있는 자이다.

② 간호간병보험제도의 보험자

간호간병보험은 지금까지 설명한 공적의료보험이나 공적연금보험과는 달리, 지역보험과 직역보험의 분류가 아니며 보험자는 주민과 가장 가까운 행정기관인 '시청촌'이 된다.

③ 간호간병보험제도의 보험료

보험료는 피보험자의 분류에 따라 다르다. 먼저 제1호 피보험자의 경우에는 소득에 상응하는 단계별 정액 보험료를 징수한다. 징수방법으로는 일정액 이상의 연금을 수급받는 자는 연금에서 공제하지만, 그 이외에는 직접 시정촌에 납부한다. 제2호 피보험자의 경우에는 각 의료보험을 통해 보험료를 납부한다. 자영업자 등 국민건강보험 가입자의 보험료는 거주지 시정촌의 산정방식에 따라 계산되어, 의료보험료나 후기고령자지원금 보험료를 합산하여 시정촌에 납부한다.

샐러리맨이나 공무원 등 건강보험이나 각 공제조합에 가입되어 있는 경우에는 표준보수월액에 소정의 보험료율을 곱해 산정되며, 노사 절반씩의 형태로 급여에서 공제된다. 건강보험에 가입되어 있는 경우의 보험료율은 협회관장 건보와 조합관장 건보가 상이하다. 조합관장 건보의 경우 보험료의 부담률은 각 조합이 독자적으로 결정하며, 부담액도 달라지게 된다. 또한 간호간병보험의 보험료율은 3년마다 재산정된다. 보험료율 정보에 대해서는 후생노동성이나 협회건강보험, 조합건강보험 등 홈페이지에서 확인할 수 있다.

④ 간호간병보험제도의 보험 지급

피보험자가 보험급여를 받을 때에는 간호간병에 대해 인정을 받지 않으면 안 된다. 단 간호간병의 신청 이유에 대해서는 제1호 피보험자와 제2호 피보험자에 차이가 있다. 제2호 피보험자에 대해서는 뇌혈관 질환이나 초로初老기의 치매 등의 원인(소정의 특정 질병)에 한정되어 있다. 인정받은 지원 및 간호간병의 수준에 맞추어 간호간병보험금의 지급이 이루어진다. 보험 지급에는 시설서비스, 주택서비스, 주택간호간병서비스, 예방지원서비스 등이 있다. 이들 서비스를 받는 경우에 연금수입 등이 연간 280만 엔 미만은 비용의 10%를 부담한다. 서비스의 가격에는 상한이 있으며, 이는 간호간병(돌봄) 보수로 정해져 있다.

6. 결어

이 장에서는 인적자원관리상 관계가 깊은 현대 일본의 사회보험(산재보험·고용보험·건강보험·후생보험·간호간병보험)제도에 대해, 제도의 필요성, 피보험자, 보험자, 보험료, 보험 지급이라는 순서로 살펴보았다. 최근 비정규직의 사회보장문제나 제3호 피보험자 문제에 대해서도 논의가 활발히 이루어지고 있다. 원래 이 장에서는 이 두 가지 주제에 대해서도 검토하고자 하였으나, 지면의 제약으로 어쩔 수 없이 그 부분을 생략하였다. 관심이 있는 분이라면 이에 대해서도 꼭 생각해 보면 좋겠다.

조금 더 공부하고 싶은 사람을 위해

- 国立社会保障·人間問題研究所 編. (2002).『社会保障と世代·公正』. 東京大学出版会.
- 宮島洋·西村周三·京極高宣 編. (2009).『社会保障と経済』. 東京大学出版会.
- 権丈善. (2009).『社会保障の政策転換』. 慶応義塾大学出版会.
- 土田武史. (2015).『社会保障論』. 成文堂.
- 椋野美智子·田中耕太郎. (2018).『はじめでの社会保障 第15版』. 有斐閣アルマ.

옮긴이 해설

오늘날 복지국가는 실직이나 질병 등에 대비하여 모든 국민들을 사회보험에 가입시키는 제도를 택하고 있으며, 이러한 사회안전망의 구축은 행복한 국민의 삶을 지탱하는 중요한 역할을 담당하고 있다. 국가뿐만 아니라, 사회안전망의 구축에 있어 기업도 중요한 역할을 담당한다. 기업들은 고용보험, 산재보험 등의 보험료를 분담함으로써 사회보장제도의 일부를 담당하기도 하지만, 이 외에도 고용 창출이라는 사회적 가치를 창출하고, 이를 통해 생산과 소비를 촉진하는 것 역시 기업이 담당하는 광의의 사회적 안전망으로서의 역할이라 볼 수 있다.

일본의 사회보험제도는 크게 다섯 가지로 구분되며, 의료보험, 연금보험, 간호간병보험, 고용보험 및 산재보험이 사회적 안전망으로서의 역할을 충실히 하고 있다. 1927년에 최초로 건강보험이 도입된 이래, 1947년 산재보험, 1958년 고용보험 등 사회안전망으로서 5대 보험이 제정·시행되고 있다. 우리나라 역시 일본과 유사하게 사회보험제도는 의료보험·연금보험·산업재해보상보험·고용보험을 중심으로 발전해 왔다. 사회보험제도 가운데 가장 오래된 것은 1960년대 초부터 실시되어 온 공무원·군인 연금제도(1960년)와 산업재해보험제도(1963년)를 들 수 있으며, 2008년에는 제5의 사회보장제도라 불리는 노인장기요양보험제도를 도입하여 시행하고 있다.

한국	의료보험	연금보험	산업재해보상보험	고용보험	노인장기요양보험
	1970년	1988년	1963년	1995년	2008년
일본	의료보험	연금보험	산재보험	고용보험	간호간병보험
	1927년	1959년	1947년	1958년	2000년

사실, 직접적인 업무 담당자가 아니라면 복잡한 보험체계를 이해하고 실무적인 보험 관련 업무 처리절차에 대해서까지 완벽하게 이해하고 있을 필요는 없다. 다만 인적자원관리를 책임지는 조직의 인사 담당자라면 사회적 안전망으로서 어떠한 제도들이 시행되고 있으며, 직원들의 생활 안정을 위한 지원이 가능한지에 대해 명확히 이해함으로써 인사제도 개선에 활용할 수 있어야 한다. 이를 통해 전략적 인적자원관리에 한 걸음 더 가깝게 다가설 수 있을 것이다.

제15장

기업의 국제화와 인적자원관리

1. 도입

기업의 해외 진출에 따라 자본, 기계설비, 원재료·부품뿐만 아니라, 개인·노동자도 국경을 넘어 이동한다. 보다 구체적으로는, 기업이 해외에서 사업경영(비즈니스)을 목적으로 해외직접투자FDI: Foreign Direct Investment를 하기보다는 해외에 자회사(현지법인. 여기에서는 법인격이 없는 주재원 사업소, 지사·지점도 포함)를 설립하고 모회사나 다른 현지법인(형제회사)으로부터 인재를 파견받거나 직접 노동자를 고용하게 된다. 모회사나 다른 현지법인(형제회사)으로부터 자회사에 파견되는 인재를 '해외파견자'expatriates라 부르며, 자회사에 고용된 인재는 현지 담당자(local staff 또는 national staff)라 한다. 현지 담당자 중에는 현지에서 채용된 일본인이나 일본계도 포함된다.

이 장에서는 국경을 초월하여 비즈니스를 전개하는 다국적 기업MNC: Multinational Corporation[1] 특유의 인적자원관리HRM의 여러 과제에 대해 검토해 보고자 한다. 다국적 기업의 인적자원관리를 특히 '국제 인적자원관리'International Human Resource Management라고 한다.

먼저 기업의 해외 진출의 내실을 경영자원(사람, 물자, 돈)의 국제화를 통해 파악하는 관점과 논리에 대해 간단히 정리한다. 그리고 HRM의 여러 문제에 대해 논의할 것이다. 동시에 일본계 기업의 구조적 문제들이 그 근저에 존재하는 것은 아닌가 하는 문제의식에 대해서도 몇 가지 관점에서 살펴보도록 하자.

2. 해외직접투자 및 그 형태

(1) 해외직접투자와 경영자원의 국제화

해외직접투자라 함은, 앞서 설명한 바와 같이 해외에서 비즈니스 참여에 따른 이익 획득을 목적으로 하는 장기적인 자본 이동이다. 이 해외직접투자라고 하는 자본의 국제 간 이동에 따라, 돈(금전적 자원)뿐만 아니라 다른 경영자원인 사람(인적자원), 물자(물적자원)를 넘어서 정보, 기술, 경영 노하우 등의 이동도 함께 발생하게 된다. 다음 논의에서 투자기업에 대한 경영참여를 목적으로 하지 않는 해외간접투자(주식, 사채, 국채 등의 매매)를 제외하고 오직 해외직접투자를 다루고자 하는 이유는, 국내외 사업경영과 인적자원관리에 직접 관련되는 것이 해외직접투자이기 때문이다.

해외직접투자를 촉진하는 요인에는 장기적인 요인과 단기적인 요인이 있다. 장기적인 촉진요인에는 세계적인 평화 모드의 확대 및 지속, 국제 간 투자에 대한 규제 완화와 법적인 보호, 이동수단이나 정보통신수단의 발달(빠른 속도, 안전성의 향상, 가격 하락) 등을 들 수 있다.

단기적인 촉진요인으로는 자국 통화의 가치상승을 들 수 있다. 예를 들어, 일본의 경우를 살펴보면 엔고의 경우에는 해외의 투자 물건이 상대적으로 저렴하게 되어 해외직접투자가 촉진되게 될 것이며, 반대로 엔저의 경우에는 해외직접투자가 억제되게 된다.

일본의 해외직접투자 추세를 보면 확대 경향을 보이면서도, 1970년대 이후 엔화 환율에 커다란 영향을 받아 증감을 반복하여 왔다. 특히 달러화 강세를 시정하기 위한 1985년의 G5(Group of Five, 선진 5개국 재무장관회의)의 「플라자합의Plaza Accord」 이후의 급격한 엔고로 인해 일본 기업의 해외직접투자는 1980년대 후반에 급증하여 일본 기업의 글로벌화를 단숨에 진전시키게 되었다.

(2) 해외직접투자의 여러 형태: 참여방법의 결정

해외직접투자를 실제로 행하는 데에는 다양한 형태와 참여방식이 존재한다(도표 15-1). 먼저 참여방식을 크게 구분해 보면 '신규 거점 설립'green field investment과 '기존 기업의 인수·합병'M&A: Merger and Acquisition으로 나눌 수 있다.

신규 거점 설립은, 예를 들어 업체 입장에서는 용지의 취득, 건물의 건설, 기계설비의 납입·설치, 원재료의 구입 등으로부터 종업원의 채용과 훈련까지, 하나부터 열까지 모두를 처음부터 시작해야 하기 때문에 많은 수고가 따라다니게 된다. 하지만 기존 기업의 M&A인 경우에는 그럴 필요가 없다.

M&A의 경우에는 매수기업과 피매수기업과의 관계가 중요하다. 매수기업·피매수기업 쌍방이 M&A의 이점을 인정하고, 양자가 서로 양해한

도표 15-1 해외직접투자의 여러 형태

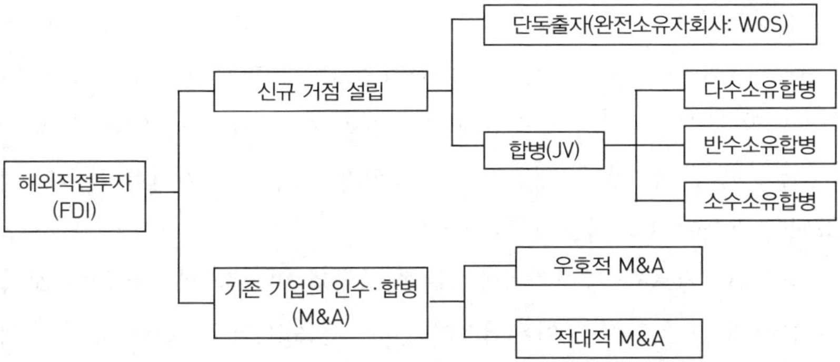

후에 이루어지는 M&A를 '우호적 M&A', 그렇지 않고 피매수기업의 의향과 관계없이 주식공개매입TOB: Take-Over Bid[2]에 의한 기업매수 등을 통해 이루어지는 M&A를 '적대적 M&A'라고 하여 구별한다.

신규로 거점을 설립하여 참여하는 방식은, 해당 기업의 자본 소유 정책에 따라 '단독출자'WOS: Wholly Owned Subsidiary(완전소유자회사)와 '합병'JV: Joint Venture으로 나눌 수 있다. 또 합병기업은 해당 기업의 주식 보유분의 많고 적음에 따라 '다수소유합병'多數所有合併(메이저리티), '반수소유합병'半數所有合併(50:50), '소수소유합병'少數所有合併(마이너리티)의 세 가지로 나누어진다. 합병의 경우에는 파트너와의 경영방침의 방향성이나 타협이 중요하게 된다.

단독출자와 합병은 장단점이라는 관점에서 서로 비교할 수 있다. 단독출자에 따른 경우의 장점은 ① 투자수익의 독점 가능, ② 해외 자회사에 대한 통제·지배력control 확보 가능, ③ 경영 이념·방침, 기술·경영관리 노하우 등의 이전이 원활하다는 것 등을 들 수 있다. 이와 반대로 합병의 경우에는 이러한 장점이 나타나지 않고, 반대의 논리가 작동하게 된다.

반면 단독출자인 경우의 단점은 합병에 의한 경우와 비교할 때 ① 많은 경영자원을 필요로 하게 되고, ② 많은 리스크의 부담이 있으며, ③ 진출 국가의 민족주의를 자극할 확률이 높고, ④ 파트너가 있을 경우 얻을 수 있을지도 모르는 상승효과(시너지효과, synergy effect)를 얻을 수 없다는 점 등을 들 수 있다. 대조적으로, 합병의 경우에는 이러한 단점이 해소되어 반대의 메커니즘이 작동한다.

자금력이 부족한 중소기업에서는 대기업과 비교할 때, 단독출자보다는 합병에 의한 투자가 이루어지기 쉽다. 아울러 외국자본에 대한 규제가 엄격한 개발도상국에서는 단독출자는 인정되지 않으며, 합병에 의한 참여 이외에 선택지가 없는 경우도 경험적으로 많은 것이 사실이다.

3. 해외 자회사의 통제 및 조직

본국을 넘어서서 정치·경제·사회·문화적으로 다양한 여러 국가와 지역에서 전개되는 다국적 기업의 특징으로는, 조직 내부에 '통합' integration과 '분산' differentiation이라는 서로 대립하는 힘이 작동한다는 점을 들 수 있다. 특히 복수의 비즈니스를 전개하는 다국적 기업에는 전 세계적인 비즈니스를 전개할 때에 조직능력을 한 방향으로 효율적으로 집중해야만 하는 내부 통합이 필요한 반면, 구체적으로 현지에서 비즈니스를 전개하여 현지 시장이나 고객들과 직접 대면하는 자회사 입장에서는 지역 특성에 충분히 적응할 수 있는 반응성 responsiveness이나 유연성 flexibility이 필수적이다. 자회사가 모회사로부터 어느 정도의 자율적인 권한을 부여받지 못하게 된다면, 현지 시장에 대한 섬세한 대응이 어렵게 된다고도 할 수 있다. 통합과 분산 중 어느 쪽에 중점을 두어 관리할 것인지는 산업, 제품, 지역, 문화 특성 등에 따라 상이하다.

다국적 기업에 의한 자회사의 통제 control는 몇 가지 방법에 따라 이루어진다. 첫째, '규칙과 규정' rules and regulations에 의한 방법이다. 많은 기업에서는 「해외 자회사 관리규정」 등 해외 자회사와 관련된 제반 규정을 정해 두고 있어, 해외 자회사는 이를 기준으로 투자, 사업 분야, 인사 등을 결정하게 된다. 두 번째 방법은 해외파견자를 통한 '직접적 감시' surveillance에 의한 통제이다. 세 번째는 동일한 감시에 의한 방법이지만, 이 경우는 사람이 아니라 이익 등의 재무 데이터를 통해 체크하는 '간접적 감시'에 의한 방법이다. 네 번째 방법은 경영이념, 회사의 기본 방침 등의 '규범'norms을 통해 세계에 펼쳐져 있는 종업원의 사고를 동일한 방향으로 향하도록 통제하는 방법이다. 많은 기업이, 예를 들어 휴렛 팩커드Hewlett-Packard사의 "The HP Way"와 같이 'The ○○회사 Way'를 책정해 두는 것을 들 수 있다.

사람을 통한 해외 자회사 통제의 바람직한 방법에 대해서는, 어떤 국적의 사람이 회사의 중심을 구성하고 있는지에 따라 몇 개의 타입으로 분류할 수 있다. Perlmutter는 해외 자회사 통제의 바람직한 방법을 경영자의 사고방식에 따라 세 가지 타입으로 나누었다.

첫 번째 타입은 '본국 인재 중심형'ethnocentric control type이다. 이 타입에서는 모회사가 위치하고 있는 국가의 국적을 가진 사람이 해외 자회사의 중심적 지위를 독점적으로 차지한다. 일본 기업의 경우 일본인이 중심이 되어 해외 자회사를 통제하며, 미국 기업의 경우에는 미국인이 중심이 되어 해외 자회사를 통제하게 된다.

두 번째 타입은 '현지인 중심형'polycentric control type이다. 이 타입의 경우에는 모회사로부터 해외 자회사에 대한 권한위양이 이루어져, 현지의 사정을 가장 잘 알고 있는 현지 국적의 인재가 자회사를 통제한다. 따라서 '본국 인재 중심형'과는 달리 모회사로부터의 파견자도 거의 존재하지 않는다.

세 번째 타입은 '세계화 관리형'geocentric control type, 地球全體型이다. 이 타입에서는 세계화된 시야를 가지고서 자원 배분을 하며, 다양한 국적의 인재가 적재적소에서 자회사의 주요 직위를 차지하게 된다. 이 경우 중요한 점은 우수한 인재가 글로벌 기업 전체에서 유효하게 활용되고 있는지 여부이며, 그 인재가 어떤 국적의 사람인지는 문제가 되지 않는다.

Perlmutter는 이와 함께 '현지인 중심형'과 '세계화 관리형'의 중간 형태로서 '지역 중심형'regiocentric control type을 네 번째 타입으로 제시하고 있다. 이 타입은 다국적 기업의 지역 본사regional headquarters가 유럽이나 아시아, 북미에 위치해 있는 것처럼, 이들의 지역 본사에 인재나 권한을 집중시켜 그곳을 중심으로 지역 내의 해외 자회사를 통제하는 방식이다. 이에 따라 지역 내 다양한 국적의 사람들이 지역 내의 자회사를 통제하게 된다.

앞서 설명한 바와 같이, 다국적 기업은 글로벌 시장에서의 효율성을 추구하여 조직을 통합해야 하는 반면, 현지의 시장이나 고객의 니즈에 유연하게 대응해야만 하는 분산화된 조직이어야 할 필요성이 있다. Bartlett과 Ghoshal(1990)은 이러한 효율성과 유연성에 추가하여, 세계에 펼쳐져 있는 다양한 환경에 직면하여, 다양한 경영자원이나 정보를 접할 수 있는 다국적 기업이 각종 혁신을 통해 이를 조직 내에 이전·학습시키는, 보다 경쟁우위를 갖춘 조직의 모습을 제시하였다. 이것이 바로 '초국가transnational 조직모델'이다. Bartlett과 Ghoshal은 일본, 미국, 유럽의 아홉 개 회사의 다국적 기업을 상세히 분석하여, 다음과 같은 조직형태를 제시하였다.

첫 번째는 '멀티내셔널multinational 조직모델'이다(도표 15-2). 이 조직형태에서는 각 국가·지역의 자회사마다 다른 시장이나 고객의 니즈에 유연하게 대응해야만 하고, 각 국가·지역의 자회사가 독자적으로 사업을 영위하여, 세계 본사는 재무데이터를 활용해 이러한 분산화된 자회사를 통제한다. 마치 유엔과 각 주권국가와의 관계에서 보여지는 것과 같이 국제연합형의 조직형태라고 할 수 있다. 이 조직형태는 고객의 선호나

도표 15-2 멀티내셔널 조직모델

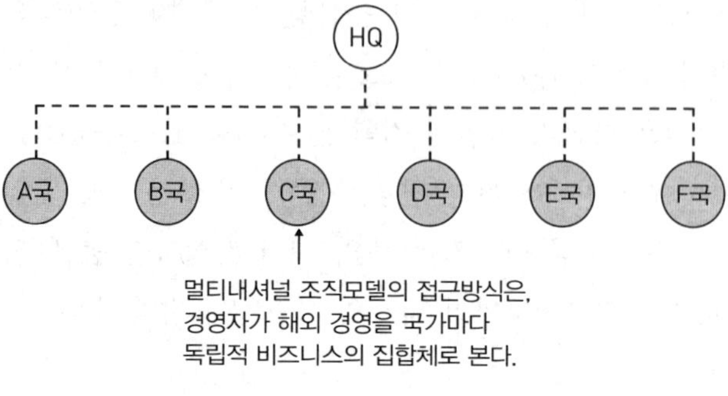

니즈가 각 국가마다 다른 소비재 생산이나 식품 생산에 적합하다고 볼 수 있다. Bartlett과 Ghoshal은 대상으로 한 아홉 개 회사 중, 유니레버(Unilever, 영국과 네덜란드에 본사가 있는 소비재회사), 필립스(Philips, 네덜란드의 전기회사), ITT(미국의 전기통신서비스회사)의 세 개 회사가 '멀티내셔널 조직모델'에 해당된다고 보았다.

두 번째는 '글로벌global 조직모델'이다(도표 15-3). 이 조직형태는 세계

도표 15-3 글로벌 조직모델

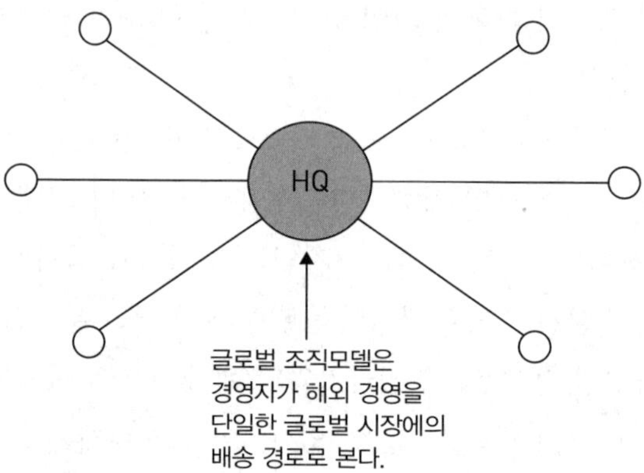

시장을 단일한 것으로 보고, 경영자원과 권한을 오로지 본사에만 집중시켜 규모의 경제에 의한 효율성을 추구한다. 이를 위해, 해외 자회사의 의사결정 등의 권한은 극히 제한되어, 해외 자회사는 모회사의 의사결정을 충실히 실행하는 것이 주된 임무가 된다. 업종으로는, 모회사에서 개발된 제품을 수출해 온 반도체 등의 전자부품산업이 전형적인 사례이다. Bartlett과 Ghoshal은 거론된 아홉 개 회사 중에서 가오花王, 마츠시타전기松下電器, NEC 등의 일본 기업 세 개 회사를 '글로벌 조직모델'로 분류하였다.

세 번째 조직형태는 '인터내셔널international 조직모델'이다(도표 15-4). 이 조직형태는 '글로벌 조직모델'보다는 경영자원과 의사결정권을 해외 자회사에 배분하기는 하지만, 중요한 경영자원과 의사결정권은 여전히 모회사에 집중되어 있기 때문에 '멀티내셔널 조직모델'만큼 분산화되어 있지는 않다. 이 모델은 모회사에서 개발된 기술이나 제품을 해외 자회사에 이전 및 학습시켜 해외시장에 투입하여 경쟁우위를 유지하는 미국계 다국적 기업이 잘 들어맞는다. 실제 Bartlett과 Ghoshal의 연구에서

도표 15-4 인터내셔널 조직모델

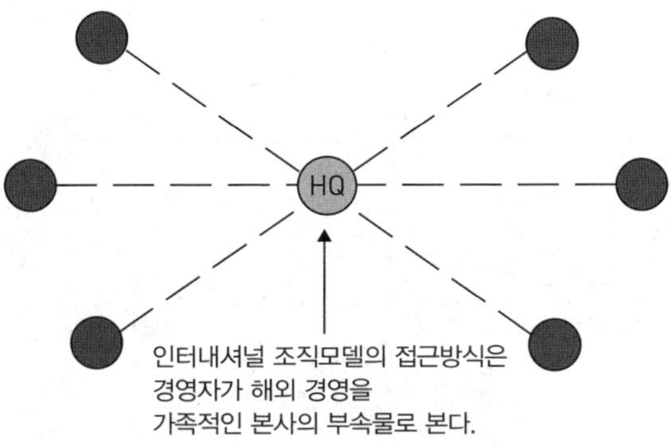

'인터내셔널 조직모델'로 분류된 기업은 GE(General Electric, 미국의 종합 전기회사), P&G(Procter & Gamble, 미국의 소비재 회사), 에릭슨(Ericsson, 스웨덴의 통신기기회사)이다.

네 번째의 궁극적인 조직형태는 '초국가적transnational 조직모델'이다(도표 15-5). 이 조직형태는 '멀티내셔널 조직모델'의 유연성, '글로벌 조직모델'의 효율성, 그리고 '인터내셔널 조직모델'에서 그 가능성이 엿보였던 혁신의 조직 내 이전·학습이라는 세 가지 장점을 모두 겸비하고 있는 모델이라고 생각할 수 있다. 즉 각 자회사에는 독자의 전문적 능력이 구축될 수 있도록 경영자원이 배분되어 자립화가 이루어지게 되며, 자회사로부터 혁신이 이루어지거나 또는 특정 제품·사업의 중심적 기능이 부여되는 경우에는 해당 자회사로부터 모회사나 형제회사에 기술지식·노하우가 이전된다. 이와 동시에 그 자회사는 특정 제품의 연구개발에서부터 글로벌 판매전략까지를 모두 담당하게 된다. 이와 같이 '초국가적 조직모델'에서는 모회사로부터 자회사에 이르는 흐름에 추가하여,

도표 15-5 초국가적 조직모델

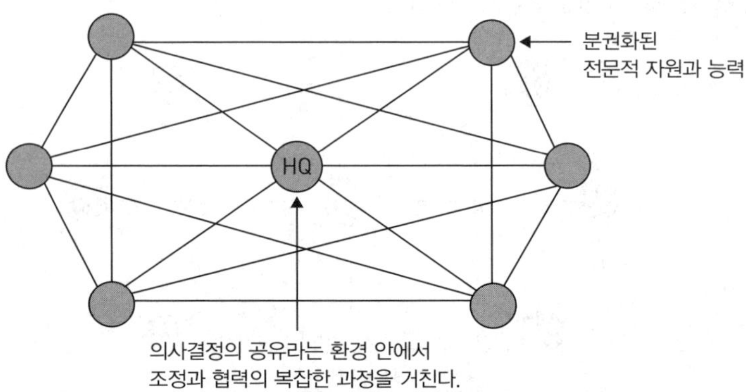

모회사와 자회사, 자회사와 자회사 간에 쌍방향적인 연대가 이루어져, 혁신이나 신기술이 종횡으로 이전되며 학습되게 된다. 모회사는 이러한 기능의 조정과 통제를 한다. '초국가적 조직모델'에서는 특정한 제도나 조직이 존재하는 것이 아니라, 미래 다국적 기업의 이상적 조직형태 이미지를 나타내고 있다.

4. 인재의 조달과 다국적 기업의 우위성

다국적 기업은 세계 각지로 넓게 펼쳐져 있어 전 세계로부터 인재를 조달·활용할 수 있다는 점에서 국내 중심적인 기업에 비해 비교우위를 갖는다. 하지만 이는 필요조건이며, 충분조건을 충족하는지의 여부는 별도로 확인하지 않으면 안 된다. 우수한 인재를 채용·확보하였으나, 인재들의 재능이나 능력을 활용하지 못하고 이직을 초래하여 결국 내부에서 인재의 경쟁력 하락을 가져오는 경우에는 개별 기업의 큰 손실에 머무르지 않고 회사 전체에도 커다란 손실이 된다.

일본계 기업의 인재 구성의 특징과 그 시사점에 대해 살펴보기 위해 먼저 〈도표 15-6〉을 참고하자. 이는 아시아에 있는 서양 계열 기업과 비교한 것으로, 많은 일본 기업의 인재 구성상의 특징을 이미지화하여 나타낸 것이다. 서양 기업에서는 최고경영자를 포함한 파견자의 국적은 다국적이며, 현지 국적 인재HCNs: Host Country Nationals와 외국으로부터의 파견자로 구성되어 있으며, 파견자의 국적은 본사가 소재한 국가에 해당하는 것만은 아니다. 특히 유럽 기업은 제3국적 인재TCNs: Third Country Nationals를 다수 포함하여 글자 그대로 다국적 인재의 육성과 활용이 이루어지고 있다.

반면 아시아에서 일본계 자회사의 인재 구성은 일본인이라는 본국 국적 인재PCNs: Parent Country Nationals와 현지 국적 인재로 거의 한정되어 있어, 실제로는 2국적 기업의 영역을 벗어나지 못하고 있다는 특징을 갖는다. 이처럼 해외 자회사의 일본, 미국, 유럽 사이의 차이는 파견자의 수나 비율이 아니라, 그 국적의 구성에 있어서도 커다란 차이가 있다. 이와 같은 2국적형의 인재 구성으로 이루어지게 된 것은, 다국적 조직 형태나 커뮤니케이션에 있어 일본 기업이 익숙하지 못하거나 언어의 장벽 등의 영향 때문이라고 추측된다.

2국적 기업에서는 본사-자회사 간 일본인끼리 효율적인 의사소통이 가능하다는 장점을 갖는 반면에, 잠재적인 인재 풀pool은 작아져 버리게 된다는 단점을 동반한다. 〈도표 15-6〉에서와 같이 일본계 기업에서 현

도표 15-6 다국적 기업의 인재 구성 및 경력

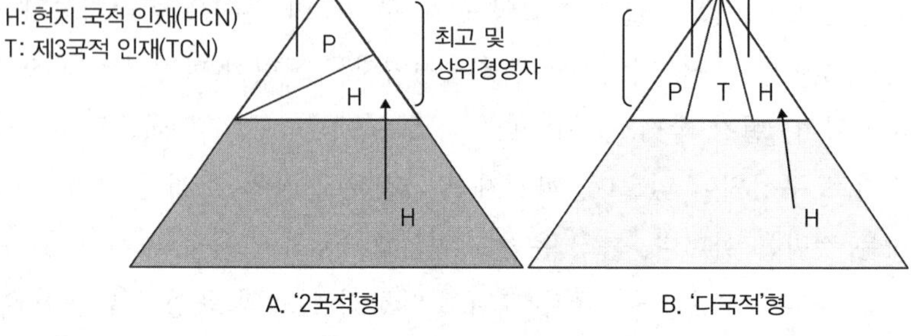

지 국적 인재의 경력이 아무리 높아도 자회사의 톱top, 아니면 자회사의 중간관리직 포지션 정도가 한계로 되어 있다. 이에 비해, 서양 기업에서 현지 직원의 경력은 기본적으로는 본국 국적 인재PCNs와 같고, 모회사나 세계 본사('WHQ'로 표시) 또는 타국의 형제기업에까지 경력 확장이 가능하여, 자타가 공인하는 우수하고 성장욕구가 강한 글로벌 인재에게는 그쪽이 보다 더 매력적인 직장으로 비춰질 것으로 예상된다. 왜냐하면 인재를 끌어들이고 정착시키며 확보하는 데 플러스의 영향을 주는 것은 경력형성을 통한 동기부여에 성패가 달려 있기 때문이다. 2국적 기업에 있어 변화의 조짐에 대해서는 이 장의 제8절에서 보다 구체적으로 살펴보기로 하자.

국제화와 인적자원관리라는 틀 안에서 생각하기 위해서는, 현지 스텝의 모집·채용, 육성, 평가, 처우, 경력형성 등의 여러 측면을 망라하여 논의할 필요가 있지만, 지면의 한계상 이 장의 마지막 참고문헌에 기반하여 보다 깊이 살펴보기 바란다. 아래에서는 국제 인적자원관리 중에서, 일본인 파견자와 관련된 몇 가지 논점에 대한 논의에 한정하고자 한다. 먼저 해외파견자expatriate의 역할에 대해서부터 검토해 보자.

5. 해외파견자의 역할

모회사로부터 해외 현지 운영을 담당하도록 책임을 부여받게 된 해외파견자는 자회사의 통제, 본사와의 조정, 본사로부터의 기술·경영 노하우의 이전 및 본인과 후계자의 육성이라는 임무를 담당하게 된다(Black et al., 1999 참조). 아울러 해외파견자는 다음과 같은 환경하에서의 조타수

도표 15-7 해외 자회사에 대한 네 종류의 동형화 압력

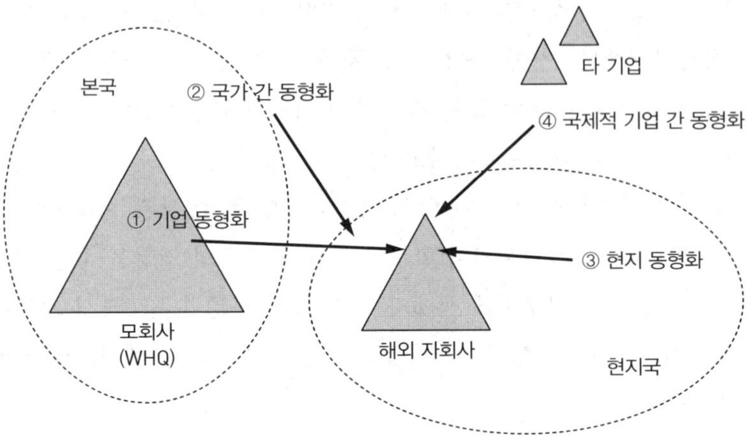

출처 : 白木三秀. (2006).『国際人的資源管理の比較分析』. 有斐閣 참조.

역할을 하지 않으면 안 된다. 즉 다국적 기업의 현지 운영 관리에 있어, 해외 자회사가 현지에 HRM 시스템을 구축할 때에는 〈도표 15-7〉과 같이 네 종류의 '동형화'isomorphism의 영향을 받게 된다. 여기서 '동형화'라는 것은 '어떤 조직이 다른 조직과 동일한 구조나 프로세스를 받아들이는 정도'를 의미한다. 이러한 동형화의 영향력은 일상적으로 작용하는데, 이를 어떻게 조정해 가면서 적절한 의사결정을 할 것인가라는 것이 과제가 된다.

동형화의 흐름은 다음 4단계로 설명할 수 있다. 첫 번째는 모회사의 시스템을 도입시키려는 모회사로부터의 압력이 가해지게 된다. 모회사가 가지고 있는 시스템을 도입시키려는 '기업corporate 동형화'가 바로 이것이다. 그리고 이와 관련되는 두 번째의 '국가 간cross national 동형화'가 있다. 이는 일본의 다국적 기업이 해외 운영을 위해 어떤 시스템을 도

입하는 경우에 그 기업 독자적인 시스템, 예를 들어 일본이라면 일본의 사회 시스템이나 역사 속에서 생겨난 것들이 자연스레 포함되어 있다는 것이다. 이러한 동형화는 본국과 해외 현지 운영 쌍방 모두에 분간하기 어려운 영향을 미치고 있다.

또한 해외 현지 운영은 현지 시스템에 적합하게 맞추어 이루어지지 않으면 안 된다. 이러한 영향이 세 번째 '현지local 동형화'이다. 여기에는 해당 지역의 법령 준수compliance를 넘어, 사회관행에 대한 배려까지도 포함된다.

네 번째는 '국제적 기업 간global inter-corporate 동형화'라고 하여, 타 기업을 벤치마킹하여 수준을 맞추는 것이다. 예를 들어, 일본의 기업이 중국에서 현지 운영을 하는 경우에 일본계의 다른 경합회사뿐만 아니라 GE나 마이크로소프트Microsoft를 참고하여 배울 만한 점을 자사 시스템 안에 도입하는 것을 말한다.

이와 같은 네 가지의 동형화의 흐름 아래에서 현지 운영 관리가 이루어지고 있다. 여기에서 중요한 점은, 이러한 복잡한 영향력이 있고, 나아가 파트너와도 타협을 해 나가면서, 게다가 각자에게 부여되어 있는 미션하에 운영의 조타수 역할을 하고 있는 사람이 해외파견자라는 점이다. 따라서 이처럼 복잡한 여러 영향 안에서 적절한 의사결정이 가능한 최우수 인재를 파견하는 것이 필요하다.

그렇다면 그만 한 인재를 선발하고 있는 것인가. 실제로는 그렇지 못한 경우가 종종 있다. 왜냐하면 이제까지의 경력에서 직능적으로 능력이 높다고 하는 사람을 선발한다는 것은 만국 공통의 사실이지만, 그 사람이 해외의 특정 상황에서 지금까지와 동일한 능력을 발휘할 수 있는 사람인지 아닌지는 알 수 없기 때문이다.

6. 해외파견자의 선발 및 적성

해외파견자에는 자회사의 통제, 본사와의 조정, 본사로부터의 기술·경영 노하우의 이전 및 본인과 후계자의 육성이라는 복수의 고유한 임무가 주어져 있다. 이러한 임무를 충분히 완수하기 위해서는 이에 맞는 적절한 인재가 선발되어야 한다.

적성에 맞는 인재를 선발하지 못하면 파견의 '실패', 즉 임기 중간에 퇴직이나 귀임을 하게 되는 리스크가 발생하며, 또한 비즈니스 측면에서 그 이상으로 심각한 것은 다른 직원의 의욕 저하 및 현지 운영의 기능 저하, 업적 하락 등을 야기하게 될 것이라는 점이다.

이와 같은 파견의 '실패'는 현지 가동 연수가 오래된 현지법인에 비해, 가동 연수가 짧은 현지법인에서 상대적으로 적게 나타나는 것으로 알려져 있다. 왜냐하면 새로운 현지법인의 경우, 본사로부터 온 파견자에게는 기술·경영 노하우에 절대적 우위성이 존재하기 때문이다. 반대로, 예를 들어 ASEAN Association of Southeast Asian Nations (동남아시아국가연합) 국가들에서는 가동 연수가 오래된 기업이 많은데, 이러한 기업들에는 해당 국가의 토박이이자 기술·관리 능력이 우수한 현지 직원이 상급 관리자로 승진해 있어, 이들 베테랑을 납득시킬 만큼의 높은 스킬·지식을 보유하지 못한 일본인 파견자에게는 어려운 상황이 발생할 위험성이 커지게 된다.

물론 해외 근무에 대한 적성을 사전에 정확하게 판단한다는 것은 어려운 일이다. 하지만 문제는 해외파견자의 선발에서 이문화에 대한 적응능력이나 국제적 비즈니스 리더로서의 적성에 대한 측면을 경시하고, 이러한 능력의 육성이나 적성의 판별에 대한 생각이나 문제의식이 일본 기업에서 점차 희박해지고 있다는 것이다.

2016년 10월 현재, 일본의 다국적 기업의 파견자의 평균 연령은 46.1세로, 원파견기업에서의 평균근속연수는 20.0년이다. 또한 국내에서 파견 전의 직위는 과반수가 과장·부장급인 데 비해, 해외 파견과 함께 직위는 평균 1.9등급 승격하여 최고경영진으로 취임하는 경우가 많아, 그 결과로 담당 직무의 범위도 현격히 넓어지게 된다(이상의 데이터는, 노동정책연구·연수기구.「제7회 해외파견노동자의 직업과 생활에 관한 조사결과」, 2008년 3월을 참조함).

일본인 파견자가 해외에서 지적받는 최대의 약점은 커뮤니케이션 능력과 리더십 능력이다. 커뮤니케이션 능력은 장기간에 걸친 과제로, 하루아침에 당장 해결될 문제는 아니다. 어학능력뿐만 아니라 방침이나 비전의 제시·전파 능력, MBO Management By Objectives(목표관리제도) 등의 실천능력을 포함한 커뮤니케이션 능력이 우수한 인재를 선발하는 것이야말로 당면하고 있는 가장 중요한 과제일 것이다.

한편 리더십 능력의 문제는 어느 정도로 심각한 것이며, 또 그 능력은 어떻게 양성할 수 있을까. 각각의 회사는 기업규범에 따라 계층별 훈련 프로그램 안에 관리자로서의 능력을 육성하는 코스를 운영하고 있기 때문에, 리더십 능력의 개발 문제는 연수의 문제를 넘어서 경력설계시스템의 방식과도 연관되어 있다고 판단된다.

핵심은, 우수한 중간관리직에게 필요로 하는 요건과 최고경영층에게 필요로 하는 요건에는 그 직책의 범위와 무게에 따라 커다란 차이가 있다는 점이다. 연령·근속연수가 각각 약 46세·20년으로 충분한 직능상의 경력을 쌓아 왔다고 하더라도, 최고경영층으로서의 자질이나 경험을 갖지 못한 채 해외로 파견되는 사람이 많은 것은 아닐까 하고 생각해 볼 수도 있다.

따라서 해외파견후보자의 경력경로career path에 장기·단기의 실무연수, 유학, 홈스테이 등의 이문화 대응훈련을 추가하여, 30대에서부터 하나의 업무 단위를 담당하는 경영 책임자, 또는 타사·자회사에서 경영자로의 출향을 집어넣어, 최고경영층으로서 리더십 능력의 개발을 명시적으로 해 두는 것이 결과적으로는 효율적인 일본인 글로벌 인재육성이 되지 않을까 생각된다.

7. 일본인 파견자 비율

일본인과 현지 인재만으로 이루어진 2국적 기업에서는 일본인 해외파견자에게 과도한 부담이 주어지고 있다고 생각된다. 이 장에서는 지금까지 해외파견자를 모두 일본인 해외파견자로 하여 양자를 구별하지 않았지만, 해외파견자는 원래 일본인에 한정되지 않는다. 그럼에도 불구하고 이 장에서 지금까지 일본인 파견자를 전제로 하여 논의해 온 것은, 일본 기업의 해외파견자는 거의 일본인에 머물고 있다는 실태를 반영한 것이었다. 하지만 이론적으로는 양자는 구분되어야만 하는 것이다.

통상적으로 '현지화'라고 하는 경우에는 해외파견자를 줄이는 것, 즉 일본인 파견자를 줄이는 것으로 생각할 수 있다. 하지만 이 논의에는 의문이 남는다. 왜냐하면 해외파견자는 앞서 설명한 바와 같이, 자회사의 통제, 본사와의 조정, 본사로부터의 기술·경영 노하우의 이전, 자신과 후계자의 육성이라고 하는 복수의 중요한 임무를 맡고 있는데, 해외파견자를 줄이게 되면 '현지화'가 잘된다는 것은 이상하지 않은가. 오히려 해외파견자를 파견하지 않는다면 '엄마로부터 모유 수유를 받지 못하는 영유아'와 같이 자회사는 쇠약해지고 결국에는 이익을 내지 못하는 조직이 되어 버리는 것은 아닌가 하는 당연한 의문이 생기게 된다. 애초에 다국적 기업이 본사로부터 인재를 파견하는 것은 현지 경영을 강화하여 이익을 내기 위함이지, 기업의 다국적화 목적이 '현지화'를 촉진하기 위함은 아니다.

무엇을 생산하고, 어떻게 서비스를 제공할 것인가 또는 어떠한 조직구조에 따를 것인가에 따라 파견자의 비율은 완전히 달라지게 된다. 하나만 예를 들어보자(졸저 「국제인적자원관리의 비교분석」, 제3장의 사례 참조). 1990년대 후반, 말레이시아에서 반도체 생산을 하고 있는 독일 지멘스Siemens의 현지법인을 방문하였는데, 5,000명의 직원 중에서 파견자는 단 두 명뿐이었다. 즉 파견자 비율은 0.04%였다. 하지만 싱가포르의 지멘스에서는 파견자 비율이 11.3%였다. 같은 지멘스의 자회사임에도 왜 말레이시아와 싱가포르 간에 차이가 있을까. 단순한 이유가 이의 배경에 있다. 말레이시아에는 하나의 사업부, 즉 반도체 사업부만 존재하고 있었기 때문에 파견자는 두 명으로 충분했다. 반면 싱가포르에는 열 개 이상의 사업부가 관련하여 함께 진출하여 있었고, 각각의 사업부에 사람을 파견해야 했기 때문에 자연스레 파견자 비율도 높아지게 되었다는 것이다. 이는 극단적인 예시이다. 하지만 파견자의 비율의 높고 낮음만으로 논의하는 것에 대한 위험성을 잘 설명해 주고 있다. 또한 파견자 비율의 높고 낮음을 '현지화'의 간접 지표로 삼게 된다면, 더욱더 현실로부터 괴리되게 된다는 사실은 명백하다.

일본인 파견자에 관한 아래와 같은 연구 결과도 있는데, 이 결과도 파견자 비율의 높고 낮음 그 자체에 대한 논의는 생산적이지 않음을 보여준다(졸저 『국제인적자원관리의 비교분석』, 제2장 참조). 즉 현지 직원의 대졸자 비율이 높아져서, 경영관리직의 숫자가 점차 많아지면 이익률이 높아진다. 여기에서 '현지 직원의 대졸자 비율이 높다'라는 것의 의미는 고부가가치 생산·서비스 공급이 이루어진다는 것을 반영하며, 아울러 그렇다고 한다면, 현지 직원의 대졸자 비율이 높아지면 높아질수록 본사로부터의 기술·경영 노하우의 이전도 필요해지고, 파견자도 필연적으로 많아질 수밖에 없게 된다.

하지만 가장 중요한 점은 본사로부터의 기술·경영 노하우의 이전을 위해서는 그에 상응하는 파견자가 필요해진다는 것은 당연하지만, 반드시 '일본인' 파견자가 아니면 안 된다는 것을 의미하는 것은 아니라는 점이다. 파견자는 본사의 경영 이념·방침·노하우를 구현하는 것이 중요하며, 파견자의 국적을 본국에 한정할 필요는 없어지게 된다.

이처럼 일본 기업이 글로벌에서 활동하고 다국적 기업이 되어 감에 따라, 일본인을 뛰어넘어 다국적의 인재가 일본 본사 및 현지법인에서 그 능력을 충분히 발휘할 수 있는 시스템으로 이행해 갈 필요가 있다고 할 수 있을 것이다.

8. 2국적 기업에서의 변화

일본재외기업협회日本在外企業協会가 2014년에 실시한 조사에서, 일본 기업 현지법인의 외국인 사장 비율을 보면, 일본인 75%, 외국인 25%로 3 대 1의 비율로 일본인과 외국인이 구성되어 있다(유효 답변 114개 회사의 현지법인 5,093개 사. 이 조사는 2년에 1회 실시되지만, 답변 기업 수에 변동이 커서 시계열적 비교는 곤란). 조사방법을 동일하게 하여 지금까지의 조사 결과와 비교해 보면, 외국인 사장 비율은 2010년 22%와 2012년의 22%와 비교해 높아졌다. 또한 이 조사에서는 외국인을 현지 국적과 제3국적으로 구별하지 않았으나, 이전 조사의 분류에서 살펴보면 외국인인 경우에 그 90% 이상이 현지 국적자임을 알 수 있다.[3]

아울러 이를 지역별로 나눠 보면, 유럽·러시아, 오세아니아, 북미에서 외국인 사장 비율이 높았으며, 특히 유럽·러시아에서는 외국인 비율이 42%로 외국인 사장이 일본인 사장보다 많다. 반대로 중국을 제외한 아시아에서는 사장이 외국인인 경우의 비율은 매우 낮다(도표 15-8 참조). 가동 연수가 비교적 짧은 현지법인이 많은 중국에서는, 현지법인의 통제와 경영 노하우·기술 이전 등을 위해 일본인 비율이 특히 높게 나타나고 있다.

도표 15-8 현지법인의 외국인 사장 비율(지역별) (단위: %)

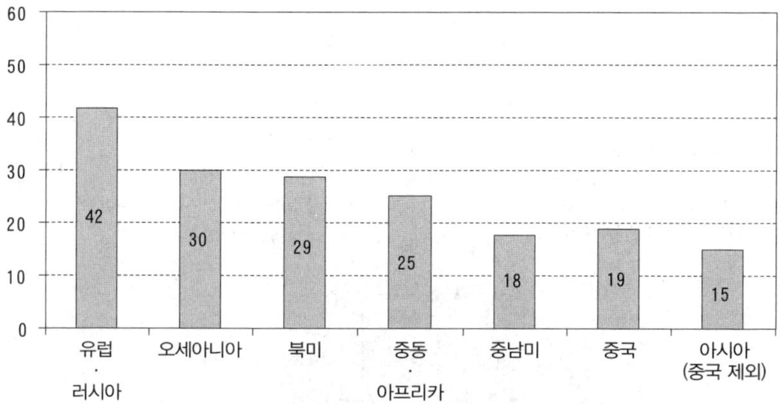

주: 일본 본사 114개 회사(현지 법인 수 5,093개 사)의 답변에 따름.

한편 외국인 사장을 기용하는 경우의 어려움이나 과제를 살펴보면, 최대의 문제는 지금까지의 조사 결과와 동일하게 '본사와의 커뮤니케이션이 어렵게 된다'(59%)라는 점이다. 마찬가지로 본사에서 바라본 문제점으로는 '자사의 경영이념 공유가 어렵다'(25%), '본사 주도의 경영이 어렵다'(19%), '글로벌한 경영전략을 이해시키기 어렵다'(4%) 등이 지적되었다(선택지 세 개까지 복수 응답, 답변 기업 수 103개). 이러한 문제들은 조금씩 개선되고 있다고는 하지만, 일본의 본사가 다양성 관리에 여전히 익숙하지 않음을 보여 준다.

그리고 일본계 자회사의 인재 구성의 특징은 〈도표 15-6〉에서 보여지듯이 '2국적 기업'에는 변화가 없으나, 조금씩이나마 현지 직원이 최고경영자로 취임하는 경우도 증가하고 있는 것을 알 수 있다. 본사의 임원이 해외 현지법인의 외국인 사장으로 취임하는 정도를 보면, 조사 대상

도표 15-9 수정형 '2국적 기업'

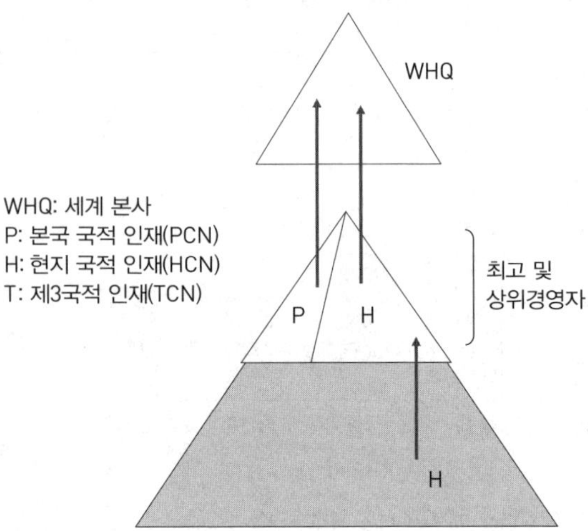

기업 109개 회사의 22%에 달한다. 마찬가지로 해외 현지법인의 일본인 사장이 본사의 임원이 되는 경우는 조사 대상 기업 108개 회사의 71%에 달했다. 아울러 해외 현지법인의 외국인 사장이 본사로 채용이 되는 경우는 18%로 조사되었다(유효 답변 24개 회사). 해외의 현지인 경영간부층의 일본으로의 경영연수도 47%의 기업에서 실시되어(조사 대상기업 128개 회사), 본사·현지법인 간의 인재 측면에서의 통합과 교류는 차츰 진전되고 있음을 알 수 있다. 이처럼 본사의 해외 현지 경영에 대한 책임성이 높아지고 있음을 나타내는 동향도 조사 결과를 통해 확인할 수 있다.

〈도표 15－6〉의 '2국적 기업'이 이제는 〈도표 15－9〉와 같이 수정형 '2국적 기업'으로 변화하고 있다고 할 수 있다. 일본계 기업과 서양 기업과의 커다란 차이는 제3국적 인재TCNs가 여전히 거의 없다는 점을 들 수 있다. 앞으로 해외의 형제기업 간 인사 교류의 동향 변화가 주목된다.

주

1 국제연합의 정의에 따르면, 2개국 이상에 생산설비나 영업시설을 소유하고 있는 기업을 지칭한다(『経済辞典(제4판)』. 有斐閣, 2002년 참조).

2 M&A 등의 목적으로 특정 기업의 주식 매집에 대해 그 의도를 공개하고 전체 투자자를 대상으로 실시하는 제도(『経済辞典(제4판)』. 有斐閣, 2002년 참조).

3 白木三秀. 「Globalization에 대한 기업대응의 진전과 Global mindset」. 『月刊グローバル経営』.(일본재외기업협회, 2012년 12월호 게재) 및 「Global시대의 HR부문의 역할: 일본재외기업협회조사의 고찰」. 『月刊グローバル経営』.(2015년 3월호 게재) 참조.

조금 더 공부하고 싶은 사람을 위해

- バードレット·ゴシャール. (1990).『地球市場時代の企業戦略』. (吉原英樹譯.). 日本経済新聞社.
- 白木三秀. (1995).『日本企業の国際人的資源管理』. 日本労働研究機構.
- ブラック 他. (2001).『海外派遣とグローバルビジネス』. (白木·永井·梅澤譯.). 白桃書房.
- 白木三秀. (2006).『国際人的資源管理の比較分析』. 有斐閣.
- 江夏健一·長谷川信次·長谷川礼 編. (2008).『シリーズ国際ビジネス(2) 国際ビジネス理論』. 中央経済社.
- 白木三秀 編. (2014).『グローバル·マネージャーの育成と評価』. 早稲田大学出版部.

옮긴이 해설

조직을 둘러싼 외부환경의 변화는 기업활동의 범위를 국내뿐만 아니라 국외로 넓혀, 보다 경쟁력 있는 조직을 만들도록 유도한다. 인적자원관리 역시 국내 수준에 머물기보다는 국제적으로 통용 가능한 시스템을 구축하여 일원화된 관리를 하는 것이 규모의 경제와 효율성을 가져올 수 있는 방안이 될 것이다.

국제 인적자원관리가 국내 인적자원관리와 가장 큰 차이가 나는 부분은 인사관리의 대상으로 외국인을 포함해야 한다는 점이다. 특히 문화적·사회적 배경이 상이한 종업원들을 다양성의 차원에서 어떻게 관리할 것인지는 기업의 경쟁력을 좌우하는 큰 변수가 된다. 따라서 이들을 관리하고 운영할 해외파견자를 누구로 결정할 것인지 혹은 현지에서 직접 채용할 것인지 등의 인적자원관리의 문제와 함께, 우수 인재 양성을 위한 인적자원개발의 문제는 전략적 차원에서 매우 중요한 일이다. 아울러 어떠한 조직모델을 택할 것인지에 따라 인적자원관리 전략도 변화하기 때문에, 진출 국가의 특성 및 사업영역 등에 대한 면밀한 검토를 통해 가장 적합한 최상의 조직모델이 결정되어야 한다.

일본의 경우, 글로벌화가 급속히 진행되게 된 계기는 1985년 「플라자합의」에 의해 찾아온 급격한 엔고 현상을 원인으로 들 수 있는데, 이로 인해 일본 기업들의 해외 직접투자가 급속히 진행되면서 국제 인적자원관리에 대한 관심도 증가하게 되었다고 할 수 있다. 구체적으로는 해외파견을 전제로 한 신규채용에서부터 시작하여, 경력경로상 해외에서의 장단기 연수나 유학 등도 포함되게 되었으며, 젊은 시절부터 해외 거점에서 근무할 수 있도록 하는 글로벌 인재 양성에도 관심을 기울이게 되었다. 하지만 아직까지 일본 기업들의 국제 인적자원관리는 2국적 기업의 형태에서 크게 벗어나고 있지 못한 것이 현실이다.

우리나라 역시 기업들의 해외 진출 사례가 많아지고 있으며, 대상이 되는 국가는 아시아권 국가뿐만 아니라, 유럽과 미주 등 전 세계를 대상으로 한다고 해도 과언이 아닐 정도로 다양한 국가들에 진출해 있는 것이 사실이다. 진출 국가별로 어떠한 인적자원관리 전략을 수립하고 실행할지는 해외 진출의 성패를 좌우할 핵심적인 요인임을 다시 한번 상기할 필요가 있다.

04

특정 테마의 이해

제16장

'일하는 것의 의미'와 인적자원관리

– 기초로서 '노동'에 대한 이해 –

1. 도입

인적자원관리의 중심은 글자 그대로 '사람의 관리'이며, 보다 정확하게 이야기하면 '조직 내부에서 사람의 노동을 어떻게 관리할 것인가?'라는 질문에 대답하는 것이다. 그렇다면 우선 '사람이 일하는 근원적인 의미'에 대해 이해해 둘 필요가 있다.

'사람은 왜 일하는가?' 이 질문에 답하기 위해서는 역사적 관점에서 '노동'이라는 개념이 어떻게 사용되어 왔는지에 대해 개관해 볼 필요가 있다. 현대적 관점에서 '사람이 일하는 것'이 갖는 깊은 의미를 생각해 보자.

"사람은 빵만으로는 살 수 없다."라는 말이 있는데, 이 말은 '인간은 단순히 살기 위해서 일하는 것은 아니다'라는 것을 의미하고 있다. 그렇다면 일하는 것의 본래 의미는 어디에 있는 것일까. 다시 말해 '만족할 만한 일의 방식'에 대한 해답을 찾기 위해 '무엇이 얼마나 소중한가'라는 점에 대해 다방면에서 살펴보는 것이 이 장의 목적이다.

이러한 '질문'에 답할 수 있는 힌트를 얻기 위해 '노동'이라는 개념이 어떻게 인식되어 왔는지, 역사적으로 거슬러 올라가 보기로 하자. 먼저 '서양의 노동'에 대해 개관하고, 그 이후에 동양의 노동관, 특히 '일본에서는 노동에 대해 어떻게 생각해 왔는지'를 구체적인 사례를 통해 살펴보고자 한다.

2. 유럽의 노동관

(1) 노예와 노동

인간의 노동에 대해 최초로 사색한 이들은 고대 그리스의 철학자들이었다. 당시 노동에 대한 기본적인 접근방식은 '노동은 천박하고 저주에 찬 것이다'라는 입장이었다. 왜 이러한 생각을 하게 된 것인지 살펴보면, 고대 그리스의 자유인들은 노동 등을 하지 않아도 생활할 수 있는 부유한 계층의 사람들로, 이 사람들이야말로 '덕을 본다'徳を宿る라고 여겼기 때문이다.

고대 그리스에서 노동에 종사했던 계층은 '노예'라고 불리던 사람들(엄밀히 이야기하면, '인간'이라고 인정받지 못했던 계층)이었다. 고대 그리스에서는 '시민'과 '노예'의 신분 차별은 엄연하게 존재하여 노동을 하는 것은 '저주받은 사람들'뿐이었고, 자유로운 시민은 노동을 하지 않고, 농업을 비롯한 사회의 모든 노동은 그 '저주받은 사람들'이라는 노예들에게 시킬 뿐이었다.

(2) 노예와 자유시민

'노예'가 '저주받은 사람들'이라 불리며 '노동을 강요당하게' 된 데에는 이유가 있다. 이를 이해하기 위해서는 당시 그리스의 전쟁에 대해 생각해 볼 필요가 있다. 빈번하게 발생했던 고대 그리스 도시국가 사이의 분쟁에서 패배한 국가의 국민은 승전국의 지배하에서 노예가 되어 버리기 일쑤였고, 반면 승전국의 국민은 자유로운 시민으로서 노동을 하지 않고 '노예'의 노동에 의한 혜택을 누렸다. 반대로 생각해 보면, 노예를 부리기 위해서는 그들을 '저주받은 사람들'이라 여기는 것이 자유시민으로서의 입장에서 더 좋았을 것이다.

고대 그리스 사회에서는 지식노동을 가치가 있는 것이라고 생각하였으며, 자유로운 시민은 '노동'을 노예의 것으로 여겨 경시하고 있었다. 농작물의 경작을 비롯하여 물건을 만드는 것과 같은 일 전반은 '육체노동'으로서 이를 노예의 일로 여기고, 반면에 상류층의 사람들과 자유로운 시민이 담당해야 하는 일은 '국가 본연의 모습'이나 '전쟁전략을 다듬는 일'로 보아, 육체노동에 종사하게 되면 사색에 잠길 시간이 없어진다고 생각하여, 지식노동이 갖는 위치와 지위를 육체노동보다 한층 격상시키게 되었다.

3. 그리스도교적 노동관

(1) 고대 그리스에서 중세로(5~15세기)

일반적으로 그리스도 교회가 절대적인 권력을 가지고서 1000년에 이르는 '신神이 절대적인 중세'를 맞이하게 된 기반에는 그리스·로마의 문화가 있다고 알려져 있다. 로마 제정帝政은 평등주의 그리스도교는 체제를 유지해 나가는 데 적합하지 않다고 보아 처음부터 이를 탄압하였다. 하지만 사람들의 생활은 종교에서 큰 의미를 찾게 되었고, 그로 인해 탄압은 성공하지 못했으며, 탄압에도 불구하고 그 세력은 쇠퇴할 기미를 보이지 않게 되었다. 이와 같은 상황하에서 로마 제정은 그리스도교를 인정하는 방향으로 정책을 전환시켜, 마침내 4세기에는 탄압할 수 없는 그리스도교를 '국교'로 인정하는 국가도 나타나게 되었다. 301년에 아르메니아 왕국이 국가로서는 처음으로 그리스도교를 국교로 정하였으며, 313년에는 콘스탄티누스 황제(Constantinus I 세, 274년경~337년, 재위 324~337년)가 「밀라노칙령」을 발표하여 그리스도교를 공인하기에 이르렀다. 더 나아가 327년에는 그루지야 정교회가 국교로 인정하였으며, 391년에는 제국의 통일을 달성시킨 '대제'로 불리는 테오도시우스 황제(Theodosius I 세, 346년경~395년, 재위 379~395년)가 이단 '아리우스파' 및 이교도를 탄압하고, 가톨릭 교회를 옹호하여 그리스도교를 국교로 삼았다.

탄압에 맞서 잠재적인 강력한 힘을 갖게 된 그리스도교가 국교로 인정받게 됨으로써, 그리스도교는 커다란 세력을 갖추게 되어 르네상스가 시작되는 13세기까지의 약 1000년에 걸친 기간 동안 절대 권력을 가지고 유럽 사회를 지배하게 되었다.

국교로 인정받게 된 그리스도교는 12세기를 정점으로 하여 타락하기 시작하여 '종교개혁'을 필요로 하는 상황에 도달하게 되었다. 이후 르네상스 시기를 맞이하여 고대 그리스의 인간 중심의 문화를 부흥시키고(문예부흥), 이윽고 인간에게 관심을 쏟게 되는 '근대'의 막이 열리게 되었다.

(2) 중세의 '노동관'

그런데 그리스도교의 영향을 받은 '중세'의 '노동관'은 그리스에는 없었던 노동에 대한 새로운 측면을 개척하게 된다. 고대 그리스 사회와 같이 '노동'을 죄악시하는 것이 아니라, 오히려 이와는 정반대로 노동을 인간으로서 소중히 다루어야 할 것으로 생각하는 사고방식을 만들어 냈다. 이러한 사고방식이 나오게 된 기반에는 그리스도교의 교리로부터 기인한 '금욕주의'의 정신이 존재한다. 중세의 금욕주의는 사람들의 노동관을 바꾸었으며, 지금부터 이야기하게 될 '근대 노동관의 싹'을 형성해 나가게 된다.

중세의 신학자들은 자신들의 신앙에 기반하여 그리스 철학자들이 노동을 천시하는 사고방식에 대해 비판하였다. 애당초 신이 천지를 창조한 것 자체가 훌륭한 노동이나 다름없었고, 천지창조 6일간의 다음 날은 휴식을 위해 쉬었던 만큼 의미 있는 일이었으며, 신의 고귀한 노동이 천할 수는 없는 것이라고 보았다. 이와 마찬가지로 인간의 노동 역시 삼림을 개간하고 새로운 농지를 만들고, 그 농지로부터 농작물을 얻고, 또한 공장에서는 일용품이 만들어지며, 사람들은 생활에 필요한 물건을 얻기 위해 일하는 것으로써, 노동은 살아가는 데 있어서의 소중한 행위라고 생각할 수 있게 되었다.

이와 같이 그리스도교의 사고방식이 근저가 되어, 중세에는 농지에서 농작물을 경작하거나 공장에서 일용품을 만드는 활동이 흔히 이루어지게 되었다. 이렇게 생산된 상품은 일반 시민들 사이에서 매매되어 결국 생산활동과 상업활동을 촉진시키게 되었다. 아직도 유럽 도시의 중심에는 시장 광장이 많이 남아 있어 쇼핑객들로 붐비는데, 그 시작은 중세에서 비롯되었다고 할 수 있다. 이처럼 사람들이 일하는 것의 의의가 인정되게 됨으로써 노동은 살아가는 데 있어 소중한 행위로 인식되었으며, 얼마 지나지 않아 노동의 윤리에 대해서도 고민을 시작하게 되었다.

(3) 프로테스탄티즘적 노동관

그리스 사회에서 천시되었던 노동의 가치가 그리스도교의 신앙 아래에서 전환되어, 중세에는 노동의 의의를 인정받게 되었으며 시민들도 노동에 종사하게 되었다. 이에 따라 다양한 직종이 만들어지기에 이르렀고, 직업에는 귀천의식이 생기게 되어 그 차이의 인식으로부터 노동에 대한 윤리의식이 요구되게 되었다. 또한 노예의 일이라고 하여 천시되었던 육체노동에 대해서도 점차 긍정적으로 바라보게 되었으며, 노동에 의해 얻게 되는 보수도 정당한 것이라 인정받게 되었다.

14세기부터 17세기에 걸쳐 부의 축적에 차이가 발생하여 부를 보다 많이 축적한 사람들이 나타나 부유층이 형성되게 되었다. 이것이 바로 자본주의 탄생의 시작으로, 이 시대의 상업은 활황세를 보여 유럽 내외를 무대로 한 무역이 크게 융성하게 되었다.

원래 그리스도교는 인격신人格神*임에도 불구하고, 금전을 지불함으로써 극락에 갈 수 있다고 하는 물질주의가 일부 성직자의 정신을 지배하게 된 것은 분명 오랜 시간 그리스도교의 지배에 안주해 온 교회의 교만이었다고 말해도 좋을 것이다. 사람들 사이에서는 '죄를 돈으로 면제받을 수 있는 표'(면죄부)를 사기만 하면 극락에 갈 수 있다고 믿는 사람도 나오게 되어, 결국 종교는 타락하게 되었다. 이처럼 절대적인 권력을 유지해 온 교회의 권위 아래에서 신을 등지고 못된 짓을 하는 성직자들도 끊이지 않아 그리스도교는 타락하게 되어, 칼빈(Jean Calvin, 1509~1564년), 루터(Martin Luther, 1483~1546년)라는 두 명의 종교개혁가의 출현을 필요로 하는 상황에 이르게 되었다.

그리스도교에서 인간은, 말하자면 신의 본질인 정신과 악마의 본질인 물질의 두 가지 성질을 동시에 가진 존재라 할 수 있다. 즉 육체라는 물질을 지배하는 것은 악마의 일이고, 악마는 신과 같이 인간을 정신적

---

* 신을 의인화한 것을 말하며, 단순히 의인화한 것이 아니라 '신은 독립된 개체이고 신을 초인간적 존재로 바라본다'는 의미를 내포하고 있다. 고대 그리스·로마의 신화의 신들도 인격신이다(옮긴이).

으로 성숙하게 하지는 못하지만 물질의 세계에서는 인간을 타락시킬 수 있는 마이너스의 힘이 신과 동등하게 존재한다는 것이다. 원래 그리스도교에서 '금욕'이라는 것은 물질에 대한 욕망을 억누르고 신을 향한 신앙을 전제로 하는 것인데, 신을 향한 신앙심이 부족할 때 악마의 부추김에 말려들게 된다. 따라서 중세적 금욕주의란 오로지 그리스도교의 개념이며, 근면하게 일하는 가운데 신에 대한 신앙심을 전제로 하지 않고는 있을 수 없는 개념인 것이다.

(4) 근 · 현대적 노동관

근대에 성립된 '절대왕정'은 프랑스혁명으로 대표되는 '시민혁명'에 의해 무너져, 그 결과로 '부르주아'(시민계급)라고 불리는 계층이 지배권을 쥐고 사회를 통제하게 되었다. 이와 연관되어 산업도 발전하여 자본가가 등장하게 되었다. 그렇게 해서 출현한 자본가에게 중요한 과제는 종업원을 노동자로서 얼마나 근면하게 일하도록 만들 것인가에 관한 것이었다.

즉 자본가로서 중요한 것은, 종업원에게 '일하는 것이 윤리적으로 중요한 것'임을 자각시켜 일의 중요함을 의식하게 하고, 근면성실하게 일하도록 만드는 것이었다. 이때 커다란 영향을 미치는 것이 앞서 설명한 프로테스탄티즘의 '금욕'과 '근면'의 개념이다.

(5) 프로테스탄티즘의 윤리

자본가들이 유능한 노동자를 육성하기 위해서는 종업원에게 노동의 윤리적 가치를 확실하게 자각시킬 필요가 있었다. 이때 직업이라는 것은 신이 선정하며, 신의 아래로 초빙되는 '성직'calling이라는 것이 유효한 수단이 되었다. 즉 노동자가 스스로 얻은 직업이, 실은 신이 스스로 불러낸 고귀한 것이라는 인식을 갖게 함으로써, 노동자의 직업에 대한 인식은 신에 대한 절대적인 의무감을 의미하게 되었다. 더 이상 말할 필요도 없이, 이러한 인식은 동물에게는 있을 수 없는 '신과 만날 수 있는' 인간에게만 존재하는 특유의 능력을 의미한다(인간 존중). 이 때문에 더욱더 '금욕'과 '근면'이 요구되게 되었다.

금욕·근면, 검소는 프로테스탄티즘에 있어, 신의 가르침을 충실히 따르는 신앙의 중요한 요체이며, 이러한 프로테스탄트의 종교 윤리는 서양 자본주의의 발전과 불가분하게 연결되어 있다.

인간도 동물임에는 틀림없지만 생각의 원천인 전두엽을 가지고 있어, 신과 악마와의 사이에서 어느 쪽으로 향할 것인가를 선택할 수 있는, 피조물 중의 유일한 존재이다. 인간의 사명으로는 세속적인 악마가 지배하는 '물질(육체도 포함)의 세계=지옥'을 향하지 않고, 신이 지배하는 정신의 세계(천계)로 향하지 않으면 안 된다는 것은 말할 필요도 없으며, 이것이 바로 '금욕'이며, 낭비하지 않는 근검절약의 정신, 경제적으로는 저축을 가능하게 하는 원천이 되는 정신, 즉 자본 축적에 기여하는 정신이라는 것이다. 이와 같은 사고방식이 프로테스탄트의 종교 윤리가 되는 셈인데, 이를 처음 학문적으로 주창한 학자가 바로 Max Weber(1864~1920년)이며, 「프로테스탄티즘 윤리와 자본주의의 정신」이라는 유명한 책을 집필하였다.

Weber는 근대 서양에 출현한 자본주의를, 단순한 이익 추구라는 의미에서의 '자본주의 일반'과 구분하고 있는데, 이 관점은 도대체 어디에 놓여 있던 것일까. Weber는 근대 서양에 출현한 자본주의의 특징을 일하는 사람의 '에토스'ethos에서 찾았다. '에토스'라 함은 일반적으로는 정신 구조나 무엇인가로 향할 때의 정신적 태도를 지칭하는 단어이지만, Weber가 사용한 '에토스'라는 단어는 '자본주의 정신'이라는 의미로서, 그 의미를 프로테스탄티즘의 윤리 속에서 찾을 수 있다고 하였다.

앞서 기술한 바와 같이, 프로테스탄트의 사고방식에서는 신에게로 향하는 것이 불가능하게 되면 악마를 향하게 되어, 결국 '타락'에 이르게 되므로 인간은 어떻게 해서라도 이를 피해 신에게 향할 필요가 있다고 보았다. 이 사고방식은 온갖 '세상의 즐거움'을 포기하고, 신으로부터 부여받은 사명으로서 의무를 달성하는 것이며, 세속적으로는 '금욕'이라는 생활 태도를 지향하게 된다는 것이다. 즉 프로테스탄트 정신이 직업노동에 기여한다는 생각을 통해, 자본주의 정신을 창출하는 원천이 된다고 생각하였다.

(6) 의도하지 않은 결과로서의 '자본주의'

이상 설명한 바와 같이 Weber는 '자본주의 정신'을 프로테스탄트의 '세속적 금욕주의'로 설명하였다. 하지만 프로테스탄트의 교의教義를 믿는 사람들은 모두 근대 자본주의를 창출하려는 의도로 금욕적인 생활을 했을까. 물론 그렇지는 않을 것이다. 그렇다면 '자본주의'는 프로테스탄트의 사람들이 의도하지 않은 곳에서 결과적으로 만들어진 것이 된다.

욕망을 전제로 하는 근대 자본주의가 '종교적 이상의 실현을 위해서는 모든 욕망을 희생해야 한다'는 프로테스탄트의 '금욕주의'로부터 나왔다는 것은 바로 역사가 가져다준 역설이라고 해도 좋을 것이다(도표 16-1 참조).

도표 16-1 프로테스탄트의 종교 윤리와 서양 자본주의의 탄생

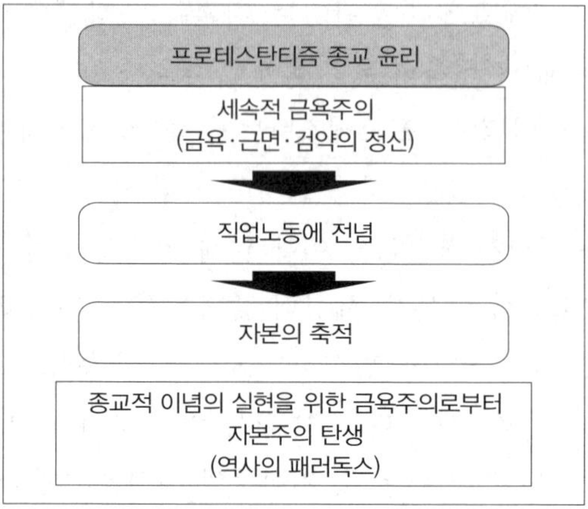

(7) 미국에서의 유럽 자본주의의 변질

미국의 자본주의는 제1차 세계대전을 전후로 전성기에 접어들면서, 프로테스탄트의 정신인 '근검절약, 세속에서의 금욕'의 정신은 후퇴하고, 거액의 자산을 가진 자산가가 출현하게 되었다.

이러한 상황하에서 Weber는 미국의 부의 축적이 종교적·윤리적인 의미를 결여하게 되었다고 비판하였으나, 이와는 상관없이 초기 미국 자본주의는 대량 소비를 배경으로 그때까지의 유럽에서의 자본주의와는 다른 길을 걸어가게 되었다.

4. 일본의 노동관

(1) 일본식 자본주의의 정신

일본은 아시아의 여러 국가들 중에서 처음으로 근대화(공업화)에 성공한 나라이다. 일본은 지리적으로는 서구의 선진 문명권으로부터 멀리 떨어진 극동에 위치하며, 근대화에 성공하기까지는 아시아에서도 문명의 중심이 아니라 오히려 아시아의 '변두리'라고도 할 수 있는 지역이었다. 중심은 중국·한반도의 주변 지역이었다고 해도 무방하다.

이와 같은 일본이 왜 다른 아시아 국가들에 앞서서 근대화에 성공하였을까. 그랬던 일본 경제에 지금 그늘이 드리워진 이유는 무엇일까? 일본이 이런 혼란에서 탈피하는 것이 가능할 것인가? 더 나아가서, 일본이 현재의 혼란스러운 국제적 경쟁 사회 속에서 무엇인가 해야 할 역할이 있다면 그것은 대체 어떠한 것인가?

이러한 질문에 답하기 위해서는 일본 경제 고유의 발전 과정에 대해 생각해 볼 필요가 있다. 이때 키워드가 되는 것이 바로 '일본식 자본주의 정신'이다.

실제로 일본이 근대화를 통해 아시아에서 발 빠르게 성공할 수 있었던 것은 다른 아시아 국가들에는 없었던 특유의 경제적 기반이 일본에서만 갖추어져 있었기 때문이라고 생각된다. 그 기반이라 함은 자본주의를 형성하는 기반을 말하며, Weber는 "근대적 자본주의가 성립하기 위해서는 서양 사회의 근대 자본주의와 같은 정신적 '에토스'가 그 기반에 미리 형성되어 있지 않으면 안 된다."라고 주장하였다. 여기서 말하는 '에토스'라 함은, 넓은 의미로 '사회적인 정신, 특히 그 사회적 기반에 널리 퍼져 있는 윤리적 분위기'와 같은 것을 의미한다.

이와 같이 생각하면, 일본이 아시아에서 다른 나라보다 빠르게 근대 자본주의 경제체제를 도입할 수 있었다는 것은 "비서구 문명권에 있으면서도 서구 자본주의를 발생시키도록 했던 것과 같은 '에토스'를 이미 양성하고 있었다"라는 추측을 가능하게 한다.

그렇다면 그 시기가 문제가 되는데, 에도江戶 시대*의 서민 사회까지 거슬러 올라간다고 생각해도 거의 틀리지는 않을 것이다. 즉 에도 시대의 일본에는 이미 일본 특유의 자본주의의 씨앗이 태동하여 자라나고 있었다고 생각된다. 일본식 자본주의의 정신에 대해 자세히 연구한 인물이 야마모토(山本七平, 1921~1991년, 필명 이자야 벤다산(Isaiah Ben-Dasan))인데, 여기에서는 자세하게 연구 결과를 소개할 여유가 없어, 크게 신도神道·불교仏教·유교儒教라고 하는 사상적 분류로부터 일본식 자본주의 정신을 구성한 요소들에 대해 짚어 보기로 하자.

(2) 일본의 노동에 대한 사고방식

일본의 노동에 대한 사고방식은 신도나 불교, 유교 등의 사상으로부터 커다란 영향을 받았는데, 일본에서는 '신도'神道라고 하는 토착 종교가 있음에도 불구하고 일찍(538년 또는 552년) 불교가 전해졌으며, 아울러 유교도 받아들이게 되어 일본인의 근저에 있는 정신을 형성하는 것이 무엇인가에 대해서는 정확하게 알기 어렵게 되어 있다. 신도, 불교, 유교가 일본인의 정신에 깊이 뿌리내리고 있다는 것은 확실하지만, 어떤 영향이 어느 정도 작용하고 있는지를 학문적으로 검증하는 것은 매우 어려워, 다양한 '일본인론'日本人論이 존재하는 것도 그러한 일본의 역사적·문화적인 특별한 사정과 무관하지 않을 것이다.

---

* 1603~1867년까지 265년 동안, 에도(현재의 도쿄)가 정치의 중심이었던 시대를 말한다(옮긴이).

(3) 불교 영향 아래에서의 일하는 것의 의미

먼저 불교적 노동관부터 살펴보도록 하자. 쇼무聖武 천황(701~756년)의 통치 시기는 724년부터 749년까지인데, 이 시기는 율령국가의 전성기로서 정치적으로는 격렬하게 요동치는 나라 시대**의 전환기였다.

불교에서는 사람이 가지고 있는 신앙, 노동, 기술 등의 여러 능력을 좋은 목적을 위해 제공하고, 많은 사람이 하나의 목적을 위해 협력하여 일하는 것을 '지식'이라고 하였는데, 쇼무 천황은 자발적으로 '지식'을 제공하기를 세상 사람들에게 기대하며, 도다이지東大寺 대불大仏 건립을 계획하였다. 불교에서 '선지식善知識'이란 지혜롭고 덕이 있는 친구, 지도자를 의미하는데, 쇼무 천황은 대불의 건립이라는 대규모 작업의 통솔자로서 당시의 승려, 교기(行基, 668~749년)를 지명하였다. 교기는 민간 전도에 힘썼을 뿐만 아니라, 지구地溝***의 개발이나 환자를 위한 간호 시설을 개설하는 등 각지에서 빈민 구제를 실천하고, 일하는 것의 가치를 인정하고 일하는 사람들을 칭찬하여, 사람들에게 도움이 되는 일과 노동을 '지식'으로서 자각할 수 있도록 하였다. 이에 따라 교기는 백성들로부터 '보살'이라 불리게 될 정도로 신뢰를 얻게 되었다.

구카이(空海, 774~835년)는 교기의 이러한 불교로부터의 가르침·실천에 찬동하여, 사원·학교·제방의 건설에 힘썼으며, 또한 도겐 선사(道元禅師, 1200~1253년)는 일하는 데 있어 수행과 예절이 중요하다는 것을 설명하고, 자유롭게 타인에게 봉사하는 일에 종사하는 것이 인간으로서 매우 중요한 일이며, 인간에게 행복을 가져다주는 지름길이라고 설파하였다.

** 일본 간사이(関西) 지방의 나라(奈良)를 수도로 했었던 시대로, 710~794년의 84년간에 이르는 시기이다(옮긴이).

***거의 평행한 두 개 이상의 정단층(正斷層) 사이에 발달된 길고 낮은 지대로, 협곡의 형상을 이루고 있는 지형이다(옮긴이).

교기, 구카이, 도겐 모두 남을 위해 일하는 것에 대해 설명하였는데, 노동의 목적을 단순히 보수를 받는 것에서만 찾는 것이 아니라 '모두가 행복해지는 것을 바랐다'라고 해석하는 것이 가능해, 여기에서 일본의 불교적인 노동관을 찾아 볼 수 있다.

다음으로, 불교적인 노동관에 대해 구체적으로 이해하기 위해서 선승이자 에도 시대 초기의 조동종曹洞宗* 승려, 스즈키 쇼산(鈴木正三, 1579~1655년)의 사상에 대해 살펴보도록 하자.

(4) '스즈키 쇼산'(鈴木正三)의 사상

천하를 두고 겨루었다고 평가받는 세키가하라 전투関ヶ原の戦い**는 쇼산이 23세였던 때에 발생하였다. 이는 비참한 전투였다. 쇼산은 전쟁의 비참함에서 세상의 부질없음을 깨닫고, 42세에 출가하여 본격적으로 선종의 가르침에 대해 배우기 시작하였으며, 수행을 통해 독특한 불교 사상을 습득하였다. 100년에 이르는 전란의 세상이 수습되고, 수년에 걸쳐 도쿠가와는 막부를 구축하였지만, 정치는 여전히 불안정하고 많은 백성들은 불안에 휩싸여 쇼산의 사찰로 설법을 듣고자 찾아오게 되었다.

여기서 쇼산은 아이들이나 노인들도 이해할 수 있도록, 설법이 적혀 있는 그림책(가나조시(仮名草子))***을 써서, 이를 활용하여 백성들 앞에서 설법하였다. 설법은 깊은 사색과 폭넓은 지식이 뒷받침되어 있어 알기

* 선종(禪宗)의 한 종파로, 오가칠종(五家七宗)의 하나이다(옮긴이).

** 도요토미 히데요시(豊臣秀吉) 사후 발생한 도요토미 정권 내부의 정쟁에서 비롯된 전투로, 승자인 도쿠가와 이에야스(德川家康)가 이 전투를 통해 막강한 권력을 손에 넣음으로써 막부 정권 확립의 기반이 되었다(옮긴이).

*** 에도시대 초기에 가나(假名, 일본의 문자) 또는 가나 혼용문으로 쓰여진, 일본 근세 문학에서의 이야기·산문 작품을 총칭한다(옮긴이).

쉽고, 사람들을 납득시킬 수 있는 힘을 가지고 있었다.

'원래는 염불을 외우며 수행하였지만, 농사일이 바빠서 그럴 여유가 없었기에 죽으면 반드시 지옥에 떨어질 것 같다'라고 생각하며 고민스러워하던 농민들에게 쇼산은 "염불만이 불교의 수행이 아니다. 그것 보다는 마음을 담아 일하고, 호미질이나 괭이질을 할 때마다 염불을 외우는 것, 즉 농사의 길에 일편단심하는 것이야말로 부처의 도리에 맞는 것이다."라며 타일렀다(農事卽仏行). 또한 손님과의 신용을 지키기 위해 안간힘을 썼는데도 돈벌이는 천하다고 생각하는 상인들에게는 "상인은 천하의 재물을 제자리에 유통시킬 사명이 있고, 그 일에 근무하는 것은 존귀하며 부처님의 도를 통하는 일이다."라고 타일렀다(商業卽仏行). 그리고 "재주가 있으면 누구나 할 수 있는 일이다."라며 멸시를 받던 장인들에게는 "장인의 일은 사람들의 생활을 행복하게 해 주는 존귀한 일이니, 물건을 만들 때마다 염불을 외우며, 사람들의 행복을 기원하라."라고 타일렀다(物作り卽仏行).

도표 16-2 백성의 생활에 뿌리내린 스즈키 쇼산의 가르침

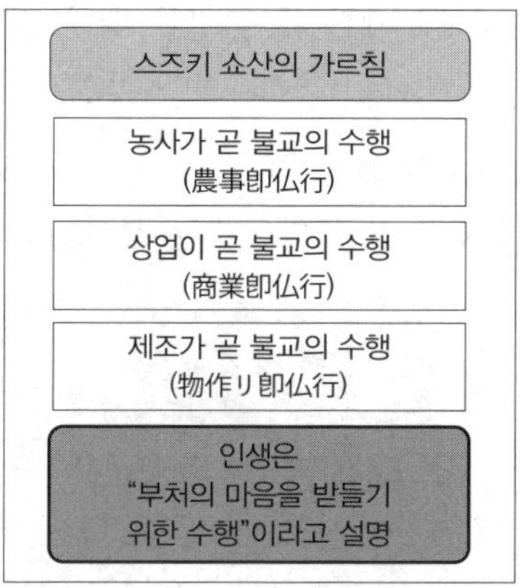

어려서부터 전쟁 속의 어려움을 느끼고, 성인이 되어서는 세상의 질서를 계속 바라보았던 쇼산은 인생을 '부처의 마음을 받들기 위한 수행'이라 여기며, 사농공상의 구분은 신분의 서열이 아니라 사회 공헌의 범위를 나타내는 분류에 불과하다고 해석하였다.

당시로서는 새롭고 본질적이었던 이와 같은 가르침은 전국으로 퍼져, 사람들은 부처를 가까이 두기 위해 열심히 일을 하였다. 사람들의 행복을 빌고, 일하는 것의 의미를 설명한 쇼산은 Weber가 이야기한 자본주의를 받아들이기 위한 기반, 즉 그 '에토스'를 일본에 조성시키는 데 성공한 사람이라고 할 수 있을 것이다. 괴로움을 동반하는 '일하는 것'을 일본인의 삶의 보람으로 바꾼 스즈키 쇼산은 전쟁 속의 시간을 이겨 내고, 후세의 우리들에게 '일하는 것의 의미'를 깊이 되새기게 해 주어 미래를 살아갈 큰 희망을 주었다고 할 수 있을 것이다.

(5) 유교적 노동관

다음으로, 유교의 영향을 받았다고 생각되는 일본인의 노동관에 대해 살펴보자. 유교를 신봉했던 사람은 그렇게 많지는 않았다고 할 수 있지만, 일본인의 정신 구조에 미친 그 영향은 매우 컸다고 할 수 있다. 유교는 공자(孔子, 기원전 551~기원전 479년)의 가르침을 체계화한 것인데 「장유유서의 규정(長幼の序の規定)」 등의 규율 중시의 정신을 지키며, '가족 간의 자애' 등 덕을 통해 사람을 다스리는 사고방식이 근저를 이루고 있었다.

(6) 이시다 바이간(石田梅岩) '세키몬신가쿠(石門心学)'*의 가르침

① 상인의 길(道)

세키몬신가쿠石門心学의 시조, 이시다 바이간(石田梅岩, 1685~1744년)은 상인이 사회적으로 낮은 대우를 받고 있던 시대에 "장사에 따른 거래로 이윤을 얻는 것은 부끄러워할 일이 아니다."라며, 상인이 일하는 것의 의의에 대해 역설하며 상업의 중요성을 강조하였다. 바이간의 말 중에 "진정한 상인은 상대방과 자신이 모두 잘되게 하는 것이다実の商人は、先も立、われも立つことを思うなり."라는 것이 있는데, 이는 일본에서의 CSRCorporate Social Responsibility(기업의 사회적 책임)의 관점이라 해도 좋을 것이다.*

바이간은 에도 시대의 학자로, 농가에서 둘째 아들로 태어나서 23세에 교토로 유학하여, 처음에는 당시의 주류인 유학儒学이 아니라 신도神道(당시는 유교의 영향이 강해 '신유일치의 경향'이 현저하게 나타나고 있었음)에 대한 공부를 시작하고 신도의 보급에 뜻을 두었다. 이후 독학으로 유교를 배워, 1792년 42세에 마을 사람들을 모아 처음으로 심학心学 강좌를 열었는데, 강좌에 참여하기 위해서는 누군가에게 소개를 받을 필요도 없이 자유롭게 청강할 수 있었으며 수강료 또한 무료였다. 그 정신은 현재에도 통용되는 '평생학습 사회의 이념'과 일치하는 점이 있었다고 할 수 있다.

바이간은 이 강연에서 당시의 '사농공상'이라는 신분제도 아래에서 가장 천시받아 자신감을 상실한 상인들에게 '상인의 길'을 설파하면서 "농민은 작물을 경작하여 녹을 얻고, 무사는 주군을 섬겨 녹을 얻는다. 이와 마찬가지로 상인은 매매를 행하여 녹을 얻는다. 이것이 천하의 도리이다."라고 하여, 상인의 이윤을 무사의 녹봉과 같은 것으로 보아 상인

---

* '세키몬신가쿠'는 평민을 위한 평이하고 실천적인 도덕교를 말하며, 현대에서도 기업 도덕의 일환으로 배우고 있다(옮긴이).

의 일에 대해 정당한 의의를 부여하고 상인 천시의 풍조를 부정하였다. 이와 같이 '상인의 길'을 강조한 바이간은 진리를 구하여 수행하려는 마음이 강하였으며, 어릴 때부터 정직하고 성실한 성격은 평생 변하지 않았다고 한다. 바이간의 강연을 들은 상인들은 일에 대해 자긍심을 가지고 다가올 미래에 대해 커다란 용기를 갖게 되었다.

바이간의 '근검절약 제일'의 가르침은 유교 윤리로부터 시작한 것으로 「도비문답都鄙問答, とひもんどう」*에서 "근검절약이라 함은 세 가지의 재물이 필요하다고 하더라도 두 가지에서 끝내도록 하는 것이다."라고 하며, 불필요한 것까지도 내놓기 아까워하는 '자린고비'와는 명확히 구별하여 '근검절약'에 대해 정의하였다. 또한 바이간은 실천가로서, 강연에서의 '근검절약의 정신'을 '의식주의 전반'에서 스스로 실천한 것으로 알려져 있다.

② 근검절약의 정신

예로부터 '검소·근검절약'은 일본인의 미덕으로 여겨져 왔는데, 바이간은 『검약제가倹約斉家』**를 세상에 내놓은 직후인 1744년에 세상을 떠났다. 이후 바이간의 사상은 제자들에 의해 서민을 위한 생활 철학, '세키몬신가쿠'石門心学(유교·불교·신도에 기반한 도덕)로 널리 알려졌으며, 검소·근검절약의 사상은 '지성'至誠을 최고의 덕목으로 하는 일본의 독자적인 경영 사상으로 오늘날까지도 계승되고 있다.

바이간은 특별히 새로운 사상을 정립하려고 결심한 것은 아니다. 무엇보다도 '마음'을 중요시하고, 선인들의 행실을 배우며, 도리에 맞는

* 심학(心学) 운동의 경전이라고 할 수 있으며, 문답체 구성으로 4권 16단으로 이루어져 있다(옮긴이).

** 검약을 정직한 덕과 결부시켜 구체적인 실천 덕목으로 제시한 책이다(옮긴이).

삶을 살아야 한다고 설파하였다.

바이간의 사상에서 특히 주목되는 것은 자린고비와 그 동기가 되는 '탐욕'을 구별하여, 소비의 윤리로서 '근검절약'을 설명한 것이다. 즉 욕심에 사로잡히지 말고 열심히 일에 몰두하라(봉사하라), 이때 첫 번째로 중요한 것이 '근검절약'이며, 근검절약을 질서의 기본으로 하여 지키게 되면 자본은 자연스럽게 축적되게 된다고 하였다. 이러한 주장의 이면에는 사치와 낭비로 인해 많은 상인들이 타락하는 시대적 배경이 있었을 것이며, 이는 앞에 설명한 프로테스탄티즘의 '세속적 금욕'과도 일치하는 것이다.

앞서 스즈키 쇼산을 일본식 자본주의의 에토스를 만들어 낸 인물로 소개했는데, 바이간의 가르침은 무사 계급보다는 일반 대중의 처세술로서 상인, 농민 등 백성들에게 널리 펼쳐졌다는 것을 생각해 보면, 바이간 또한 일본식 자본주의의 에토스를 형성한 선구자, 즉 발 빠르게 근대화를 성공시킨 일본에 자본주의 정신을 함양하는 기반을 구축한 중요한 선구자로 평가할 수 있을 것이다.

(7) 니노미야 다카노리(二宮尊徳)

니노미야 다카노리(1787~1856년, 본명 '긴지로'(金次郎))는 에도 시대 후기의 인물로, 유교 윤리와 연결되는 사상을 가지고 국민들에게 근면과 근검절약의 가르침을 설파하였다. 메이지 시대부터 제2차 세계대전의 시기에 걸쳐 많은 소학교에, 장작을 등에 지고서 책을 읽는 니노미야 다카노리의 동상이 세워졌다. 당시는 전시 상태로, 물자도 부족하고 서민들에게는 근면과 근검절약이 요구되었는데, 니노미야 다카노리의 동상에는 그러한 시대를 사는 서민들의 검소한 생활에 대한 기대가 담겨 있었다고 할 수 있다.

Weber가 서양 그리스도교 사회 안에서 보았던 '금욕·근면과 근검절약의 정신'을 니노미야 다카노리는 물자가 부족한 전시 상황 아래의 일본에서 실천한 셈이다. 아래에서는 '노동'이 현대 경영학에서는 어떻게 파악되어 왔는지에 대해, 특히 그 창시자로 불리는 Fredrick W. Taylor(1856~1915년)의 실천 활동을 통해 살펴보도록 하자.

5. 경영학의 시작과 '노동'

(1) 경영학의 성립

경영학의 성립은 20세기 초반으로 거슬러 올라간다. 19세기 말 미국에서는 산업혁명 이후의 철강 수요가 급증함에 따라, 기업 규모가 대규모화되고 시장에서는 거대 기업 간의 경쟁이 격화되고 있었다. 이러한 상황에서, 공장에서는 제조 공정에서의 비용 절감이나 작업능률의 향상이 중요한 과제가 되었다. 미국에서 엔지니어였던 Taylor는 인간이 조직에서 일하는 이유가 일하는 것에 대한 대가로서의 임금을 바라기 때문이라 보고, 과학적으로 사람을 관리하는 방법에 대해 고찰하였다. 이것이 바로 '과학적 관리법'이라고 부르는 방법이다.

또한 Taylor는 자신이 철공소의 종업원으로 근무했던 당시, 종업원이 게으름을 피워 자신의 능력을 1/3정도밖에 발휘하지 않는 상황을 보고, 이러한 조직적 나태함을 타파하여야 한다고 생각하여 작업능률을 향상시킬 방법으로서 '과학적 관리법(테일러 시스템)'이라 불리는 방법을 고안하게 되었다.

(2) 시간동작연구와 계획부의 창설

종업원의 효율을 높이려 할 때 가장 효과적인 방법은 직장의 우수한 노동자를 선발하여 그 동작을 세세한 구분 동작으로 분해하여 쓸데없는 동작을 제거한 다음, 표준작업량을 결정하는 것이었다. 실제로 Taylor는 스톱워치를 사용하여 초 단위로 작업자의 효율적 동작을 관찰하여 합리적인 동작을 만들어 내고자 하였다. 이와 같이 작업자에 대한 시간동작연구에 추가하여, 1일에 할 수 있는 작업량task을 미리 설정하고 작업량 관리방안을 정비하고자 하였다. 당시 작업자가 하루에 해낼 수 있는 작업량은 경험과 감에 의해 결정되었는데 Taylor는 이를 과학적으로 결정하려 하였던 것이다.

여기에서 Taylor는 '계획부'라는 새로운 부서를 만들어 직장에서 선발된 우수한 노동자의 작업을 세세한 구분 작업으로 분해하고, 최종적으로는 개별적으로 행해졌던 일을 통합하여 작업 효율이 가장 높은 수단을 모색하였다. Taylor가 의도하였던 것은 작업에 필요한 순서는 모두 계획부에서 사전에 작성해 두고, 실제로 작업을 할 때 종업원은 계획부로부터 전달받은 작업지시서에 따라 가능한 한 다른 것들은 생각하지 않고도 작업이 가능한 상태로 만드는 것이었다. Taylor는 작업지시서를 만드는 부문과 이를 실천하는 장소를 구분하여 효율화를 도모하였으며, 또한 작업량 관리방식을 임금 부여 시스템과 연결시켰다.

(3) 임금에 따른 인센티브 제도

과학적인 방법을 사용하여 설정된 하루 작업량은 지금까지 나태하게 보내 왔던 작업자에게는 매우 엄격하게 받아들여졌기 때문에 어려운 작업량의 목표 달성을 위해서는 추가적인 방법이 필요하게 되었다. 그것은 바로 임금에 의한 인센티브 제도였다. Taylor는 임금의 지급률에 차이를 두는 방식으로 작업자의 모티베이션motivation을 높이고자 하였다. 일을 어느 정도 달성했는지, 그 생산량에 따라 임금지급률을 차등 적용하여 작업자의 의욕을 끌어내고자 하였다. 이 제도는 임금지급률에 차이를 둔다는 의미로 '차별적 성과급제도'라고 불린다. 이 제도 아래에서는, 하루에 달성해야만 하는 표준이 되는 작업량 이상의 생산량을 달성한 종업원에게는 높은 임금지급률을 적용하고, 작업량을 달성하지 못한 경우에는 낮은 임금지급률을 적용하였다. 이러한 방식으로 Taylor는 종업원 누구나가 표준 작업량 이상의 성과를 달성하려 하고, 나태한 업무태도를 바꾸려 하기를 기대하였다.

중요한 점은 Taylor가 작업자에게 보다 나은 일을 시키기 위해서 급여를 높여 근로의욕을 높이려 했다고 생각한 것이며, 이는 경제학의 효율임금가설efficiency wage hypothesis과 상통하는 사고방식으로서, 노동생산성을 높이기 위해서는 노동의욕을 높이는 것이 무엇보다도 중요하며, 이를 위해서는 보수를 높이는 것이 효과적이라고 하는 전제에 입각한다.

이후 이 분야에서는 근로의욕을 높이는 요인에는 단순히 임금만 존재하는 것이 아니라는 주장도 나오게 되었으며, 근로의욕을 높이는 임금 이외의 요소에 대해서도 연구되게 되었다.

6. 결어: 인적자원관리의 전제로서의 '노동'에 대한 이해

(1) 일하는 것을 어떻게 생각할 것인가

이 장에서는 '일하는 것의 의미'에 대해 질문하고, 그 해답을 역사적으로 더듬어 가며, 동서양의 역사에서 드러난 다양한 노동관으로부터 '일하는 것과 관련되는' 사고방식에 대해 개관해 보았다.

고대 그리스의 노동관으로부터 중세를 거쳐 어떻게 근대·현대의 노동관이 만들어지게 되었는지에 대해 서양에서는 프로테스탄트, 특히 Weber의 생각을 참조하여 근대 자본주의 성립의 과정을 살펴보았고, 지면관계상 이를 구체적으로 논의하지는 못했지만 이러한 사상이 미국식 자본주의에서 변질되는 측면도 짚어보았다. 또 동양에서는 특히 일본의 '일본식 자본주의'의 특징을 개관하고, 그 기반이 되었던 노동관에 대해서는 일본에 오랫동안 영향을 주었던 불교·유교라는 외래 사상의 영향까지도 포함하여 살펴보았다.

'일하는 것'이 경영학 안에서 어떻게 받아들여지고 있는지에 대해서는, 주로 경영학의 시조라 일컬어지는 Taylor의 '과학적 관리법'을 통해 개관하였다.

근대 일본에서 '일하는 것'(노동)의 의미는, 물론 시대별 사회구조에 따라 다른 측면이 있기는 했지만, 노동은 '그 자체로서 의미 있는 활동이다'라고 받아들여지게 된 것은 서양과 마찬가지로 근대 사회에 들어서였다.

인간의 정신활동 그 자체도 생산적 노동을 모델로 하여 파악되기 때문에 노동은 인간에게 고유한 행위이며, 자기를 표현하는 창조적인 활동이라고 생각되었다. 또한 '노동은 인간의 생산활동을 담당하는 주체적이고 창조적인 것이며, 그 행위는 주체로서의 인간이 객체인 자연에게 작용하는 제작·생산 행위이기도 하다'라고 인식되어 왔다.

(2) 노동의 가치에 대해

서구의 근대에서 노동에 관한 가치의식에는 그때까지의 '노동은 인간에게 바람직하지 않은 활동이며, 피해야 할 것이다'라는 고대·중세의 사고방식으로부터의 전환이 있었다. 즉 근대에 이르러 '노동이라 함은, 인간에게 가치 있는 것을 만들어 내는 힘'이라며 긍정적으로 바라보게 되었다.

이와 같이 근대로 향하는 과정에서의 '노동에 대한 가치의 전환', 즉 노동에 관한 의미의 전환이 이루어지게 된 것은 프로테스탄티즘의 종교개혁과 밀접하게 연결된다. 이는 구체적으로는 Weber의 종교적인 '금욕'이 근면하고 검소한 생활 태도를 만들어 냈고, 다시 '근검절약'으로 연결되어 부를 축적하게 하고, 궁극적으로는 자본주의로 통하게 된다는 견해를 의미한다. 그리스도교적 '금욕'에 따른 근면성이 부의 축적을 촉진시켜, 이것이 세속적인 행복을 약속하는 에토스가 된다고 보는 것이다. 즉 노동은 종교적 구원에 대한 확신과 결부되어 긍정적인 것으로 변모되었으며, 근면·근검절약의 정신은 산업의 발전과 함께 근대에서 중심적인 노동 윤리를 형성하기에 이르렀다.

노동은 인류의 창조력, 생산력, 자연에 관한 지배력까지도 생각하게 하며, 단순히 보수를 얻기 위한 수단과 같은 좁은 의미를 뛰어넘어, 넓은 의미로 '몸을 움직이는 상징으로서의 활동'으로 평가되기도 한다. 여기에서 인간은 호모 파베르Homo Faber, 工作人로서 다른 동물과 구별되는 존재이며, 노동은 인간의 본질적 활동(서양에서는 그 근저에 '신의 천지창조 행위가 있다'라고 유추하는 것이 중요함)으로 간주되게 되었다.

(3) 인적자원관리의 전제가 되는 '노동'에 대한 이해

이 장에서는 인적자원관리의 전제가 되는 '일하는 것'의 의미를 명확히 하기 위해서, 노동의 역사에 대해 개관하고, 일본식 자본주의 정신을 어디에서 찾을 수 있는지 살펴보았다.

오늘날 신흥국의 대두에 따른 국제 경쟁의 격화, 그리고 국내 경제 상황의 악화가 장기화되는 가운데 노동을 둘러싼 환경은 매우 어려운 상황에 직면해 있다. 이러한 상황에서 일본의 자본주의를 지탱해 온 일본식 에스토를 한 번 더 재검토하여, 인적자원관리의 구조나 그 의의에 대해 생각해 보는 것은 매우 중요한 일이 될 것이다.

조금 더 공부하고 싶은 사람을 위해

- 橋木俊詔 編. (2009).『働くことの意味』. ミネルヴァ書房.
- 芦川博通. (2003).『いまなぜ東洋の経済倫理か』. 北樹出版.
- 山本七平. (2006).『日本資本主義の精神』. ビジネス社.
- 上林憲雄·厨子直之·森田雅也. (2010).『経験から学ぶ人的資源管理』. 有斐閣ブックス.
- マックス·ヴェーバー. (1989).『プロテスタンティズムの倫理と資本主義の精神』. (大塚久雄 譯.). 岩波文.

옮긴이 해설

사람을 다루는 인사업무의 담당자로서, 굳이 종교철학까지 언급하지는 않더라도 노동의 역사적 의미를 되새겨, 현시대에 노동이 사회적으로 어떻게 작용하고 개인의 일상생활에 영향을 주고 있는지 살펴보는 것만으로도 의미가 있는 일이다. 그리스 철학자들의 노동에 대한 인식이 중세를 거쳐 르네상스 시대 종교개혁에 이르기까지 어떻게 변모하여 왔는지에 대한 이해는 노동, 즉 인적자원관리의 대상이 되는 '인재'를 다루어야 하는 인사 담당자에게는 인사 업무의 본질을 이해하고 보다 체계적인 업무수행을 가능하게 한다. 왜냐하면 이를 통해 인사 업무의 바탕이 되는 '사람'과 '노동'에 대한 사상적 토대를 명확히 할 수 있고, 나아가 인사 업무가 갖는 의미가 무엇인지 이해하고 나아가 이를 실제 업무수행 과정에서 녹여 낼 수 있기 때문이다.

일본의 경우, 토착 종교인 신도, 불교, 유교의 영향으로 다양한 관점들이 노동을 바라보는 시각에 녹아 있음을 알 수 있다. 특히 우리나라와 마찬가지로 육체노동을 천시하던 상황에서도 일부 선각자들에 의해 노동의 참의미가 무엇인지에 대해 탐구하고 이를 백성들에게 전파함으로써, 그 결과 근대화에 발 빠르게 성공할 수 있었던 역사적 사실은 의미 깊은 시사점을 남겨준다. 과거 유교국가인 우리나라에서 사농공상에 대한 편협한 사상 탓에, 공업과 상업을 멸시함으로써 근대 국가로 빠르게 진출할 수 있었던 기회를 놓치게 되었다는 비판은 일본의 사례와 대비되며 더욱더 큰 아쉬움으로 남는다.

우리나라의 경제 규모가 확대되고 국제사회에서의 발언권도 커지고 있음에도 불구하고, 바람직한 자본주의 정신이 이를 뒷받침하지 못한다면 세계 일류 국가로의 도약은 요원한 일이 될 것이다. 유럽이나 미국, 일본의 자본주의 정신의 뿌리가 무엇인지에 대한 탐색을 바탕으로, 근현대 대한민국의 자본주의 정신의 근본이 어디에 존재하였는지를 찾고, 이를 체계적으로 정립하여 미래를 위한 발판으로 삼는 것이 중요하다고 생각된다.

제17장

자원 기반 전략론과 인적자원관리

1. 도입

이 장의 과제는 인적자원관리와 경영전략론의 관계에 대해 자원기반론Resource-Based View: RBV의 관점에서 고찰하는 것이다. 인적자원관리 이론은 1980년대부터 경영전략론에 접근하여 전략적 인적자원관리론Strategic Human Resource Management: SHRM으로 발전하였다.[1] 그 배경으로는 1980년대 미국의 경영환경 악화 및 조직혁신을 들 수 있다. 이에 대해 Osterman(2004)은 "① 노동시장에서 임금격차의 확대 및 양분화, ② 블루칼라와 관리자 업무 사이의 전통적인 장벽의 붕괴 및 경력 내용의 변화, ③ 비정규고용의 확대로 인한 종업원과 기업 사이 관계의 변화, ④ 노동시장의 복잡화와 급격한 변화에 비해, 노동시장의 제도는 과거 안정적이고 균일적인 시대의 모습 그대로이기 때문에 보다 유연한 제도가 요구되게 되었다."라고 요약하고 있다.[2] 이러한 시대의 환경 변화에 적응해야만 하는 "오늘날의 기업은 스스로 '핵심 역량'core competence을 보다 중시하게 되었으며, 그 결과로 과거에 기업 내부에서 담당해 왔던 많은 서비스나 기능을 아웃소싱하고 있다."[3]라고 하는 상황에 직면하게 되었다.

일반론적으로 미국식 경영이라고 하면, 단기적인 재무 업적 중심, 해고와 다운사이징, 선택과 집중, 레버리지ROE 경영 등의 특징을 들 수 있다. 하지만 이러한 '미국식' 전략이나 조직관리, 종업원과 기업과의 관계는 Osterman이 지적한 1980년대 이후 환경 적응의 산물이라 할 수 있다. 20세기 미국 기업의 특징은 Chandler*식式의 대규모 조직관리에

* Alfred D. Chandler는 미국의 경영사학자로, 현대 기업의 대규모화와 경영구조의 변화에 대해 연구하였다(옮긴이).

있으며, 안정적인 수요와 그에 상응하는 장기계획과 설비투자의 확대, 그리고 이를 담당할 종신고용의 화이트칼라 종업원을 들 수 있다. 또한 이 시기의 기업은 수요의 확대에 대응하기 위해, 다변화 전략에 적합하면서 그것을 실행하기 위한 사업부제 조직을 채택하였다. '고용관료제'[4] 나 '가족기업'[5]이라 불리는 사회계약으로서의 장기 고용시스템이 확립된 것이 미국 경제력의 원천이라 할 수 있다. Reich(2002)가 주장하고 있는 바와 같이, 조직인[6] organization man*의 시대에, 미국의 대기업은 장기적인 계획에 따라 조직 내부의 인재를 육성하였다. 미국의 1980년대는 이러한 조직 시대의 종언이라 할 수 있는 패러다임 전환의 시기였다.[7]

'계획과 조직의 시대'를 대신하여 비즈니스의 최전선에 등장한 것은 '경영전략의 시대'이다. 이는 또한 기관투자가의 대두와 ROE 경영으로 나타나는 '자본 효율화'의 시대이기도 하였다. 종래 장기적인 육성계획을 담당하는 부문이었던 HR은 이제는 기업실적에 간접적인 책임을 지기 시작하였으며, 일찍이 '가족'으로 간주되었던 기업의 종업원에게도 전략상의 역할을 기대하게 되었다. 그리고 거대한 기관투자가의 '목소리' 앞에서, 기업은 높은 업적을 냈음에도 불구하고 해고나 다운사이징을 실시하게 되었다. 인적자원관리는 전략론과 관계없는 스텝 부분이 아니라, 오히려 그 중추적 역할을 담당할 것으로 기대되게 되었다. 이 장에서는 이러한 배경을 감안하며, 경영전략론의 기본적인 틀에 대해 설명하고자 한다.

---

* 조직에 충성을 다하면 조직도 개인에게 그에 맞는 보상을 할 것이므로, 조직을 위해 희생하겠다는 윤리 의식을 갖고 조직을 관리·운영하는 행태의 관리자 유형이다(옮긴이).

2. 경영전략이란 무엇인가

환경의 변화(경영의 글로벌화, '파괴적'인 기술 진화, 예측하지 못한 수요 변동 등)에 의해 조직의 업적은 영향을 받게 된다. 최근의 환경은 예상 밖의 변동이 심하다. 하지만 그 반면에 조직은 장기적으로 존속하며 성장을 지속하도록 설계되어 있는 계속 사업체going-concern이며, 그 때문에 조직은 환경의 변동을 유연하게 받아들여 상황에 맞는 대책을 세우지 않으면 안 된다. 따라서 경영전략은 조직이 환경에 적극적으로 적응하기 위한 수단이 된다.

조직은 복수의 구성원으로 구성되며, 공통의 목표를 가지고 있는 제도制度, institution이다. 조직의 효율성은 조직 목표에 대한 달성도로 측정된다. 여기서는 단순화된 모형을 통해 살펴보도록 하자. 〈도표 17－1〉은 조직의 효율성은 경영환경에 의존하면서, 경영전략은 두 가지 변수를 조정하는 조절변인임을 보여 준다.

아무리 훌륭한 기업이라고 하더라도 경기가 침체될 때에는 실적이 나빠지게 된다. 실리콘 사이클**과 같은 순환이 있으며, 자동차 교체 수요와 같은 사이클도 있다. 하지만 동일 업계의 모든 기업이 같은 환경의

도표 17−1 환경 · 전략 · 조직

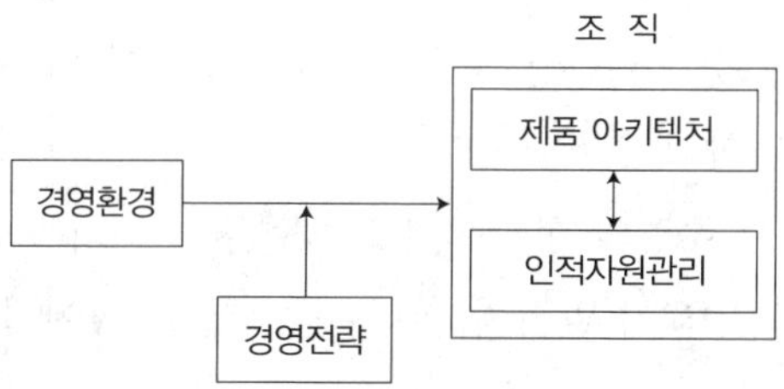

** 반도체산업에서 볼 수 있는, 약 4년의 주기를 가지는 경기순환을 말한다(옮긴이).

영향을 받는 것은 아니다. 수요 동향에 적응 가능한 기업도 있고, 수요 예측을 잘못하여 결산실적을 하향 수정하거나 도산하는 기업도 있다. 여기에서 조절변수인 경영전략의 의미가 있다.

이 모형에서의 조직은 인적자원관리와 제품 아키텍처*의 두 가지 요소로 단순화되어 있다. 다른 변수를 제외한 것은 그 변수들이 가치가 없다는 것을 의미하는 것이 아니라, 이 모형에서 다루고 싶은 변수 때문에 모형을 '단순화'한 결과이다.

조절변수로서의 경영전략에 대해서도 조금 구체적으로 정의해 보도록 하자. 경영전략이라 함은, 기업에 지속적으로 경쟁우위를 제공해 주는 로직logic이다. 바꿔 말하면, 왜 어떤 기업은 업계 평균 이상의 이익률을 달성하는가에 대한 인과관계를 추측하는 것이라 할 수 있다.

이에 대한 가장 간단한 답변은 톱top, 즉 사장이 우수하기 때문이라는 것이다. 20세기 초반, 경영자가 신들린 듯한 솜씨God's hands로 존경받으며 조직에 군림하던 시대에는 기업 업적은 경영자의 개인적 능력에 결정적으로 의존한다고 인식되었다. '철강왕'이나 '자동차왕'이라는 단어에는 '초인적 능력(카리스마)이 갖추어져 있기 때문에 보통의 일반인과는 다르다'라고 하는 소박한 신비주의가 기업의 경쟁우위를 설명하고 있었던 것이다.[8] 하지만 이러한 시각으로는 카리스마적 경영능력이라는 핵심 개념을 명확하게 정의(정량화)할 수 없었다. 그렇기 때문에 경영자는 필요 이상으로 신비화되었던 것이다.

이와 유사하게, 공장의 현장에서도 숙련공(장인)의 능력·위신은 신비에 싸여 있었다. 19세기 말까지, 내부 청부제도**하에서의 미국 공장은

* 제품에 대한 기본적인 설계 구상을 말한다(옮긴이).

** 생산 현장의 특정 공정에서 숙련된 직원이 모든 것을 관리하고, 직공을 활용하여 생산을 도급받는 제도이다(옮긴이).

직장職長, foreman의 지배 아래에 있었다. 직장은 원재료나 재고의 관리뿐만 아니라 노동력까지도 완전히 통제하였다. 생산은 제품별로 이루어져 각 제품의 전체 공정을 각 직장이 통제하였다. 이들의 윗 계층은 하나밖에 없었고, 게다가 상위관리자도 생산 공정에는 간섭할 수 없었다. 요약하자면 '19세기 말의 제1차 세계대전 즈음까지 산업에 따라서는 직장이 미국의 공장에서 전제군주였다'라고 할 수 있다.[9]

이러한 '직장제국'職長帝國의 시대는, 생산 공정이 복잡해지고 직공의 인원수가 많아지고 제조 라인이 기계화되는 등의 이유로 종식되기에 이르렀다. 새로운 환경에 어울리는 관리법을 제공한 것은 미국 Taylor의 「과학적 관리법」(1913년)과 프랑스 Fayol의 「경영관리」(1929년)였다. 이러한 새로운 관리이론은 조직관리에서 탈신비주의를 촉진시켰으며, 과업task의 객관적인 측정과 이에 상응하는 임금제도(차별적 성과급제도)를 만들어 냈다. 여기에서 관리의 원리를 객관적이고 과학적으로 탐구하는 조직관리이론이 탄생하였다. 과업, 작업연구, 분업, 계층, 집권화, 권한과 책임 등에 대해 Taylor 등이 체계화하였던 이론들은 제1차 세계대전 이후 기업이 거대화되어 가면서 실제로 구현되기에 이르렀다. 사업과 조직이 확장됨에 따라, 경영자 혼자의 힘만으로 할 수 있는 것은 제한적이게 되었으며 관리기구로서 대규모 조직이 만들어지게 되었다.

1950년대에 들어서면서, 미국 산업계는 거대 기업big business의 시대에 돌입하였다. 여기에서 기업을 일상적으로 관리하고 있는 것은 중간관리직 계층, 즉 매니저 계층이었다. 이들은 종신고용을 약속받은 '조직 인간'이며, 고용의 관료제화(Jacoby, 1989)[***]는 사회적으로도 큰 장점

*** 노동시장이 기업 내부로 포섭되어 가는 시스템을 '고용관료제'라는 새로운 개념으로 파악하였다(옮긴이).

을 동반하였다. 미국에서는 제2차 세계대전 이후에 탄생한 종신고용모형 덕분에 경제는 안정화되었으며, 소위 미국 중산층american middle class이 형성되기에 이르렀다.[10]

하지만 이와 같은 '조직 인간의 패러다임'(Cappelli, 2010: 333), 즉 1950년대부터의 장기적 경영계획과 인재의 내부 육성에 의한 '관료적인 모형'(Cappelli, 2010: 14)은 사업 예측의 불확실성 증대와 함께 어려워지게 되었다. 그리고 전략 및 'Just in time 방식의 인재개발'(Cappelli, 2010: 266) 시스템으로 이행하게 되었다. HR 부문은 본래 장기적이고 눈에 보이지 않는 인적 능력을 담당하는 부문이다. 하지만 전략적으로 기업의 재무 실적에 가시적인 공헌을 하도록 요구받게 되면, 사업부나 기업 전체의 경영전략과 HR 기능을 일치시켜야 한다는 압력을 받게 되고, 비용 계산상 가장 효율적인 인재육성과 고용방식에 초점을 맞추게 된다. 그렇다면 경영전략이란 무엇인가, 이에 대한 이해를 하지 않고서는 SHRM의 옳고 그름이나 효율성에 대해 말할 수는 없다.

경영전략론은 개별 사업부가 담당하는 사업전략business strategy과, 기업 전체가 대상이 되는 기업전략corporate strategy으로 나뉜다. 경쟁전략에서 업계 평균을 넘어서는 이익above-average returns을 장기적으로 달성하는 것을 경쟁우위competitive advantage 전략이라 하고, 이를 위한 지대* 혹은 준지대**를 경쟁우위의 원천이라 부른다. 또한 오늘날에는 많은 기업이 복수 사업부를 갖는 다각화 기업으로, 개별 사업전략과 전체로서

---

* '지대(rent)'란, 독점이나 규제 등 경쟁이 불완전함으로써 얻을 수 있는 완전경쟁 이상의 이윤을 말한다(옮긴이).

** '준지대(quasi rent)'란, 고정된 내구적 자본설비에서 얻어지는 초과 이윤을 말한다(옮긴이).

의 기업전략을 별도로 고민하게 되었다. Porter의 경쟁전략론competitive strategy의 주안점은 사업전략에 있으며[11], Collis와 Montgomery(1998)나 Barney(1991)의 자원 기반 전략론은 기업전략에 중점을 두고 있다.[12] 자원 기반 전략론을 유명하게 만든 것은 핵심 역량core competence이론이다.[13] 이후에는 자원의 운용능력capability을 중시하는 동태적 능력dynamic capability이 발전하게 되었다.[14] Porter의 외부분석론과 Barney의 내부분석론은 모두 논쟁의 표적이 되었으나[15], 오늘날에는 보완적인 도구로 간주되고 있다. 아래에서는 자원기반론의 관점에서 기업전략론의 내용에 대해 살펴보도록 하자.

3. 기업전략론의 내용

기업전략은 다각화된 기업에 적합한 전략이며, '자원기반론'RBV이라고 명명한 Wernerfelt(1984)의 기념비적인 논문에서도 다각화 전략에 있어 자원 레버리지leverage***에 대해 다루고 있다.[16] Porter의 경쟁전략은 제품product-업계industry를 분석 단위로 하고 있으며, 업계 내에서 기존 기업 간의 경쟁뿐만 아니라 신제품이나 대체품의 '위협'과 바이어 또는 공급자와 자사 사이의 '교섭력'에 대해 분석하는 것이다. 이에 비해, 자원 기반 전략론에서는 '제품'이 조직 내부의 '자원'resource이라는 원천에서 나온다는 프로세스로 전략적인 초점이 옮겨진다. 즉 Wernerfelt가 기술한 바와 같이 '제품과 자원은 동전의 앞뒷면과 같다'[17]고 여겨지게 된다.

*** '레버리지'란, 더 적은 경영자원으로 전략 목표를 달성할 수단을 끊임없이 모색하는 것을 의미한다(옮긴이).

자원기반론에서 말하는 '자원'은 여러 제품의 원천이라고 정의된다. 다각화 전략에서는 가치 있는 '자원'을 발견하여 이의 육성에 충분한 시간을 투자하고, 그 결과로 나타난 복수의 사업에서 이윤을 얻는 것이 중요하다. Wernerfelt는 '자원'을 M&A 전략과 관련지어 설명한다. 즉 M&A는 시장에서 입수할 수 없는 귀중한 자원(기술, 인재, 고객 등)을 얻을 수 있는, 자사의 내부 자원을 보완하기 위한 전략적 활동으로 보았다. '제품'은 눈에 보이는 것이기 때문에 정의하기 쉬운 반면에, '자원'을 발견하고 정의내리기는 쉽지 않다. 하지만 기업의 성장전략에서 열쇠가 되는 과제는 항상 자원과 관련된 것이다. 예를 들어, 자사의 자원 중에서 어떤 자원을 기반으로 다각화를 추진해야만 할까, 또는 어떤 자원을 매각해야 할까 등의 과제를 들 수 있다. 여기서 이야기하는 '자원'은 상표명, 자사 내부에 존재하는 기술지식, 숙련기술자나 매니저의 경험지식, 업무의 효과적 순서, 심지어는 자본이나 기계 등 유형·무형의 자산tangible and intangible assets으로 기업에 반영구적으로 귀속되는 것들로 정의된다.[18]

자원 기반 전략론에서 자원 개념은 다각화 전략과 범위의 경제economies of scope 또는 시너지 효과와 밀접히 관련되어 있다. 특정한 핵심 역량(경쟁우위의 원천이 될 만한 자원과 능력)은 다각화된 제품·서비스를 생산하고, 신제품의 개발R&D이나 M&A에 따라 다이내믹하게 기업을 성장시키는 원천이 되는데, 이것이 자원기반론의 기업 이미지가 된다. 따라서 자원기반론은 다각화 전략에서 얼마나 효율적으로 자원을 운용할 것인가라는 형태로 논의되게 된다.[19]

〈도표 17-2〉는 다각화 기업이 자원을 어떻게 운영해야 할 것인가를 나타내는 Collis와 Montgomery의 모형이다. Barney 등의 대표적인 자원기반론에 관한 논의를 살펴보면서 이 모형에 대해 설명해 보자. 〈도

도표 17-2 기업전략의 트라이앵글

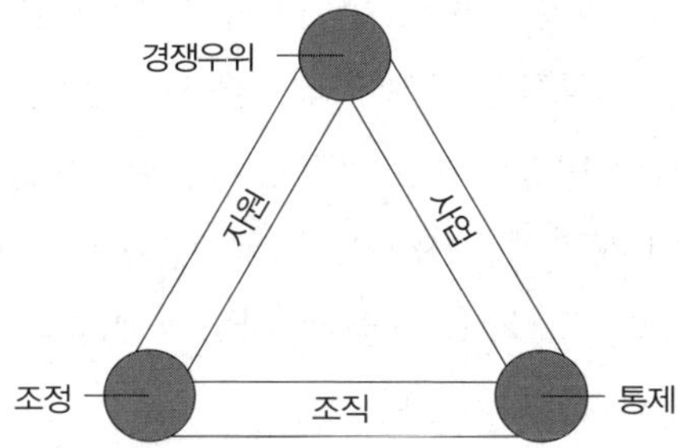

출처: Collis & Montgomery(1998: 72).

표 17-2〉의 전제가 되는 것은, 기업에는 비전과 목적이 존재한다는 것이다. 자사의 경영이념이 확립되어 있으면 종업원은 그것을 업무활동의 기준으로 삼을 수 있기 때문에, 이는 주체적이고 자율적인 조직 만들기의 기초가 될 수 있다. 강한 기업문화corporate culture는 채용이나 유지 관리의 유인으로 작용하기도 한다. Collis와 Montgomery는 기업의 자원(자산, 능력)과 사업(제품, 업계) 및 조직(구조, 프로세스)이라는 3요소의 조합으로 된 프레임워크를 제시하였다.

(1) 자원

자원기반론의 전제가 되는 것은, 기업이 그 자원에 대해 이질성heterogeneity을 가지고 있다는 것이다. 서로 이질적 조직체인 기업에 있어, 조직 목표를 달성하기 위해서 가치 있는 자원을 발견하고 인식하고 육성하고 적절히 배치하는 것이 전략적 출발점이 된다.

Barney는 이 자원을 ① 물적자본 자원, ② 인적자본 자원, ③ 조직자본 자원의 세 가지로 분류하였다.[20] ①은 물적인 기술, 공장이나 설비,

조직의 지리적 위치, 자재에 대한 접근의 용이성 등을 의미하며, ②는 종업원 또는 관리자의 훈련, 경험, 판단, 지식, 인간관계, 통찰력 등을 말한다. ③은 기업의 공식적인 보고 라인, 공식·비공식적인 계획, 통제, 조정제도, 직장 집단의 비공식적인 인간관계 등을 의미한다. 이러한 조직 내 자원의 묶음이 사업에 활용되는 정도에 따라 경쟁우위의 수준이 결정되게 된다. 〈도표 17-2〉는 자원과 사업의 적합도의 정도에 따라 경쟁우위가 결정되는 것을 나타낸다.

기업에 있어 가장 가치가 높은 자원은 타사가 모방하기 어려운 것이며, 외부로의 이전이 불가능한immobile 자원이다.[21] 이 의미는 어떤 조직에서도 통용되는 종업원의 일반적 기술general skill보다 기업 특화 기술firm-specific skill이 '자원'으로서 더 가치가 높다는 것이다. 또한 전직할 가능성이 있는 개인적인 재능보다는 조직 내부의 기업문화로서 경로 의존적으로 형성된 혁신적인 집단의 지식이 더 가치가 크다고 할 수 있다.

(2) 사업

〈도표 17-2〉에서 말하는 사업은 그 기업이 참여하고 있는 업계와 관련된다. 기업은 단일 업계에서 활동하는 경우도 있지만, 복수의 업계에서 시너지 효과를 얻으려 하는 경우도 있다. 어느 쪽이 더 효율적 경영인지에 대해 일률적으로 말할 수는 없다. 일본의 마부치모터주식회사MABUCHI MOTOR와 같이 소형 모터라는 단일 제품으로만 글로벌하게 성장해 온 우수한 기업이 존재하는 반면에, 1970년대 제너럴 일렉트릭GE과 같이 100개가 넘는 사업으로 다각화한 결과, 결국 비효율화되어 조직 변혁을 피할 수 없게 된 기업도 있다. 이 조직 변혁을 실시한 이가 Jack Welch 회장이다. 여기서 짚어 볼 문제는 자사의 자원 구성과 사

업 구성이 적합한지 아닌지의 여부이다. 마부치모터주식회사의 경우에는 창업자의 경영이념이 현재까지도 맥을 이어 오고 있으며, 저렴한 고성능의 모터사업에만 전념하고 있다. 이 사업을 초기부터 해외로 진출시켜, 글로벌한 경영 판단과 민첩한 조직력(인재력)을 무기로 하여 2010년경의 경영 위기를 극복하였다.[22] GE는 1980년대부터 Jack Welch 회장이 조직의 슬림화와 사업의 리스트럭처링을 강력히 추진하여 높은 성과를 얻을 수 있었으나, 후임자인 Jeffrey Immelt 회장은 비즈니스 모델의 혼란과 주가 하락이 장기화되는 등의 경영상 어려움에 직면하여 2017년 10월, 예정보다 빠르게 퇴임하였다. RBV 전략론은 GE와 같은 다각화 전략과 사업부제의 비효율성에 대해서도 자주 언급하고 있다.

(3) 조직

조직은 구조와 프로세스로 나누어 설명된다. 구조는 그 권한이 중앙에 집권되어 있는가 아니면 현장에 분권적인가(집권적-분권적), 직능부제 functional structure 혹은 사업부제 multidivisional structure를 채택하고 있는가 등에 따른 접근방식이 있다. 구조론은 종종 발전단계론으로도 분석된다.[23]

조직 프로세스론은 조직구조의 내부에 정보나 지식이 어떻게 전달되고, 어떻게 의사결정 되는 것인지에 관한 분석을 말한다. 사업부제를 가지고 있는 다각화 기업에 있어, 어떻게 현장 정보나 지식이 조직 안에서 유통되는가에 대한 접근은 지식관리 분야에서 다루어진다. 또한 복수의 사업부가 본사에 제출한 사업계획(예산안)에 대해, 이를 본사가 어떻게 조달할 것인가 하는 본사의 조달능력도 중요하다. 조직과 자원의 적합성은 조달능력에 의존하며, 또한 조직과 사업의 적합성은 통제능력에 의존하게 된다.

수많은 M&A가 실패하는 이유는, 자원·사업·조직에서 일관성이 결여되고, 이들의 조율 실패가 원인이라 추측할 수 있다. 매수 이후의 통합 프로세스after M&A는 새로운 자원을 조직에 투입한 이후에 '일관성 있는 통합체'coherent whole[24]를 만들어 내기 위한 무척 어려운 프로세스이다. 매수자의 자원을 충분히 통합하지 못하는 경우, M&A는 기대했던 이익을 가져올 수 없게 되어 결국은 매수 당시의 인수가액의 차이가 부담으로 작용하게 되는 많은 사례들이 보고되고 있다. Chandler가 강조하고 있는 것처럼, 기업의 혁신이라고 할 때, 우리는 보통 기술혁신에 시선을 빼앗기기 쉽지만 실제로는 이를 창출하는 기반이 되는 조직의 혁신이 더 중요하다.[25]

기업의 지속적 경쟁우위는 경영전략이라는 설계도만으로는 실현할 수 없으며 전략을 실행하는 조직의 운용능력capability이 필수적이다. 그리고 조직능력은 무엇보다도 '사람'이나 팀의 능력에 의존한다.

4. VRIO 분석과 핵심역량론

산업조직론에 따른 경영전략론은 업계industry와 제품product 기반으로 경쟁우위를 이끌어 내는 로직을 구축한다. 기존 업계의 경쟁구조와 잠재적인 위협, 거래처와의 교섭력을 통해 자사에 있어 중요한 경쟁요인force을 분석하고, 이에 대항하고자 한다. 이에 비해, 자원 기반의 경영전략론은 제품의 근원적 존재인 자원으로부터 경쟁우위를 만들어 가야 한다고 주장한다. 제품이나 시장은 복잡하게 변화하고 있으며, 기업은 자사에 내재하는 자원을 찾아내고 개발하여 그 자원으로부터 다양한 제품을 만들어 내야 한다는 로직이다. Wernerfelt(1984)는 자원에 대해 "반영구적으로 기업에 귀속된다."[26]라고 이야기하고 있으며, Barney는 경합하는 타사가 모방하기 어려운 자원의 정도만큼 경쟁우위의 원천이 된다고 주장한다.[27]

산업조직론 기반의 경영전략론에서는, 기업이 보유한 기술이나 자원은 원칙적으로 동일하며 시간이 지날수록 동일하게 수렴해 나간다고 하는 데 비해, 자원 기반의 전략론에서는 기업의 자원은 장기적으로도 이질적heterogeneity이라고 인식된다. 산업조직론 기반의 전략론은 어느 기업의 기술이(경쟁적 시장일수록) 빠르게 시장에 확산된다고 보지만, 자원기반론에서는 자원은 조직에 고착성이 있어 쉽게 타사로 이전될 수 없다고immobility 간주한다. 즉 개별 기업의 자원이 이질적이고 이동할 수 없기 때문에 동일한 업계에서 동일한 환경변화에 직면한 기업 간에는 업적에 격차가 발생한다고 본다.

인적자원은 경쟁우위를 갖기 위해 중요한 근원적인 자원이다. 그렇다면 어떻게 하여 자원으로부터 지속적인 경쟁우위를 얻을 수 있을까. 이에 대해 Barney는 〈도표 17－3〉과 같은 유명한 모형을 제시하고 있다.

기업이 보유한 이질적이고, 이전하기 곤란한 자원이 지속적인 경쟁우위를 갖기 위해서는 그 자원은 경제적 가치(V: value)를 가지고 있지 않으면 안 된다(반대로 말하면, 조직에는 가치를 가져다주지 못하는 자원도 존재한다). 또 그 자원은 업계 내에서 희소성(R: rareness)이 있어 모방하기 위해서는 코스트(비용과 시간)를 필요로 하는 대체 곤란한 것(I: imperfect imitability or inimitability)이 아니면 안 된다.[28] 이와 같은 특징을 갖는 자사의 자원이나 운용능력이 그 잠재력을 발휘할 수 있도록 조직되어 있는가(O: organization)에 따라 기업 업적은 결정되게 된다. Barney의 VRIO 분석이 정의한 자

도표 17-3 VRIO 프레임워크

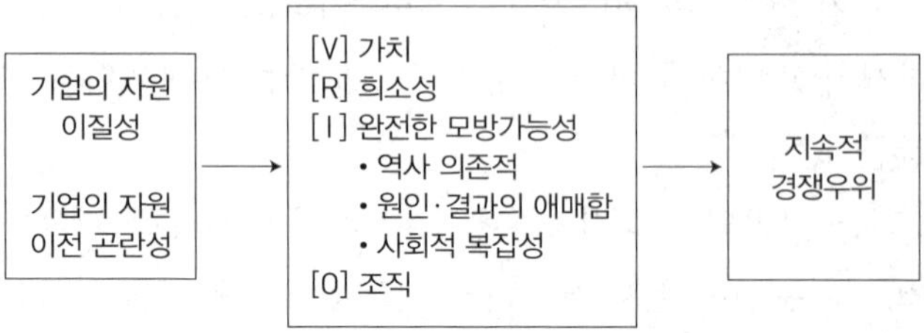

출처: Barney(1991: 112); Barney & Clark(2007: 69)를 참조로 필자 작성.

원 개념은 유명한 자원기반론의 '핵심 역량' 개념과 많은 공통점을 가지고 있다.[29]

가치(V)에 대한 정의는 외부환경에 적응하고 있는 자원인지 아닌지를 묻는 항목이다. 각 기업에는 다양한 특질attitudes이 갖추어져 있다. 이들 특질 중에서 가치가 있는 자원이라고 불리는 것은, 기회를 활용하여 위협을 누그러뜨리는 것과 같은 특징을 갖는다.[30] 예를 들어, 조직문화가 자원으로서 가치를 가지고 있는지 아닌지에 대해서, Barney는 소니Sony와 USX*를 비교하여 다음과 같이 설명하고 있다. 소니는 독자 기술에 전념하여 새로운 시장을 스스로 만들어 가는 조직문화를 가지고 있지만, USX는 수직통합형의 제철 프로세스에서 유래한 조직문화로 인하여 누코어Nucor Corporation**와는 대조적으로 제철업계의 구조 변혁을 인식하지 못하였다.

어떤 조직문화가 자원으로서 가치를 갖는지의 여부는, 산업구조의 변화라는 환경 적응과의 관련성을 통해서도 살펴볼 수 있다. 과거에 성

* 미국의 종합 철강회사로, 전신은 U.S. Steel이다(옮긴이).

** 1940년에 설립된 종업원 2만 5,000명의 미국 2위의 철강기업이다(옮긴이).

공의 계기가 되었던 조직문화가 현재 또는 미래에도 반드시 자사의 경쟁우위를 가져다줄 것이라고는 할 수 없다. 10년 단위로 보았을 때, 어떤 시기에는 핵심 역량이었던 것이 다음 시기에는 단순한 능력 중의 하나가 되어 버리게 된다.[31] 이러한 관점은 매우 중요한 개념이며, Leonard-Barton(1991)은 이에 대해 핵심 역량이 나중에는 핵심 경직성core rigidity으로 바뀌는 리스크가 될 수 있다고 지적하였다.[32]

경합관계에 있는 타사의 추격에 대항하여, 자사가 보유한 자원의 희소성(R)을 계속 유지하기 위해서는 자원을 위한 대담한 투자를 계속하지 않으면 안 된다. 희소성과 모방곤란성(I)은 모두 다 계속적인 투자를 필요로 한다. 투자는 미래의 경쟁력의 원천이 되는데, Hamel과 Prahalad(2001)는 기존 시장을 위해 경쟁하는 것이 아니라 미래의 시장을 위해 경쟁해야 한다고 주장하였다. 이를 위해서는 제품 자체보다는 이를 만들어 내는 자원, 특히 핵심이 되는 자원에 집중해야 한다고 보았다. 이는 기존 제품(현재 시장)의 전략이 Porter의 경쟁전략(외부 분석)이라 한다면, 미래의 시장을 위한 전략은 핵심역량전략이라는 주장이다. 인적자원이라는 가장 중요한 자원에도 이와 같은 논리가 적용된다.

핵심역량론에서는 4단계로 나누어 경쟁에 대해 설명하고 있다. 경쟁의 제1단계는 스킬이나 기술의 개발경쟁이다. 개별적인 스킬이나 기술은 이른바 핵심 역량의 부품이며, 기업은 우선 이 구성요소를 손에 넣지 않으면 안 된다. 이를 입수하는 방법은 '내부 조달 또는 외부 조달'make or buy problem 중에서 선택에 따르게 된다. 과거 일본 기업의 특기는 인재를 사내에서 장기적으로 육성하는 방법이었다(내부 조달, make). 이는 자동차 조립업체가 계열 내의 공급자와 주도면밀하게 정보 교환을 해 나가면서 부품을 내부 조달하는 일본식 제품 생산과 동일한 방법이다.

인재육성과 제품전략에는 물론 제도적인 보완성도 있다. Collis와 Montgomery가 지적한 전략적인 일관성을 여기에서 확인할 수 있다. '외부 조달'buy 전략에서는 그때그때의 환경이 필요로 하는 우수한 스킬이나 지식을 외부에서 채용하는『인재 전쟁』*The war for talent*(McKinsey & Company의 연구 결과를 담은 책)이 이 방식의 전형적인 모습이 된다. 자원 기반 전략론에도 M&A나 자사 내부의 부문 간에 이루어지는 다양한 지식 이전 관련 연구가 있으며, 외부 지식의 평가·활용에 관한 흡수능력absorptive capacity 등도 논의되고 있다. 그 이유로는, 현재의 기술환경에서 있어 자사 내부의 타 부문뿐만 아니라 업계 내 타사의 지식의 흐름이 중요한 혁신의 원천이 되고 있어, 이를 얼마나 흡수하고 활용하는가에 따라 경쟁우위에 영향을 주기 때문이다.[33]

경영전략의 'make or buy problem'을 전략적 인적자원관리에서 보면, 인재의 '내부 육성이냐 또는 외부 채용이냐'에 해당하게 된다. 수요 예측의 불확실성이 높은 오늘날과 같은 환경에서 기업은 어떻게 제품이나 부품을 제조해야 할 것인가. 예를 들어, 제품의 공급 과잉(재고 증가)에 직면하게 되면 제품의 시장가격은 떨어지게 되는데, Cappelli(2010)에 따르면 과거 IT 인재가 공급 과잉이었던 시기에 IT 인재의 임금 수준은 하락하였다. 반대로 수요 과잉(제품 부족)은 이익 기회를 놓치게 하며, 결국 시장가격은 상승하게 된다. 과거 미국에서 최고경영자급 인재나 높은 잠재력을 갖춘 인재가 부족하였을 때, 그 계층의 임금상승률은 타 계층보다 훨씬 높았다. 제품 수요의 예측은 쉽지 않다. 하지만 인재 수요를 예측하기란 훨씬 더 어렵다고 Cappelli는 이야기하고 있다. 그렇다면 내부 육성 비용을 지불하는 것보다, 필요로 할 때 필요한 스킬을 갖춘 인재를 타사에서 찾아 외부 채용하는 것이 합리적(비용 절약)일 수도 있다.

"이제 경영전략은 불확실성을 회피하는 방법이 있다는 전제에서 벗어나, 새로운 기회에 신속하게 반응하고 대응할 수 있는 능력을 중요한 핵심 역량으로 파악하고자 하는 모형으로 변모하고 있다. 이러한 새로운 전략의 방향성을 지지하기 위해 인재관리 역시 같은 방향으로 전환할 필요가 있다."라고 Cappelli는 주장한다.[34]

Cappelli는 새로운 환경에 적응하는 '내부 조달 또는 외부 조달'의 균형에 대해서도 설명한다. 'Just in time'이라는 인재전략은 하나의 로직으로서는 이해할 수 있지만, 물건의 제조에서도 내부 조달과 외부 조달의 비용을 균형 있게 조정하는 것은 제품 아키텍처의 본질과 관련되어 있기 때문에 매우 어려운 일이다. 하물며 인재는 흔히 말하듯, 물건과는 달리 자신이 움직일 수 있는 '발을 가지고 있다'. 즉 스스로의 의지와 감정을 가지고 이직할 가능성이 있는 인재를 관리함에 있어서 'make or buy'의 균형을 잡는다는 것은 예술적 수준의 조직운용능력을 필요로 하게 된다는 것이다.

이 조직운용능력은 방대한 데이터 처리와 통계모델을 필요로 하는 것 이외에도, 유능한 데이터 분석가 그룹과 함께, 그룹을 효율적으로 관리할 수 있는 유능한 중간관리자를 필요로 하게 된다. 아울러 중간관리자를 다룰 유능한 최고경영층도 필수적으로 요구하게 한다. 이러한 종류의 기밀 데이터는 아웃소싱 할 수 없기 때문에, 정규사원의 계속적 고용을 필요로 하게 된다. 또한 해당 부서의 예측 확률을 높이기 위해 학습과정이 필요하게 되며, 또 획득한 지식을 부서 내에 축적하지 않으면 안 된다. 전문 집단이 조직 내의 지식을 축적·활용하기 위해서는 높은 비용의 암묵지tacit knowledge의 개발도 필요하게 된다. 경합하는 타사로부터 고액의 보수를 받고 스카우트되어 유출되는 것을 방지하기 위해서,

해당 부서는 단순히 물적 보수만이 아니라, 자사에 대한 충성심도 함께 키우지 않으면 안 된다. 이는 확실히 전통적인 '조직인간 패러다임' 및 관료제 모형과 유사하다. 조직비용을 줄이기 위해서는 큰 조직이 필요하게 되는데, 이 딜레마를 'Just in time'의 인재관리 기법은 어떻게 해결하는 것일까.

핵심 역량 경쟁의 두 번째 단계는, 내부나 외부로부터 입수한 자원을 합성·통합하는 경쟁이다. 개별적으로 스킬(기술, 인재)을 모아 놓은 것만으로는 지속적인 경쟁우위의 원천이 될 수는 없다. Hamel과 Prahalad는 "핵심 역량은 스킬이나 기술의 실로 짠 '태피스트리'tapestry*이다."라고 비유하며, 합성·통합을 위해서는 "폭넓고 다양한 스킬이나 기술을 조화시키는 능력이 필수적이다. 요구되는 것은 좁은 영역의 스페셜리스트가 아니라, 제너럴리스트이다."[35]라는 중요한 지적을 한다. 즉 핵심 역량을 형성하기 위해서는 세 가지의 능력이 필요하다고 주장하며, 발명능력, 흡수능력(학습능력)뿐만 아니라 통합능력을 제시하고 있다.

발명능력은 제품혁신product innovation의 원천이 되는 요인이다. 유럽이나 미국 기업들에 비해 발명능력이 훨씬 뒤처지는 일본 기업들에게 성공을 가져오게 한 것은 흡수능력과 통합능력이 우수하여, 그 부족한 부분을 보충하고도 남았기 때문이라고 Hamel과 Prahalad는 주장하였다.[36] 모방의 곤란성이라는 관점에서 살펴보면, 일본 제조업의 성공요인은 그 핵심 역량으로서 흡수능력과 통합능력이 효과적이었다는 설명이 타당할 것이다. 그렇다면 오늘날 일본 제조기업의 대부분이 처해 있는 어려움은 과거에는 기업실적에 공헌했던 흡수능력과 통합능력이 미진해진

---

* '태피스트리(tapestry)'란, 색색의 실로 수놓은 벽걸이나 실내 장식용 비단을 말한다(옮긴이).

결과라 할 수 있다.

한편, 수직 통합의 계열형 '모노즈쿠리'物作り**와 제도적인 보완성이 있었던 인적자원의 장기고용·내부육성전략의 진부화의 문제에 대해서도 점차 논의가 이루어지고 있다. 오늘날 일본식 경영의 약점으로서 실무자들로부터 지적받고 있는 것은 다음과 같은 요소들이다. ① 이익률의 저하, ② 늦은 의사결정, ③ 종신고용 관행의 잔재, ④ 예스맨yes-man만 출세하는 조직 내 파벌 경쟁의 격화를 들 수 있다.[37] 이 네 가지의 변수 중에서 ②부터 ④까지의 세 가지는 조직과 인재에 관한 것임을 유의하기 바란다. 그리고 이 세 가지 변수가 ①의 낮은 이익률이라는 결함을 가져오게 하고 있다.

하지만 조직의 제도에는 보완성이 있어, 다른 자원이나 전략과의 적합성이나 일관성에 따라 그 효과가 결정된다는 점에서, 생산가치사슬은 그대로 두고 인사제도만을 '글로벌화'하는 접목적 HRM은 전체 조직능률을 악화시키는 역기능의 작용을 하게 한다. 위의 예로 이야기하자면, ②부터 ④까지의 변수는 모두 상관관계가 있다는 의미이다.

핵심 역량 경쟁의 제3단계는, 핵심 제품을 얼마나 활용할 것인가에 관한 것이다. 간결하게 설명하자면, 핵심역량론 또는 자원기반론은 1980년대의 비효율적인 다각화 전략에 대한 반성에서부터 출발하고 있으며, 기업이 복수의 제품사업에 뛰어들게 된 결과, 역시너지 효과가 발생하게 된 다각화 기업의 기업전략론에 본질적인 내용이 있다. 그 때문에 핵심역량론이 가져온 최대의 실무적인 시사점은 '선택과 집중' 전략의 유행이었다라고 할 수 있다. 제3단계의 논의에서 Hamel과 Prahalad

---

** 최고의 제품을 만들기 위해 심혈을 기울이는 자세로, 일본 사회의 장인정신을 의미한다(옮긴이).

는 이에 관한 주의를 촉구하고 있다.

수직 통합을 해체하고 핵심이 되는 분야를 선택하여 집중 투자하려 할 경우, 무엇이 자사의 핵심인지를 명확히 꿰뚫어 볼 수 있는 경영자의 능력은 매우 중요하다. 만일 이러한 경영자의 능력을 결여한 기업이 안이하게 '선택과 집중'을 하게 되면, 중요한 자사의 핵심 자원을 타사에 아웃소싱하게 되어 버릴지도 모른다. 이는 '미래를 제3자의 손에 맡겨 버리는' 것과 다르지 않다.[38] 사업의 재구축(리스트럭처링)과 다운사이징, 적합화, 조직의 '중간 의사결정 단계 축소' 등은 핵심역량전략에 따른 부수적인 비용 감축을 위한 활동이지만, 미래의 경쟁력을 위해서는 삭감해서는 안 되는 핵심 자원이 있다. 물적자원이나 기술과 달리, 인적자원은 자신의 의사와 인생 설계가 있어 스스로 회사를 그만두고 밖으로 나가 버릴 수도 있는 자원이라는 특징이 있다. 특히 핵심 인재의 유지 관리, 육성에 대한 투자가 얼마나 중요한 것인가에 대해서는 RBV를 통해 알 수 있을 것이다.

마지막으로 제4단계는 일반적인 마케팅 전략으로서, 거의 모든 기업이 여기에 99%의 노력을 소비하고 있어, Hamel과 Prahalad는 굳이 언급하지 않았다. 즉 그 이전에 해야 할 중요한 전략적 활동이 있음을 암시하고 있는 것이다. 다만 핵심역량론이 마케팅론을 경시하고 있는 것은 아니다. 오히려 "고객은 핵심 역량을 분별하는 최종 판결에서의 판사와 같다."[39]라고 하며, 고객 가치의 증대 및 고객 비용의 절감에 공헌할 수 있는지 없는지 여부를 '자원'에 대한 판별 기준으로 삼고 있다.

5. 결어

경영전략론, 특히 자원기반론에서 인적자원이 중요하다는 것은 VRIO 분석을 통해서 이해할 수 있다. 자원기반론에서는 조직(복수의 종업원, 팀)도 핵심 자원이 될 수 있다고 생각한다. 현재의 자본시장, 기술시장 등에서 전형적으로 보여지는 것과 같이, 경영환경에 불확실성이 커지고 있는 현시대에서 전통적인 '조직 인간의 패러다임'을 고집하는 것은 시대착오적이다. 우리가 맞이한 현실은 사물이건 사람이건 과거의 수직 통합과 내부 조달을 주축으로 한 장기적인 파트너십 거래로부터, 수평 분업과 외부 조달을 예상한 독립기업 간 거래arm's length transaction로 이동하였다는 점이다.

이러한 현실에 대처하기 위한 방법의 하나는 우수 인재를 적정한 고액의 보수로 채용하여 자사의 업적을 향상시키도록 하는 것이다. 하지만 이와 같은 방법이 최선의 방법이라고 말할 수 있을까. 제품 제작에 대해 이야기해 보면, 필요한 디바이스를 적절하게 외부에서 구입만 하면 된다고 생각하는 기업은 전무할 것이다. 핵심 디바이스를 내부에서 제작하는 것, 여기에 R&D 자금을 투입하고, 모방하기 어려운 기술을 개발하여 경쟁우위의 원천으로 삼는 것이야말로, 각 회사가 치열하게 경쟁하고 있는 부분이다. 인적자원에 관해서, 핵심 인재도 동일한 로직을 적용한다면 핵심과 주변의 경계를 어디에 그어야 하는가. 이는 조직의 경계에 관한 논의이며, 무엇을 내재화해야 하고 무엇을 버려야 하는지 트레이드 오프trade off라는 전략론의 본질과 관련된 문제이다.

이러한 전략적인 과제에 직면해 있기 때문에, 조직의 '조정coordination' 능력은 경쟁우위의 원천이 된다.[40] 규모와 범위의 경제성과 네트워크 경제성에 의존하는 오늘날의 환경을 생각해 보면, 전략적으로 조직화된 인적자원의 가치는 높다고 할 수 있다.[41] 마지막으로, Chandler의 말을 인용하여 이 장을 마무리를 하고자 한다. "이와 같은 경제성은 지식, 기능, 경험 그리고 팀워크, 즉 기술적 과정의 잠재력을 이용하는 데 필요한 조직화된 인간의 능력에 의존하고 있다."[42]

이 장에서는 제품 아키텍처와 인적자원 아키텍처의 문제를 다루지는 못하였다. 이에 대한 고찰은 다른 기회로 미루고 싶다.

주

1 Devanna, M. A., Fombrun, C., & Tichy, N. (1981). Human Resources Management: A Strategic Perspective. *Organizational Dynamics*, 9, Issue 3, Winter, 51-67.

2 P. オスターマン·T. A. コ-キャン·R. M. ロック·M. J. ピオリ. (2004).『ワキング·イン·アメリカ』. (伊藤健市·中川試士·堀龍二話 譯.). ミネルヴァ書房, pp.50-51.

3 オスターマン 他. (2004), p.57.

4 S. M. ジャコ-ビィ. (1989).『雇用官僚制』. (荒又重雄·木下順·平尾武久·森杲 譯.). 北海道大学圖書刊行会.

5 P. オスターマン. (2003).『アメリカ·新たなる繁榮へのシナリオ』. (伊藤健市·佐藤健司·田中和雄·船場俊展 譯.). ミネルヴァ書房.

6 R. B. ライシュ. (2002).『勝者の代償』. (清家篤 譯.). 東洋経済新報社.

7 다운사이징의 사회적 영향에 대해서는『뉴욕타임즈』(The New York times, 1996)가 편집한『ダウンサイジング·オブ·アメリカ』. 日本経済新聞社에서도 알 수 있듯이, 이는 단순히 고용시스템이나 경제구조만의 문제는 아니며, 정치적인 문제도 있다.

8 Barney, J. B., & Clark, D. N. (2007). *Resource-Based Theory: Creating and Sustaining Competitive Advantage*. Oxford: Oxford University Press.

9 D. クロースン. (1995).『科学的管理生成史』. (今井斉·百田義治·中川誠士 譯.). 森山書店, p.133.

10 P. キャベリ. (2010).『ジャスト·イン·タイムの人材戦略』. (若山由実 譯.). 日本経済新聞出版社.

11 M. E. ポーター. (1995).『新訂·競争の戦略』. (土井坤·中辻萬治·服部照夫 譯.). ダイヤモンド社.

12 Collis, D. J., & Montgomery, C. A. (1998). Creating Corporate Advantage. *Harvard Business Review*, May-June, 71-83; Barney, J. B. (1991). Firm Resources and Sustained Competitive Advantage. *Journal of Management*, 17(1), 99-120; D. J. コリス·C. A. モンゴメリー. (2004).『資源ベースの経営戦略論』. (根來龍·蛭田啓·久保亮一 譯.). 東洋経済新報社; J. B. バーニ-. (2003).『企

業戦略論ー企業優位の構築と持續』.（岡田正大 譯.）. ダイヤモンド社.

13 Prahalad, C. K., & Hamel, G. (1990). The Core Competence of the Corporation. *Harvard Business Review*, May-June, 79-91; ハメル·C. K. プラハラード. (2001).『コア·コンピタンス経営』.（一條和生 譯.）. 日経ビジネス人文庫.

14 Teece, D. J., Pisano, G., & Shuen, A. (1997). Dynamic Capabilities and Strategic Management. *Strategic Management Journal*, 18(7), 509-533.

15 Barney(1991).

16 Wernerfelt, B. (1984). A Resource-Based View of the Firm. *Strategic Management Journal*, 5, 171-180.

17 Wernerfelt(1984), p.171.

18 Wernerfelt(1984), p.172.

19 Collis & Montgomery(1998); バーニー(2003); コリス·モンゴメリー(2004).

20 Barney(1991).

21 コリス·モンゴメリー(2004).

22 마부치모터주식회사에 대해서는 임원 발표 및 필자가 인터뷰한 내용을 종합한 것임.

23 A. D. チャンドラー, 三菱経済研究所. (1967).『経済戦略と組織』. 実業之日本社; A. D. チャンドラー. (1979).『経営者の時代』上·下.（鳥羽欽一郎·小林袈裟治 譯.）. 東洋経済新報社; J. R. ガルブレイス·D. A. ネサンソン. (1989).『経営戦略と組織デザイン』.（岸田民樹 譯.）. 白桃書房.

24 コリス·モンゴメリー(2004: 156).

25 チャンドラー (1967; 1979).

26 Wernerfelt(1984: 172).

27 Barney(1991).

28 〈도표 17-3〉의 '조직'은 Barney(1991)에서 '대체가능성(substitutability)'이라는 용어였으며, 이는 non-substitutability의 확인을 의미한다.

29 Hamel & Prahalad(1990). 이하의 설명은 バーニー(2003) 上券; ハメル·プラハラード(2001) 제9장 참조.

30 Barney(1991).

31 ハメル·プラハラード(2001: 336).

32 Leonard-Barton, D. (1991). Core Capabilities and Core Rigidities: A Paradox

in Managing New Product Development. *Strategic Management Journal*, 13, 111-125.

33 Cohen, W. M., & Levinthal, D. A. (1990). Absorptive Capacity: A new Perspective on Learning and Innovation. *Administrative Science Quarterly*, 35, 128-152.

34 キャベリ(2010: 335).

35 ハメル·プラハラード(2001: 341-342).

36 ハメル·プラハラード(2001: 342).

37 岩崎博允. (2017). 「東芝の危機が映す『日本的経営』の根本的弱点」 in 東洋経済ONLINE, 2017년 4월 19일. http://toyokeizai.net/articles/-/168051?page=3).

38 ハメル·プラハラード(2001: 350).

39 ハメル·プラハラード(2001: 325).

40 J. ロバーツ. (2005). 『現代企業の組織デザイン』. (谷口和弘 譯.). NTT出版.

41 C. オライリー·J. フェファー. (2002). 『隠れた人材評価』. (廣田里子·有賀裕子 譯.). 翔泳社.

42 A. D. チャンドラー. (2005). 『スケール·アンド·スコープ』. (阿部悦生 他 譯.). 有斐閣, p.18.

조금 더 공부하고 싶은 사람을 위해

- キャペリ, P. (2001).『雇用の未来』. (若山由美 譯.). 日本経済新聞社.
- ラングロワ, R.·ロバートソン, P. (2004).『企業制度の理論』. (谷口和弘 譯.). NTT出版.
- ヘルファット, C. 他. (2010).『ダイナミック·ケイパビリティー組織の戦略変化』. (谷口和弘·蜂巣旭·川西章弘 譯.). 勁草書房.
- Foss, N. J. (1997). *Resources, Firms, and Strategies: A Reader in the Resource-Based Perspective*. New York: Oxford University Press.
- Langlois, R. (2003). The Vanishing Hand: The Changing Dynamics of Industrial Capitalism. *Industrial and Corporate Change*, 2(2), 351-385.
- Lazonick, W. (2010). The Chandlerian Corporation and the Theory of Innovative Enterprise. *Industrial and Corporate Change*, 19(2), 317-349.

옮긴이 해설

인적자원관리가 전략적이어야 하는 이유는 외부환경의 변화에 전략적으로 적절히 대응함으로써 조직의 성장 가능성을 높이고, 타 기업과의 경쟁에서 우위를 점하게 할 수 있기 때문이다. 어떠한 전략을 택할 것인지에 따라 인적자원의 성과도 크게 좌우되게 된다.

자원 기반 전략론의 관점에서 인적자원은 기업경쟁력을 강화할 수 있는 매우 중요한 요소가 된다. 조직의 실적 향상에서 중요한 역할을 담당하게 된 HR은 전략론적인 측면에서도 과거와는 달라진 위상을 가지고 그에 걸맞은 역할을 이행할 것을 요구받고 있다. 가장 효율적인 인적자원관리는 경영전략과 방향을 일치시킴으로써, 재무적 측면에 기여할 수 있어야 한다. 여러 가지 자원 중에서도 인적자원이야말로 모방하기 어려운 핵심적인 전략적 자원이며, 이를 어떻게 육성·활용하느냐에 따라 조직의 성과와 생존이 좌우되게 된다. 우수한 경영전략을 수립하고, 이를 운용할 수 있는 인적자원의 조직운용능력을 키워야 할 것이다.

한편 오늘날 일본 기업의 경쟁력 약화의 원인이 핵심 역량으로서의 흡수능력과 통합능력의 부족에 있다는 지적으로부터 참고할 부분은 무엇일까. 결국 인적자원에 대한 투자를 강화하여 조직경쟁력의 원천으로 삼아야 한다는 것을 들 수 있을 것이다. 흡수 및 통합 능력의 주체가 되는 자원은 바로 인적자원임을 인식하여 인적자원을 어떻게 육성할 것인지, 또 남이 아직 가지 않은 길을 개척하고 혁신하여 새로운 가치를 어떻게 창출해 낼 것인지, 이를 통해 어떠한 차별화된 경쟁력을 갖출 수 있을 것인지에 대한 성찰이 필요하다.

찾아보기

ㄱ

ㄴ

ㄷ

ㄹ

ㅁ

ㅂ

ㅅ

ㅇ

ㅈ

ㅊ

ㅋ

옮긴이

하종원

사람을 다루는 일, 인사(人事)에 뜻을 두고 20여 년간 '인사'라는 한 우물을 파고 있다. 중앙대학교에서 HRD정책학 박사학위를 취득하였으며, 삼성SDI 인사팀 차장으로 근무하였다. 2012년 행정안전부 행정사무관으로 입직하여 현재 인사혁신처에 재직하고 있다. 삼성SDI 재직 시절 일본 지역전문가 파견이 계기가 되어 일본 관련 인사업무를 담당하기도 하였으며, 일본 기업과 조직의 인사제도 변화에 관심이 많다. 민간기업과 공직에서의 인사직무 경험을 살려, 정부 인사혁신에 조금이나마 기여하고자 노력 중이다.

* E-mail : insajigi@naver.com

엮은이 · 지은이(1장부터 순서대로)

시라키 미츠히데(白木三秀)

담당: 서문, 제1장, 제15장

생년: 1951년 시가현(滋賀県) 출생

학력: 와세다대학교(早稲田大学) 정치경제학부 졸업, 동 대학 대학원 경제학연구과 박사후기과정수료, 박사(경제학)

현직: 와세다대학교 정치경제학술원 교수, 동 대학 트랜스내셔널HRM연구소 소장

주요 저서:

『국제인적자원관리의 비교분석』(2006, 유히카쿠(有斐閣)).
『체인징·차이나의 인적자원관리』(편저) (2011, 하쿠토쇼보(白桃書房)).
『글로벌·매니저의 육성과 평가』(편저) (2014, 와세다대학교 출판부).

도비타 마사유키(飛田正之)

담당: 제2장, 제12장

생년: 1968년 가나가와현(神奈川県) 출생

학력: 와세다대학교 상학부 졸업, 호세이대학교(法政大学) 대학원 사회과학연구과 박사과정 단위취득

현직: 후쿠이현립대학교(福井県立大学) 경제학부 준교수, 와세다대학교 트랜스내셔널HRM연구소 초빙연구원

주요 저서:

『최신 현대인사노무전집』(공저) (2002, 젠니치호키(全日法規)).
『프로페셔널 인재개발』(공저) (2006, 나카니시야출판(ナカニシヤ出版)).
『젊은 세대의 경력형성 고찰』(공저) (2013, 고요쇼보(晃洋書房)).

기시 야스유키(岸保行)

담당: 제3장, 제16장

생년: 1979년 도쿄도(東京都) 출생

학력: 와세다대학교 대학원 아시아태평양연구과 박사후기과정 수료, 박사(학술)

현직: 니가타대학교(新潟大学) 경제학부 준교수, 와세다대학교 트랜스내셔널HRM연구소 초빙연구원

주요 저서:

『사원의 힘은 '문화능력': 대만인 간부가 말하는 일본계 기업의 인재육성』(2009, 후쿄샤(風響社)).

「누가 우수인재인가?: 일본계 제조기업의 대만 매니지먼트와 'second best practice형' 인재활용」(『국제비즈니스연구』, 제2권 2호, 47-60. 국제비즈니스연구학회, 2010년 9월).

「변화하는 모기업, 변함없는 능력구축 : 현장의 유지 및 심층경쟁력, 능력구축의 관계」(공저) (『경제학논집』, 제80권 제3·4호 합본, 31-44. 도쿄대학경제학회, 2016년 1월).

사다모리 유키오(定森幸生)

담당: 제4장

생년: 1949년 효고현(兵庫県) 출생

학력: 게이오기주쿠대학교(慶應義塾大学) 경제학부 졸업, 캐나다 McGill University 대학원 석사과정수료(MBA)

경력: 미쓰이물산주식회사 인사총무부 글로벌다이버시티실 매니저, McGill University 경영학부 석사과정(MBA) 비상근강사

현직: 게이오기주쿠대학교 대학원 경영관리연구과(MBA) 비상근강사, 와세다대학교 대학원 경영관리연구과(MBA) 비상근강사, 메이지가쿠인대학교(明治学院大学) 경제학부 국제경영학과 비상근강사, 와세다대학교 트랜스내셔널HRM연구소 초빙연구원

주요 저서:

『현지직원 활용안내』(1994, 니혼게이자이신문사(日本経済新聞社)).

「앞으로의 해외인사전략과 요원관리 실무(1)~(20)」(『노정시보』, 제3265~3288호 연재논문, 1996~1997).

『국제인적자원관리의 기초지식』; 『국제인사관리 Ⅰ, Ⅱ』(1998, 산노전문대학 생애학습연구실).

「해외거점채용자의 전략적 활용의 조건」(『노정시보』, 제3667호 게재논문, 2005).

하야시 마사야스(林正泰)

담당: 제5장

생년: 1946년 도야마현(富山県) 출생

학력: 교토대학교(京都大学) 경제학부 졸업, 와세다대학교 대학원 경제학연구과 박사후기과정수료

경력: 재팬라인주식회사 인사부 외

현직: 와세다대학교 트랜스내셔널HRM연구소 초빙연구원

주요 저서:

「일본기업의 고용삭감행동에 관한 고찰」(2007, 와세다대학교 대학원경제학연구과 석사논문).

스다 도시코(須田敏子)

담당: 제6장

학력: University of Leeds 석사(MA in HRM), University of Bath 박사(Ph.D)

경력: 일본능률협회 매니지먼트센터 월간지『인재교육』편집장 외

현직: 아오야마가쿠인대학교(青山学院大学) 대학원 국제매니지먼트연구과 교수

주요 저서:

『전략인사론: 경쟁우위의 인재관리』(2010, 니혼게이자이신문사).

『일본형 전략의 변화: 경영전략과 인사전략의 보완성으로부터의 탐색』(편저) (2015, 도요게이자이신보사(東洋経済新報社)).

『조직행동: 이론과 실천』(2018, NTT출판).

호소가야 노부코(細萱伸子)

담당: 제7장

학력: 릿쿄대학교(立教大学) 사회학부 졸업, 동 대학 대학원 사회학연구과 박사후기과정 단위취득

현직: 조치대학교(上智大学) 경제학부 준교수, 와세다대학교 트랜스내셔널HRM연구소 초빙연구원

주요 저서:

『경영의 르네상스: 글로벌리즘에서 포스트글로벌리즘으로』(공저) (2017, 분신도(文眞堂)).

Creating Social Cohesion in an Interdependent World: Experience of Austria and Japan(chapter13) (2016, Palgrave Macmillan).

「여성의 글로벌 경력형성에 관한 의사결정과 직무탐색행동」(공저) (『조치경제논집』 62권 1·2호, 2017).

이시게 아키노리(石毛昭範)

담당: 제8장

생년: 1963년 이와테현(岩手県) 출생

학력: 와세다대학교 정치경제학부 졸업, 동 대학 대학원 상학연구과 박사후기과정 단위취득

경력: 전국신용금고연합회(현 신금중앙금고), 오카자키여자전문대학(岡崎女子短期大学)을 거쳐 현직

현직: 다쿠쇼쿠대학교(拓殖大学) 상학부 교수

주요 저서:

『신시대의 경력개발』(1998, 사회경제생산성본부 생산성노동정보센터).

『경력형성』(2005, 주오게이자이샤(中央経済社)).

『일하는 사람의 경력 정체』(2016, 소세이샤(創成社)).

요코야마 가즈코(横山和子)

담당: 제9장

학력: 홋카이도대학교(北海道大学) 경제학부 졸업, Indiana State University 대학원 경영관리학 석사과정 수료(MBA), 교토대학교 박사(경제학)

현직: 도요가쿠인대학교(東洋学院大学) 대학원 현대경영연구과 교수, 연구과장

주요 저서:

『국제공무원의 경력디자인』(2011, 하쿠토쇼보).

Human Resource Management in the UN (2014, 하쿠토쇼보).

Mindset and Social Entrepreneurship: Japanese Self-initiated Expatriate Entrepreneurs in Cambodia. (공저) *Journal of Entrepreneurship and Innovation in Emerging Economies*, Vol.4, Issue1, 1-21. SAGE Publications, 2018.(Best Paper Awarded at 16th International Entrepreneurship Forum(IEF) Conference, 2017).

나카가와 유키코(中川有紀子)

담당: 제10장

학력: 게이오기주쿠대학교 대학원 상학연구과 후기박사과정 단위취득

경력: 미쓰이신탁은행, 미국노무라증권, 일본 GE 등에서 인사부 실무자로서 25년 근무 후 학계로 경력 전환

현직: 릿쿄대학교 대학원 비즈니스디자인연구과 교수

주요 저서:

「여성관리직육성·등용을 둘러싼 에이전시이론 분석－일미한 3사의 사례분석－」.『경영철학학회지』, Vol.10.

The Effect of Women Management and Gender Diversity on Firm Performance. *Journal of Diversity Management*, May 2014, Vol.9.

The gender diversity-firm performance relationship by industry type, working hours, and inclusiveness: An empirical study of Japanese firms. *Journal of Diversity Management*, May 2015, Vol.10.

데라무라 에리코(寺村絵里子)

담당: 제11장

생년: 1972년 가나가와현 출생

학력: 주오대학교(中央大学) 문학부 졸업, 오차노미즈여자대학교(お茶の水女子大学) 대학원 인간문화창성과학연구과 박사후기과정 수료, 박사(사회과학)

현직: 메이카이대학교(明海大学) 경제학부 준교수, 와세다대학교 트랜스내셔널HRM연구소 객원연구원

주요 저서:

「여성사무직의 임금과 취업행동－남녀고용기회균등법 시행후의 3시점 비교－」.『인구학연구』. 일본인구학회(제48호) 7-22, 2012년.

「민간기업의 직장규범이 여성의 취업행동에 미치는 영향에 관한 실증분석」. 박사학위논문, 오차노미즈여자대학교, 2015년.

「여성의 정치참가와 정치의식－직업속성을 중심으로 한 실증분석－」. (미후네 쓰요시 편.).『정치적 공간에 있어 전문가·정당·정책』. 주오대학교 사회과학연구과 연구총서 35, 주오대학교 출판부, 제1장, 2018년.

에비스노 스미코(戎野淑子)

담당: 제13장

학력: 게이오기주쿠대학교 경제학연구과 박사과정 수료

현직: 릿쇼대학교(立正大学) 경제학부 교수

주요 저서:

『노사관계의 변용 및 인재육성』(2018, 게이오기주쿠대학교 출판부).

Manual on labor-management relations: Japanese experience and best practices (공저). Asian productivity organization, 2014.

『노사관계와 직장의 과제』(2018, 일본생산성본부).

우 요(ウ ヨウ)

담당: 제14장

생년: 1971년 중국 북경 출생

학력: 와세다대학교 정치경제학부 졸업, 동 대학 대학원 경제학연구과 박사후기과정 수료, 박사(경제학)

현직: 조사이대학교(城西大学) 현대정책학부 교수, 와세다대학교 트랜스내셔널HRM연구소 초빙연구원

주요 저서:

『포스트 개혁기의 중국사회보장은 어떻게 될 것인가』(공저) (2016, 미네르바쇼보(ミネルヴァ書房)).

『사회보장론』(공저) (2015, 세이분도(成文堂)).

『중국의 사회적 약자층과 사회보장－개혁개방의 빛과 영향』(공저편) (2012, 아카시쇼텐(明石書店)).

스즈키 슈이치(鈴木秀一)

담당: 제17장

생년: 1955년생

학력: 게이오기주쿠대학교 대학원 사회학연구과 박사과정 단위취득

현직: 릿쿄대학교 경영학부 교수(경영학박사)

주요 저서:

『경영문명과 조직이론(개정판)』(1997, 가쿠분샤(学文社)).

『입문경영조직』(2002, 신세이샤(新世社)).

Cross Culture Perspectives of Automation: The Impact on Organization and Workforce Management Practice (공저). Reiner John Verlag, Berlin, 1995, 타 논문 다수.

일본 인적자원관리의 힘

초판 인쇄 2020년 10월 19일
초판 발행 2020년 10월 29일

엮은이 시라키 미츠히데
옮긴이 하종원
펴낸이 김영훈
편집인 전영완
펴낸곳 도서출판 문우사
주소 경기도 고양시 일산서구 킨텍스로 255, 일산 디엠시티 스카이뷰 오피스동 1304호
전화 031) 901-6542, 070) 4200-6542 **팩스** 031) 906-6542
홈페이지 www.munu.co.kr **대표메일** moonwoosa@hanmail.net
출판신고번호 제396-2013-000113호

ISBN 979-11-85994-78-9 93320

값 25,000원